JN171386

代表制民主主義を再考する

Representative Democracy

●選挙をめぐる三つの問い

糠塚康江 編 Yasue Nukatsuka

ナカニシヤ出版

まえがき

第1節　2016年参議院通常選挙

■1-1　合同選挙区の設営：「投票価値の平等」の要請

2016（平成28）年7月に施行された参議院議員選挙は，18歳選挙権導入後初の選挙となったことに加え，選挙区選挙に合同選挙区（以下「合区」という）が導入された点でも注目される。選挙区間の1票の較差を是正するために，「鳥取・島根」「高知・徳島」をそれぞれ1選挙区（4県2合区設置）とするよう法律が改正されたのである（平成27年法律第60号）。この改正の端緒にあるのは，2010（平成22）年7月11日施行の参議院議員通常選挙（最大較差1対5.00）に関する2012（平成24）年10月17日最高裁判決（以下「2012年判決」という）である。

同判決のなかで，最高裁は，まず，衆議院議員の選挙制度との比較において，「両議院とも，政党に重きを置いた選挙制度を旨とする改正が行われている上，選挙の単位の区域に広狭の差はあるものの，いずれも，都道府県又はそれを細分化した地域を選挙区とする選挙と，より広範な地域を選挙の単位とする比例代表選挙との組合せという類似した選出方法が採られ，その結果として同質的な選挙制度となってきている」という選挙制度の変遷とともに，「急速に変化する社会の情勢の下で，議員の長い任期を背景に国政の運営における参議院の役割はこれまでにも増して大きくなってきている」という認識を示す。「衆議院については，この間の改正を通じて，投票価値の平等の要請に対する制度的な配慮として，選挙区間の人口較差が2倍未満となることを基本とする旨の区割りの基準が定められている」事情に照らすと，「参議院についても，二院制に係る上記の憲法の趣旨との調和の下に，更に適切に民意が反映されるよう投票価値の平等の要請について十分に配慮することが求められる」とした。よって「憲法の趣旨，参議院の役割等に照らすと，参議院は衆議院とともに国権の最高機関として適切に民意を国政に反映する責務を負っていることは明らかであり，参議院議員の選挙であること自体から，直ちに投票価値の平等の要請が後退してよいと解すべき理由は見いだし難い」のである。もっとも1983〔昭58〕年大法廷判決[1]は,「参議院議員の選挙制度において都道府県を選挙区の単位として各選挙区の定数を定める仕組みにつき，都道府県が歴史的にも政治的，経済的，社会的にも独自の意義と実体を有し，政治的に一つのまとまりを有する単位として捉え得ることに照らし，都道府県を構成する住民の意思を集約的に反映させるという意義ないし機能を加味しようとしたもの」と解していた。確かに「都道府県が地方における一つのまとまりを有する行政等の単位であるという点は今日においても変わりはなく，この指摘もその限度においては相応の合理性を有していたといい得るが，これを参議院議員の選挙区の単位としなければならないという憲法上の要請はな（い)」と最高裁は指摘し，むしろ,「都道府県を選挙区の単位として固定する結果，その間の人口較差に起因して投票価値の大きな不平等状態が長期にわたって継続していると認められる状況の下では，上記の仕組み自体を見直すことが必要になる」とした。「限られた総定数の枠内で，半数改選という憲法上の要請を踏まえて各選挙区の定数が偶数で設定されるという制約」の下にあるとしても,「国民の意思を適正に反映する選挙制度が民主政治の基盤であり，投票価値の平等が憲法上の要請であることや，…国政の運営における参議院の役割に照らせば，より適切な民意の反映が可能となるよう，単に一部の選挙区の定数を増減するにとどまらず，都道府県を単位として各選挙区の定数を設定する現行の方式をしかるべき形で改めるなど，現行の選挙制度の仕組み自体の見直しを内容とする立法的措置を講じ，できるだけ速やかに違憲の問題が生ずる前記の不平等状態を解消する必要がある」と最高裁は断じたのである[2]。

この最高裁判決[3]について，最高裁調査官解説は「制度の見直しの対象を都道府県単位の仕組みと明示している点が注目される」（岩井・上村 2013：97）と説明していた。直後の 2013（平成 25）年 7 月 11 日の参議院議員選挙は,「4 増 4 減」の改正（平成 24 年法律第 94 号）を経て最大較差 4.77 倍で施行された。こ

1）最大判 1983〔昭 58〕年 4 月 27 日民集 37 巻 3 号 345 頁。

2）最大判 2012〔平 24〕年 10 月 17 日民集 66 巻 10 号 3357 頁。

3）もっとも，この最高裁の判決については，日本国憲法が採用する二院制の趣旨をどう捉えるかという憲法学的統治機構論の視点が後退しているという批判がある。岡田信弘「二院制研究の課題—まえがきに代えて」同［編］『二院制の比較研究—英・仏・独・伊と日本の二院制』（日本評論社，2014 年）を参照。

の選挙について各地の高等裁判所に訴訟が提起され，広島高裁岡山支部が違憲無効判決を下したのをはじめ，違憲状態ないし違憲判決が出された。その上告審である最高裁2014〔平26〕年11月26日判決[4]は，前記2012年判決を基本的に継承して「違憲状態」であったと断じた。平成24年法律第94号の附則3項は，検討事項として「平成二十八年に行われる参議院議員の通常選挙に向けて，参議院の在り方，選挙区間における議員一人当たりの人口の較差の是正等を考慮しつつ選挙制度の抜本的な見直しについて引き続き検討を行い，結論を得るものとする」と定めていた。その検討のために「選挙制度協議会」が設けられ，選挙区選挙について，都道府県選挙区一部合区案，ブロック案などが各会派から提示された。意見は次第に，①「4県2合区を含む10増10減」の改正と，②「20県10合区による12増12減」の改正の2案に集約されていき，最終的に①案に落ち着いた（小松2015）。

2012〔平24〕年判決・2014〔平26〕年判決の論理は，利害関係にとらわれることなく1人1票とする個人を等価的に平等な存在をみなした上で，「選挙＝投票」を議会の正統性の起点とする見方を前提としている。個人を等価的に平等であるとみなすならば，人口に基礎をおいた合区設置は，論理的に問題はない。抜本的改革というほどではないにせよ，「都道府県の枠にとらわれない」方向への一里塚である，という見方もできるかもしれない。もっとも①案による改正の結果，最大較差は4.75倍から2.97倍になったにすぎない（平成27年1月1日付の住民台帳によれば3.02倍）。対して②案は，最大較差2倍以内におさめるものであった。最大較差の是正措置として合区設置に訴える方法をとるならば，人口変動がある限り，この措置は絶えざる見直しを必要とする[5]。

■1-2　地域の異論

合区設置は，その当事者にとっては割り切れない改革であった。自治単位で複数の議員を選出する都道府県がある一方で，合区設置の結果，もはや自治単位単独で議員を選出できなくなった地域が出現した[6]。2016（平成28）年の参議院選挙の投票率は，全体として前回2013（平成25）年の52.61%から54.70%

4）民集68巻9号1363頁。
5）投票価値の平等を徹底するなら「全国1選挙区」とすべきであるという意見もある。

に上昇したが，合区の対象となった4県のうち，前回の投票率を上回ったのは島根県（60.89%→62.20%）だけで，鳥取県（58.88%→56.28%），徳島県（49.29%→46.98%），高知県（49.89%→45.52%）は前回を下回った。島根県・鳥取県選挙区で当選したのは，自民党が擁立した島根県を地盤とする現職の候補者であった。徳島県・高知県選挙区では，自民党，野党4党とも徳島県を地盤とする候補者を擁立した。高知県では無効票が6割増しの17,569票に達し，なかには「合区反対」と書かれたものもあったという。尾崎高知県知事は，「合区の影響が大きかった」との見方を示した[7]。7月末に開催された全国知事会議は，こうした状況を受け，「地域の声」が反映されなくなるとして「合区解消」を求める決議を採択した。この決議の前提において，「都道府県」という選挙区の単位は，単なる便法としての「選挙が行われる地域」とは考えられていない。議員を選出する権利が選挙区を構成する「都道府県」に実質付与されていることを与件としている。

加えて，2016（平成28）年7月の参議院議員通常選挙の結果には見逃せない点がある。東北（秋田県を除く）5県の選挙人団，そして沖縄県の選挙人団が，全体としては圧勝した政権党に対し，当該選挙人団の「共通意思」として，《NO》をつきつけたことである。野党側が選挙協力を行い，候補者を一本化した効果といえるかもしれない。沖縄には深刻な基地問題があり，東日本大震災の被害を受けた東北には震災復興がはかどらないことやTPPが従来型農業を脅かす不安など，政権に対する批判・不満があった。こうした声は当該選挙区では有権者の「共通意思」となるが，全国的スケールでは希釈され，「少数意見」となる。県を選挙区の単位としたことで，全国民に対して「異論が可視化」されたとみることもできる。地域の中央政治に対する異議申立ては，地域間格差の拡大から生じている。経済のグローバル化の推進は，勝ち組と負け組の地域的偏在を生み出している。原発・基地の存在は，一部地域住民にリスクを負わせ，他の地域の住民にその恩恵の享受を許している。人口集中によって議席を数多く配分されている大都市圏は，リスクを負わずに恩恵を享受し，数的に

6）公職選挙法は，都道府県議員の選挙区について強制合区の制度を設けている（15条2項）が，例外を認めている。この点については，本書の飯島論文を参照されたい。

7）『朝日新聞』2016年7月20日。

大きな力をもっている。こうした状況において「国民の利害や意見を公正かつ効果的に国政に反映させる」方法が人口的要素に尽きるとするなら，富の偏在やリスク負担の地域的不均等は，「中央の政治的意思」によって置き去りにされないだろうか。中央政治が生み出した不均衡（構造化された格差）の下で，中央から地方への経済的恩恵のトリクルダウン待ち（立場の非対称性）のままで，中央のシステムに組み込まれた地域の「自治」は可能なのだろうか。

参議院議員の選挙区選挙は，参議院制度発足以来，都道府県を１選挙区として実施されてきた。都道府県は，行政区画として人為的に設置された一定の面積を占める区域にすぎない。これを１選挙区とすることは，当該区域の人口的集合を選挙人団として組織することである。本来「人口的集合」にすぎない選挙区であったとしても，その選挙区は，「行政区画」という自治単位であり，地縁関係にある人たちが居住する「土地」を基礎としている。「人が居住している「土地」とは，産業，気候，地形，歴史等を基礎として形成された，そこに居住する人々との繋がりを含む地域社会を意味する」のではないか（岩間 2016：140），という見方もあながち否定できない。

2015（平成 27）年の夏国会周辺を埋め尽くした人々の映像と，2016（平成 28）年の夏に実施された参議院議員選挙結果を告げる映像との落差は大きい。こうした政治的文脈について，今は語らないでおこう。ここでは，2016（平成 28）年の参議院議員選挙を契機により先鋭になった，個人主義的代表とある種の「地域代表」との対抗を確認したい。ここから，代表制民主主義に関わる三つの問いが導かれる。

第１：代表制民主主義は，選挙を正統性の起点としている。そこでの選挙という営みは，選挙人個人にとっての意味と選挙区の選挙人団にとっての意味とでは，異なるのだろうか。「異なる」のであれば，それはどういう意味においてなのか。

第２：選挙区ごとに選挙人団が確定され，議員が選出される。この仕組みは，何に基づいてルール化され，何を実現しようとしているのか。

第３：選挙区が領域性をもった「土地」という地理的実在を基盤にしていることは，「選挙」という営みに，何をもたらしているのか。

第2節　本書の構成

本書は，この三つの問いを賭場口に，〈つながりの回復〉をめざす代表制民主主義再考の試みである。選挙ないし投票は，国民レベルであれ，住民レベルであれ，自治単位の共通性の発見とむすびつきの再編の契機となる。

第Ⅰ部「選挙という営み」は，いわば総論的な二つの論攷から構成される。

第1章只野論文は，森口繁治の選挙区制論・フランスでの議論を素材に，個人代表主義を前提としても，同じ領域に暮らす人々の間に生まれるある種の共通性がありえるのではないかと問題提起を行う。次に只野は，「領域的利益の代表」あるいは「領域的利益の考慮」の手法を整理し，アメリカの理論を手掛かりに，多元化した社会では選挙過程を通じて「多元性」が合理化されて政治過程に反映されることを論ずる。その上で，個人代表主義においても，「分散し，分裂し，不安定」な形で存在する諸利益を，それぞれの有権者が主体的に選択することを通じて再編しているとし，選挙に「共通性を生み出す」意義を見出している。

第2章飯島論文は，憲法学の通説的理解から，「選挙」と「投票」を分節し，選挙制度・投票制度が「公益の決定・実現の仕組み」としてさまざまなレベルで存在するとして，法形式ごとに選挙制度・投票制度を類型化する。次にこの「仕組み」を，憲法学で「特権的地位を占めてきた人権論的アプローチ」と「公務員の選定としての側面からの組織論的アプローチ」から分析する。後者のアプローチから，飯島は「組織編成にかかわる選挙人団の自治ないし自律」の概念を導く。その上で，「公益の決定・実現にかかわる組織の設計の仕方」の正統性のレベルにおいて，「投票価値の平等」を問い直すことができると結論づける。法概念と法制度を丹念に読み解くことで，選挙権論の新たな理論的地平を切り開くシャープな議論が展開されている。

第Ⅱ部「選挙区・議員・有権者」は，各論的な問題を扱う。選挙区ごとに選挙人団が確定され，議員が選出される過程での，「切断」と「接近」の論理が抽出される。

第3章大山論文は，自治体の境界を尊重して設営される選挙区制の日本における起源を帝国議会開設以前までさかのぼり，その後の変遷を追う。大山は，日本の選挙制度は，衆議院への小選挙区比例代表並立制の導入などを除けば，極めて安定的に運営されていると結論づける。この「境界」への固執が，選挙区の現状において投票価値の不平等と選挙区の歪みを生んでいる。市町村議会は大選挙区制をとっているが，平成大合併によって，議員と有権者の紐帯が犠牲になっている。こうした問題状況に対処するためには，現行制度にとらわれない相対化する視点が重要であるとし，その一例として「地域代表の論理」ではなく，「議員と有権者の距離の近さ」が論拠とされるべきであることが提言される。

そうであるとすると，現実の選挙区割作業のあり方に関心が向く。稲葉は，2期にわたって（2004（平成16）年4月～2014（平成26）年4月）衆議院議員選挙区画定審議会の委員を務め，実際の区画作業にも参画するという貴重な経験をもっている。この経験を踏まえて区画基準を検討するのが，第4章稲葉論文である。

大山のいう「議員と有権者の距離の近さ」とは，フランス語にいう《proximité》を指す。第5章糠塚論文は，フランスにおける選挙改革論議で《proximité》が論拠とされたことを確認し，ロザンヴァロン（Pierre Rosanvallon）の議論を手掛かりに，「議員と選挙人の〈つながり〉」が，「民意」の構成に意義を見出す現代代表制論の熟議（討議）民主主義的傾向と親和的であると論ずる。

選挙人を特定の選挙区と対応させて同定する指標が「住所」である。住所とは「生活の本拠」をいうが，「公の施設などを起居の場所とする定住型ホームレス」の場合はどうか。第6章長谷川論文は，日本の判例とアメリカ合衆国の判例を比較検討し，住所や土地と切り離した個人の同定は可能だとして，日本の現行の法制度に疑問を向ける。住所をもちえない人の選挙権をカテゴリカルに否定することは，政治参加のプロセスから排除することである。それは逆に，選挙権を付与するために同定することで，選挙は社会的に排除された人々を包摂する機能を果たすのである。

東日本大震災直後の地方選挙において，避難者・被災者の多数が選挙情報弱者となった。その対応のためにとられたのが「選挙公報のWEB掲載」である。これがネット選挙運動解禁の嚆矢となった。しかしこの動きはインターネット投票にまでは及んでいない。第7章河村・伊藤論文は，土地と選挙の関係を大きく変容させるインターネット投票の実現に向け，代替不在者投票制度，共通投票所の検討を行っている。今後この流れを加速するためには，「確実な本人確認の実施」と「二重投票の回避」が必須であり，選挙人名簿のオンライン対照などハード面での取り組みが求められる。それと同時に，投票に対する強制や売買の問題など，ソフト面での対策も必要となる。しかし，「いつでもどこでも」の投票という利便性の追求は，投票所に足を運んで投票するという行為がもたらす何かを失わせないか。「投票」という行為のもつ意義について，光を当てる問題提起である。

第Ⅲ部「選挙と領域性」も各論的問題を扱うが，この視角から展望される問題群の存在を明らかにする論攷から構成されている。

歴史学や私法学においては，地租改正は近代的土地所有権成立の画期をなすものとして理解されてきた。これにより土地所有権を法認（分配）し，それに応じた一定額以上の納税者に対して選挙権を付与する制限選挙制度は，市民的身分の再分配でもあった。第8章中島論文は，このように土地と選挙権が制度的に交差する契機がつくりだされたとしつつ，「森林法」や「入会権」などの「前近代」が温存されたことに注目する。それを「未完の近代」とみるか，「自立的な個人」像の背後にある普遍的近代の問い直しとみるのか。近代土地所有権の成立と選挙権の交差から「近代」の位相を読み解き，そこに個々人の新たな連帯の契機を見出そうとする試みである。

第9章小粥論文は，人間と，その生活の拠点としての土地との結びつきという観点から，所有権のイメージを検討する。同論文は，まず，民法の領域においては，所有権が商品のイメージをもっており，所有者と所有権の対象との個別的つながりにそれほど関心が払われていないという。つぎに，憲法の領域の判例を一瞥し，民法領域における所有権のイメージを覆す材料がないと指摘する。その上で，所有者と所有権の対象とのつながりに注目する学説を参照しつつ，商品性に尽きない所有権のイメージの可能性を模索している。

第10章牧原論文は，広域の空間形成効果をもつ住民投票の事例の分析を通じ，住民投票が土地と住民を結びつけ直す機能を帯びることを指摘する。平成大合併後の自治体には，住民の土地への帰属意識に重層性が残存していたが，その後に行われる住民投票は，新自治体の空間秩序を形成する営みとなる。大阪都構想をめぐる大阪市民による住民投票のように，区域を超えた争点が区域内の争点に移しかえられるのは，合併特例法や大都市特別区設置法が，住民投票を規定していたからであった。最広域団体である国の枠組みが，住民投票を促していたことになる。この枠組みが導火線の役割を果たすとしても，当該自治体において，個人としての住民を土地と再接続する住民投票の経験が蓄積されることに牧原は意義を見出す。

広域の空間形成がある一方で，いわゆる都市問題は，自治体内部での分断エリアを生む。第11章小田中論文は，集住化現象によって生ずる都市問題を，「アイデンティティの政治」で語ることは有益である一面，通約不可能な性格を付与するという副作用を伴うことに注意を促す。分析対象となったセヴェンヌ地区の場合，解決策には文化的次元だけでは不十分で，市場の論理が働いていたことからすれば，経済的次元での分析の深化が必要となる。

第Ⅳ部「日本の問題状況」は，先ほど触れなかった代議制民主主義を考えるための政治文脈を論ずる二つの論攷から構成されている。

最近の政治的ディスクールのなかで，立憲主義はようやく市民権を得るようになった。第12章佐々木論文は，〈国民が担う立憲主義〉を次のような論理操作で導いている。立憲主義の考えによれば，憲法の名宛人は公権力であり，公権力は憲法を守る義務を負う。それに対して国民は，自らがつくった憲法を公権力に守らせることにコミットするものとされる。一方民主主義は，憲法の枠内（合憲である範囲内）で，民意に基づいて政治（政策選択）を行うことである。憲法の枠外（違憲）の政策の選択は，通常の民主主義プロセスで違憲の政策選択を行うことを許さない。公権力があえて違憲の政策選択を行う場合に，立憲主義を担うのは国民であり民意なのである。

第13章樺島論文は，ヘーゲルによる弁証法の認識枠組みを方法論として用いている。そのため樺島の検討は，「客観的かつ実証的な解明」ではなく，「主観的かつ評価的」である。樺島によれば，ポスト・モダン以降，グローバル化した世界の思想潮流は多様性にあふれ，一般市民の生活実感が，政治理念のかたちで代弁されている。日本の政治理念の今日的主流は草の根の市民の声を反映せず，政党の掲げる政策綱領はそれを具現化していない。その因は，政治理念を提唱する知識人サークルが，顔見知りの構成員からなるムラ社会であることに求められるという。閉塞的な政治文化のなかでは，民主過程の制度と価値の循環は望めない。制度に携わる政治家や官僚，政治理念を担う知識人こそが，閉じたムラを脱して，議論に開かれた社会の構築に取り組むべきだと結論づけている。

本書は，独立行政法人日本学術振興会平成 26–28 年度科学研究費補助金・基盤研究（A）「土地・選挙制度・自治―代表民主主義の再構築」（研究代表者：糠塚康江，課題番号 26245003）の助成を受けて行った共同研究の成果である。幾度か重ねた研究会での意見交換を経ているが，各章が署名論文であることが示すように，各人が同一テーマにそれぞれの専門分野を生かした独自の接近をしている。多角的なアプローチが本書の主題を論ずるにふさわしいと考えたからである。その相互作用から生まれる化学変化を期待したい。それゆえ編者は，文字通りの「原稿とりまとめ」の作業を行ったに過ぎない。力のこもったご論考をお寄せくださった執筆者各位に，御礼申し上げる次第である。

出版事情の厳しいなか，本書の刊行を認めてくださったナカニシヤ出版と，企画の段階から相談にのってくださり，丁寧な編集作業をお進めくださった米谷龍幸氏に，心から感謝を申し上げる。

2017 年 2 月

編者　糠塚康江

【引用文献】

岩井伸晃・上村考由（2013）.「最高裁　時の判例」『ジュリスト』1457, 90–100.

岩間昭道（2016）.「判批 平成 25 年度参議院議員定数訴訟大法廷判決」『自治研究』92(5), 136–145.

小松由季（2015）.「参議院選挙制度の見直しによる「合区」設置―公職選挙法の一部を改正する法律」『立法と調査』368, 3–15.

目　次

第１章　領域と代表

第２章　選挙と投票：
個人の投票価値の平等と選挙人団の自治

第1章 領域と代表

只野雅人

第1節　はじめに：「偶々領域的に確定された政治共同体」？

選挙を基盤とする代表民主政において，領域（territory）は基本的な単位であり続けてきた。「選挙人団」——有権者の総体——は領域を単位として区分され，選挙が実施されるのが通例である。一定の領域における居住を要件として，その領域での選挙権の行使が認められる。

領域への居住とは異なる基準によって，選挙人団を区分することも考えられないわけではない。身分・納税額・教育・職業などによる区分がなされたこともある。これに対して領域を基盤とした選挙区区分・代表のあり方は，有権者がその領域に居住しているという事実のみに着目する。この場合，都市，身分，あるいは社会職能的単位のような，一定の利益のまとまり——ある種の利益共同体——の存在は，少なくとも原理的には，想定されていないはずである。領域的に区分される選挙区は，居住という事実によって「偶々領域的に確定された政治共同体」（Rehfeld 2005：37）にすぎない。そこに居住する有権者はそうした共同体の住民として，個人として，代表されるものと考えられる（Urbinati & Warren 2008：389）。しかし実際には，「偶々領域的に確定された政治共同体」におけるある種の「共通の利益」が想定されることは少なくない。むしろそれが通例であるかもしれない。

そうした想定がとりわけ強く，はっきりと意識されされるのは，通常は安定したものとして存在している領域的単位にゆらぎが生じる場合である。例えば，2011（平成23）年3月の東日本大震災とその後の原発事故により，領域と人とのつながり，同じ領域で生活する人々のつながりや共通の利益といった不可視の要素が強く意識化されることになった。一定の地域では，津波によって人口の多くが失われた。また多くの人々が本来の居住地から離れ生活することを余儀なくされ，地方公共団体それ自体の「移転」という事態も生じた。震災後には，「絆」ということばが盛んに用いられた。それはなにより，被災者や大きな被害を受けた地域への連帯という意味を込めたことばであった。しかし，のみならず，安定して存在するものと考えられていた領域と人とのつながりのゆらぎに対する不安もまた，そこからは垣間みえるように思われる（只野 2013）。

2015（平成 27）年，参議院議員選挙区選挙における「合区」をめぐっても，対象となる地域を中心に強い反発の声があがった。都道府県を選挙区として維持できるよう，憲法改正を行うべきだという主張もある。参議院議員選挙における都道府県は，本来，選挙上の区画という意味しかもたない。しかし，都道府県という領域が，国政においてそれ自体として代表されるべき実体を備えているかのような意識もうかがわれる。学説上も，「両院の選挙制度の形成にあたって地域代表の要素が尊重されることを憲法が要請している」と説く見解もある（岩間 2016：144）。「地域代表」の含意については，後に詳しく論じてみたい。

他方では，領域を単位に代表民主政を考えることの限界もまた論じられている。宗教，民族，あるいはジェンダーといった，いわばアイデンティティに関わる問題など，非領域的な争点は少なくない。政治イシューの多くが，細分化された領域を超えた拡がりをもつことも，いうまでもない。さらに，グローバル化した市場，環境，移民など，そもそも国家という領域を超えた問題の拡がりや，そうした境界に留まらない政治アクターの存在もまた，指摘されるところである。領域的に区分される有権者集団（constituency）の「転移，多元化，再定義」が問題となる状況がある（Urbinati & Warren 2008：389–390）。

本章では，領域と人とのつながりについて，また，同じ領域に居住する人々がある種の共通性を有するという想定の意味について，日本及びフランスにおける選挙区をめぐる議論を素材に考えてみたい。素材として取り上げるのは，戦前の日本の憲法学における選挙区をめぐる議論，そして，フランス革命期における選挙区形成をめぐる議論とその後の展開である。日本における普通選挙の黎明期の議論と近代代表民主政の構成原理が確立したフランス革命期における議論のいずれにおいても，強く意識されていたと思われるのは，個人が——個人のみが——平等な資格において代表されるという観念である。しかし同時に，「偶々領域的に確定された政治共同体」にとどまらない契機もまた，そこに胚胎していたように思われる。

第2節　普通選挙と個人・領域

■2-1　個人の代表と普通選挙の組織化

日本における普通選挙の黎明期の議論が，なぜ領域と代表を主題とする本章の素材として重要なのか。その説明も兼ねて，まずは当時の議論の背景について簡単に概観しておきたい。

今日，憲法学や選挙法をめぐる著作において，選挙区の法的性格が立ち入って論じられることは少ない。選挙区は，「全国民を代表する選挙された議員」（憲法 43 条）を選任するための「選挙手続上の便宜的な地域的単位」（林田 1958：102）にすぎず，それ自体が代表されるべき領域的な単位ではない。選挙区は，「はじめに」でも述べたように，居住という事実によって「偶々領域的に確定された政治共同体」である。選挙の主体（選挙権者）はあくまで個人であり，そうした個人の集合体を便宜上区分しているにすぎない。こうした原理を具体化するのが，「一人一票」を基盤とする普通選挙制度である。

同様の視点は，今日とは憲法原理をまったく異にした戦前，男子普通選挙が導入された時期の選挙をめぐる法的議論のなかにも，すでに確認することができる。例えば，1930（昭和 5）年に刊行された選挙法の概説書のなかで，宮沢俊義（1930：14）は，「国家の組成者としての個人のみを眼中におき，その個人の民主主義的参政の実現を期する政治原理」を人格主義（Personalismus）と呼び，それこそが現代諸立憲国の選挙法の「根底にあつてその全体を支配し統一する原理」であると述べている[1)]。

「単なる個人」のみを政治的単位とみるという，当時の時代状況からするとラ

1）宮沢の議論を手がかりに「地域代表」の必要性を説く論攷として（岩間 2016）がある。そこでの論述をふまえつつも，本章では，異なる視点から宮沢の議論を取り上げてみたい。

ディカルにも映る言明からは，（男子）普通選挙導入のインパクトが感じられる。宮沢は，人格主義は「完全なる普通選挙」を要請すると述べ，財産，納税，教育等による選挙権の制限，あるいは女性の選挙権からの排除は，人格主義に反するとする。また，人格主義は，選挙権の価値の平等という平等選挙制，さらには直接選挙制，秘密投票制をも要請するとされる（宮沢 1930：15）。

しかしながら，普通選挙の導入は，「単なる個人」の集合体内部の，複雑な利害の対立をも明るみに出すことになった。納税あるいは財産要件により，選挙人・被選挙人の範囲が限定されていた制限選挙のもとでは，程度の差こそあれ，「選挙人と代表者の間の思想的・利害的な共通性・類似性」（高橋 1986：398）があった。少なくとも決定的な利害対立は生じにくかった。しかし選挙人の範囲が拡大すると選挙人の利害は多様化し，資本家と労働者のような決定的な対立関係が，政治の場にもちこまれることになる。かかる状況は，数で劣る旧来の支配層の側に，「数」の支配に対する懸念を生じさせることにもなった。

こうしたなか，普通選挙というあたらな現実と直面した 19 世紀末から 20 世紀初頭のヨーロッパでは，個人を基礎単位としたいわば無定型の普通選挙をいかに組織化するのかが，問われるようになる。そして，当時生成しつつあった政党を尺度に民意を組織化する比例代表，さらには社会職業的な単位で選挙人を区画し代表する社会職能的利益の代表（以下では利益・職能代表[2]という）の主張が台頭してくることとなった。

利益・職能代表の主張はまず何より，資本主義の発展を背景とした社会構造の変化を政治秩序に反映させようとするものであった。それゆえ一方では，労働者とテクノクラートという，正反対の方向から，そうした主張が生じてくることになる。利益・職能代表の主張は，他方では，無定型の「数」の支配に懸念を抱く保守勢力をも主たる担い手の一つとしていた。かかる保守からの主張

2）当時のヨーロッパでは，利益代表（interest representation）という表現がよく用いられたが，日本では職能代表（functional representation）という表現が一般に用いられてきた。「職能代表」という表現を最初に用いた論者のひとりとして，政治学者・小野塚喜平次をあげることができる。「職能」という表現は，「普通に職業とは呼ばれざる所の一定の活動」をも包摂しうるという点で便宜であるが，のみならず，特定の利益の代表とは異なる「一般社会又は国家全体に貢献すべき作用」というニュアンスを込め，小野塚はこのことばを選択している（小野塚 1925：6）。

は,「個人主義」の過剰に対する批判を基盤とし，ときに身分や団体を基盤とする旧来の社会秩序へのノスタルジーをも伴うものでもあった（只野 2012)。こうした文脈のなかで，団体や身分を基調としていた旧来の代表・選挙区のあり方が，一方では個人を単位とする代表観によって克服された過去の遺物として，他方では，復古的な主張のいわば範型として，しばしば言及されることとなった。

普通選挙の組織化をめぐる議論は，ヨーロッパよりも遅れて（男子）普通選挙を導入した日本にも無視できない影響を及ぼした。比例代表や利益・職能代表に関するさまざまな著作が，公法学，政治学の分野でも公刊されている。それらのなかでも質量ともに抜きんでているのが，男子普通選挙導入と同じ年に公刊された森口繁治による大著『比例代表法の研究』である。選挙区それ自体を主題とした著作ではないが,「団体代表主義」時代の旧来の選挙区との対比で，個人を基調とした代表制のもとでの選挙区の本質をめぐる興味深い考察が展開されている[3)]。同書を素材に,「偶々領域的に確定された政治共同体」がもちうる意味をさらに掘り下げて考えてみたい。

■ 2-2　個人代表主義と「同一地方に居住する選挙人共同の利益」

1）選挙区の変容と「地方的利益」

森口は，社会の組織及びその発達の趨勢という視点から比例代表の意義を論じた章（森口 1925：第8章）において，選挙区の意味について立ち入った検討を加えている。その際，森口が用いるのが，団体代表主義から個人代表主義，そして利益代表主義へという代議制の発展図式である。これは，19世紀末から20世紀初頭のフランスにおいて，比例代表・職能代表論者として名を馳せた著述家であり保守派の代議士でもあったブノワ（Charles Benoist）の議論（Benoist 1896）に依拠したものである。

ヨーロッパ中世の身分会議は，よく知られるように「階級代議制」であった。代表されるのは個人ではなく，主として「団体」であり,「都市又は階級が代理

3）旧稿（只野 2013）でも森口の代表・選挙区をめぐる議論を取り上げたことがあるが，ここではその意義について，より詳しく論じてみたい。岩間（2016）は，地域代表を基礎づけるものとして森口（1930）を引くが，本章の森口理解はそれとは異なっている。

人の性質を有する其議員に依つて代表せられた」(森口 1925：496)。代理人たる議員の選挙権は各個人にではなく選挙区自体に属していた。

こうした団体代表のあり方を変化させる画期となったのが，フランス革命であった。フランス革命の影響を受け，各国において，個人を基礎とする代議制——個人代表主義——が採用されるようになった。この仕組みのもとでは，選挙権は「選挙区」に対してではなく「公民」に直接に付与される。議員はもはや「選挙区」の代理人ではなく，国家の機関である議会の構成員として，自由にその権限を行使するものとみなされる[4)]。フランス革命期における代表観念と選挙区をめぐる議論については，第3節で詳しくみることとしたい。

選挙権が選挙区それ自体にではなく直接個人に与えられている以上，理論上は全国を一単位として選挙を行っても何ら支障はないし，むしろそれが理想的でもある。実際には選挙区を区分して選挙が行われることになるが，それはあくまで選挙の結果を決定するための便宜的手段である。「選挙区は主として選挙技術の必要上人工的に形式的に制定されるものに過ぎない」(森口 1925：514)。

とはいえ選挙区は，現実には，「人工的に形式的に制定」された区画につきない意味をも含みうる。全国を多数の小区画に区分するに際しては，いずれの国においても原則として，既存の行政区画と選挙区を一致させるという手法が採られる。選挙区は，実際には，文字通り「人工的に形式的」に制定されるわけではないのである。森口によれば，行政区画が用いられるのは，単に選挙の組織を容易にするということだけが理由ではない。「各選挙区から選出せらるる代議士が其地方的な利益を反映することは疑いない」とも森口は述べる（森口 1925：514)。選挙区という仕組みにおいては，単なる選挙上の便宜を超えて，「地方的利益の反映と云ふことも相当重要視せられている」というのである。森口は，選挙について論じた翌年の論攷では，行政区画と選挙区を一致させるという手法のなかに，「なるべく同様の利益を有する選挙人をして共同に選挙に従事せしむる主義」を見出し（森口 1926：88)，「同一地方に居住する選

4）ただし森口は，選挙が「主義政見を基礎として行はれるべきものであること」は否定しえないとする。森口はこれを「民意代表」とよび，「今日の選挙は一種のレファレンダムであるとも謂へる」と述べる（森口 1925：510–511)。ここでは当時のフランス憲法学で論じられた半代表論がふまえられている（只野 2012：42)。

挙人の共同の利益が此選挙に依り防護されていることは謂ふ迄もない」（森口 1926：95）と述べている。

「同一地方に居住する選擧人の共同の利益」という表現は，一見すると，かつての団体代表主義を思わせる。しかし森口によれば，「地方的利益」の考慮は，あくまで，「第二次的な又間接の効果に過ぎない」（森口 1925：514）。団体代表主義のもとにあっては，選挙権は団体に属し，選挙人は選挙区に属するがゆえに選挙人たりえた。したがって，同一選挙区に属する選挙人の間には「一種の有機的関係」があった。これに対して，個人代表主義のもとでは，選挙人自体が選挙権の主体であり，選挙人はあくまでひとりの「公民」として選挙権を行使する。したがって，同一選挙区の選挙人の間には「偶然な且つ機械的な連鎖」があるにすぎない。「今日の選挙では個人及び其利益が先づ考へられてい居るのであり，個人の利益と関連する意味に於てのみ地方的利益の反映と云ふことが考へられる」と，森口（1925：515–516）は述べる。

「地方的利益」の反映は「個人の利益と関連する意味に於いてのみ」考えられるという視点は，本章の主題との関わりで重要な意味をもつ。その含意についていま少しみてゆくことにしたい。

2）「価値に於いて平等な人」と「利害と意見とを異にする個人」

団体代表主義から個人代表主義への転換は，まずもって代表のあり方をめぐる理念の転換であった。「国家の組成者としての個人」（宮沢）のみを眼中に置く代表観は，個人の政治的等価性――平等選挙――を帰結する。「価値に於いて平等な人」（森口 1925：531）が，原理的には基点に据えられることになる。

しかし現実の個人を，そのように抽象的にのみ観念することはできないと，森口（1925：534）は述べる。選挙区は，抽象的な個人――「価値に於いて平等な人」――を出発点に人口を基礎として構成され，人口に比例して議員を選出するようにつくられる。しかし現実の個人は，いわば「利害と意見とを異にする個人」である。抽象的に観念された個人を基礎に形成される同一の選挙区において，「其利害と立場とを異にする各個人が謂はば其共同の代表者を選出」（森口 1925：532）することの不合理さを，森口は批判する。

こうした議論の前提には，代表の基盤をめぐる変化についての認識がある。

封建制度の崩壊，フランス革命による社会的動揺と産業革命などを通じ，従来の「社会組織」が崩壊し団体代表の基盤が失われた。森口（1925：526）によれば，こうした変化こそが，団体代表主義から個人代表主義への移行の根本的な原因であった。

そうした変化に応じ，選挙区の基盤となる「地方団体」のあり方も一変した。個人代表主義のもとでは，地方団体はもはや，それ自体が代表権を有した中世の地方団体のような「自然に歴史的に発達したもの」ではない。森口（1925：537）によれば，住民の間の「利害の共通性」は失われ，「其利害と立場とを異にする各個人」の集合としての性格を強めている。都市においては，そうした傾向はとりわけ顕著である。

森口（1925：534–535）は，かかる認識を前提に，「略ぼ利害と立場を共通にする選挙人が共同に議員を選出する」仕組みとして，比例代表制を提唱する。森口にとっては，比例代表制こそが，「利害と意見とを異にする個人を基礎とする個人的な代議制度の趣旨に最も良く適合する」制度であった。

比例代表制は，このように，社会組織の変化のなか，個人代表主義を徹底するものとして位置づけられる。だが森口はそこに満足せず，さらに個人代表主義の限界についても論じている[5)]。国家は個人なくしては存在しえないが，他方において，「国家を構成する単位は単に此等の個人だけに限るのではない」。「個人と共に国家を構成する分子となつて居る諸種の社会団体の存在」が無視されていると，森口（1925：536–537）は指摘する[6)]。

かつてそうした団体として重要な意味をもっていたのが地方団体であった。しかしその基盤は，すでに失われている。かわって，経済生活の発展にともない，「職能的利害を共通にすることによって形成せられた，かの職業的団体」

5）森口（1925：530）は，個人による国家の形成という社会契約論的な国家観を否定し，「社会が先ず存在」することを強調して，「吾々は互に個人として其人格を尊重し合うことが倫理的な人道に適ふ所以であるから，団体員として平等に取扱はれねばならぬ」と述べる。

6）こうした議論を展開するにあたり森口が引くのは，フランスにおける実証社会学の祖デュルケーム（Émile Durkheim），そしてその影響を受けた公法学者デュギー（Léon Duguit）である。利益・職能代表と社会学との間には，密接な関係がある（只野 2012：47–）。

が重要な地位を占めつつあると，森口は述べる。そして，「議会が今日迄国民の経済的生活を規律するに殆ど無能力であるのは専ら個人代表の主義に依り，此種の団体に其占むべき当然の地位を議会に於いて與へないからである」と，利益・職能代表の重要性を説いている（森口 1925：538–539）。森口は，第二院のような形で，補完的に利益・職能代表の実現が考えられるとしている。

比例代表，そして利益・職能代表をめぐる以上の森口の議論において何より重要と思われるのは，「其利害と立場とを異にする各個人」からいかに「利害の共通性」をつくりだしてゆくのか，という視点である。そうした視点が示唆するのは，選挙区として区切られた領域のなかにある種の「地方的利益」を想定しうるとしても，それは決して単数形の利益ではないということである。領域と利益の関係について，さらにいま少し，戦前の選挙区をめぐる議論を手がかりに考えてみたい。

■ 2-3　土地と利益

1）地域代表と利益・職能代表

職能代表は，行政区画といった「地域（領域）」ではなしに，「職能（職業）」を単位として選挙区を形成するという発想に根ざしている。戦前の選挙区をめぐる議論においては，「地域」を基盤とした選挙区と，それ以外の基盤による選挙区が対置されるのが通例であった。例えば，河村又介による『選挙法』（1937：77–）では，「地域代表，職能代表」と題する節が，比例代表などと並べ設けられている。

河村は，地域的に区画され地域団体が選挙母体とされる結果，「議員はその地域の代表と考えられ易い」「ある程度迄地方的利益を顧慮することが，選挙区制度の一つの目的ですらある」と述べる。ここでは「地域代表」ということばが，地域（領域）を単位とする選挙区という意味だけでなく，選挙区として確定された地域（領域）の「利益代表」といった意味合いでも用いられている。

河村によれば，とはいえ，地域という「自然的素因」の重要性は低下しつつある。その一方で，「経済的，職能的又は階級的素因」が比重を増しつつある。河村（1937：77）は，「地理的選挙区」（地域または地縁代表制）を「社会的選挙区」（職能または職業代表制）に変えよという主張が高まっていると，述べる。森口とも重なる認識である。

河村によれば，地域代表制と職能代表制を「その実質」から区別することは難しい。地理的選挙区による場合でも，選出地域の人口構成に応じ，地域を基盤に選挙された議員は，商工代表，農業代表，あるいは労働代表といった性格を帯びうる。他方，社会的選挙区によっても，職能集団ごとに選挙区を区分すれば，そこには地方的利益の代表という性格が生じうる（河村 1937：78）。地域代表と職能代表との対比は，地域と利益との複雑な関係を浮かび上がらせる。それが示唆するのは，一定の地域（領域）の内部にも異なる利益が，しかも明確にカテゴライズされることなく混在しているのではないか，ということである。

だが，河村は直ちに利益・職能代表を支持するわけではない。利益・職能代表はまず，特殊利益の追求を助長し階級対立を激化させることで労使間の調整を困難にしかねない。加えて，河村は，「社会生活に於て地域的紐帯の意義が減退するとは云っても，人類が大地の上にすむ限り尚土地が重要な役割を有つことは否み難い事実である」と指摘する。そこで地域代表は維持しつつ，第二院を職能代表に宛てるのが「中庸の途」であると，河村は述べている（河村 1937：79）。

「土地」への言及は興味深い。人と「土地」あるいは領域との紐帯は，80 年を経た今日においても，しばしば主張される。そうした想定を「土着感情」と表現する論者もある（新井 2016：20–21）。とはいえ河村が説いているのは，土地それ自体の代表ではなく，あくまで，職能単位による選挙区に対する，領域を単位とした選挙区の必要性である。

同様の文脈での「土地」への言及は，先に引いた宮沢の著作のなかにもみられる。宮沢は，人格主義による限り，選挙人団を複数の単位に区分する場合には，階級・職業・財産・教育等を基礎とすることなく，「土地との関係」に着目して，住所・居所等の選挙人と土地との関係を基礎とするのが最も適当であると述べている。「土地」以外の指標に基づく選挙人団の区分と対比して，「土地」に基づく代表が論じられている。

とはいえ，宮沢にとっても，森口や河村と同様，領域と利益の関係は微妙な問題をはらむ。個人のみを政治的単位とみる人格主義の立場からすれば，本来は全国を単一の選挙区とするのが理想であるが，現実には，「地域」を単位とした選挙区への区分がなされる。それは，単一選挙区の実行が容易ではないからだけでなく，「政治上ある程度において議員が地方的利害を代表することを是認しているから」である[7]。

宮沢は，人と土地との関係について，「全人格的関係」という，極めて強い深い表現をも用いている（宮沢 1930：77–78）。この表現につき，岩間（2016：140–141）は，人が居住する土地が「産業，気候，地形，歴史等を基礎として形成された，そこに居住する人々との繋がりを含む地域社会を意味する」とし，人格主義と地域代表との密接な結びつきを指摘している。

しかしながら，地域代表——領域の利益代表——というは視点は，宮沢においては必ずしも強くないように思われる。宮沢は，人格主義の帰結として，選挙区は，「特定の政党党派を不当に利することのないやうに公平に定められる」必要があるとも指摘している。「ゲリマンダリング」または「選挙区幾何学」を回避するためである。それにはまず，政府の恣意を排除するために法律で選挙区を定めること——選挙区法定主義——が必要になる。しかしさらに議会の恣意をも排除するために，各国では，「選挙区を以て行政区画と一致せしむる主義」——行政区画主義——のもと，選挙区を「人為的区画」とするのではなく，なるべく「歴史的・自然的区画」と一致させるという手法が採られている。当時の日本で行政区画主義が採られていたのは，「行政区画が歴史的・自然的区画と一致する限りにおいて」，各国と同じ目的によるものであると，宮沢（1930：84–85）は述べる[8]。

特定の利益が過大に考慮されることを避けるために，恣意性を許容しうる

7）同様の表現はすでに，明治期の選挙法注釈書にもみられる。福岡・横田（1901：13）は，全国単一選挙区を用いず，選挙区を区分する理由の一つについて，「純理論上代議士ハ全国民ヲ代表スルモノナリトハ云ヘ又，全ク地方ノ利害ヲ代表セシムルノ必要ナキニ非ス」と説明している。こうした議論の背景には，最初の衆議院議員選挙区をめぐり，農業（郡選挙区）と商工業（市選挙区）が対置され論じられていた（福岡・横田 1901：22–24）ことがあるように思われる。ここでも，地域代表と職能代表という二つの視角が交錯する。

8）美濃部達吉（1914：105）がすでに同様の指摘を行っている。美濃部は，「選挙区幾何術」を回避するためには「努めて人工的の区分を用ゐず，自然の歴史的境界に依って，その区画を定むるの必要が有る」と述べる。森口（1930：212–213）も，行政区画主義の採用を，選挙区画定における恣意の排除から説明している。

「人為的区画」ではなく，既存の「歴史的・自然的区画」を用いることには，十分な理由がある。選挙区画定に用いられる行政区画は，人為性・恣意性を排した中立的単位と位置づけられることになる。

とはいえ，既存の「歴史的・自然的区画」をめぐっては，「歴史的・自然的」に形成された実質が想定されやすいこともまた，否定できない。それは，選挙区がある種の「利益共同体」をなしているという想定を強める効果をも併有しうる。

2）地域代表と都道府県

戦後，日本国憲法のもとにおいては，戦前のように選挙区の本質について立ち入った検討が加えられることは少なくなった。普通選挙・平等選挙を原則とし，また両院議員を「選挙された全国民の代表」と位置づける憲法のもとでは，地域（領域）を単位としない選挙単位――納税額，学位，身分，職能――の居場所は見出し難い。

職能代表をめぐっては，参議院の全国区のなかに，その残影が見出される。よく知られるように，参議院議員選挙法の趣旨説明にあたり，当時の内務大臣は，利益・職能代表と地域代表を対比して次のように述べている。

> 「（全国選出議員）は地域代表的の考方を全然考慮に入れず，専ら学識経験ともに優れた，全国的な有名有為の人材を簡抜することを主眼と致しますと共に，職能的知識経験を有するものが，選挙される可能性を生ぜしめることに依つて，職能代表制の有する長所を採入れむとする狙ひを持つものであります」「地域代表的性格を有する地方選出議員と相俟ちまして，全国選出議員は參議院を特徴あらしめることに，大いなる効果があるものと思はれるのであります」[9]。

ここでの「地域代表」は，戦前の議論をふまえれば明らかなように，職能単

9）大村清一「第 91 回帝国議会貴族院本会議速記録」5 号 61 頁（1946（昭和 21）年 12 月 4 日）。

位の選挙区に対し，地域（領域）単位の選挙区という意味である。しかしその後，「地域代表」ということばは，むしろ領域それ自体の代表というニュアンスをも伴い，用いられてゆくようになる（大石 2005：49)。この点で，最高裁判決における選挙単位としての都道府県への言及の変遷は興味深い。

衆議院議員選挙における投票価値の不均衡に対しはじめて違憲判断を下した1976〔昭 51〕年大法廷判決[10)]は，人口以外にも選挙区画定・定数配分において考慮しうる要素はあるとし，その一つに都道府県をあげる。そして，「都道府県は，それが従来わが国の政治及び行政の実際において果たしてきた役割や，国民生活及び国民感情の上におけるその比重にかんがみ，選挙区割の基礎をなすものとして無視することのできない要素であ」ると指摘している。

同様の指摘は，その後の判決でも繰り返されてきた。しかし，投票価値の平等をより厳格に求める近時の判決では，そうした表現は直截には用いられなくなった[11)]。

参議院の選挙区選挙をめぐっては，1983〔昭 58〕年大法廷判決が，より直截的な表現で，「(全国区は）全国を一選挙区として選挙させ特別の職能的知識経験を有する者の選出を容易にすることによつて，事実上ある程度職能代表的な色彩が反映されることを図り」，「参議院地方選出議員の仕組みについて事実上都道府県代表的な意義ないし機能を有する要素を加味した」ものである，と述べている。

その後，学説の批判もあり，「都道府県代表的な意義ないし機能」ではなく衆議院の場合と同様の表現が用いられるようになった。さらに近時の判決は，「都道府県が地方における一つのまとまりを有する行政等の単位であるという点は今日においても変わりはな」いが，「これを参議院議員の選挙区の単位としなければならないという憲法上の要請はな」いと，指摘するようになっている[12)]。

最高裁判例における都道府県の位置づけの変化は，投票価値の平等の要請が

10）最大判 1976〔昭 51〕年 4 月 14 日民集 30 巻 3 号 223 頁。
11）最大判 2013〔平 25〕年 11 月 20 日民集 67 巻 8 号 1503 頁，最大判 2015［平 27］年 11 月 25 日民集 69 巻 7 号 2035 頁。
12）最大判 2012〔平 24〕年 10 月 17 日民集 66 巻 10 号 3357 頁，最大判 2014［平 26］年 11 月 26 日民集 68 巻 9 号 1363 頁。

強化されてきたことの不可避の帰結であるように思われる。しかし，その一方で，特に参議院の選挙区選挙をめぐっては，都道府県選挙区の維持を求める声もまた高まっている。選挙区が「偶々領域的に確定された政治共同体」にすぎないとしても，そうした共同体が，「歴史的・自然的区画」を用いて形成されれば，時間の経過と共に，「利益共同体」といった想定が強まってゆくことは避け難い。

ここまで，日本の普通選挙の黎明期における議論を手がかりにこうした問題について考えてきたが，次に当時の議論に着想を与えた個人代表主義の原点に遡り，あらためて，「人為的区画」の変質の意味について，考えてみたい。素材とするのは，新たな政治・行政の単位として文字通りの人為的区画を創出したフランス革命期の議論である。

第3節　個人主義的代表と領域

■3-1　空間の革命的再編と人為的区画

長い時間の経過のなかで濃密な実体を伴って形成されてきた「歴史的・自然的区画」と訣別し，文字通りの「人為的区画」を創出して，選挙と地方行政の単位としようとしたのが，フランス革命であった。そうした「空間の革命的再編」（オズーフ 1999：140）の中心となったのが，新たに設けられることになった県（département）である。県を中心とした領域的要素に，人口（population），そして公課（contribution）という二要素をさらに付加して，新たな政治・行政の基礎が構想されることになった。草案の作成を担った委員会を代表してトゥーレ（Jacques-Guillaume Thouret）が憲法制定国民議会で行った報告は，「比例した代表の基礎について」（Mavidal, Laurent & Clavel 1877：202 et s.）[13] と題されている。新たに設けられる一院制議会の議席が，領域，人口，直接税という三つの要素に基づき配分されることが提案され，それが1791年憲法にも取り入

13）委員会を代表して報告を行ったのはトゥーレであったが，県制の構想はシィエス（Emmanuel-Joseph Sieyès）の作品であるといわれる。均等な形状の区画というアイディアは，かつての王室地理学者による王国の区分案に由来する（Ozouf-Marignier 1989：39–40）。

れられた。

同憲法の規定によれば,「代表は領域，人口，直接税（contribution directe）の3つの比例にしたがい，83県に配分される」(3篇1章1節2条)。745人の代表のうち,「247人は領域に結び付けられる」。各県には均等に3議席（パリには1議席）が配分される（3条)。さらに249人ずつの定数が，それぞれ人口と直接税額に応じ，各県に配分される（4条，5条)。

このうち特に重要なのが，第一の要素——領域——である。委員会が当初提案した領域区分は，国土を均等なマス目に区分するという，極めてラディカルなものであった。革命以前のフランスは，司教区（diocèse)，地方総督管区（gouvernement)，総徴税区（généralité)，バイイ裁判所管区（bailliage）など，目的を異にするさまざまな区画によって区分されていた。これに対してトゥーレは,「可能な限り相互に平等な領域区分」を提案する。まず，パリを中心として全国が80の均等な領域——県（département）——に区分される。国境部分を除けば国土が18リュー平米の正方形（県）に区画される。県は6リュー平米の9つの下位区画（commune, 合計720区画）に区分され，下位区画がさらに2リュー平米の9の区画（canton, 6,420区画）に細分される。

このように，領域が代表の基礎とされてはいるが，しかしそこでは,「同一地方に居住する選挙人の共同の利益」は考慮されていない。重視されているのは,「面積の平等」(Roncayolo 1997：2940）である。算術的ともいえる均等な広さの区画は，その人為性を際立たせる。そこに，一定の実質の存在を前提とした領域の代表という契機を見出すことは難しい。歴史的地理的要素を消し去った，いわば「反記憶的」(Roncayolo 1997：2939）な試みである。地域的な強い差異や抵抗を消去し，国民の一体性を支える仕組みを生み出すべく,「統一のための分割（diviser pour unir)」が企図されたのである。

だが採用された区画では,「コンパスと定規」だけが区分を規定したわけではない。最終的な県の区分では,「地方の現実」が相当に考慮されることになった（オズーフ 1999：148)。「反記憶的」な試みによって，それまで形成されてきた「地方の現実」を一挙に消し去ることには無理があるといわざるをえない。オズーフ（1999：154–155）は，地方精神や地域の個性というような「大きなまとまりの意識ではなく，さまざまな差異が散在」しており，県の分割によって，

「差異は存在し続けているが，閉じ込められ小型化され」たと指摘する。そして，新たな区画のもとで，政治・行政が展開されてゆく中，「小型化された差異は同時に政治化され，誇張される」のだとも述べている。

次に，その後の県の位相の変化をたどりながら，本章の主題との関わりでも重要な意味をもつこの指摘の意味について，確認してみたい。

■ 3-2　普通選挙の母体の遷移

1）時間の経過と実質化

よく知られるように，こうしたフランスの「国家測量技師達」の試みを手厳しく批判したのが，バーク（Edmund Burke）である。バーク（1997：217-219）によれば，「古い制度はその効果によって験され」る。それは理論の帰結ではなく，かえってそこから理論が抽出される。一方，「理論的でしかない組織の場合，あらゆる機軸は，ただ表面から見ただけでその目的に適っているものと予測」されてしまう。「様々な時代の様々な偶然，様々な領地や裁判権の栄枯盛衰」から形成されたものとは異なる人為的な分境線からは，「無数の地方的不便」が起きてこないはずはないと，バークは指摘している。

しかしながら，時間の経過と共に，理論の帰結であった人為的区画には，一定の実質が備わってゆく――より正確にはそのような実質が備わっているという想定が強まってゆく。この点で何より重要なのは，選挙で用いられる区画が地方行政の区画と重なり合っているという点である。

フランスでは革命以降，県は，名簿式投票制が用いられる場合には立法府選挙の選挙区として，また単記投票制が用いられる場合には議員定数配分の第1次的単位として，用いられてゆく。第三共和制以降，元老院議員選挙も県を選挙区として行われ，さらに県会選挙も実施されるようになる。「県は，地方選挙にせよ総選挙にせよ，普通選挙という政治システムの地理的母体を提供する」（Roncayolo 1997：2965）ことになるのである。

県は，選挙の基礎単位であるだけでなく，地方行政の単位でもある。地方行政の単位としての県は何より集権の手段であり，一般意思としての法律の全国一律の執行を監督するために，中央からは知事が派遣された。県は，革命や共和制の理念と結びついた仕組みでもある。そうしたなか，県は，知事や中央官僚と地方の名望家との邂逅の場ともなる（Roncayolo 1997：2959）。こうして時間の経過のなかで，「一定の共和制理念の保持者でもある県は，永続性への希求を表明し，社会的なるものと領域的なるものを相互に強化してゆく」（Roncayolo 1997：2965）ことになるのである。普通選挙の母体と行政区画との重なり合いのなかで，人為的区画をめぐりある種の実質が，徐々に意識化されてゆく。

こうした意識化の過程を明確に把握することは難しいが，県をめぐるさまざまな叙述のなかから，その一端を垣間見ることはできる。第2節でもみたように，19世紀末から20世紀初頭にかけて，普通選挙の導入と共に，個人主義的な民主主義への批判と普通選挙の有機的な再編・組織化の要求が生じてくる。そうした要求は，しばしば，団体・身分社会へのノスタルジーをも伴うものであった。革命後1世紀を経た時期の，社会を構成する有機的実体を見出そうとする論者にとっての人為的な区画の位置づけを瞥見してみよう。

そうした論者の代表格のひとりが，第2節において森口との関係で言及したブノワである。当時を代表する利益・職能代表論者であったブノワは，次のように述べ，県の人為性を強調している。

> 「選挙区分が恣意性をいっそう減じるなら，それはいっそう地理と歴史を尊重したものとなろう」「県はフランスの地図上で恣意的になされた区分であり，郡や選挙区はなおさらそうである」（Benoist 1896：61）。

ブノワ（Benoist 1896：63）にとっては，普通選挙を組織化し有機的なものとするためには，有権者を「彼が地理的に占める場所と社会的に占める地位」とに従い，まとめることが必要であった。「社会的に占める地位」に従った選挙区の形成という着想には，所与の社会秩序を維持し政治秩序にも反映するという思考――団体代表主義の残影――が，強く感じられる。

一方で，同じように個人代表主義を批判しつつも，公法学者モロー（Félix Moreau）は，次のような指摘を行っている。

「県は，依然として行政のための国家の主要な下位区分であるが，ある程度は，社会的要素（élément social）ともなっている。県は，自己意識を有している。相当な利益が県の中でまとめられている。県はほとんど，かつての州（Province）にとってかわっている」「県による代表は，理想的とはいえず，またその境界線は非の打ち所がないというわけではないが，人為性と不可解さを減じるであろう」（Moreau 1903：295）。

この指摘からは，ある種の「利益共同体」としての県という認識が垣間見える。「小型化された差異」の政治化は，なお途上であった。

2）領域の区分と紐帯

（1）では，特に時間の経過に焦点を合わせ，人為的区画をめぐる実質の意識化について考えてみた。そこでは，選挙区と行政区画との重なり合いが重要な意味をもっていた。だが，実質の意識化の要因はそれだけではない。歴史家ゲニフェイ（Patrice Gueniffey）は，選挙人団を細分化する選挙区という仕組み自体のなかに，ある種の紐帯を生み出す要因があると指摘している。

法的にみれば，選挙区として用いられる場合であっても，県はそれ自体が代表されるべき単位ではない。1791年憲法は，「県において指名される代表は，特定の県の代表ではなく，全国民の代表であり，いかなる委任も与えられない」（3篇1章3節7条）と定めている。古典的代表の宣明として知られる定式である。しかし，県を選挙区とするという仕組みのなかに，「全国民の代表」という古典的代表の理念とは異なる契機が組み込まれることになったと，ゲニフェイは論じる。

ゲニフェイ（Gueniffey 1993：152–153）によると，そもそも，「全体から全体の利益につき決すべく委任を受ける」という全国民の代表の理念からすれば，本来は人口のみが選挙区形成の基礎となるべきであった。しかるに，領域が議席配分の基礎とされ，定数の3分1については，各県に均等な議席配分がなされた。たしかに各県は，「ひとつの共通利益によってむすばれた同じ全体」の構成要素として位置づけられている。しかし領域基準の採用によって，「個人のみならず領域区分のための代表への権利」が創り出された。さらにいまひとつ，直接税という基礎も組み込まれた。ゲニフェイは，「人口のみに立脚するシステムとは逆に，3つの基礎の採用は，代表の国民的性格を犠牲に，その「部分的（sectionnaire)」側面を強化した」と述べる。

さらに，いくつかの要因が，代表の部分的側面――選挙区と有権者の紐帯――の強化に寄与したとされる。すでにみた選挙区と行政区画との一致のほかにゲニフェイ（Gueniffey 1993：153–154）が指摘するのは，選挙方式の問題と選挙区の区分である。1791年憲法が採用したのは，県を選挙区とする単記投票制であったが，各県の選挙人団は小規模であった。まず第1次選挙人集会で代議員を選び，その代議員が県ごとに議員を選ぶという，2段階の投票が用いられていたためである。県レベルの選挙人は，選挙権を有する能動的市民の100分の1ほどにすぎなかった。議員と選出母体との紐帯の意識は自ずと強まることになる。

選挙方式と相俟って重要な意味をもったのが，全国を区画して選挙が実施されたことである。「全国民の代表」という理念からすると，本来は国民全体が1選挙区を形成するという手法が最も理想的である。実際，革命期にはそのような主張もなされている。しかしそうした主張は容れられなかった[14]。その結果，ゲニフェイの分析に従えば，革命初期に確立された代表は，「法的には全国民的な，しかし実質的には部分的な」(Gueniffey 1993：153)，両義性を備えることになった。前面に出るのは前者であり，選挙された全国民の代表が一般意思を形成するという，いわば仮象（virtuel）の代表である。しかしその背後に，県制あるいは選挙区という仕組みを通じて，仮象（virtuel）の代表を変質させる実体的（réel）代表の要素が伏在していた，というのである。「その形態の大部分が保持される1789年の代表制は，実質的に，法的には拒絶された紐帯をつくりだす」と，ゲニフェイ（Gueniffey 1993：157）は述べている。場（lieu）が紐帯（lien）を創り出すのである（Daugeron 2011：692)。

一定の領域内で想定される共通性を通じそこに居住する人々（選挙人）を結びつける紐帯，さらにはそうした領域と代表とを結びつける紐帯の想定は，普

14）いまひとつ，再選が可能だったこともまた，選挙人と議員との紐帯を強める要因として指摘されている（Gueniffey 1993：152–153)。

通選挙の導入以降，半代表という形で概念化されることになる。伏在していた「実体的代表」という要素が可視化し，むしろ代表の本質とさえみられるようになるのである。

とはいえ，選挙区・選挙人と代表との紐帯の強調が問題となる場面もある。一例として，下院・国民議会の新たな選挙区画定をめぐる1986年の憲法院判決をあげることができよう（只野 2010：104–）。判決では，小選挙区をめぐる新たな区割り原則に含まれていた，人口に関わらず各県に2議席を配分するとの規定の合憲性が争点の一つとなった。この措置が選挙区間の投票価値の不均衡を拡大させる要因となることは明らかであった。憲法院は，選挙区画定が「本質的人口の基礎」に基づくべきことを指摘する一方で，この措置については，「立法者は選挙区の当選者と選挙人との間の緊密な紐帯を確保しようとした」とし，合憲と判示した（Décision no86-208 DC du 2 juillet 1986, con.21）。

合憲判断の決め手は，例外措置の適用対象となる県の数が限られていることであったが，選挙区の代表という観念を想起させる表現だけに，相当に議論の余地のあるところである。「選挙区の当選者と選挙人との間の緊密な紐帯」という表現をめぐっては，代表の「現代的概念に見事に一致する」（Favoreu & Philip 2005：626）として，評価する学説もある。しかし，各県に最低2議席を留保する措置と「緊密な紐帯」とがなぜ接合するのか，必ずしも自明ではないように思われる。

日本の「一人別枠方式」を想起させるこの措置は，その後，「法的及び事実上の状況の重要な変化」を理由に，違憲と判断されることになった（Décision no2008-573 DC du 8 janvier 2009, con.23）。フランスの総人口が増加している一方で，2008年の憲法改正により議員定数に憲法上上限が設けられた。そのため，平等選挙の要請のもと，この原則を維持することが難しくなったのである。

しかしその際に，憲法院は，県の枠組みが維持できることをも強調している。判決に付された解説は，この違憲判断によって「憲法院は代議士選挙の県の枠組を問題としたわけではない」「憲法院は暗黙裏に，しかし必然的に，現状では，各県が少なくとも1名の代議士を有しうることを認めたのだ」と指摘している[15)]。あくまで「現状」を前提とした指摘ではあるが，2世紀来定着してきた領域への配慮がうかがわれる。

とはいえフランスでも，日本と同様，さまざまな変化のなかで，そうした領域的単位の実質があらためて問われていることもまた，否定できないように思われる。最後に，これまでの検討をふまえ，「偶々領域的に確定された政治共同体」と「利益共同体」という想定との関係をあらためて論じることで，小考のむすびとしたい。

第4節　むすび：可変的な諸利益の共同体

本章では，時系列とは逆に，現在から普通選挙の黎明期へ，さらには普通選挙の基礎にある個人代表主義の確立期へと遡り，「偶々領域的に確定された政治共同体」と，そうした共同体が半ば不可避的に随伴する「利益共同体」という意識との関連について，考察してきた。第2節でもみたように，一定の領域に居住する人々（選挙人）の間にある種のつながりや共通性があるという想定には，一概に否定し難いものがある。確かに選挙人団を区分する指標としての領域は固定的・安定的なものであり，そうした単位のなかで一定のつながりが存在するという想定はわかりやすい。「価値に於いて平等な個人」や「利害と意見とを異にする個人」ではなく，むしろ「地理的に位置づけられた人（homme géolocalisé）」（Ribes 2008：20）が強く意識されているように思われる。

とはいえ，団体代表主義の時代とは異なり，領域と人とのつながりは決して所与でも，固定的なものでもない。利益・職能代表の主張が示すように，一定の領域内部にも，社会経済活動や職業などを通じた，さまざまな「利益共同体」を想定することができる。また，代表されるある程度等質の「利益」を想定すると，選挙区は特定の利益を全国的立法府に代表する単位としては「大きすぎる」（Rehfeld 2005：82）ともいえよう。

にもかかわらず，選挙のための「人為的区画」をめぐり一定の実質や紐帯が想定される背景には，第3節でみたように，「人為的区画」と政治・行政の単

15）Conseil constitutionnel, *Commentaire des décisions n°2008-572 DC et n°2008-573 DC du 8 janvier 2009*, p.15. 以下に掲載されたPDF版による〈http://www.conseil-constitutionnel.fr/conseil-constitutionnel/root/bank/download/2008573DCccc_572_573dc.pdf（最終閲覧日：2017年1月19日）〉。

位との重なり合い，そして代表単位の細分化という，選挙区という仕組みそれ自体に内在した要因がある。ひとたび地方行政・地方自治の単位を基盤に選挙区が画定されると，経済的文化的な「共同生活」が集積してゆく。また代表も「領域的に画定された資源の配分を最大化し，特殊領域的な利益を増進するインセンチヴをもつ」（Rehfeld 2005：152）ことになろう。一定の時間の経過のなかで，ある種の「利益共同体」という想定が根づいていくことは避けがたいことのように思われる。

しかし，指摘せねばならないのは，そうした「利益共同体」は常に，可変的な，諸利益の共同体なのではないか，ということである。つねに可変性をもった諸利益が，しかも複雑に並存しているというのが，「利益共同体」の実際ではないだろうか。

ここで，これまで明確な定義を与えずに用いてきた「利益（interest）」ということばの含意について，あらためて考えてみたい。利益ということばは，経済的な利害と同義に用いられることも，少なくない。規範的な含意をもって用いられる「公益」に対する私益，「一般利益」に対する「特殊利益」といった意味合いで，利益の語が用いられることも多い。そうした意味で用いられる利益は多分に固定的であり，変わりにくいものかもしれない。

しかし，それとは異なる含意を，「利益（interest）」に見出すこともできる。小川晃一（1988：160–161）は，今日代表の対象となるのは，「も早かつてとは違い，土地や財産のように目に見えるもののみでも，定型化し安定した客観的利益のみ」でもなく，「生きた存在の多様なニーズ，欲求，希望，期待，意図，さらには意見や信条にまで及ぶようになっている」と述べる。そして，代表されるべきは，「主として，画一的に――個々人自らのイニシアティヴによってだが――表現される利益のタームで媒介され表明されるものであろう」という，極めて示唆に富む指摘を行っている。ここでの利益は，「利害と意見とを異にする個人」の，さまざまな欲求・関心の表出を把握するカテゴリーである。可変的な諸利益の共同体という，上で示した認識も，かかる利益の理解を前提としている。

選挙のために用いられる領域の内部には，「分散し，分裂し，不安定であり，かくしておそらくは，より確固として広範な実在性（realité）を獲得していない」（Mazères 1990：640）形で諸利益が混在している。一定の歴史的文脈のなかで，それらが十分に強固な形で集合的に存在してきた場合には，それらを領域という単位でカテゴライズし，憲法秩序のなかに組み込むこともあり得よう。連邦国家における州のような場合である。一方，そうした条件がなく，またはそうした憲法レベルでの選択がなされない場合には，領域のなかで「分散し，分裂し，不安定」な形で存在する諸要素は，選挙あるいは代表のプロセスのなかで，再編されうるものということになろう。多数＝人口の多い地域と少数＝人口の少ない地域がしばしば対置されるが，少数と等置される「地方の声」としてひとくくりされるもののなかにも，さまざまな「少数の声」が混在しているはずである。

さらに，選挙区の再編が，地方自治の単位の再編と連動するものでないことも指摘しておく必要があろう。国政選挙をめぐる選挙区と地方自治の単位との一致はあくまで便宜的なものにすぎず，それぞれの単位は別個の意味をもっているはずである。

近時の最高裁判決が述べるように，日本国憲法のもとでは都道府県を「選挙区の単位としなければならないという憲法上の要請はな」いとするならば，一見すると一体とみえる「利益共同体」が実際に内包している，「分散し，分裂し，不安定」な諸要素を解きほぐし，これまでの領域的単位とは別の尺度（選挙区）によって再構成してみることにも，一定の意義があるように思われる。領域によって区分された「利益共同体」という想定が容易に否定しにくいものであるとしても，それは常に，可変的な諸利益の共同体のはずである。

【引用文献】

新井　誠（2016）．「地域の利害（あるいは感情）と憲法学—参議院議員選挙の「合区」問題によせて」『法学セミナー』738, 18–23.

岩間昭道（2016）．「行政判例研究（999）参議院選挙区選挙の一票の最大較差四・七七倍を違憲状態とした事例」『自治研究』92(5), 136–145.

大石和彦（2005）．「「都道府県代表としての参議院議員」再考」中村睦男・大石　眞［編］『上田章先生喜寿記念論文集・立法の実務と理論』信山社, pp.35–77.

オズーフ, M.／阪上　孝［訳］（1999）．「県制」　F. フュレ・M. オズーフ［編］／河野健二・阪上　孝・富永茂樹［訳］『フランス革命事典 4 制度』みすず書房, pp.140–

156.
小野塚喜平次（1925）．「職能代表と國會の組織」『国家学会雑誌』39(1), 1–43.
河村又介（1937）．『選挙法』日本評論社
高橋和之（1986）．『現代憲法理論の源流』有斐閣
只野雅人（2010）．「投票価値の平等と行政区画」『一橋法学』9(3), 97–111.
只野雅人（2012）．「代表と社会学—普通選挙導入と日仏における職能代表論」高橋滋・只野雅人［編］『東アジアにおける公法の過去，現在，そして未来』国際書院，pp.33–64.
只野雅人（2013）．「危機と国民主権—基盤のゆらぎと選挙」奥平康弘・樋口陽一［編］『危機の憲法学』弘文堂, pp.229–259.
バーク, E.／半澤高麿［訳］（1997）．『フランス革命の省察　新装版』みすず書房
林田和博（1958）．『選挙法』法律学全集 5-2　有斐閣
福岡　伯・横田左仲（1901）．『改正衆議院議員選挙法釈義』衆議院議員選挙法釈義発行所
美濃部達吉（1914）．『選挙法大意』三省堂書店
宮沢俊義（1930）．『選挙法要理』一元社
森口繁治（1925）『比例代表法の研究』有斐閣
森口繁治（1926）「選挙区の法的性質と其法定主義」『法学論叢』15(6), 78–105.
森口繁治（1931）．『選挙制度論』日本評論社
Aulneau, J.（1902）. *La circonscription électorale. Étude historique, critique et de la législation comparée*. Paris: Arthur Rousseau.
Benoist, C.（1895）. *La crise de l'État moderne. De l'organisation du suffrage universel*. Paris: Firmin-Didot.
Daugeron, B.（2011）. *La notion d'élection en droit constitutionnel: Contribution à une théorie juridique de l'élection à partir du droit public français*. Paris: Dalloz.
Favoreu, L., & Philip, L.（2005）. *Les grandes décisions du Conseil constitutionnel*, 13e éd. Paris: Dalloz.
Gueniffey, P.（1993）. *Le nombre et la raison: La Révolution française et les élections*. Paris: Édition de l'École des hautes études en sciences sociales.
Mavidal, J., Laurent, É., & Clavel, M.-E.（1877）. Du 16 septembre 1789 au 11 novembre 1789: recueil complet des débats législatifs et politiques des Chambres françaises. *Archives parlementaires de 1787 à 1880*, 1er série, tome IX. Paris: P. Dupont.
Mazères, J.-A.（1990）. Les collectivités locales et la représentation. *Revue du droit public et de la science politique*, 3, 607–642.
Moreau, F.（1903）. *Pour le régime parlementaire*. Paris: Albert Fontemoing.
Ozouf-Marignier, M.-V.（1989）. *La formation des départements: La représentation du territoire français à la fin du 18e siècle*. Paris: Edition de l'Ecole des hautes études en sciences sociales.
Rehfeld, A.（2005）. *The concept of constituency. Political representation, democratic legitimacy, and institutional design*. Cambridge; New York: Cambridge University

Press.

Ribes, D. (2008). Représenter le territoire?. F. Mélin-Soucramanien, B. Mathieu, D. Rousseau, & A.-M. Le Pourhiet, *Représentation et représentativité*. Paris: Dalloz, pp.19–25.

Roncayolo, M. (1997). Le département. P. Nora (dir.), *Les lieux de mémoire* 2. Paris: Gallimard, pp.2937–2974.

Urbinati, N., & Warren, M. E. (2008). The concept of representation in contemporary democratic theory. *Annual Review of Political Science*, 11(1), 387–412.

第2章

選挙と投票

個人の投票価値の平等と選挙人団の自治

飯島淳子

第1節　問題関心

「選挙とは，選挙人団を構成する多数人が，その協同行為によって，公務員を選定する行為である。選挙人団を構成する個々人が，公務員の選定に参加して行う意思表示は「投票」と呼ばれ，協同行為による選挙とは区別される。なお，選挙は，通常，選挙人団によって選定・指名された当選人の承諾を要件とする。この場合，選挙行為は，選挙人団の意思と当選人の意思の合致によって有効に成立する」（長谷部 2014：327）。

この憲法学の通説的理解を出発点としつつ，——政治のあり方としてではなく——あくまでも制度のあり方として取り出すならば，選挙とは，選挙人団の複数構成員が集団的に，公の事務の担当者を選定する行為であって，団体の意思の代表（représentation）を目的とするものであるのに対し，投票は，（選挙人団構成員）個人の意思の表示（déclaration）を目的とするものであって，公の事務の担当者の選定への参加行為としてのみならず，一定の事項に関する選択への参加行為としても行われる。かかる選挙と投票はいずれも，団体構成員の共通利益ないし公益の決定・実現の仕組みの一環を成す行為として位置づけられる。すなわち，仕組みという観点からは，選挙と投票は形式的ないし中立的であって，いかなる場面で用いられようと等価値でありうる。

ところが実際には，さまざまな選挙・投票のなかで，この国全体の関心事となっているのは何よりも，いわゆる一票の較差訴訟であろう。国会と最高裁とのこのゲーム（宍戸 2012：41）は，「投票価値の平等」を究極のゴールとするものである。国政に係る選挙人団を構成する個々人が，国会議員（特に衆議院議員）の選定に参加して行う意思表示である投票が，特権扱いされているのである。なぜ，この投票が特権扱いされるのか，これはその他の制度における投票とは質的に断絶しているのか。

以下では，公益の決定・実現の仕組みという観点から，選挙制度・投票制度の類型化を試みた後（第2節），ヨコの制度との比較を通して，「投票価値の平等」が意味するところを考え直してみたい（第3節）。

第2節　選挙制度・投票制度の類型化

選挙制度・投票制度の類型化の仕方には，その目的に応じてさまざまなものがありうるが，法的仕組みを検討の対象とする場合には，ルールの定立がいかなる法形式に留保されているかという形式的観点が有益であると考えられる。以下では，選挙制度・投票制度が，憲法（2-1），法律（2-2），条例（2-3）のいずれの規範によって定められているかという根拠規範の種類に従って，整理・分析を行う。

■2-1　憲　　法

1）国　　政

(1) 選挙制度

憲法43条1項は，両議院の議員を選挙により選定することを要請している。国政選挙に関する憲法上の要請は，選挙制度の手続的ルール，すなわち，誰がどのように選挙制度を定めるかという規範と，選挙制度の実体的ルール，すなわち，当該権限機関はいかなる憲法規範によって拘束されるかという規範に分けることができる。

①選挙制度の手続的ルール　　憲法は，43条2項（議員定数），44条（議員と選挙人の資格）および47条（選挙区，投票方法その他選挙に関する事項）において法定主義を定めている。憲法による法律事項の指定は，一方で憲法自体によっ

ては定めないということ，他方で行政権には委ねないということを意味している。国会は自らの組織化の仕方を自ら定めることになる。例えば，選挙区割と定数配分は，公職選挙法とその別表で定められる（公選13・14条)。なお，国会は自らに対して「不断の見直し」義務を課すこともある（公選附則5条)。

この点に関して注意すべきは，衆議院議員選挙区画定審議会の位置づけである。衆議院議員選挙区画定審議会設置法は，まずもって，国会の自己拘束規範である。ただし，この自己拘束は，内閣府に設置される（1条）この審議会が，改定案作成と内閣総理大臣への勧告を行い（2条)，内閣総理大臣が勧告を国会に報告することを通じて（5条）機能することになっている。そして，この法律の定める区割基準（3条)，すなわち，較差を2倍未満とし，行政区画，地勢，交通等の事情を総合考慮するという基準は，最高裁によって,「投票価値の平等に配慮した合理的な基準」[1] であると評価されている。このことは，国会による自己拘束規範に基づき，第三者的・専門的行政機関が策定するところの区割基準が，司法による憲法適合性判断の基準とされていることを意味する。ここから，この規定が平等原則の考え方に影響を与えるか，与えるとしたらそれはなぜかという問いが提起されることになる（淺野2009：464)。加えて，衆議院議院運営委員会での議決（2014（平成26）年6月19日）に基づき，衆議院議長のもとに設置され，2016（平成28）年1月14日に答申を提出した衆議院選挙制度に関する調査会については尚更，その位置づけが議論の対象となりえよう。

②選挙制度の実体的ルール　以上のように選挙制度が基本的に法律事項とされていることから，選挙制度・投票制度の孕む特有の難題として，自己自身に関する立法の濫用という危険が生ずる。立法者に対する拘束として，憲法は，15条において，公務員の選定罷免権を国民固有の権利として保障し（1項)，普通選挙原則（3項）と秘密選挙原則（4項）を謳うのに加え，93条2項において住民による直接公選を課している。普通選挙（15条3項)，平等選挙（14条，44条但書)，自由選挙（15条4項・19条・21条)，直接選挙（93条2項）および秘密選挙（15条4項）の五つが，選挙法の基本原理とされている。

1）最大判2011〔平23〕年3月23日民集65巻2号755頁。

最大判 1976〔昭 51〕年 4 月 14 日民集 30 巻 3 号 223 頁は，投票価値の平等を憲法上の要請として捉えつつ，これは「選挙制度の決定について国会が考慮すべき唯一絶対の基準」ではなく，国会は「他にしんしゃくすることのできる事項をも考慮して，公正かつ効果的な代表という目標を実現するために適切な選挙制度を具体的に決定することができる」という基本的な立場を採用した。ここでは，平等原則が，――44 条但書ではなく――14 条を基礎としつつ，（14 条 1 項の政治の領域における適用であるとされる）15 条 1 項・3 項，44 条但書を根拠とする総合解釈によって，導かれた。そして，「公正かつ効果的な代表」という規範が提示された。この規範は，民意の公正・効果的な反映と「政治における安定」（政権を支える議会多数派の形成）を要請するものである。“選挙の本旨”ともいいうるこの判例法理は，選挙制度の「目標」という言葉によって，実体的ルールとして提示され，現在では立法化されるに至っている（公選附則 5 条）。

(2) 投票制度

①**最高裁判所裁判官国民審査**　　最高裁判所裁判官の任命については，憲法によって，その長は天皇に（6 条），長以外の裁判官は内閣（79 条 1 項）にそれぞれ，権限が与えられている。このように憲法上配分された任命権限は，国民の審査に付されることになっている（79 条 2 項）。最高裁判所裁判官国民審査制度は，国民に対し，天皇または内閣が任命権限を有している裁判官について，罷免権限を与えるものである（同条 3 項）。しかも，この規定は，公務員を罷免する国民固有の権利を定める唯一の憲法規定である。このことは，一つには，最高裁判所裁判官については，任命権者が罷免権限を与えられていないことを意味している。罷免権者は，国民または弾劾裁判所（憲法 78 条）であって行政機関ではない。もう一つには，国民のこの罷免権は，確かに直接民主主義的制度であるといいうるものの，リコールとは異なり，選挙権と表裏の関係にあるものではない。

②**憲法改正国民投票**　　憲法改正に関する憲法 96 条は，法定主義を採用していない。しかるにこの手続は，2007（平成 19）年に至って，日本国憲法の改正手続に関する法律によって定められた。憲法改正手続を――憲法に留保する，

つまりは憲法改正によって導入するのではなく――法定したことの意味は問われる必要があろう。この法律はまた，附則5項において，国に対し，「（国民投票制度）の意義及び必要性について，日本国憲法の採用する間接民主制との整合性の確保その他の観点から更に検討を加え，必要な措置を講ずる」という責務を課している。

2）地方政治

（1）選挙制度

憲法93条2項は，地方公共団体の長，その議会の議員および法律の定めるその他の吏員を選挙により選定することを要請している。憲法は，国政に関しては，両議院の議員を選挙により選定される公務員とし，憲法上の諸原則による拘束の下で法律事項を定めているのに対し，地方政治に関しては，議会の議員のみならず長とその他の吏員をも選挙により選定される公務員とする一方，住民による直接公選を定める（93条2項）以外には手続的・実体的ルールを課していない。加えて，近時の地方議会改革によって，議員定数（自治90・91条）や選挙区画定（公選15条1項）が条例事項とされるなど，自由度の拡大が図られている。かような違いは，憲法による一律の制約からの地方自治の保障に由来しているとも解されよう。

地方議会議員の選挙区制度を定めているのは公職選挙法15条である。一方で，都道府県議会議員の選挙区は，「一の市の区域，一の市の区域と隣接する町村の区域を合わせた区域又は隣接する町村の区域を合わせた区域のいずれかによることを基本とし，条例で定める」（15条1項）こととされている。一の市の区域の人口が議員一人当たりの人口の半数に達しないときは，隣接する他の市町村と合区しなければならないが――強制合区――（15条2項），強制合区の例外として，1966（昭和41）年1月1日現在（この基準時は，当初は島にのみ適用されていた特例選挙区制度が一般化された時点である）において設けられている選挙区については，当該区域の人口が議員一人当たりの人口の半数に達しなくなった場合においても，当分の間，当該区域をもって一選挙区を設けることができる――特例選挙区――（271条）。特例選挙区制度は，2倍以上の較差を法律によって容認するものである。他方で，市町村議会議員は，市町村の区域において選挙する（12条4項）。ただし，特に必要があるときは市町村条例で選挙区を設けることができ，その例外として，指定都市のみは区を選挙区としなければならない（15条6項）。そして，地方公共団体が条例で選挙区を設ける場合は，法定の考慮事項（行政区画，衆議院（小選挙区選出）議員の選挙区，地勢，交通等）がかかってくる（15条7項）。さらに，議員定数に関して，人口比例原則の例外として，「特別の事情があるときは，おおむね人口を基準とし，地域間の均衡を考慮して定めることができる」という例外的考慮事項が法定されている（15条8項）。なお，選挙区および議員定数に関するその他の事項は政令事項とされている（15条10項）。

(2) 投票制度

地方自治特別法の住民投票制度（憲法95条）は，特別法による自治権侵害の防止のために，国会単独立法（憲法41条）の例外として，住民投票に服せしめることにより，国会の立法権限を制約するものである。この意味において，この制度は，国レベルにおける直接民主政に仕えるものであるともいえる。ただし，あくまでも国会がイニシアティヴを確保している。実際には，戦後の一時期における，しかも，観光都市化推進的な法律しか存在しておらず，住民投票を回避する運用がなされている。

■2-2　法　　律

憲法上の規範的拘束が政治（国政および地方政治）に限定されているのに対し，法律上の規範的拘束は，公的組織のみならず，私的組織にも及んでいる。私的組織もまた，法律によって公益の決定・実現への関与を課されているのである。公的組織に対する規律と私的組織に対する規律は，基本的に区別されつつ，比較参照されるべき側面を有している。

1) 公的組織

(1) 選挙制度

選挙制度をもつ公的組織にはいくつかの種類がある。

第一に，特別地方公共団体である財産区があげられる。財産区は，財産または公の施設に関し必要があると認められるときは，財産区議会設置条例に基づいて議会を設けることができるが，この条例は，都道府県知事が議会の議決を経て設定する市区町村の条例であるという点において，特異である（自治295条）。財産区の議会の議員の定数，任期，選挙権，被選挙権および選挙人名簿に関する事項は，この条例事項とされており（同296条1項），条例の規定事項以外の事項は公選法の定めるところによる（同条2項）。ここでの選挙制度は，市区町村の一部たる入会集団に財産権の主体としての地位を認め，その固有の管理機関が市区町村の介入を排除して入会財産を管理するために，設けられている。

第二に，地方公共団体の合議制執行機関である行政委員会があげられる。海区漁業調整委員会委員の選挙権および被選挙権は，1年に90日以上，漁船を使用する漁業を営み，または，漁業者のために漁船を使用して行う水産動植物の採捕・養殖に従事する者に対して，与えられる（漁業法（昭和24年法律第267号）86条）[2)]。なお，選挙管理委員は，議会における間接選挙によって選任される（自治182条1項）。

第三に，行政主体であるところの公共組合があげられる。土地区画整理組合や市街地再開発組合は，総会を設け，理事と監事を総会による選挙や解職請求に服せしめている[3)]。ここでは，一人一票の原則に対する例外として，所有権と借地権それぞれにつき一個の選挙権を与えるとする規定も存在する[4)]。また，地方公共団体および国土交通大臣施行の土地区画整理事業については，土地区画整

2）なお，農業委員会委員については，平成28年改正により，選挙制が廃止され，推薦・公募手続を経た上で市町村議会の同意を要件とする市町村長の任命制に改められた（農業委員会等に関する法律（昭和26年法律第88号）8・9条）。

3）なお，土地改良法（昭和24年法律第195号）は，土地改良区の理事・監事の総会による選挙を定めるのに加え（18条），総代の選挙につき，年齢25年以上のもの（成年被後見人，被保佐人および禁錮以上の刑に処せられて執行中の者を除く）および法人たる組合員を被選挙権者とするとともに（23条3項），都道府県・市町村選挙管理委員会の管理のもとに，直接・平等・秘密原則によって行うと明定している（同条4項）。

4）土地区画整理法（昭和29年法律第119号）38条2項，都市再開発法（昭和44年法律第38号）37条2項。なお，同様の規定は，大都市地域における住宅及び住宅地の供給の促進に関する特別措置法（昭和50年法律第67号）49条2項，密集市街地における防災街区の整備の促進に関する法律（平成9年法律第49号）156条2項等にも存在する。

理審議会が設置され，その委員は地権者による選挙と改選請求に服せしめられている。ただし，審議会の委員は行政の選任によることもありうるほか（区画58条3項），審議会が開かれない場合には，その同意なくして行政が処分・決定をすることができる（同64条）など，行政による一定の関与が定められている。

(2) 投票制度

地方公共団体の住民による直接請求制度として，議会の解散請求と議員・長の解職請求（自治13, 76–88条）が定められている。これらの請求は選挙人の投票に付され，過半数の同意があったときはリコールが成立する。直接請求の諸制度は通常，直接民主主義的制度として解されているが，選挙権の対つまり代表の罷免としての意味を付与されることによって，基本的には代表民主制の枠内にとどまっているとも解される。

これに対し，平成の市町村合併の際には合併協議会の設置に係る住民投票制度が導入され（市町村の合併の特例に関する法律（平成16年法律第59号）4条），また，いわゆる都構想においては関係市町村の住民投票による賛成という手続が設けられた（大都市地域における特別区の設置に関する法律（平成24年法律第80号）7条）。地方公共団体の存在や種類そのものを左右するようなこれらの新たな類型は，法律に基づく決定型の住民投票である。

2) 私的組織

私的組織に関しては，複数の私人が自分達の利益を実現するための共益的活動を行うものと，自らの利益とは区別される公益的活動を行うものとに分類されうる。共益的活動を行う組織，とりわけ協同組合が戦後間もなくほぼ完成形にまで達しそのまま継承されているのに対し，公益的活動を行う組織は，近時になってようやく，しかし時代を象徴する変化として形成・発展している。

(1) 共益的組織

共益的組織における選挙に関しては，実質的に，平等，無記名投票，公平の原則が課されているといってよいが，その例外が相当程度認められている。

①平等原則　協同組合の基本原則は，一人一票である。各組合員は，一個の議決権および役員（理事・監事）の選挙権を有する。この原則は出資口数の多少に関わらない（消費生活協同組合法（昭和23年法律第200号）2条1項等）。このことは，一定の財産を要件とする制限選挙を否定した普通選挙の原則と同様の発想に立つものとみることもできよう。

極めて限られた例外として，投票は出資一口につき一票とするという規定（中小漁業融資保証法（昭和27年法律第346号）24条3項）や，定款で定めたときは出資口数に比例した数の議決権および選挙権をも与えることができるという規定（中小企業団体の組織に関する法律（昭和32年法律第185号）5条の10第1項）が存在する。また，より一般的な例外として，定款の定めるところにより，協同組合連合会会員に対し，組合員数や組合の連合会構成上の関連度に基づき，2個以上の議決権および選挙権を与えることができるとする規定が存在する[5)]。単位組合と連合会との関係において，単位組合の利害を連合会に反映させるために，連合会会員は議決権・選挙権を与えられているとも解される。この解釈によるならば，連合会会員は，組合員個人というよりも単位組合の代表として捉えられることになろう。

②無記名投票原則　協同組合においても無記名投票の原則が確立している（農業協同組合法30条等）。

無記名投票原則の一つの例外として，候補者が定数以内であるときは投票を省略することができるとする規定が幅広く存在する[6)]。かかる規定は，「投票は，行わない」と定める公選法100条とは異なる。また，候補者が定数以内であるときに投票の省略を認める規定をもたない立法例も存在する。これらの点から，かかる規定は，選挙という団体の協同行為だけでなく，投票という個人の行為

5）農業協同組合法（昭和22年法律第132号）16条2項，水産業協同組合法（昭和23年法律第242号）89条2項，中小企業団体の組織に関する法律36条1項，たばこ耕作組合法（昭和33年法律第135号）10条2項，森林組合法（昭和53年法律第36号）104条2項等。なお，消費生活協同組合法17条1項は，定款で一人一票の例外を定めることができると規定している。

6）水産業協同組合法34条5項但書，森林組合法44条4項但書，農住組合法（昭和55年法律第86号）31条4項但書等。

それ自体に法的意義を認めることを前提としていると解されよう。

無記名投票原則のもう一つの例外として，指名推選の仕組みがある[7)]。指名推選は，出席者中に異議がないとき，総会に諮りその出席者全員の同意をもって，成立しうる。出席者全員の同意という要件は，人数が少なく，かつ，利害対立の可能性が低いことを前提としていると解されよう。

③公平原則　協同組合の総代に関し，住所や事業の種類などに応じて公平に選挙されなければならないと明記する立法例が限定的に存在する[8)]。ここでは，住所や事業の種類に応じた具体的利害が存在し，それが反映されるべきであることが予定されている。利益調整の観点から，公平原則が要請されているとも解されよう。

④行政庁の監督　行政庁の監督としては，取消権限のみを定める立法例と，これをも含む体系的な監督権限（取消権限に加え，事業・会計の検査とその結果に基づく必要な措置の命令，総会の招集，役員の解任請求に係る投票の付託）を定める立法例とが存在する。前者は，総会の招集手続，議決方法，選挙・投票等が，法令，行政庁の処分，定款等に違反しているとして，組合員が総組合員の10分の1以上の同意を得てこれらの取消を請求した場合に，行政庁に対して取消権限を与える規定である[9)]。後者の方式は，土地区画整理法（昭和29年）125条によって採用され，その後，都市再開発法125条やマンションの建替え等の円滑化に関する法律（平成14年法律第78号）98条においても採用されている。このことは，土地区画整理組合という公共組合すなわち行政主体に対し，行政庁による強力な関与が必要とされたところ，この関与方式がマンション建替組合・マンション敷地売却組合などの私的組織にも拡張されたとみることができる。

7）中小企業協同組合法（昭和24年法律第181号）35条10項，技術研究組合法（昭和36年法律第81号）21条9項，商店街振興組合法（昭和37年法律第141号）44条9項等。

8）中小企業協同組合法55条2項，酒税の保全及び酒類業組合等に関する法律（昭和28年法律第7号）39条の2第2項，内航海運組合法（昭和32年法律第162号）51条2項等。

9）農業協同組合法96条1項，消費生活協同組合法96条1項，水産業協同組合法125条1項等。

ただし，行政庁の監督権限の体系化がなされた後においても，前者の規定を採用する立法例が存在する[10]。さらに，両者を使い分ける立法例も現れている[11]。行政庁の監督権限規定に係るこれらの違いから，特に経済的利害対立の激しい局面においては，行政庁が，共益実現の確保という任務にとどまらず，総会招集や解任請求に関する手続的権利を貫徹させることによって，団体に対する構成員個人の保護を図るという任務をも与えられていると解されよう。

加えて，仮役員の選挙・選出の監督権限を定める立法例が存在している[12]。これらの立法例はすべて，行政庁の限定的な監督手段を定める類型を採用しているものである。かような仕組みは，（仮）役員の選挙・選出に限って，確実に担保する必要性を認め，ひいては――決定の中身に介入するのではなく――代表者に委ねることによって団体の自律性を尊重しようとするものであるともいいうる。

(2) 公益的組織

NPO法人については，法律（特定非営利活動促進法（平成10年法律第7号））は，その自治を尊重するべく，詳細な規定を設けていない。「各社員の表決権は，平等とする」（14条の7）こと，および，「特定非営利活動法人には，役員として，理事三人以上及び監事一人以上を置かなければならない」（15条）ことが定められるほかは，定款に委ねられている。

公益法人（公益社団法人及び公益財団法人の認定等に関する法律（平成18年法律第49号））については，一般法人（一般社団法人及び一般財団法人に関する法律（平成18年法律第48号））とは異なり，機関選択の自由が大幅に制約されているほか，機関の内部構成に関する特則が定められている。公益認定を受けるためには，理事会設置一般法人でなければならず（公益5条14号ハ），従って監事を置くことを要し（一般61条），さらに，原則として会計監査人を置くことを要する

---

10) 森林組合法（昭和53年）115条，農住組合法（昭和55年）85条等。

11) 密集市街地における防災街区の整備の促進に関する法律（平成9年）は，計画整備組合に係る109条については前者を，事業組合に係る270条については後者を採用している。

12) 農業協同組合法40条，水産業協同組合法43条，森林組合法53条等。

(公益5条12号)。理事，監事および会計監査人は，社員総会の決議によって選任され（一般63条1項）解任される（同70条1項)。この社員総会の決議は，各一個の議決権を有する社員（同48条1項）につき，総社員の議決権の過半数を有する社員が出席し，出席した社員の議決権の過半数をもって行うこととされている（同49条1項)。

■2-3　条　　例

条例に基づく投票制度・選挙制度は，憲法上の自治立法権を与えられた各地方公共団体が定立する制度であるがゆえの可能性が展開されると同時に限界が画されている。

1）投票制度

原発や米軍基地をはじめ，特定の地域に負担を強いる政策の是非を問うために，条例に基づいて住民投票制度が創設され実施されることがある。条例に基づく住民投票は，法律との関係における条例制定権の限界に照らし，諮問的効力を有するにとどまっている。このことは，先にみた法律に基づく住民投票（市町村の合併の特例に関する法律4条や大都市地域における特別区の設置に関する法律7条）が決定としての効力を有しているのとは異なる。

条例に基づく住民投票制度の醍醐味として，何よりもまず，地方公共団体との実質的関わりに鑑みた住民の拡張，ひいては地方公共団体自身による構成員の人的画定があげられる。住民投票条例のなかには，国レベルの制度に比して，人的範囲を拡張し，外国人，未成年者，昼間住民等の“準住民”を政治過程に統合しているものもある。

このうち最も問題になるのは外国人である。国政選挙においては，国籍要件が課されるがゆえに厳格な平等原則が要請されるのに対し，地方選挙においては，自由度が大きくなる。最判1995〔平7〕年2月28日民集49巻2号639頁は，「我が国に在留する外国人のうちでも永住者等であってその居住する区域の地方公共団体と特段に緊密な関係を持つに至ったと認められるものについて，その意思を日常生活に密接な関連を有する地方公共団体の公共的事務の処理に反映させるべく，法律をもって，地方公共団体の長，その議会の議員等に対する選挙権を付与する措置を講ずることは，憲法上禁止されているものではないと解するのが相当である」と述べ，日常生活との密接な関連性を，地方自治という政治形態ひいては選挙権に結びつけている。さらに，条例に基づく投票においては，選挙とは異なり，「国民主権の原理及びこれに基づく憲法15条1項の規定の趣旨」（前掲1995年裁判）に必ずしも縛られず，むしろ，外国人を含む政治的統合において地方公共団体が積極的な役割を果たすべきであるとも解される（太田 2008：10–12)。

また，未成年者が，国政に先駆けて，条例による投票制度に組み込まれてきた。未成年者の法的地位は，成年者のそれとは明らかに区別され，十全たる国民の身分を与えられていない。憲法15条3項は，選挙権の付与を成年者に限定し，憲法44条の定める法定主義に基づいて，公選法9条において成年年齢が定められることになっている。18歳選挙権の導入は，18歳の人間が自分たちの世代の特殊利益に基づいて投票するのではなく，18歳の人間であれば，将来世代を含めた全国民に共通する一般利益について，家族等周囲の者の不当な影響に服することなく，自律的に判断する能力を十分に備えている（長谷部 2013：221）という考えに基づいている。この考え方によると，選挙権についても，婚姻や運転免許等と横並びに，当然に異なる法的地位を有する者に対し，事柄の性質に応じて特定の権益のみを配分するものであるとも解されうる。

加えて，住民投票条例においては，投票権者の範囲が問題となる。産業廃棄物処理施設等のいわゆるNIMBY施設は，当該施設の周辺地域の住民とより広域の住民との間で，必然的に利害が対立する。区域間の利害対立が明白である場合には，住民投票が十全に機能しないおそれが高い。

2）選挙制度

地域自治区に置かれる地域協議会の構成員の選任について（自治202条の5），条例に基づき，公募制ないし準公選制を採用している例がある。例えば，上越市自治基本条例は，「市長は，地域協議会の構成員の選任を，公明で，かつ，地域自治区の区域に住所を有する市民の多様な意見が適切に反映されるものとするため，市民による投票を主体とした選任手続を採用するものとする」（33条3項）と定めており，この条例（33条4項）の授権に基づき，上越市地域協議会委員の選任に関する条例は，「市長は，委員を選任しようとするときは，委員資格者のうちから委員に選任されようとする者を公募し，当該公募に応じた者（以下「委員候補者」という。）について投票を行い，当該投票の結果を尊重し，委員を選任しなければならない」（3条）という規定をはじめ，地域協議会の構成員の選任の手続を定めている。

なお，意思形成過程への参加ないし協議にとどまらず，執行過程における協働ないし実行をも担おうとする「公共的な地域活動，経済活動を分野横断的に統合型で運営できる法人」（スーパーコミュニティ法人）について，「根拠法に規定された条例に基づき，市長が認定することをもって，地域代表制を獲得する法人」であるべきことが主張されている[13)]。

第3節　選挙制度・投票制度の意味

■3-1　人権論的アプローチ

1）平等原則の根拠

選挙制度・投票制度を考えるにあたっては，いくつかのアプローチがありうる。憲法学において特権的地位を占めてきたのは，人権論的アプローチである。

人権論的アプローチは，「一人一票」原則を出発点に据える。この平等原則をいかに根拠づけるかに関して，学説においては，平等原則の法的性質と射程に鑑みて，いくつかの見解が提示されている（深瀬 1985：164）。すなわち，憲法14条1項一般説（実質的不合理な差別の禁止），選挙権の特殊な意義を強調する説（実質的理由による原則からの逸脱を制限するべく，投票価値の平等は一般の平等原則よりもはるかに形式化されたものであるとする見解），憲法43条1項説（平等原則の適用範囲の拡張による稀薄化のおそれから，全国民の代表という観念を根拠とする見解）等である。

興味深いのは，「選挙権は，概念上当然に，相互に平等な内容を有するものという意味を内包している」（高橋 2013：286）とする力強く単純な主張である。

13）伊賀市・名張市・朝来市・雲南市「小規模多機能自治組織の法人格取得方策に関する共同研究報告書」（2014（平成26）年2月）。

この主張は，国民主権原理とは，複数投票制と等級選挙制の否定によって，普通選挙と平等選挙を実現することに他ならないとするものであるとも解される。「国民」という身分の根幹をなす選挙権は，すべての者が担う権利であり，従って相互に平等でしかありえないのである。

2）選挙区制度の意味

もっとも，選挙権が平等原則の観点から問題となるのは，選挙区制度が採用されているがゆえである。「選挙区という特有の単位ごとに集合的に行使されることに起因する，選挙権特有の制度との関わり」（只野 2016：23）が，ここに如実に顕れる。選挙区制度は，議会の機能と密接不可分であり，しかも時代の変化に応じてその意味を変化させている。

(1) 国　　会

一方で，国会に関しては，――人口変動への対応の不作為ではなく――明示的に投票価値の平等に修正を加えた制度が，最高裁によって，制度それ自体の見直しを迫られている（淺野 2012：330）。すなわち，衆議院議員選挙区制度に関する一人別枠方式の廃止，および，参議院議員選挙区制度に関する都道府県選挙区制の放棄が，それである。

衆議院議員選挙区制度の一人別枠方式に関して，最大判 2011〔平 23〕年 3 月 23 日民集 65 巻 2 号 755 頁は，「相対的に人口の少ない地域に対する配慮はそのような活動の中で全国的な視野から法律の制定等に当たって考慮されるべき事柄であって，地域性に係る問題のために，殊更にある地域（都道府県）の選挙人と他の地域（都道府県）の選挙人との間に投票価値の不平等を生じさせるだけの合理性があるとはいい難い」として，小選挙区制導入時に国政の安定性・連続性を確保し，選挙制度改革を実現させるために必要であったという立法時の合理性は失われていると判示した。

また，参議院都道府県選挙区制に関して，最大判 2012〔平 24〕年 10 月 17 日民集 66 巻 10 号 3357 頁は，制度と社会の状況の変化に応じて参議院の独自性が後退し，投票価値の平等の要請について十分な配慮が必要であるとした上で，「(都道府県）を参議院議員の選挙区の単位としなければならないという憲法上の要請はなく，むしろ，都道府県を選挙区の単位として固定する結果，その間の人口較差に起因して投票価値の大きな不平等状態が長期にわたって継続していると認められる状況の下では，上記の仕組み自体を見直すことが必要になるものといわなければならない」と判示した。そして 2015（平成 27）年公選法改正は，合同選挙区制の導入によって，地域代表性を正面から否定するに至った。

(2) 地方議会

他方で，地方議会に関しては，選挙区制度は，特に過疎地域をターゲットとして，「実体」ないし「まとまり」を地方政治の単位に汲み取る仕組みとされてきたのに対し，合併による区域の拡大あるいは大都市区域をターゲットとして，住民自治の単位として「実体」ないし「まとまり」をつくりだす動きが現れている。

第一に，2013（平成 25）年公選法改正によって，都道府県議会選挙区が，「郡市の区域」から「一の市の区域，一の市の区域と隣接する町村の区域を合わせた区域又は隣接する町村の区域を合わせた区域のいずれか」に変更された。この変更は，「郡」という地理的区画が，時代の変化に従って，地域的まとまりを反映しえなくなったことに由来している。ここには，いわゆる平成の大合併も大きく関わっていよう。合併による区域の変更と規模の拡大は必然的に，地域的まとまりに影響をもたらす。そして，判例が，民意の把握に際して「地域的まとまり」を手がかりとし，民意の反映に際して都道府県の役割を介在させていることに照らすならば[14]，この改正は，旧町村単位のアイデンティティの確保の必要性と，分節化による新市の一体性の阻害のおそれという相反する要請を見据えた上で，“歴史”の欠缺を補うべく，都道府県議会が，民意の「実体」を受動的に把握するにとどまらず能動的に創出し，自らの組織を構成し機能させていくことを認めるものであるということにもなろう。

第二に，第 30 次地方制度調査会「大都市制度の改革及び基礎自治体の行政サービス提供体制に関する答申」（2013（平成 25）年 6 月 25 日）は，指定都市の行政区を住民自治の単位として分節化するという方向性の下，民主的正統化の

14）最判 1984〔昭 59〕年 5 月 17 日民集 38 巻 7 号 721 頁。

あり方（法人格の付与や公選機関の設置など）を議論した。これに対し，中核市・(旧）特例市については，選挙区制度が直接的に取り上げられた。指定都市以外の市は，特に条例で選挙区を設けない限り，市域全体を選挙区とするが，大都市に含まれる中核市・(旧）特例市については，区の区域を選挙区とすることを法律上課されている指定都市に比べ，バランスを大きく失する。そこで，より地域に密着し，住民との結び付きの深い市議会議員を選出する観点から，選挙区を設けるべきかどうか，また，選挙区の設定方法をどのように考えるかが議論された。中核市・(旧）特例市に関しては，指定都市をめぐる法状況の前段階にあるという認識の下，選挙区制度を一つの梃子として住民自治の舞台をつくりだすことが探られたともいえよう（飯島 2013：7-8）。

(3）意味すること

以上から浮かび上がってくるのは，国―個人と地方―住民集団への分化が進行している様相である。国会に関しては，個人の投票行為への着目の下，その平等を――他の考慮要素を重視するがゆえに――意図的に損なうような立法が最高裁によってサンクションされたのに対し，地方議会に関しては，社会状況の変化と制度改革によりもたらされた地方公共団体の区域と「地域的まとまり」との乖離に対する問題意識も相まって，選挙人団の選挙行為への着目の下，選挙区を梃子としてその自治を機能させる方策が探られている。選挙区制度はこのように，統治機構をいかに構成するかという組織のあり方に関わっている。なお，公共組合においても，選挙区制度が採用されることがありうる。1908（明治 41）年に制定された水害予防組合法（明治 41 年法律第 50 号）が既に，選挙区制度を設けていた[15]。さらに，あらためて留意すべきは，本章劈頭に引用した「選挙は，通常，選挙人団によって選定・指名された当選人の承諾を要件とする。この場合，選挙行為は，選挙人団の意思と当選人の意思の合致によって有効に成立する」（長谷部 2014：327）という言明である。選挙は，選挙人団の意思ばかりでなく，当選人の意思をも必要とする。(選挙人団構成員）個人の平等のアプローチからのみでは必ずしも制度全体を捉え切れないのである。

■ 3-2　組織論的アプローチ

1）共通利益の管理者の選定

そこで翻って，選挙行為が公務員の選定であることそれ自体に着目する。選定の対象である公務員が国会議員・地方議会議員を典型とする“統治者”である場合と対照させるために，管理の局面において選挙制度を採用している諸制度の意味を考えてみる。

憲法に基づく選挙制度において，国―個人と地方―住民集団＝社会への分化が進行しているのに対し，法律に基づく選挙制度においては，国レベルでの公と私の接近という傾向が指摘されうる。すなわち，共益的組織特に協同組合制度は，戦後直後に公的組織に倣う形で確立されたのに対し，公益的組織特に公益法人制度は，会社法に倣う形で整備が進められている。もっとも，協同組合制度は，平等原則，無記名投票原則および公平原則を採用しているものの，その基底にある考え方は，公的組織のそれとは基本的に異なる側面をも有している。普通直接選挙を必須とすることなく，総代制による間接選挙制度や複数選挙制度を採用する立法例があるのは，その顕著な証である。そして，法律に基づく選挙制度に比べると，条例に基づく選挙制度はまた異なる特徴を示している。そこでは，地方レベルでの公私の役割分担の変化に応じて，協働の必要性が高まり，従って正統化の必要性が高まっているとみることもできよう。

以上のことは，組織の性格・機能・役割に応じたガバナンスの構築の必要性という観点から整理し直すこともできる。この観点は，組織の性格・機能・役

15）水害予防組合法 33 条 4 項は，「組合ノ区域数市町村ニ渉ル場合ニ於テ選挙区又ハ選挙分会ヲ設ケタルトキハ各市町村長又ハ其ノ代理者ハ管理者ノ求ニ依リ議員選挙ニ関スル事務ヲ管理スヘシ組合員及組合費賦課物件ノ異動ニ関スル事務ニ付テモ亦同シ」と規定している。この他に，農業災害補償法（昭和 22 年法律第 185 号）29 条 3 項（「第 1 項第 7 号の役員の選挙に関する規定及び前項の総代の選挙に関する規定には，……総代の選挙につき選挙区を設けることとしたときは選挙区に関する事項を定めなければならない」），漁船損害等補償法（昭和 27 年法律第 28 号）46 条 7 項（「組合が第 4 項の規定により定款で総代の選挙についての選挙区及び当該選挙区において選挙すべき総代の数等を定めたときは，総代選挙のために組合が組合員に対してする通知は，第 37 条第 1 項の規定にかかわらず，当該組合の区域にその区域の全部又は一部が含まれる市町村（……）ごとに定款で定める場所に，選挙の期日，選挙の方法その他選挙につき必要な事項を記載した書面を掲示すればよい」）等が存在する。

割を平等の要請の程度においてのみ考慮する現在の判例の立場とは，逆方向からのアプローチである。

まず，公益の決定・実現のプロセスのなかで，どの局面について正統化が必要とされるのかが問われる。例えば，土地区画整理組合・市街地再開発組合といった公共組合については，総会の議決事項として事業計画の決定・変更や経費の収支予算などが掲げられており，また，土地区画整理審議会は，換地計画や仮換地指定に関する権限を行使することとされている。このことから，現行法制度は，決定権限の付与にあたっては，公選議会に相当する内部組織の整備を要するという考え方に立っているとも解されよう。

その上で，どのレベルにおいてどこまでの正統化が必要とされるのかが問われる。例えば，地域協議会において，組織の決定・執行に関与するメンバーについて，地方公共団体の長による任命とするか，公募による選任とするか，公選ないし準公選とするかといった選択肢がありうる。地域協議会を重視する上越市においては，条例に基づいて準公選制が採用されている。また，協議のみならず実行をも担おうとする小規模多機能自治組織においては，地域代表性が強調されている。このことから，公益の決定のみならずその実現をも射程に入れる組織においては，当該組織の基礎となる地域団体の意思を代表することが求められているとも解されよう。

2）組織編成の自治

そもそも自治とは，自らを治めるために自らの機関を必要とするから，その固有の機関を選挙によって選定することを内包している。フランス法においては，地方公共団体ないし地方分権の要素として，一般に，公法上の法人格，地域事務，固有の機関および国によるコントロールの四つがあげられる。このうち，地域事務つまり地域住民の利益とこれを管理する地方機関は，端的に，法人の二要素，すなわち，集団利益（intérêt collectif）とこれを代表・防御する機関（organe）に対応するものである。

法人論を基礎とする考え方は――代表論と比べると――機能的アプローチと親和的でありうる。もとより，日本法においても，地方議会については組織像からのアプローチがとられている。すなわち，地方議会の役割とは何かから出発して，執行機関との関係においては，（プロとしての）意思決定機関または（アマとしての）執行機関の監視機関として性格づけられ，また，住民との関係においては，代表民主主義のみならず，直接民主主義に重点が置かれ，“行政権までの民主主義”を叶えるのに加えて，代表民主制の下であれ，議会の解散請求と議員の解職請求を認めている（直接請求制度）。そして，メンバーシップとして，国レベルでは拒絶されている者（外国人や未成年者）を引き受ける一方で，団体を政治的統合の対象から排除し続けている（条例に基づく住民投票）。

国会についてもまた，「全国民の代表」にふさわしい機関をどのように構成するかというアプローチをとることがありうるのではないか。この際に基礎となりうる考えとして，——地方自治の本旨と同様に（塩野 2012：232）——国民の自治ないし自律の観念すなわち国民が自らの政府を自ら設計するという考えがある。国民は基本的に，「固有の権利」として保障された公務員の選定罷免権（憲法 15 条 1 項）を通じて統治権力をつくりあげる。そこで用いられる選挙という行為形式は，「選挙人団を構成する多数人（の）協同行為」であるがゆえに，「多数人」の規模に応じて選挙区制を採用すること自体は，合理的である。問題は，その区割の仕方である。この点に関し，憲法 47 条による法定主義の採用に新たな意味を与え，国会による単なる不作為は裁量権の行使として許されるものではなく，不作為に関する説明責任が課されるとする見解が提示されている（藤田 2014：42）。この見解をも含む形で，区割の際に立法者が他事考慮を行っていないかという問題設定を行うことが可能であろう。立法者による他事考慮は端的に，自らの政府を自ら設計するという国民の自治ないし自律を侵害する。選挙人団構成員個人の投票行為に着目し，他の個人（A 選挙区の選挙人団構成員個人）との関係におけるある個人（B 選挙区の選挙人団構成員個人）の平等に対する——選挙人団の選挙行為による——侵害を問題とする正統的な思考方法に対比させるならば，以上の思考方法は，選挙人団たる国民の選挙行為に着目し，立法者との関係における——立法者による——国民の自治ないし自律の侵害を問題とするものである。

さらに，選挙人団構成員個人による——公務員の選定への参加のみでなく——一定の事項に関する選択への参加行為に着目することも有益であろう。この個人による投票行為は，選挙人団による選挙行為を基本としつつ，これに加えて設けられている。その意義は，一方で，法律ないし代表民主主義に対する防波堤の役割にある。国レベルにおいては立憲主義（憲法改正国民投票），地方レベルにおいては地方自治（地方自治特別法の住民投票）という憲法上の価値を防御するために，投票制度が機能している。他方で，投票制度は，内閣（行政権）に対する防波堤としての役割を果たしている。内閣は，最高裁裁判官を任命するものの，罷免しえない。最高裁裁判官が職責を果たしているか否かを批評する任務を与えられているのは，選挙人団構成員個人である（最高裁判所裁判官国民審査）。ここでの選挙人団構成員個人による投票行為は，自らの設計した政府の自治ないし自律を――自らの設計した政府自身から――防御する役割を担っているとも解されよう。

第4節　結　　語

正統的な憲法学が，個人の投票価値の平等を基点として，この憲法上の価値の保護・実現を図ってきたのに対し，本章は，公務員を選定するという選挙行為を基点として，団体による選挙行為と個人による投票行為との区別を足掛かりに，組織編成に係る選挙人団の自治ないし自律という観念を提示した。「「一票の較差」問題を人権論としての平等の問題から，統治機構論の問題，具体的には，国会という統治機関の正統性（legitimacy）の問題に移し変える操作を施すことによって，平等論であれば合理的区別の範囲内として認められる余地がなおあったものを，国会が1対1ではなくてどうする，のような形で，ぎりぎりと迫り，厳格な審査・統制を促す理屈になったのではないかと思うのです」（蟻川 2014：41）という解釈に示唆を受けつつも，――憲法学の作法からの逸脱への自覚の下に――（統治機構に限られない）公益の決定・実現に関わる組織の設計の仕方という観点から「投票価値の平等」を問い直そうとした次第である。

【引用文献】

浅野博宣（2009）．「投票価値の平等について」安西文雄ほか『憲法学の現代的論点　第2版』有斐閣

浅野博宣（2012）．「参政権（2）選挙制度と議員定数不均衡」憲法判例研究会［編］『判例プラクティス　憲法』信山社出版

飯島淳子（2010）．「区画・区域・土地」『地方自治』791, 2–13.

太田匡彦（2008）．「住所・住民・地方公共団体」『地方自治』727, 2–22.

塩野　宏（2012）．『行政法Ⅲ　第4版』有斐閣

宍戸常寿（2012）．「一票の較差をめぐる「違憲審査のゲーム」—投票価値の平等［最高裁昭和51. 4. 14判決］」『論究ジュリスト』1, 41–49.

高橋和之（2013）．『立憲主義と日本国憲法　第3版』有斐閣

只野雅人（2016）．「選挙権と投票価値の平等—権利・制度・統治機構」『憲法問題』27, 18–30.

長谷部恭男（2013）．「世代間の均衡と全国民の代表」奥平康弘・樋口陽一［編］『危機の憲法学』弘文堂

長谷部恭男（2014）．『憲法　第6版』新世社

深瀬忠一（1985）．「選挙権と議員定数配分」小嶋和司［編］『ジュリスト増刊　憲法の争点（新版）』有斐閣

藤田宙靖・蟻川恒正・中川丈久（2014）．「藤田宙靖先生と最高裁判所（2）」『法学教室』401, 39–55.

第3章
「地域代表」と選挙区制

大山礼子

第1節　選挙区とは何か？

選挙区とは何だろうか。議員は全国民（地方議会にあっては全住民）の代表であるという理念に忠実であるなら，必ずしも選挙区を設ける必要はない。選挙区間の人口格差という困難な問題を回避するためには，全国（自治体全域）を一区とする大選挙区制のほうがのぞましいとも考えられる。宮沢俊義も選挙制度について論じた著作のなかで，「全国を数多の選挙区に区分することは何らの理論的必要にもとづくのではなく，むしろ全国を一選挙区とするのが理想であると云はねばならぬ」と述べていた（宮澤 1930：78）。

しかし，名簿式の比例代表制が考案され，20 世紀に入って西欧諸国に普及するまでは，現実に選挙を運営する必要上，有権者をいくつかの選挙人団に分割する必要があった。かつては，日本でも採用されていた等級選挙のように，選挙人の身分，財産等に着目した選挙人団もありえたが，選挙人の平等を前提条件とした場合には，土地を基準として選挙区を設けるのが公平かつ中立的な方法となる[1)]。

また，ゲリマンダリングの弊害を防ぐためには，人為的に選挙区を線引きするのではなく，なるべく歴史的・自然的な区画によることがのぞましい。通常の場合，行政区画は歴史的・自然的境界とほぼ一致しているとみなされるので，

1)「土地との関係に着目して――人と土地との関係はある意味において全人格的であるから――住所，居所その他の方法によって選挙人の関係する土地を基礎としてこれを区分するのが最も適当」（宮澤 1930：77–78）。

行政区画を基礎として選挙区を設ける行政区画主義もゲリマンダリングを避けるための合理的な方法といえる。日本だけでなく，多くの国々で自治体の区域を基礎として選挙区が設定されているのは，そうした文脈で理解できよう。

しかしながら，いったん自治体の区域を基準として選挙区が設けられ，それが長年にわたって定着すると，その選挙区から選出される議員を，全国民あるいは全住民の代表としてではなく，選挙区を構成する自治体の代表（「地域代表」あるいは「地方代表」）として捉える傾向が生じる。とりわけ，自治体の区画がそのまま一つの選挙区になっている場合には，その傾向が強まる。

実際に，これまでも選挙制度改革，とりわけ定数削減に反対する論拠として，しばしば地域代表の確保の必要性がもちだされてきた。地域代表の論理は裁判所や立法者によっても追認されている。公職選挙法は，都道府県議会議員選挙について，当分の間の措置という限定つきながら，郡市を単位とする選挙区の人口が著しく減少した場合，すなわち「当該区域の人口が当該都道府県の人口を当該都道府県の議会の議員の定数をもって除して得た数の半数に達しなくなった場合」（271条）であっても，強制合区規定の例外として独立した選挙区，いわゆる「特例選挙区」の維持を認め，人口比例の原則よりも地域代表の確保を優先させることを容認している。

現在，選挙区を基盤とする地域代表性の問題がクローズアップされているのは，参議院の選挙区選挙をめぐってであろう。2015（平成27）年7月の公職選挙法改正により参議院の選挙区が変更され，2016（平成28）年の選挙からはこれまでそれぞれ独立の選挙区とされてきた鳥取県と島根県，徳島県と高知県が合区され，隣り合う2県を合わせた新しい選挙区から改選期ごとに1人の議員を選出することになった。この合区に対しては地元を中心に根強い反対論が存在するが，反対論者の多くが依拠しているのも，参議院議員は各都道府県の利害を代表する地域代表であるべきだという論理なのである[2)]。

---

2) 全国知事会は，参議院は「その発足当初から「地方代表」としての性格をもち，都道府県の代表が参加することにより，地方の声を国政に届ける役割を果たしてきた」としている（「参議院選挙制度改革（合区案）に関する懸念表明（緊急アピール）」（2015（平成27）年7月24日）〈http://www.nga.gr.jp/ikkrwebBrowse/material/files/group/3/150724%20sanin.pdf（最終閲覧日：2016年12月27日）〉）。

選挙区が土地を基礎として選挙人団を設定するものである以上，そこから選出された議員が土地の代表（？）という性格を帯びるのは必然なのかもしれない。しかし，現実がその方向に傾斜していたとしても，「「代表」の規範意味として何を考え，それと現実との緊張をどの方向に処理していくのか」（樋口 1986：13）が問われなければならない。

この章では，日本の選挙制度において，どのような原理に基づいて選挙区が設定されてきたのかを考察する。自治体の境界を尊重して選挙区を設定することに，果たして実務上の便宜以上の意味があったのだろうか。当初の選挙区がいかなる構想に基づいて設けられたのか，そして，選挙区制度がその後，どのような変遷を辿ったのかを振り返り，今後の選挙区制のあり方を考える契機としたい。

第2節　日本における選挙区制の起源

■2-1　地方民会の先駆的試み

選挙区を単位とする選挙制度が全国規模で導入されたのは，帝国議会開設に先立つこと12年，1878（明治11）年7月に公布された府県会規則（太政官布告第18号）によってである。府県会規則によって定められた選挙制度は，公職者を選出するための統一的な制度としては，日本で最も古いものだ[3)]。

ただし，1878（明治11）年以前に府県会がまったく存在していなかったわけではない。1869, 1870（明治2, 3）年頃にも藩議院を設ける例があり，なかには投票によって議員を選出した藩もあった[4)]が，廃藩置県後の1875（明治8）年時点では，戸長・区長[5)]を議員として議会を開いた府県が1府22県，公選制の議会（「民会」）を開いていたものが7県確認されている[6)]。当時，公選による議員を

3）明治初期の府県会選挙については，当然のことながら，有権者の範囲や被選挙人資格，あるいは議員の出身階層などに焦点をあてた研究が多く，選挙区制などの狭義の選挙制度に注目した先行業績は乏しい。市村（2014），稲山（1983a；1983b；1984；1987；1988）は，都道府県議会における選挙区の問題を過去の経緯にさかのぼって論じた数少ない業績であり，本章も多くを負っている。

4）備中浅尾藩の場合には二院制の議会を設置し，「下院ハ里正市正ノ中ニ於テ入札公撰シテ議員ヲ任シ」と規定していた（尾佐竹 1937：94）。

参加させていた議事機関を地方民会と称しており，日本における選挙区制度の起源を探るには，地方民会における選挙がいかなるものだったかをみておく必要がある。

この時期の府県会は「開明的な県令によって試験的に開設されたもの」[7]（稲山 1983a：91）であったため，定数の定め方，選挙人・被選挙人の資格，選挙区の有無等，選挙制度は一定していないが，いくつかの事例からは外国の事例を参考に，選挙区を設けた上で選挙を実施していたことがうかがわれる。

とりわけ，民権派の県令の一人とされ，のちの地方官会議においても指導的役割を担った兵庫県令神田孝平が，オランダの地方制度を翻訳し，1872（明治5）年に『和蘭州法』および『和蘭邑法』を出版していたことは注目に値する。現在のオランダは国会，州議会および自治体議会のいずれのレベルでも比例代表制を採用しているが，1917年の普通選挙導入時に比例代表制に変更するまでは当時のヨーロッパの多くの国々と同様，小選挙区2回投票制を用いていたと考えられる[8]。もっとも，以下のような神田の記述によれば，州議会では複数人を選出する大選挙区も存在していたようである（神田 1872：3-4）。

「第三条　議員ハ州内諸邑ヲ数組ニ分チ選挙組ト号ケ（以下略）
第四条　各州内ノ選挙組ニ分ツノ法並ニ各組内ヨリ幾員ヲ選挙スル等ハ

5）ここでいう戸長・区長とは，1871（明治4）年に公布された戸籍法に基づいて戸籍事務の担当者として任命された官吏をいう。戸籍法は全国に「区」という新しい行政区域を設けるものとしていたが，多くの府県では区を大区およびその下の小区の2段階に分けていた。大区，小区の長の呼称は府県によって一定していなかったが，第一回地方官会議において，大阪県知事渡邉昇の発言に基づき，大方の慣習に従い，正副区長は大区の長，正副戸長は小区の長と決したという（亀卦川 1955：26）。

6）これに対して，議会を設置していないことが確認されたのは2府17県であったという。（「地方官会議日誌」巻14, 1875（明治8）年7月8日）（明治文化研究会 1967：313）

7）同時代の証言として，次のようなものがある。「今から考えると実に奇異に思はれるけれども，法律もなく，規定もないのに，或県では地方官限りで県会のやうなものを開き，町村長限りで町村会のやうなものを開いて，詰り今の地方議会の真似をして居った」（大森 1915：28）。

8）小選挙区2回投票制は，1910年時点では，「フランス，イタリア，ドイツ，オーストリア＝ハンガリー，ロシア，およびより小さなヨーロッパの諸国の殆どで，実施されて」いた（佐藤 1997：406）。オランダについては，自治体国際化協会（2005：40）を参照。

会議ヲ開キタル上別ニ其規則ヲ議定スヘシ

第八条 初度ノ選挙ニハ入札ノ数格段多キ者ヲハ充選ト定ムヘシ

初度ノ選挙ノ節格段入札多キ者アラサレハ再選スヘシ 其節ニハ最モ入札多キ者ヲ充選ト定ムヘシ」

定数2以上の選挙区における投票方式について条文からは明らかでないが，当時のヨーロッパにおいて2人以上を選出する選挙においてはほぼ例外なく完全連記制が用いられていた[9]。第8条の規定は第1回投票で過半数の得票をした者がなければ第2回投票に進む2回投票制を意味するものと解釈できるが，単記制の大選挙区制では単独の候補者が過半数の得票をするのは困難なので，その点からも連記制と考えるのが自然である[10]。

神田はオランダの制度を紹介しただけでなく，実際にそれをモデルとした町村会および県会を兵庫県に設置した（山田 1988：578)。ただし，神田の構想はまず公選制の町村会を開き，そののちに県会も公選制とするというものであった[11]ため，この時点で開かれた県会は区長の参加する会議であったようだ[12]。いずれにしても，こうした先駆的な例が「各地の地方民会開設の動きへかなりの啓蒙的役割をはたしたことは疑いない」（佐藤 1991：8）であろう。

公選制の府県会における選挙区制の具体例としては，千葉県議事会において，旧来の地域的なまとまりである町村ではなく，新たに政府が設定した行政区画で

9）後述するように，日本ではその後，単記制が広く採用されるに至るが，佐藤（1997）が紹介するイギリスの「選挙制度調査勅命委員会報告書」（1910年）では，完全連記制以外の投票方式を限定票制（limited vote）とした上で，限定票制の一変種といえる単記制について，わざわざ「日本で実施されている」（佐藤 1997：410）と記述しており，この記述からも単記制や制限連記制がヨーロッパに例のないものであったことがわかる。

10）現在も2回投票制をいくつかのレベルの選挙に使用しているフランスの場合，県単位の間接選挙で選出される上院議員選挙において，複数議員を選出する県のうち定数の少ない県（2013年8月の法改正以降は定数2の県のみ）の選挙には連記式2回投票制を用いている。

11）神田の構想については，田崎（1971）を参照。

12）兵庫県民会議事章程略（1875（明治8）年）によれば，町村では人口に応じて「議事役」の定数を定めているが，県会については「二八区長一同出席」としている（稲山 1983a：90)。

ある大区を選挙区とし，選挙区ごとに4人を公選していたことが確認できる[13)]。一選挙区から複数の議員を選出する場合，単記制をとっていたのか連記制を用いていたのかを確認できる資料は少ないが，尾佐竹猛収集資料（尾佐竹 1937）中に単記制の採用を明示するものはなく，逆に，少なくとも区会レベルでは連記制を採用していた例が複数記載されている[14)]。

こうして府県において自発的に民会を設置する動きが広まるなか，1875（明治8）年には，府知事および県令を召集して，第1回の地方官会議が開催された。地方官会議は木戸孝允の構想に基づくものであり，木戸自身が議長となって地方警察，道路，堤防等，地方行政に関わる具体的事項を審議していくのだが，6月20日に開会した会議が終盤に入った7月8日と9日の会議において，民会すなわち公選制議会設置の是非が論じられた。

政府側が議題として用意した「地方民会議問」[15)]の第1問は以下のとおりである。

> 「第一問　地方民会ヲ開設シ，其地ノ民費及ヒ公益ニ関スル事等衆議ヲ採テ定ントスル，新タニ議会ノ法ヲ設ケ公選ノ議員ヲ用フルト，姑ラク区戸長ヲ以テ議員トスルト，孰レカ今日人民ノ適度ニ応シ実際ニ益アルヘキ哉。其得失如何」。

木戸の方針は，府県会設置を不可避のものと認めつつ，地方民会に対して統制の枠をはめることによって，民権論に対抗しようとするものであった。府県会を開設する際にも官選制を基本とし，既設の公選民会については統一的な選

13）第1回地方官会議に際して議長の木戸孝允に提出した陳述書類のなかにある「千葉県議事会法案」では，「代議人ハ管下一大区コトニ四人ヲ公撰セシメ総人員六十人トス」（第2条）とされていた（我部他 1996：209）。ただし，選挙の方法は間接選挙だったようである（地方官会議における柴原和千葉県令の発言）（明治文化研究会 1967：315）。

14）名東県大小区会議事章程第8条「入札ニ書載ル人名ハ公選スヘキ人員ヨリ多ク或ハ少キモ妨ナシ」（尾佐竹 1937：182）。大阪府区会議員選挙法「……適当ノ人物ヲ見込ミ第一誰第二誰（区内人員ノ多少ニ因テ増減アルベシ）ト番号ヲ附ケ前顕ノ印紙ニ記載シ……」（尾佐竹 1937：286）。

15）宮内庁書陵部蔵「木戸家文書　地方官会議書類」（我部他 1997a：130–133）。

挙制度を定めて統制を加えようとしていたとみられる（山田 1979 : 318)。

地方官会議の審議では，神田兵庫県令に代表される民権派の県令たちが公選制の採用を主張し，政府の方針と対立した[16)]。終始審議を主導する立場にあった神田は，地方民会議問の審議開始直後に，「夫レ民会ノ本色ヨリ考察スレハ，誰カ公選ヲ非トスル者アランヤ」[17)] と述べて，政府を厳しく批判している。また，神奈川県令中島信行は，戸長・区長のような官吏を議員とするのは「議会ノ根理ニ反スル」とし，多少の不都合があったとしても，「断然公選民会ヲ開ク可シ」と主張した[18)]。

しかし，県令たちのなかにも，時期尚早などを理由として公選制ではなく戸長・区長を議員とする府県会を設置すべしとする者が少なくなく，最終的には公選制導入に反対する意見が多数を占めた[19)]。地方官会議はその後，法案を逐条審議し，7月12日に「区長ヲ以テ府県会ヲ興ス法案」，15日に「戸長ヲ以テ区会ヲ興ス法案」を決議して終了するが，「区長ヲ以テ府県会ヲ興ス法案」の第1条には「府県会ハ府県庁本部ノ地ニ，一ノ会場ヲ設ケ，各区長ヲ以テ成ル者ナリ」との規定がおかれた。

従って，この地方官会議では，公選制をとった場合の選挙制度については論じられることはなかったが，「地方民会議問」には公選制を採用すると決定した場合に備えて，次のような論点が用意されていた。

> 「第四問　既ニ各会区分ノ体裁ヲ決定セハ，其議員ニ撰マルル者ノ割合ハ人口ノ比例等ヲ以テスル歟，又ハ郡村割区割等ヲ以テスル歟，其良法果シテ如何」。

これをみると，仮にこの時点で公選制の議会を設置することになった場合に

16）木戸議長と民権派との意見対立については，渡辺（1995）にくわしい。
17）地方官会議日誌巻15，1875（明治8）年7月8日（明治文化研究会 1967 : 314)。
18）地方官会議日誌巻15，1875（明治8）年7月8日（明治文化研究会 1967 : 315)。
19）採決の結果は，戸長・区長を議員とする案に賛成した者39人（そのうち，公選議員も加えるべきとした者2人）に対して，公選制を支持した者は21人（そのうち当面は戸長・区長を用いるべきとした者8人）であった（地方官会議日誌巻15，1875（明治8）年7月8日）（明治文化研究会 1967 : 321-22)。

は，行政区画を基準とする選挙区を設置して選挙を実施することが当然と受け取られていたようであり，その際に選挙区ごとの選出議員数を人口に比例させるべきかどうかが論点として想定されていたことがわかる。先行して地方民会を設置していた県で選挙区を設けて選挙を実施していた場合にも，定数の定め方はまちまちだったのだろう。

こうして，地方官会議は，ほぼ木戸議長の方針に沿って，両法案を採択したが，地方官会議から法案を送付された元老院での審議が進まなかったために，いずれも日の目をみることはなかった[20]。その背景として，すでに公選民会を設置していた県から元老院に対して公選制維持の要望が提出されており[21]，「当時の元老院に有力な公選「民会」論があった」（早田 1983：102）ことが指摘されている。結局，地方官会議は，かえって「兵庫県，神奈川県，愛媛県の公選民会開設の正当性を公認すること」（渡辺 1995：239）になり，1875（明治 8）年以降，新たに公選民会を設置する県や従来の官選民会を公選民会に転換する県が続出した[22]。

■2-2　府県会規則による制度化

いったん頓挫した府県会に関する全国統一規則制定の試みは，3 年後の府県会規則に結実する。

府県会規則は同時に公布された郡区町村編成法，地方税規則とあわせて「三新法」と称され，内務卿大久保利通の地方制度構想を具体化したものである。当時，統一的な規則を欠いたまま府県独自の判断によって府県会の設置が進み，公選制を導入する府県も増加しつつあったが，府県会規則は，一挙に直接公選

20）「区長ヲ以テ府県会ヲ興ス法案」は同時に決定された「戸長ヲ以テ区会ヲ興ス法案」とともに元老院に付議されたが，「元老院はこれを議決するに至らなかった。地方官会議の議長であった木戸孝允は，地方に議会をひらくことは年来の宿願でもあったから，絶えず政府に対して一日もすみやかに施行するよう督促をかさねたが，ついに実施をみないでしまった」（亀卦川 1955：35）。

21）「神奈川，三潴，兵庫，愛媛，山形，置賜，三重，岐阜，鳥取其他六七県ノ如キハ，従来公選民会ヲ仕来リタレバ此節ノ会議ノ為メ破却セラレテハ迷惑ナルヲ以テ，此旨ヲ元老院ニ達シ，公選民会ヲ維持センコトヲ云々」（尾佐竹 1937：140–141）。

22）その例として，山田（1979：320）は，山梨，熊本，敦賀，浜松，静岡，高知，福島をあげている。

制（もちろん，選挙人には居住要件等のほか，厳しい納税要件が課されていたため，選挙人の数は極めて限定されていたが）の府県会を全国の府県に設置することを企図していた。

府県会規則に基づく府県会設置の意義については多くの先行業績があり，本章の守備範囲を超えるが，旧来の身分制秩序を脱し，新たに「土地の私的所有を基礎とする高額地租納税者の政治参加を制度的に保障」（早田 1983：107）するものであり，個人主義と財産原理に依拠している点で近代的性格をもつものであったとされる[23]。ただし，府県会の権限は地方税によって賄われる経費の議決に限定されており，「基本的には地方税を財源とする予算・支出方法に関する事項の議決の施行を府県令に要求しうるだけの脆弱なものであった」（早田 1983：104）。

フランスの制度の影響も指摘されている。三新法による府県制，郡区制は全国統一基準による地方制度の確立をめざしたものであったといえるが，その際に参照すべき外国の事例として，画一的な制度として整備されていたフランスの県，郡およびコミューンの制度が最も適切と考えられたことは容易に想像できる。この時期までに，フランスの地方制度を紹介する翻訳書等が数多く公刊されており（山田 1988：585），さらに，三新法が審議中であった 1878 年 5 月には大森鐘一が「仏国地方分権法」を翻訳出版し，県会規則（1871 年 8 月 10 日法 Loi du 10 août 1871 relative aux conseils généraux）を紹介している。内務官僚の松田道之が起案したものといわれる府県会規則の政府案は，フランス県会規則に類似した構成をとっており，大森の翻訳を参照したものと思われる（佐藤 1991：18）。議員は任期 4 年で，2 年ごとに半数改選とされたが，この点もフランスの制度（1871 年以来，2013 年法によって改正されるまで，任期 6 年，3 年ごとに半数改選であった）を継受したものかもしれない。

しかし，府県会の選挙制度はフランスの制度を導入したものとはいえない。1871 年法が定めるフランス県議会の選挙制度は小選挙区 2 回投票制であり[24]，大森鐘一による翻訳でも，各選挙区から 1 名を公選すること，第 1 回目の投票

23）地方官会議における審議においては，女子であっても，戸主であり，かつ納税要件を充足した場合には，選挙権を付与すべき旨の修正意見もあった（「明治十一年地方官会議筆記」乾）（我部他 1997c）。

で投票総数の2分の1以上，かつ選挙人の4分の1以上の票を得た者がない場合には第2回投票を実施し，相対多数を得た者を当選とすることなどが紹介されていた（大森 1878 : 65–100）。これに対して，府県会規則が採用したのは，郡区を単位に選挙区を設定し，各選挙区から複数の議員を選出する大選挙区制であった。府県会規則第10条は次のように規定する。

「府県会ノ議員ハ郡区ノ大小ニ依リ毎郡区ニ五人以下ヲ選フ」

ここでいう「郡区」とは，府県会規則と同時に公布された郡区町村編成法（太政官布告第17号）によって新たに設けられた行政区画である。郡区町村編成法は，それまで行政区画として用いてきた大区・小区を廃止し，旧来の郡および町村を復活させるものであった。町村には戸長，郡には郡長を置いたが，郡の区域が広すぎる場合には分割することとされた。また，都市部（「三府五港並人民輻輳ノ地」（第5条））は郡制の例外とし，郡とは別にそれぞれ一区とした。

府県会の選挙区に関する規定は，当初の議案（明治11年4月5日地方官会議第123号議案中第2号議案）[25]では，「府県会ノ議員ハ郡区ノ大小ヲ問ハス毎郡区ヨリ二人ヲ選フ」（第1条）とされており，フランスに近いものだったといえるかもしれない[26]。ところが，地方官会議での審議において，人口の多寡によらず郡区の権利は同一であるとして原案を支持する意見と人口または戸数により定数を増減すべきだとの意見が対立し，後者の意見が多数を占めたため人口比例的要素を加えることとなり，各郡区より2人以上5人以下を選ぶものと修正された[27]。ただし，この段階では定数配分についての具体的な規定はなく，元老院から人口基準によることを明記する修正案が提案された[28]ものの，最終的

24）ちなみに，フランス県議会の選挙制度は，のちの改正で第2回投票へ進むための得票基準が設定されたことを除けば，2013年の改正まで不変であった。

25）「地方官会議日誌」第5号2頁（我部他 1997b : 34）。

26）1人でなく2人を選出することとした理由として，政府委員の松田道之は，議員に故障があったときに備えるためと説明していた（「明治十一年地方官会議筆記」乾）（我部他 1997c : 84–85）。また，選挙区人口に関わらず一律の定数とする提案には，農村部名望家議員が議席の多数を占めるようにする意図もあったと考えられる（佐藤 1991 : 24）。

27）「明治十一年地方官会議筆記」乾・坤（我部他 1997c）。

には5人以下を選ぶことのみを規定した条文となった経緯がある。地方官会議による修正の背景には，おそらく，先行して公選制の府県会を設置していた府県の多くが人口または戸数を反映させた定数配分を採用していたことがあったと考えられる。

いずれにしても，この段階で，大久保の当初の構想どおり，行政区画である郡区を選挙区とすることが確定した意味は大きい。その後，衆議院の選挙制度を構想する際にも，郡区（市制町村制施行後は郡市）の区画を分断せずに選挙区を設定することが前提条件とされ，郡市を選挙区の基礎とすることが当然視されるようになっていく（佐藤 1991：20）。

制定された府県会規則は，選挙区等の選挙制度については簡略に規定するのみであったため，実際の運用は地方官の裁量に委ねられた（山田 1963：74）。選挙区ごとの議席数は，「初度ノ選挙ニ於テハ地方官ノ見ル所ヲ以テ」決定し，「第二度選挙ヨリハ議会ノ議決スル所ノ員数ニ従フヘシ」とされた[29]。その結果，「郡区の人口ばかりでなく，戸数，税額等によって定数を算出する府県もあり，各府県の議員選出の基準は一定していないような状態」（稲山 1987：55）であったという[30]。

府県会規則の条文では投票方法の詳細が不明であるが，完全連記式によっていたことは，府県制規則下の府県会末期にあたる1889（明治22）年2月になって制定された府県会議員選挙規則（法律第6号）のなかに無効票の扱いに関する条文があり，以下のように規定していることからも明らかである。

「第四十三条　投票ニ記載ノ被選挙人其選挙スヘキ定数ニ足ラサルモ之

28）佐野常民提案による元老院の修正は「府県会ノ議員ハ毎郡区其人口一万ニ満タサル者ハ一人ヲ撰ヒ一万以上ハ二人ヲ撰ヒ四万以上ハ二万毎ニ一人ヲ加フ」というものであった（元老院会議筆記，1878（明治11）年6月3日）（元老院／明治法制経済史研究所 1969：140–143）。

29）「郡区町村編制法府県会規則地方税規則施行順序」（1878（明治11）年7月22日太政官達）（内務省 1973：107）。これでは，「布告と同時に府県会規則の解釈に関する膨大な質疑が地方から寄せられた」（佐藤 1991：19）のは当然であろう。

30）なお，厳しい制限選挙の下で，人口と有権者数は比例していなかったことに注意が必要である。選挙人の資格要件は地租の納税額によっていたため，都市部には有権者が少なく，有権者数を基準とすれば都市部のほうが過剰代表となる。

ヲ無効トセス又定数ニ過クルトキハ…（中略）…末尾ヨリ其過数ヲ順次ニ棄却スヘシ」[31]。（内務省 1973：216）

もう一点，選挙区と地域代表性の問題を考える上で重要なのが，被選挙権者の要件に関する規定である[32]。府県会の選挙権および被選挙権については，政府，地方官会議および元老院の間で，またそれぞれの内部においても意見対立があり，関連条文が何度も修正されたが[33]，制定された規則においては，郡区内に本籍を定め，府県内で地租5円以上を納める満20歳以上の男子を選挙人としたのに対し，被選挙人は府県内に本籍を定め，かつ3年以上居住し，府県内で地租10円以上を納める満25歳以上の男子とされた。つまり，被選挙人については，選挙区である郡区に本籍を有することが条件から外されたのである。被選挙人の範囲の拡大は元老院で陸奥宗光らが強く主張したもので，その論拠とされたのが府県会は府県全体の利害を論ずる場であるということだった[34]。これによって，府県会議員の地域代表としての性格は希薄化したといえよう（早田 1983：112；佐藤 1991：29）。

府県会規則制定後も全国の府県で一斉に府県会議員選挙が実施されたわけではなく，府県会発足の時期にもずれがあったが，翌1878（明治11）年には3府35県において府県会が開設された（稲山 1983b：40）。また，同一府県内でも選挙区ごとに投票日はまちまちであったが，次第に統一され，明治10年代後半には全選挙区で一斉に投票が行われるようになったという（山田 1963：97）。府県会の活動の実態については，年度は不明だが年間開会日数の記録が大森鐘一文書中にあり，最長は広島県の137日，最短は鹿児島県の28日，平均は71日であったとされる（亀卦川 1955：93）。

31）この文言は前年の市制町村制をほぼ踏襲したものである。

32）1875年の地方官会議以降，府県会の被選挙権についてどのような議論がなされたかについては，石川（2002）にくわしく紹介されている。

33）亀卦川（1955），早田（1983），元老院／明治法制経済史研究所（1969）などを参照。

34）河野敏鎌の意見「府県会ノ精神タルヤ一郡区ノ事ヲ議スルニ非スシテ一府県内ノコトヲ議スル者ナリ」。陸奥宗光の意見「議員ハ府県内ノ人民ノ名代トナリ府県内ノ利害得失ヲ議スルノ任ナリ」（元老院会議筆記，1878（明治11）年6月3日）（元老院／明治法制経済史研究所 1969：144–145）。

なお，区町村レベルの議会についても，1880（明治13）年に区町村会法が制定された。しかし，第1条で区町村会は公共に関する事件及びその支出徴収方法を議定する旨を規定したものの，具体的な区町村会規則については「其区町村ノ便宜ニ従ヒ之ヲ取設ケ府知事県令ノ裁定ヲ受クヘシ」（第2条）として，統一的な基準を設けていなかった。府県の対応もまちまちで，全国的に区町村会が普及したわけではなかったようだ。

第3節　選挙区制の展開

■3-1　衆議院議員選挙制度の成立とその影響

府県会の選挙制度は帝国議会開設と前後して変化し，以後，衆議院の選挙制度と連動して改正されていくことになる。まずは，衆議院議員選挙制度成立の経緯をみておこう。

衆議院議員の選挙にどのような制度が適当であるかについて，当初，政府内では，モッセの意見などを容れて，自治体を基礎とした複選制（町村会→郡会→府県会→衆議院）が構想されていたが，直接公選制の採用が決定し[35]，論点は選挙区制に移った。末松謙澄の手に成るという「選挙法草案ニ関スル鄙見」は，選挙区の設定について，府県の区域あるいは郡の区域によってもよいし，新たに区域を指定してもよいとした上で，区域が小さい場合には「単名選挙」を用いるべきだが，「二名又ハ三名位ノ連名選挙法ヲ用ユルノ区域モ之ヲ区画シ得ベシ」とし，「連名選挙ト単名選挙トハ互ニ得失アリ」と述べている（伊藤1970：17-18）。すなわち，小選挙区制とするか，あるいは連記制を採用するかが議論されていたことになる。

ちなみに，衆議院議員選挙法に先立って1888（明治21）年4月に公布された市制町村制のもとで，市会町村会議員の選挙は財産要件に従って選挙人団を設ける等級選挙（市会は三級選挙制，町村会は二級選挙制）によって実施されることになったが，いずれも完全連記制を採用しており，当時，一選挙区から複数人を選出する場合には完全連記式が当然の前提とされていたことがわかる。

35）この間の経緯については，佐藤（1991）および佐藤（1993）を参照。

1889（明治22）年2月に公布された衆議院議員選挙法に基づく選挙制度は，小選挙区制を基本とし，人口を基準として新たに設置する選挙区に定数300を割り振るものとなった[36)]。ただし，選挙区は郡市を基礎とし，郡市の区画を分断しないという原則によって区割りを実施したため，例外的に2人区を設ける必要が生じた。最終的に43の選挙区が2人区となり，2人区では連記式の投票が行われた（第40条は「二人以上ノ議員ヲ選挙スヘキ選挙区ニ於テハ連名投票ヲ用ウヘシ」と規定する）。

また，選挙人の納税要件の基礎は，市制町村制によって地租のみから地租または国税へと拡大されていたが，この点も衆議院議員選挙法に受け継がれた。これにより，選挙人は従来の地主層中心から都市部の富裕層に拡大されたことになる。

ところが，同時期に，府県会では逆に直接公選制が廃止されてしまう。帝国議会開設の直前，1890（明治23）年5月に公布された府県制（法律第35号）および郡制（法律第36号）は，新たに複選制による府県会および郡会の設置を定めた。郡会については，町村会議員が原則として各町村1人ずつ選出する議員が定数の3分の2を占め，残り3分の1は大地主による互選とされた。次いで，府県会議員は郡会，郡参事会および市会，市参事会の議員によって，納税資格を満たす府県内の公民のなかから，各郡市1人以上を選出するものとされたのである（佐藤1993：53）。

定着していたかにみえた府県会の公選制が廃止された理由として，府県会の実情に対して批判的な声が高まっていたことが指摘されている。当時，岩倉具視などの保守主義者だけでなく，福沢諭吉のように熱心な府県会開設論者だった者の間でも，府県会の状況を憂慮する意見が多かったという（亀卦川1955：80–84）。

もっとも，府県制制定が府県会にもたらした影響は，ネガティブなものだけではなかった。旧府県会規則においては，府県会の議決は府知事県令の認可を経なければ施行できなかったが，府県制下では原則としてそのまま施行されるようになるなど，府県会の権限は拡大された（山田1988：608）。また，「府県会

36）実際には，人口12万人ごとに1議席を配分する基準によって各府県に定数を配分し，その後に郡市の区画によって選挙区の区割りが行われた。末木（2014）参照。永山（1997：109）によると，当初の選挙区間の人口格差は，島嶼部を除けば1.96倍にとどまっていたという。

議員定数規則」（1891年6月10日勅令第59号）が制定され，府県会議員定数をその府県の人口段階に応じて定める方法が初めて導入され，選挙区ごとの定数についても人口に応じて郡市に割り当てることが明確化された。

府県会の直接公選制は1899（明治32）年の府県制全面改正によって復活するが，この改正も衆議院選挙制度の改正と連動するものであった。この時期に，両者の改正がアジェンダとなった背景については佐藤（1993）にくわしいが，府県会の改革については政党からの複選制廃止の要望とともに，郡制施行の遅れにより複選制の運用に支障をきたしていたことも改正理由の一つであった。府県制・郡制改正後の1899（明治32）年3月の時点で，2府5県ではまだ郡制が施行されておらず，これに府県制未施行の大阪府を加えると，府県制が施行されていなかった府県は，東京府，神奈川県，京都府，大阪府，岡山県，広島県，香川県，沖縄県の3府5県に及んでいたという（上子 2011：16）。これらの府県では，府県会規則や地方税規則がそのまま施行されていたのである（亀卦川 1955：60）。また，複選制で当選するには，市町村会議員の多数の票を必要とするため，党派間の競争が市町村会議員選挙に波及するという理由から，直選制を推す意見もあった（内務省 1973：477）。

両法案のうち，まず，府県制郡制の改正が1899（明治32）年3月に成立し，公布された。改正の要点は，府県会，郡会ともに複選制を廃止し，直接公選制としたこと，郡会における大地主議員を廃止したことにあった。選挙権および被選挙権については，府県内市町村の公民であって市町村会議員の選挙権を有する者のうち，直接国税3円以上を納めたものを選挙人，10円以上を納めたものを被選挙人とした。他方，衆議院議員選挙法の改正は，ようやく1年後の1900（明治33）年3月に公布され，従来の小選挙区中心の制度に代えて，府県単位の大選挙区制を採用することになった。ただし，都市については，府県から独立した選挙区を設けることとした。また，選挙人資格の納税要件が緩和され，被選挙人資格からは納税要件がなくなって，30歳以上の男子という年齢・性別要件のみとなった。

この両法案による改正に共通する重要な点は，府県会の複選制の選挙においても維持されてきた連記制が廃止され，単記制を採用したことである。単記制の採用については，表向き，少数派の代表を可能にするものとの説明がなされたが，山県内閣の意図が政党勢力の分散化にあったことは明らかであり[37]，衆議院の政党勢力は政府案に激しく反発した。

先に成立をみた府県制改正法律案の場合，衆議院側は連記制への修正案を可決したが，貴族院の再修正によって単記制が復活し，3月6日の衆議院本会議において，貴族院の回付案が成立した。貴族院との妥協成立は複選制および大地主議員制度の廃止を優先する政党側の判断によるものであったが，議員のなかには「今マデノ慣行ニ背ク」[38]として最後まで単記制に反対する意見があった。また，同時にそれまでの半数改選が4年ごとの全員改選方式に改められ，選挙区ごとの定数については，「府県会議員の配当」（1899年5月20日内務省令第17号）により，人口比例とすることが再確認された（「府県制第五条二依リ各選挙区ニ於テ選挙スヘキ府県会議員ノ数ハ人口ヲ標準トシテ之ヲ定ムヘシ」）。

衆議院議員選挙法改正案に関する議論は，議員に直接影響するだけにさらに過熱し，審議は難航した。改正案の審議は1888（明治21）年の第12，第13帝国議会では決着せず，翌年の第14帝国議会に三たび提出され，両院協議会での協議を経てようやく成立にこぎつける[39]。両院協議会の成案の要旨は，選挙権・被選挙権年齢を各々25歳，30歳とし，被選挙人については納税要件を不要とすること，大選挙区単記制を採用し，秘密投票とすること，そして，郡市を区別し，人口3万人以上の市からは1人以上を選出，その他の地域では人口13万人について1人を選出するとしたことである。衆議院側委員が大選挙区単記制を容認したのは，被選挙権の拡大のほか，市部を独立選挙区とすることを優先した結果であったとみられる。

それでも，衆議院では両院協議会案に対して根強い反対があった。江藤新作などは，大選挙区単記制を「奇妙不可思議ナル制」と断じ，「政党ヲ助長スル，政党ノ発達ヲ助クルノ法律デハナイ，是ハ政党ヲ撲滅シ破壊シ去ルノ制度ト言ハナケレバナラヌ」と政府を批判した[40]。

両法案の可決はその後の選挙制度に大きな影響を及ぼした。選挙区を設ける

37）「第三党をもって議会操縦をはかろうという思惑を有していた山県にとっても，大選挙区制はその抬頭が期待されるものであった」（佐藤 1993：83）。

38）加藤政之助発言（衆議院議事速記録第43号，1899（明治32）年3月6日，683頁）。

39）両法案の審議経過については，佐藤（1993：68–86）を参照。

場合には郡市の区画によることが確認されるとともに，それまでの連記制に代わって単記制が採用され，定着する。1911（明治44）年には市制および町村制の改正によって府県制・郡制との一致がはかられ，市会・町村会の議員についても任期を4年として半数改選制を廃止したほか，従来の連記制に代えて単記制が採用された[41]。また，衆議院の選挙制度は，1919（大正8）年に原内閣の下でいったん小選挙区制に復帰する[42]が，1925（大正14）年の男子普通選挙実現と同時に，大選挙区単記制の一種であるいわゆる中選挙区制が導入され[43]，以後，長く日本の選挙政治を決定することになる。

■3-2 戦後改革と中選挙区制

第二次大戦後，帝国議会は国会となってその地位が大幅に強化され，また地方議会の役割も格段に拡充された。しかし，地方議会の選挙制度には大きな変更はなく，また衆議院ではいったん新たな制度が導入されたものの，たった一度の総選挙を経たのみで従来の中選挙区制が復活した。

地方議会については，1946（昭和21）年に市制，町村制および府県制の改正が行われ，衆議院での修正により，いずれの議会においても定数を増加することになった。政府は従来の定数が妥当だとしていたが，衆議院では，地方自治の発展や有権者の増加を勘案して定数を大幅に増加すべきであるという意見が大勢を占めたからである（稲山 1983b：49）。しかし，選挙制度についてはほとん

40）衆議院議事速記録第34号，1900（明治33）年2月23日，707頁。

41）政府委員の一木喜徳郎は次のように提案理由を説明している。「既ニ衆議院議員ノ選挙ヲ初メ，府県制郡制悉ク単記ノ制ヲ採ッテ居ル中ニ於テ，独リ市町村制ノミ連記法ヲ用ヒテ居リマスコトハ，啻ニ制度ノ権衡ヲ得ナイノミナラズ，実際ニ於テモ兼テ御承知ノ通リ連記ニ伴ヒマスルトコロノ弊害ヲ見ル訳デゴザイマスカラシテ」（第27回帝国議会衆議院市制改正法律案外一件委員会会議録（速記）第2回，1911（明治44）年3月4日，3頁）。ただし，この時点では，市会町村会の等級選挙は廃止されなかった。

42）ただし，導入された制度は完全な小選挙区制ではない。帝国議会発足当初の小選挙区制同様，人口（13万人）を基準に区割りを実施したが，郡市を分割せずに1人区を設定することが不可能な場合には，2人区，3人区が設けられた。

43）このときの区割りも郡市を基礎としている。奈良岡（2009）は，当時は少数代表・比例代表の確保が世界的趨勢とみなされており，中選挙区制は将来の比例代表制導入へ含みを持たせたものだったと分析している。

ど議論の対象とならず，単記制の投票方法にも変更は加えられなかった[44]。都道府県議会の選挙区は府県会規則以来の「郡市」の区画が維持されて定着していき，府県会規則の時代には人為的行政区画を選挙区としたにすぎなかったものを，地域代表として捉える傾向も強まった[45]。

1947（昭和22）年当時，全国の都道府県議会の選挙区のうち，1人区は154区（18.4%）にすぎなかった（稲山 1987：66）ので，都道府県議会の選挙制度は中選挙区制を原則としていたといってもよいだろう。1956（昭和31）年には政令指定都市の制度が発足するが，政令指定都市議会の選挙は行政区を選挙区として実施されたため，都道府県議会同様，中選挙区制主体の選挙制度となった。

他方，衆議院では1945（昭和20）年12月に衆議院議員選挙法が改正され，大選挙区制限連記制が導入されるという重大な変化があった。福永（1986）の研究によると，1945（昭和20）年の改正は内務官僚主導で立案されたものであり，人口移動が激しく従来の選挙区の維持が困難であったという事情によるほか，大選挙区比例代表制を理想としつつ，過渡的な制度として制限連記制が採用されたという[46]。政党側からは制限連記制に対する反対が強く，各党から色合いの異なる修正案が提出されたが，自由党および社会党から大選挙区単記移譲式が提案されていたことは注目に値しよう[47]。GHQは改正に介入しなかったが，民生局内部の議論では，制限連記制が多数決原理に反するとの意見があり，ま

44）郡祐一政府委員は「地方議會に付ては特に現行法を改正する必要を認めなかつた」と答弁している（第90回帝国議会衆議院東京都制の一部を改正する法律案外三件委員会会議録（速記）第11回，1946（昭和21）年8月7日，5頁）。

45）総務省（内務省，自治省）の見解も，都道府県議会議員選挙については地域代表の性格を強調してきたようである。第90帝国議会における大村清一内務大臣の答弁は後述する参議院に関するものとはニュアンスを異にし，次のように述べている。「府県会議員ノ選挙ハ，地域代表ノ原則ヲ採入レルコトガ必要デアリ，地理的環境又ハ土地柄ニ応ジマシテソレゾレ民意ヲ反映セシムルコトガ望マシイ」（衆議院議事速記録第14号，1946（昭和21）年7月9日）。稲山（1988：62）も，「都道府県議会議員には，地域代表たる性格が強調されるべき」であるとする。

46）立案の中心となった坂千秋内務次官の意図は，「死票の減少，少数代表のメリット，既成政党の「地盤」くずし」（福永 1986：412）にあったのではないかと推測されている。

47）第89回帝国議会衆議院衆議院議員選挙法中改正法律案外一件委員会会議録（速記）第7号，1945（昭和20）年12月11日。同法案の立案および審議過程については，水崎（1975）を参照。

た，自書式の投票方法についても疑問が出されていた（福永 1986：418）。

しかし，新制度の下で総選挙が実施されたのは翌年4月の一度だけで，1947（昭和22）年3月の同法改正によって中選挙区制が復活する。中選挙区制への復帰は，連立工作とからんだ各党の思惑やGHQとの交渉など，複雑な経過を辿った（福永 1986）が，最終的に与党自由党議員からの修正案の形式をとって実現した。提案者である小沢佐重喜の次のような発言からは，議員の間に強固な中選挙区制支持が存在していたことがみてとれる。

「選挙法が施行せられまして以来，わが国の選挙人は自分の信ずるただ一人の候補者に投票するのほかに，他の候補者に投票するような観念を有しないから，かりに二人もしくは三人を連記するの自由を与えましても，やはり自分の信ずる候補者ただ一つ以外には，何物も考えないという傾向が多分にあるのであります」。

「中選挙区単記制こそは，わが国選挙界の現状に適する，最も公正なる制度たることを深く確信して，ここに修正案を提出するものであります」（第92回衆議院衆議院議員選挙法の一部を改正する法律案に対する修正案外三件委員会議録（速記）第1回，1947（昭和22）年3月28日，1頁）。

制限連記制の下で女性議員が大幅に増加したことに対する反発もあったようで[48]，本会議での表決前に中選挙区制復帰への疑問を呈した議員は浅沼稲次郎など少数にすぎなかった（第92回衆議院本会議録第31号，1947（昭和22）年3月30日）。

では，まったく新しく構想された参議院の選挙制度のうち地方区（のちの選挙区）については，どのような議論があったのだろうか。

参議院議員選挙法制定時の帝国議会での審議においても「地域代表」という言葉がしばしば登場しているが，国家の構成要素としての地域そのものを代表

48）これより後のことになるが，1948（昭和23）年5月25日に衆議院本会議で実施された自由討議において，岩本信行議員は制限連記制について「どうも女にお付き合いで一票入れようという事実があつた」と批判している（第2回国会衆議院本会議録第49号，463頁）。

するという考え方はなかったようである（只野 2013：69)。大村清一内務大臣は次のように答弁している。

> 「外国の第二院に付きましては，州を代表するとか，地域を代表すると云ふやうな考へ方があるかと思ふのでありまするが，我国の参議院に於きましては，地域代表と云ふ意味の思想は，是は採ることが出來ないものと思ふのであります，唯地域代表的性質と云ふやうなことを私も時々申上げて居りますが，是は地方の事情に詳しい人に出て貰ふと云ふ趣旨で申上げて居る（以下略)」（第 91 回帝国議会貴族院参議院議員選挙法案特別委員会議事速記録第 2 号，1946（昭和 21）年 12 月 5 日，17 頁)。

地方区は都道府県を選挙区とし，都道府県への定数配分は人口比例によった。市村（1999）は，議事録等の資料を検討した上で，制定時の参議院地方区すなわち都道府県への定数配分について，半数改選期ごとに同数を改選することが望ましいという配慮から偶数配分としたこと，従って最低 2 議席の配分を保障したことを除けば，人口に比例して，機械的公正さをもって行われたと結論づけている[49]。当初の配分では，25 県に 2 人（すなわち，半数改選の選挙では 1 人選出の小選挙区となる)，残りの 21 道府県には 4 人から 8 人までが割り当てられた。複数を選出する場合にも単記制が採用されたので，21 道府県では選挙区の大きさに違いはあるものの，衆議院と同様の中選挙区制を採用したことになる。

ただし，参議院議員選挙法制定時には衆議院ではまだ中選挙区制が復活していなかったので，参議院の地方区を単記制とすることには衆議院と異なる選挙制度を採用する意味があったことに注意しなければならない。大村内務大臣は，「投票方法に於ても，衆議院議員の選挙に於ける連記制に対して，参議院の場合は，単記制を採ることに致して居りますので，両者は自ら異色を見せることになると考へられるのであります」と述べていた（第 91 回帝国議会貴族院議事速記録第 5 号，1946（昭和 21）年 12 月 4 日，8 頁)。

49）市村は「それが後になって，人口比例主義に立たないと解釈されるようになったことは非常に驚くべきことである」（市村 1999：74）と述べる。

第4節 選挙区制の現状と問題点

■4-1 投票価値の不平等

現在，日本の選挙制度が抱える最も重大な問題が，選挙区を単位として実施される選挙において，投票価値の平等をいかに確保するかという点にあることには，ほとんど異論の余地がないだろう。参議院の合区問題はその端的なあらわれといえるが，衆議院や都道府県議会の選挙制度においても，急激な人口移動によって深刻な問題を生じている。総じて，行政区画を基準とする選挙区制を維持する限り，今後，投票価値の平等の確保は一層困難になると予想される。

衆議院の場合は，1994（平成6）年の公職選挙法改正によって中選挙区制が廃止され，小選挙区比例代表並立制となったが，その区割りは可能な限り郡市の区画に従うものとされていた。事実，当初の区割りでは，大都市圏や県庁所在地等の一部を除いて，郡市の区画が尊重されていた。しかし，その後の人口変動や市町村合併の影響によって郡市の区画を維持することは不可能になり，現在は市町村の区域をも分断して，旧市町村の区画，支所または出張所管内，あるいは丁目単位での分割が広がっている。「衆議院の小選挙区は，実質的に区割りの線引き基準が曖昧になりつつあり，今後は，市のみならず町村の区域においても無原則な分割が進むおそれがある」（市村 2014：26）といえよう。

都道府県ごとに定数を割り当ててから都道府県内で選挙区を設けるという原則さえ，将来的には維持できなくなると考えられる。品田（2016）の試算によれば，衆議院小選挙区制選挙における各都道府県への議席配分は，アダムズ方式を採用しても，その他の方式をとるとしても，2040年頃には選挙区単位でみた較差が2倍近くなり，危険水域に近づく。つまり，現行の選挙制度の枠組みを維持する限り，どのように定数配分を是正してもいずれは投票価値の不平等を許容範囲に収めることは不可能になるわけで，問題の解決には，都道府県を単位とすることをやめるか，あるいは小選挙区制の廃止などの抜本的改革が必要になる（品田 2016：95）。

しかし，都道府県の県境を越えて選挙区を設置する事態になれば，選挙区の行政区画主義はほとんど意味のないものになってしまう。行政区画主義はゲリマンダリングを防止する手段として機能していたはずで，それを放棄してしまえば，公正な区割りを実現すべく努めたとしても，ゲリマンダリング批判を免れることはむずかしくなるのではないか。

投票価値の平等の維持は配分議席総数が少ないほど困難になるので，選挙区に配分される定数が少ない上に半数改選という制約条件を課せられている参議院において，都道府県単位の配分が不可能になったのは当然といえる。人口減少によって次に選挙区改編の対象となる可能性があるのは福井県と佐賀県だが，両県を合区するわけにはいかないので，2015（平成27）年改正の手法は使えない。参議院選挙制度の抜本改革が急務とされるゆえんだ。

都道府県議会の状況も深刻である。2010（平成22）年国勢調査人口を基礎とした2013（平成25）年9月1日現在の人口較差は，特例選挙区を含めた場合，島嶼部をかかえる東京都の5.435倍を筆頭に5都道県で3倍を上回っている（総務省 2014：18)。特例選挙区を除いても，3道県の数値は3倍を超える。

都道府県議会の選挙区は郡市の区画によることが府県会規則以来の伝統だったが，この原則はすでに放棄されている。2013（平成25）年末に成立した公職選挙法改正により，「郡市」の文言は法律の規定から姿を消し，現行第15条第1項は「都道府県の議会の議員の選挙区は，一の市の区域，一の市の区域と隣接する町村の区域を合わせた区域又は隣接する町村の区域を合わせた区域のいずれかによることを基本とし，条例で定める」と規定する。また，これまで郡市を単位として認められていた任意合区の規定もこれに合わせて改正され，「一の市の区域の人口が議員一人当たりの人口の半数以上であつても議員一人当たりの人口に達しないときは，隣接する他の市町村の区域と合わせて一選挙区を設けることができる」（同条第3項）ことになった。

この改正の背景には，近年の市町村合併の進行によって郡の存在意義が変化したことがある。旧郡の一部が近隣の市と合併したために，郡の区域が分断される例が各地にみられ，郡市を基礎とする選挙区の設定は極めて困難になっていた。全国都道府県議長会からは，「全国的に守られるべきルールを明らかにした上で，地域の実情を踏まえ，都道府県が条例で自主的に選挙区を規定できるように」してもらいたいとの要望が出されていた（「公職選挙法の改正を求める緊急要請」2009（平成21）年10月27日)。

改正によって，都道府県の裁量によって選挙区を改定する道が開けたが，その反面，選択肢の増加によって恣意的な選挙区（具体的には現職議員にとって有利な選挙区）が設定されるおそれも生じているといえよう。

■ 4-2 選挙制度の歪み

行政区画主義による選挙区制は，投票価値の不平等以外にも，特に参議院および都道府県議会の選挙制度において，歪みを生じる原因になっている。

両者の選挙区は，行政区画によって選挙区を設定した後，人口比例原則に基づいて定数を配分してきたため，小選挙区と中選挙区が混在している。同一の選挙制度のなかに原理の異なる選挙区を混在させることに対しては古くから批判がある。例えば，宮澤は，「小選挙区制と大選挙区制との「混合選挙区制」の如きは，多くの場合その区分の理論的根拠を欠くのみならず，却ってその区分において恣意が作用し得る範囲が広い故，まづ排斥せられねばならぬ」（宮澤 1930：79）と述べていた。現行の参議院，都道府県議会，政令指定都市議会の選挙についても，加藤（2003）や砂原（2015）などが厳しく批判している。

また，参議院議員選挙においては，農村部で小選挙区制，都市部で中選挙区制がとられるため，農村部に強い政党に有利であり，農村部の声を過剰に代表する結果になっているとの批判がある[50)]。都道府県議会についても同様の問題を指摘できるだろう。

近年は人口が減少した地域で1人区が増える一方で，都市部では定数が増大しており，選挙区ごとの定数の差が拡大している。参議院においては，1947（昭和22）年の発足当初は1人区が25であったのに対し，現在は32に増加している。また，都道府県別の配分議席数は最大8（半数改選の選挙時は4人区）であったものが，現在は12（6人区）になっている。

1人区の増加と定数格差の拡大傾向は，都道府県議会において一層顕著である。1947（昭和22）年当時，全体の18.4%（154区）にすぎなかった1人区が，2013（平成25）年には40.4%（460区）に達している。他方，都市部への人口集中が進んだ結果，県庁所在地では定数が10を超えることも珍しくない[51)]。鹿

50）農村部に強い政党（具体的には自民党）は農村部で議席を独占した上で都市部でも一定の議席獲得が見込めるが，逆に都市部に強い政党は都市部でも議席を独占できないことによる（菅原 2013）。

児島県の場合，21 選挙区のうち，過半数の 11 区が 1 人区，9 区が 2 人区から 4 人区であるのに，鹿児島市・鹿児島郡[52] 区だけが定数 17 ととび抜けて大きな選挙区になっている（総務省 2014：10）[53]。

近年の 1 人区増加の原因の一つに，市町村合併の進行により従来の郡の区域が分断されたこともある。1958（昭和 33）年の公職選挙法改正により，郡の区域が他の郡市によって分断された場合には，それぞれを独立した選挙区とすることが可能になったため，1 人区が増えた（市村 2014：25）。2013（平成 25）年の改正では，郡の区域に関わらず町村の区域ごとに選挙区を設定できるようになったので，各都道府県の裁量によって選挙区の細分化が加速する可能性がある。また，政令指定都市の区域については行政区単位で選挙区が設定される[54] ため，政令指定都市になると選挙区ごとの定数が激減し，1 人区や 2 人区が生まれるという現象もあらわれている。

元来，複数を選出するにもかかわらず単記制をとる中選挙区制は，小選挙区制とはまったく異なる原理に基づく選挙制度であるし，中選挙区制のなかでも定数が 2–3 人であるものと 10 人を超えるようなものでは，有権者の投票行動にも大きな違いがあらわれる。「小選挙区制の論理に徹するならば，複数定数の選挙区は分けて小選挙区にしなければならないはずである。逆に，地方議会にはある程度の数の政党があったほうがよいというのなら，選挙区を広げる方向で調整し，一定にしなければならない」（加藤 2003：185）のであって，自分たちの議会にはどのような選挙制度がふさわしいのか，住民の合意を得て選挙制度の改正を行うべきであろう。ところが，現状では，正面からあるべき制度を論じることなく，選挙区の区割り変更によって，事実上，選挙の性格に重大な変更が加えられているのである。

51）ただし，後述するように，政令指定都市では選挙区が分割されるため，選挙区が小さくなる。

52）島嶼部の三島村，十島村。

53）鹿児島県議会の選挙区定数は 2014（平成 26）年の条例第 15 号で変更され，鹿児島市・鹿児島郡選挙区の定数は 18 に増加している。

54）ただし，2013（平成 25）年の改正によって，政令指定都市の区域については，行政区の区域を分割しないことを条件に 2 以上の選挙区に分けるとされたので，複数の行政区をまとめて一つの選挙区とすることも可能になった。

地域代表の原理を優先し，行政区画に基づく選挙区を維持しようとすると，1人区が増加し，それぞれの地域における少数意見を切り捨てる結果にもなりかねない[55]。もし，議会の立法裁量が大きくなったために，大政党に有利な小選挙区化が進行しているとすれば，問題は深刻である（市村 2014：53）。

また，政令指定都市の選挙区については，政令指定都市の区域では住民サービスのほとんどを政令指定都市が行っており，都道府県の役割が小さいことを理由に，特に政令指定都市以外の選挙区から選出されている都道府県議会議員の間には，人口比例に基づく定数配分を批判する意見がある。しかし，このような意見は，都道府県会議員はどの選挙区から選出されようとも府県全体の代表者であるとする選挙区制発足時の理解と対立するものであり，実際上も，行政区画主義に基づく選挙区制を維持するかぎり，問題の解決は困難といえよう。

第5節　おわりに

日本の選挙制度は，20世紀初頭までに今日につながる選挙区制や投票方法などが確立し，その後は，1994年の衆議院への小選挙区比例代表並立制の導入などを除けば，それほど大きな変化を経験していない。とりわけ地方議会の選挙制度は，極めて安定的に運営されてきたといってよいだろう。しかし，逆にいえば，ある時期に政治的配慮から，あるいは過渡的な制度として導入されたものが強固に根を下ろしたために，必要な改革がなされてこなかったという見方も可能かもしれない。18歳選挙権はようやく実現したが，単記制や自書式投票への執着などは，選挙制度の面でも「ガラパゴス化」が進行しているという印象をぬぐえない。

「地域代表」の強調も日本独特の議論といってよいだろう。ヨーロッパでは欧州議会議員の直接選挙において比例代表制（名簿式または単記移譲式）を採

55）府県会の選挙区については，郡市の区画による選挙区を特例として分割できるとした分区制が認められていたことがある（府県制中改正，1922年法律第55号）。この措置は衆議院の小選挙区制と対応させることを目的としたものだったので，衆議院が中選挙区制となった1925（大正14）年に廃止され，短命に終わったが，当時から分区制は少数代表の機会を少なくさせるという批判が存在していた（稲山 1987：59）。

用することが加盟国に適用される共通ルールになっている（Council Decision 2002/772）ことからも明らかなように，すでに比例代表制が規範化しているが，国や地方のレベルでは小選挙区制等の制度を堅持している国もある。しかし，その場合に自国の制度を正当化する論拠として援用されるのは，地域代表の論理ではなく，議員と有権者との距離の近さである[56]。

ところが，日本では，都道府県議会の選挙区制に顕著にあらわれているように，制度発足の当初は実務的・便宜的な区画であった選挙区が地域代表を選出する単位として認識されるようになった（市村 2014：50）。その結果，小選挙区と定数の多い中選挙区との混合が生じているのだが，人口の多い選挙区では定数が 10 人を超え，議員と有権者との紐帯が犠牲になっている。

投票価値の平等確保の要請が強まるなか，国会だけでなく都道府県議会の選挙制度も，近い将来，抜本的な改革を迫られるのは必至である。自治体の区域全体を一つの大選挙区として実施される市区町村議会選挙では投票価値の不平等は生じないが，都道府県議会選挙以上に議員と有権者との紐帯の確保が課題であり，市町村合併の進展によって状況はより深刻化している。いずれのレベルでも，小手先の改正で問題を先送りするのではなく，早めに改革に着手すべ

56）最近の例として，男女同数の代表の確保を目的として行われたフランス県議会の選挙制度改革（2013（平成 25）年 5 月 17 日組織法律）では，目的達成のための一般的な方法であり，実績もあった名簿式比例代表制の導入をしりぞけて，男女ペアでの立候補による二人区制を導入したが，その際の論拠となったのは「近接性 proximité」の確保であった。それまでの小選挙区 2 回投票制で使用されていた選挙区（canton）は大革命期の行政区画に由来し，長年，ほとんど区割り変更も実施されていなかったのだが，そうした伝統ある選挙区への愛着は顧慮されず，短期間で選挙区を半減させる区割り変更が実施された。この改革の経緯については，大山（2016）を参照。

57）イギリスは，2011 年 5 月 5 日，現行の単純小選挙区制に代えて選択投票制（Alternative Vote Method）を導入するか否かを問う国民投票を実施した。ニュージーランドは，2011 年 11 月 26 日に現行制度を維持すべきかどうか，変更するとすればどのような制度がのぞましいかという 2 段階の質問による国民投票を実施した。両国とも結果は現行制度の維持であったが，投票に先立ってさまざまな広報活動が行われた。ニュージーランドの選挙委員会が用意した詳細な解説や当時のテレビコマーシャルの映像などは，選挙委員会のサイトで閲覧可能である〈http://www.elections.org.nz/events/past-events/2011-referendum-voting-system（最終閲覧日：2016 年 12 月 27 日）〉。

きであるし，その際には現行制度にとらわれず，相対化する視点が重要であろう。

どのような方向で改革を構想するにせよ，選挙制度は有権者の選択をどのように議席に反映させるかを決定するものであるから，その改革は有権者の合意に基づいて行われなければならない。場合によっては，国民投票や住民投票を実施することも必要になろう。2011 年にイギリスとニュージーランドで実施された選挙制度改革についての国民投票の例などからも，学ぶべき点が多いように思われる[57)]。

【引用文献】

石川　寛（2002）.「明治 11 年府県会規則の被選挙権に関する一考察」『修道法学』25(1), 29–81.

伊藤博文［編］／金子堅太郎他［校訂］（1970）.『帝國議會資料（上巻）（秘書類纂 7 巻）』原書房

市村充章（1999）.「参議院議員選挙地方区／選挙区の定数配分はどのように計算されたか」『議会政策研究会年報』4, 65–119.

市村充章（2014）.「都道府県の議員選挙における選挙区の設定と定数配分」『白鷗法学』20(2), 9–54.

稲山博司（1983a）.「議員定数規定沿革（上）」『地方自治』431, 89–98.

稲山博司（1983b）.「議員定数規定沿革（中）」『地方自治』433, 39–51.

稲山博司（1984）.「議員定数規定沿革（下）」『地方自治』438, 67–72.

稲山博司（1987）.「都道府県議会議員の選挙区制度等について（上）」『地方自治』480, 54–69.

稲山博司（1988）.「都道府県議会議員の選挙区制度等について（下）」『地方自治』483, 52–65.

大森鐘一［譯述］（1878）.『佛國地方分權法』博聞社

大森鐘一（1915）.『自治制々定之顛末』中央報徳会

大山礼子（2016）.「フランスの県議会選挙制度改革―男女ペア立候補方式によるパリテ（男女同数）の実現と選挙区改定」『駒澤大学法學部研究紀要』74, 77–106.

尾佐竹猛（1937）.『日本憲政史論集』育成社

我部政男・広瀬順晧・西川　誠［編］（1996）.『明治前期地方官会議史料集成　第 1 期第 7 巻』柏書房

我部政男・広瀬順晧・西川　誠［編］（1997a）.『明治前期地方官会議史料集成　第 2 期第 1 巻』柏書房

我部政男・広瀬順晧・西川　誠［編］（1997b）.『明治前期地方官会議史料集成　第 2 期第 3 巻』柏書房

我部政男・広瀬順晧・西川　誠［編］（1997c）．『明治前期地方官会議史料集成　第２期第４巻』柏書房
加藤秀治郎（2003）．『日本の選挙―何を変えれば政治が変わるのか』中央公論新社
上子秋生（2011）．『市制町村制制定』自治体国際化協会・政策研究大学院大学比較地方自治研究センター
亀卦川浩（1955）．『明治地方自治制度の成立過程』東京市政調査会
神田孝平［編］（1872）．『和蘭州法』文部省
元老院／明治法制経済史研究所［編］（1969）．『元老院会議筆記　前期第５巻』元老院会議筆記刊行会
佐藤俊一（1991）．「明治中期における府県会規則と衆議院議員選挙法の形成」『社会科学研究（中京大学）』11(2), 1–92.
佐藤俊一（1993）．「1900年体制の成立―中央地方選挙システムの側面から」『社会科学研究（中京大学）』13(1), 47–94.
佐藤芳彦（1997）．「『選挙制度調査勅命委員会報告書（1910年）』分析―「代表原理」の比較国制史研究の基礎視角設定のために」『人間・文化・社会』, 401–420.
自治体国際化協会［編］（2005）．『オランダの地方自治』自治体国際化協会
品田　裕（2016）．「衆議院の都道府県間定数配分について―なぜアダムズ方式なのか」『法律時報』88(5), 90–97.
末木孝典（2014）．「明治期小選挙区制における選挙区割りと選挙区人口―明治22年衆議院議員選挙法未成法案をめぐって」『選挙研究』30(1), 128–142.
菅原　琢（2013）．「参議院選挙制度最大の問題点―自民党に下駄を履かせる「小中混合制」」『ハフィントンポスト　日本版』〈http://www.huffingtonpost.jp/taku-sugawara/post_5076_b_3520362.html（最終閲覧日：2016年12月27日）〉
砂原庸介（2015）．『民主主義の条件』東洋経済新報社
総務省自治行政局選挙部（2014）．「都道府県議会議員の選挙区等の状況（平成25年9月1日現在）」
田崎哲郎（1971）．「神田孝平の民選議院論をめぐって（二）」『愛知大学文学論叢』45, 107–131.
只野雅人（2013）．「両院制と選挙制度」『論究ジュリスト』5, 66–74.
内務省地方局内自治振興中央会［編］（1973）．『府県制度資料　上巻』歴史図書社
永山正男（1997）．「明治期小選挙区制の基礎的研究―選挙区人口の推定，有権者数および棄権率の整理とその分析」『選挙研究』12, 98–109.
奈良岡聰智（2009）．「1925年中選挙区制導入の背景」『年報政治学』2009(1), 40–61.
林田亀太郎（1991）．『明治大正政界側面史』大空社
早田幸政（1983）．「府県会規則における参政権規定に関する一考察―明治前期の立憲化と地方自治」『法学新報』90(1・2), 95–156.
樋口陽一（1986）．「利益代表・地域代表・職能代表と国民―最高裁判決のなかの議会制像を手がかりに」『ジュリスト』859, 12–16.
福永文夫（1986）．「戦後における中選挙区制の形成過程―GHQと国内諸政治勢力」『神戸法学雑誌』36(3), 403–458.

水崎節文（1975）.「戦後選挙制度革命の一始点―制限連記投票の採用とその実態」『岐阜大学教養部研究報告』11, 139–158.
宮澤俊義（1930）.『選挙法要理』一元社
明治文化研究会［編］（1967）.『明治文化全集　第1巻憲政編　第3版』日本評論社
山田公平（1963）.「わが国における選挙制度の形成―明治11年府県会選挙規則について」『名古屋大学法政論集』24, 62–107.
山田公平（1979）.「明治初年の地方体制―近代日本地方自治成立史研究（3）」『名古屋大学法政論集』78, 301–382.
山田公平（1988）.「明治地方自治制の成立と外国法の継受過程―フランス制度からプロシア・ドイツ制度への転換」『名古屋大学法政論集』121, 555–611.
渡辺隆喜（1994）.「地方官会議と地方民会」『駿台史学』90, 214–253.

第4章
衆議院議員選挙区の区割基準に関する一考察

稲葉　馨

第1節　はじめに

「選挙制度」について考えるとき，基本的に，三つの異なるレベル，すなわち，①「代表方法（選挙区制）」の次元（小選挙区制などの多数代表制か，中選挙区単記投票制のような中選挙区制か，それとも比例代表制か，など），②特定の代表方法のもとでの「具体的な選挙区割」の次元，そして，③「各選挙区への議員定数配分」の次元を区別することができるとする見解（和田 1995：164）[1)] に従うとすれば，本章は，主として②の次元における問題を扱おうとするものである。三つのレベルの中では，比較的にこれまでの研究の手薄な分野であると思われること[2)]，また，筆者がたまたま2期にわたって（2004（平成16）年4月～2014（平成26）年4月）衆議院議員選挙区画定審議会（後述）の委員をつとめ，本章で述べるように，変則的ながら，実際の区割作業にも参画する機会を得たこと[3)]，そして，近時の衆議院議員選挙制度改革をめぐる議論（判例を含む）の中で，この問題が益々重要になってきているように思われること，これらが本課題を取り上げた主たる理由である。

1）もっとも，和田（2008：185）では，「選挙制度」の問題として，「代表方法から選挙運動のあり方」まで・「立候補資格」・「投票方法」・「選挙区割りと定数配分」・「当選者の決定方法」など「各種のレベルの問題が存在」するとしている。

2）区割問題に関する比較的近時の研究業績として，和田（1995）のほか，只野（2000），只野（2010），および佐藤（2013）などがある。また，明治憲法下のものであるが，美濃部（1929：89–106），森口（1931：185）も参考になる。なお，比較選挙政治学分野の研究として，森脇（1998）がある。

第2節　判例における区割基準論

1) 最高裁大法廷は，2015（平成27）年11月25日，前年の12月14日に施行された第47回（衆議院議員）総選挙について，東京都第2区・神奈川県第12区など合計8小選挙区におよぶ選挙人らが，小選挙区の選挙区割り（以下，本章ではこれを単に「区割」とする）に関する公職選挙法の規定は憲法に違反し無効であるから，これに基づき施行された本件選挙の当該各選挙区における選挙も無効であるなどと主張して提起した選挙無効訴訟に関して，「本件選挙時において，本件区割規定の定める本件選挙区割りは，前回の2012（平成24）年選挙時と同様に憲法の投票価値の平等の要求に反する状態にあったものではあるが，憲法上要求される合理的期間内における是正がされなかったとはいえず，本件区割規定が憲法14条1項等の憲法の規定に違反するものということはできない」との判断（いわゆる「違憲状態論」）を示した[4)]（以下，本判決を「27年最判」とする)。1994（平成6）年の公職選挙法改正（平成6年法律第2号・第10号・第104号）によって導入された現行の「小選挙区比例代表並立制」の下で施行された総選挙としては，2009（平成21）年8月30日施行の第45回総選挙，および，2012（平成24）年12月16日施行の第46回総選挙に次いで違憲状態＝憲法上の投票価値平等原則違反状態を認定した第3次（それぞれの総選挙について複数の最高裁判決が出されている）の最高裁大法廷判決といえよう[5)]。いずれの最判も，投票価値平等原則との関係では，①選挙区間における人口・選挙人数の最大格差が2倍以上となるケースの増加，および②その主因ともいえる「1人別枠方式」(広義では，各都道府県に選挙区を割り振るにあたり，あらかじめ1を各都道府県に配当し，残余の数を人口に比例して配分す

3）衆議院議員選挙区画定審議会は，1994（平成6）年の公職選挙法改正による小選挙区比例代表並立制の導入にともない，「公正の確保の観点から，いわゆる第三者機関に〔小選挙区の〕改定案の作成をゆだねることが適当」(安田 1994：28）との考えから，この「第三者機関」として，衆議院議員選挙区画定審議会設置法（平成6年法律第3号）に基づいて同年の4月11日に設置されたものである。委員の任期は原則5年であり（同法第6条第5項)，筆者は，第3期・第4期の2期10年に亘って委員をつとめた。

4）民集69巻7号2035頁，判時2281号20頁。

5）第45回総選挙につき，最大判2011〔平23〕年3月23日民集65巻2号755頁（以下，「23年最判」とする)，第46回総選挙については，最大判2013〔平25〕年11月20日民集67巻8号1503頁（以下，「25年最判」とする）を参照。

る方式（只野 2000：769；南野 2016：9），狭義では，あらかじめ各都道府県に１選挙区を割り当てる方式そのもの（判例における用語方法）を指すもので，衆議院議員選挙区画定審議会設置法（平成24年法律第95号による改正前。以下，これを「旧区割法」とし，同年改正後のものを「新区割法」とする）第３条第２項が定めるところであった）が，その立法時に有していた一定の合理性を後発的に失ってしまったことが，違憲状態認定の主たる理由とされている。この点，②について27年最判が23年最判を再構成して述べているところによれば，１人別枠方式の採用は，「平成６年の選挙制度改革の実現のための人口比例の配分により定数の急激かつ大幅な減少を受ける人口の少ない県への配慮という経緯に由来するもので，その合理性には時間的な限界」が内在していたということになる（ここからは読み取りにくいが，これを23年最判によって補うと，この「配慮」は，「国政における安定性，連続性の確保を図る」ためのものであり，１人別枠方式の意義は，「何よりも，この点への配慮なくしては選挙制度の改革の実現自体が困難であったと認められる状況の下で採られた方策」だったことにある）。

2） 投票価値の平等を要請する憲法の下で，区割りの基準として人口（ないしは選挙人数＝有権者数。以下，特に断らない限り，両者を含む意味で「人口」とする）比例を第一義的なものとすべきであることは多言を要しないであろう。しかし，そのことは，必ずしも人口を唯一・絶対の基準とすることを意味するものではない。新区割法第３条（旧区割法第３条第１項）は，区割改定案の作成基準として，(a) 各選挙区の人口の均衡を図り，人口最大格差が１対２以上にならないことを「基本」とし，(b)「行政区画，地勢，交通等の事情を総合的に考慮」して「合理的に」行うべきと定めており，後者は，いわゆる「非人口的要素」[6] すなわち本章でいう「非人口比例要素」を判断基準に加えるものといえよう。さらに，旧区割法第３条第２項が１人別枠方式を定めていたことは既に触れたところであるが，この規定も，都道府県ごとに選挙区（定数）を配分すべきこと，および配分の方法を定め，「これまで，社会生活の上でも，また政治的，社会的機能の点でも重要な単位と考えられてきた都道府県が，定数配分及び選挙区割りの基礎」ないし「第一次的な基盤」として「考慮されてきた」（23年最判・民集65巻２号778頁）という意味では，区割基準の面をもつとみることもできよう。

3) そもそも，上記三つの最判は，区割基準に係る一般論を次のように展開している（以下は，直近の 27 年最判からの抜粋）。

「衆議院議員の選挙につき全国を多数の選挙区に分けて実施する制度が採用される場合には，選挙制度の仕組みのうち定数配分及び選挙区割りを決定するに際して，憲法上，議員 1 人当たりの選挙人数ないし人口ができる限り平等に保たれることを最も重要かつ基本的な基準とする」必要があるが，「それ以外の要素も合理性を有する限り国会において考慮することが許容されているものと解されるのであって，具体的な選挙区を定めるにあたっては，都道府県を細分化した市町村その他の行政区画などを基本的な単位として，地域の面積，人口密度，住民構成，交通事情，地理的状況などの諸要素を考慮しつつ，国政遂行のための民意の的確な反映を実現するとともに，投票価値の平等を確保するという要請との調和を図ることが求められている」。従って，「このような選挙制度の合憲性は，これらの諸事情を総合的に考慮した上でなお，国会に与えられた裁量権の行使として合理性を有するといえるか否かによって判断される」。これは，最高裁 1976〔昭 51〕年 4 月 14 日大法廷判決[7]（以下，「昭和 51 年最判」とする）以降の「累次の大法廷判決の趣旨とするところ」であり（昭和 51 年最判，同 58 年・同 60 年・平成 5 年・同 11 年の大法廷判決，さらに後述の 19 年最判に加え，23 年最判および 25 年最判も「参照」判例としてあげられている），「これを変更する必要は認められない」と。

---

6) 和田（1995：158）以下参照。ちなみに，同書では，本文で引用する昭和 51 年最判「以前の諸判決において指摘されていた非人口的要素」として，「(a) 各選挙区の大小，(b) その歴史的沿革，(c) その地理的・社会的諸条件，(d) 行政区画別議員数の振合い，(e) 過疎地域の特殊性，(f) 急激な人口変動における減少状態の持続についての見通し，(g) 選挙区への議員定数配分の沿革，(h) 立候補者数の多寡」を列挙し（和田 1995：163），個々の判決ごとに，そのうちいかなる要素が考慮されたかを，一覧表にまとめている（和田 1995：179）。これらのうち，少なくとも (e) (f) は，すぐれて人口に関わる問題といえる。従って，これらすべてを「非人口的」要素としてひとまとめにすることは厳密さに欠けるといわざるをえないが，要するに，《国民人口比例の要素》以外の要素というほどの意味で用いられているものと思われる。そこで，本章では，さしあたり，これを「非人口比例要素」と呼ぶこととする。

7) 民集 30 巻 3 号 223 頁。

4) 翻って考えてみると，上記諸判決のいう「全国を多数の選挙区にわけて」選挙を実施する制度を採用する限り，議員１人あたり人口の選挙区間格差をゼロにすることは容易なことではなく，可能であったとしても余りにも機械的・人為的な「区割り」にすぎて合理性・客観性を欠くものとなりがちであろう。他方，仮に最大格差が２倍以上になると憲法の投票価値平等原則に反するとの見解をとるとしても，２倍未満であれば，どのような区割りの仕方になっても構わないということにはならない。判例は，人口以外の要素も「合理性を有する限り」において考慮要素に入れることが許されるとしており，なお残る「格差」(判例は，通常，「較差」の文字の方を用いているが，本章では，便宜上，引用の場合を除き，「格差」で統一する）の存在，すなわち，憲法上は許容範囲であっても，なぜ格差が生じるのかを合理的・積極的に説明できるような区割基準が求められていることになろう[8)]。また，単純に諸考慮要素を「総合的に考慮」するというのではなく，複数の区割基準間に優先順位をつけるといった配慮も必要であろう。

5) 23年最判が違憲状態にあったと認定した第45回総選挙（2009（平成21）年）の直近に施行された第44回総選挙（2005（平成17）年9月11日施行）に関して，最高裁2007〔平19〕年6月13日大法廷判決[9)]（以下，「19年最判」とする）は，「憲法の投票価値の平等の要求に反する程度に」至っていないとして上

8) この点については，「投票価値の平等に関する問題」の答えを，「選挙権の法的性格論」(「二元説」か「権利一元説」か）から「一義的に」導き出す（一元説＝１対１，二元説＝１対２未満）ことはできないとする，高見（野中他 2012：538–539）の指摘が参考になろう。一元説も正当な理由があれば１対１以上となることを認めざるをえないし，二元説もできるだけ１対１に近づけることが望ましいと考えているため，投票価値の平等をめぐる両説の相違も相対的なものであることが示唆されているからである（ただし，辻村（2015：26–27）は，そのような指摘に疑問を呈している)。

　ちなみに，このことを，「端数処理等の問題はあるにせよ，定数配分上，技術的に可能な限り１対１に近づけることが憲法上の要請」とされるため，格差が生じる場合には「不均衡の合理性の論証」が必要（辻村 2012：337；辻村 1989：232)，あるいは「政府が，議員定数の較差を正当化する十分な理由を示すことができない場合には，違憲」（長谷部 2008：182）とする見解の側からみると，１対１原則の例外を許容するほどの非人口比例要素が認められるか，という問題になるのではないかと思われる。

9) 民集61巻4号1617頁。

告人の請求を斥けた。両最判が，その結論を分かつことになったのは，どのような理由によるものであろうか。いずれの総選挙も，2000（平成12）年の国勢調査人口をもとにしているため，選挙区間の人口格差は同じであり，選挙時における選挙人数格差において，23年最判の1対2.304に対し，19年最判が1対2.171という差があるが，いずれも2倍を超えていて，このような差異をもって決定的な事由とはみなしがたい。してみると，格差の拡大といったことより，むしろ，1人別枠方式の趣旨・目的に関する捉え方に看過しがたいズレがあることによるのではないかとの推測がはたらく。

先にも触れたように，23年最判は，1人別枠方式について，それが導入された経緯等から，その合理性に「時間的制約」があるものと断じた。これを前提として，第44回総選挙実施時点においては，「なお1人別枠方式を維持し続けることにある程度の合理性があったということができるので」19年最判の前記判示については，「首肯することができ」るとしたのである。そして，このような「合理性」が認められる理由として，当該選挙制度「導入後の最初の総選挙が平成8年に実施されてから10年に満たず，いまだ同17年の国勢調査も行われていない」時点で「実施された総選挙に関するもの」であることをあげていた。しかし，19年最判には，そもそも「時間的制約」という発想が無い（あるいは弱い）のではないかと思われる。

19年最判は，1人別枠方式について，次のように述べている。「この方式は，過疎地域に対する配慮などから，人口の多寡に関わらず各都道府県にあらかじめ定数1を配分することによって，相対的に人口の少ない県に定数を多めに配分し，人口の少ない県に居住する国民の意見をも十分に国政に反映させることができるようにすることを目的とするものであると解される」。区割りを行うにあたり，投票価値の平等「以外の諸般の要素をも考慮することができるのであって，都道府県は選挙区割りをするに際して無視することができない基礎的な要素の一つであり，人口密度や地理的状況等のほか，人口の都市集中化及びこれに伴う人口流出地域の過疎化の現象等にどのような配慮をし，選挙区割りや議員定数の配分にこれらをどのように反映させるかという点も，国会において考慮することができる要素」といえる，と。これによれば，1人別枠方式の主要な狙いは，23年最判や25年最判・27年最判がいうような《選挙制度改革を実現するための一種の激変緩和措置》（篠原 2012：149-151；2014：115）という「時間的制約」を伴うものではなく，極めて今日的な問題であり続けている過疎・過密問題への配慮にあることになろう[10)]。

6) 以上，判例における区割基準をめぐる議論を垣間見，議員一人あたり人口という意味での「人口」を第一義としつつ，「行政区画」をはじめとするいわば「非人口比例要素」の勘案ないし当該要素をもつ地域への配慮も，合理性があれば許容されると考えられていることが確認された。また，区割基準の一般論としては，現行の小選挙区比例代表並列制が導入される以前から表明されていた判例の見解が基本的に継承されているといえよう。

もっとも，現行法の問題としては，先に触れたような旧区割法第3条第2項の1人別枠方式規定削除後の新区割法第3条に係る解釈論・立法論が，まずもって問われることになろう。27年最判は，違憲状態ではあるが「憲法上要求される合理的期間内における是正がされなかった」とまではいえないと断じた後に，次のように付言している。

「国民の意思を適正に反映する選挙制度が民主政治の基盤であり，投票価値

10）1人別枠方式が採用された経緯・趣旨等については，「この方式をとったのは，各都道府県への定数の配分に当たっては，過疎地域への配慮，多極分散型国土の形成等の政策課題への配慮などの面から人口以外の要素を取り入れるべきではないかとの意見，要望等も各方面にあったことから，これらの意見等も踏まえ，人口の少ない県に対し定数配分上配慮しようとしたものである」（大竹他 1996：87）といった理解が一般的かと思われる（本章4-2の4）・5）も参照）が，23年最判・25年最判・27年最判にみられる《制度改革実現のための激変緩和措置》という捉え方を裏付ける次のような関係者発言もある。「（区割法第3条第2項については）中選挙区制で出られた方々から見て，自分の県の選挙区が大幅にその際減ってしまうということはやはり国民的な合意を得にくい」。当時，細川内閣は「政治改革が第一の目標」でしたから，「国会の了承を得るためには，そういう政治状況をバックにして各県一名を配るということをやってきたわけ」です（区割法案の国会上程時に自治大臣をつとめた佐藤観樹民主党議員の発言（第154回国会衆議院政治倫理の確立及び公職選挙法改正に関する特別委員会議録第9号（2002（平成14）年7月5日）7頁））。

ちなみに，過疎・過密問題への対応，あるいは過疎地域への配慮という観点から1人別枠方式を採用することについて，そもそも制度導入の当初から合理性があったのかという疑問がないわけではないが，ここでは論じないこととする（さしあたり，和田（1995：167-175）のほか，特に，篠原（2012：146-149）参照）。

の平等が憲法上の要請であること等に照らせば，より適切な民意の反映が可能となるよう，国会においては，今後も，……衆議院に設置された検討機関において行われている投票価値の較差の更なる縮小を可能にする制度の見直しを内容とする具体的な改正案の検討と集約が早急に進められ」，新区割法第３条の「趣旨に沿った選挙制度の整備に向けた取組が着実に続けられていく必要があるというべきである」と。この 27 年最判の言い渡しから約１か月半後，そこでいう「衆議院に設置された検討機関」にあたる「衆議院選挙制度に関する調査会」（以下，「調査会」とする）が答申を衆議院議長に提出している。そこで，次に，この答申を取り上げて，その内容に一定の評価を加えると共に，区割基準の問題とどのような関わりをもちうるか，検討することにしたい。

第３節　「衆議院選挙制度に関する調査会答申」（2016（平成 28）年１月）と区割基準

1）調査会は，2014（平成 26）年６月 19 日付けの衆議院・議院運営委員会議決に基づいて同院に設置された「議長の諮問機関」であり，議長が委嘱する有識者委員 15 名程度をもって組織されるものと定められていた（実際に委嘱されたのは 14 名）[11]。この調査会が，４項目にわたる諮問事項について 2016（平成 28）年１月 14 日に出したのが，「衆議院選挙制度に関する調査会答申」である（以下，「答申」とする）。調査会は，これをもって任を終えることとなった[12]。

答申は，「衆議院議員の選挙制度の在り方」については，「現行の小選挙区比例代表並立制を維持する」とした上で，「ただし，制度の信頼性を確保するため，人口動態に合わせて，選挙区間の一票の較差，選挙区の区割りなどを定期的に見直す仕組みとする必要」があり，「較差是正は喫緊の最重要課題である」とし

11）議院運営委員会「「衆議院選挙制度に関する調査会」について」（2014（平成 26）年６月 19 日）第１項（調査会の設置）・第２項（構成）参照〈http://www.shugiin.go.jp/internet/itdb_annai.nsf/html/statics/shiryo/senkyoseido_chousakai.pdf/$File/senkyoseido_chousakai.pdf（最終閲覧日：2016 年６月１日）〉。

12）「衆議院選挙制度に関する調査会答申」〈http://www.shugiin.go.jp/internet/itdb_annai.nsf/html/statics/shiryo/senkyoseido_toshin.html（最終閲覧日：2016 年６月１日）〉。

た。そして，この「仕組み」については，「衆議院議員選挙区画定審議会という独自の機関の機能を高めることによって，安定した透明性のある制度運営に努めるのが適切である」との説明を加えている[13]。

2）次に，小選挙区選挙における「一票の較差是正」については，次のようにいう。「①選挙区間の一票の較差を2倍未満とする。②小選挙区選挙の定数を，各都道府県に人口に比例して配分する。③都道府県への議席配分方式については」，比例性のあるもので，都道府県間格差を最小化し，配分議席の増減変動が小さく，将来的に有効に機能しうる方式とする。④このような観点から，「都道府県への議席配分は，各都道府県の人口を一定の数値で除し，それぞれの商の整数に小数点以下を切り上げて得られた数の合計数が小選挙区選挙の定数と一致する方式（いわゆるアダムズ方式）により行う」。「⑤都道府県への議席配分の見直しは，制度の安定性を勘案し，10年ごとに行われる大規模国勢調査の結果による人口に基づき行う。⑥大規模国勢調査の中間年に実施される簡易国勢調査の結果，較差2倍以上の選挙区が生じたときは，衆議院議員選挙区画定審議会は，各選挙区間の較差が2倍未満となるように関係選挙区の区画の見直しを行うものとする。なお，この見直しについては，本来の選挙区の区画の見直しが10年ごとに行われることを踏まえ，必要最小限のものとし，都道府県への議席配分の変更は行わない」。

ここからも窺われるように，都道府県を配分単位とし，配分は「有権者数ではなく人口を基準」にすること，そして，その見直しは10年ごとの大規模国勢調査の結果による（⑤）という点は，従来と同様である。これに対し，①と②は判例の要請に応えるものとされている[14]。②は，形式的にはすでに廃止された1人別枠方式の残滓を一掃しようとするもので，④に示された「アダムズ方式」導入の基盤をなすものといえる。

他方，①は，一見すると，現行の新区割法第3条が定める区割基準のうちの人口要素を継承したにとどまるものと受け取られるかもしれないが，同条では，

13）答申に付された「説明」〈http://www.shugiin.go.jp/internet/itdb_annai.nsf/html/statics/shiryo/senkyoseido_toshin.html（最終閲覧日：2016年6月1日）〉参照。

14）前掲注13参照。

（選挙区間の一票の格差が）「2倍以上とならないようにすることを基本」とするとの表現が使われており，答申の趣旨が厳格に「2倍未満」を指すとすれば，①には，より積極的な意味が認められる。《「基本」とする》という文言は，「できる限り，その基準に沿った案を作成することを求める」ものではあるが，「あくまで基本とすべき事項であるので，人口格差1対2未満を満たさなくなる場合であっても，直ちに違法というような問題は生じないとの考え方を示したもの」（大竹他 1996：87）にとどまるからである[15)]。

3) ⑤と同様，⑥も区割の見直しに関するものであるが，前者が，都道府県への議席配分の見直しを含む大規模な見直しであるのに対し，後者は，既存の議席配分＝選挙区数の枠内での都道府県内部の区割変更を意味している。新区割法（現行の衆議院議員選挙区画定審議会設置法（以下，同審議会を「区割審」とする））も，10年ごとの大規模国勢調査の結果による人口に基づく区割りの見直し（第4条第1項）だけでなく，それ以外の場合における見直し規定を有している。同条第2項の規定がそれであって，「前項（同条第1項）の規定にかかわらず，審議会は各選挙区の人口の著しい不均衡その他特別の事情があると認めるときは，第2条の規定による勧告を行うことができる」としている（後者を以下，「2項勧告」とする）。

しかし，これまで，この2項勧告が実際に行われたことはなかった。第1期区割審（1994（平成6）年4月～1999（平成11）年4月）にあっては，1995（平成7）年簡易国勢調査の結果を利用することが可能であったとしても，そもそも設置から6か月以内に最初の区割（案）勧告を行う任務を有し（区割法附則第2条第1項・第2項），現に勧告を行っており，また同一の委員構成（全員再任）をとる第2期区割審（1999（平成11）年～2004（平成16）年）も，2000（平成12）年大規模国勢調査の結果に基づく勧告を行わなければならないタイミングであったため，いずれも見直しの必要性に乏しかったともいえよう。

しかし，第3期区割審（2004（平成16）年～2009（平成21）年）の場合には，

15）第128回国会衆議院政治改革に関する調査特別委員会議録9号（1993（平成5）年10月26日）21頁（佐藤観樹自治大臣答弁）参照。

2005（平成17）年簡易国勢調査の結果に照らして格差2倍を超える選挙区数の増加，および，市町村合併のかなりの進展がみられる状況であったにもかかわらず，結局，区割の改定を行うほどの「「各選挙区の人口の著しい不均衡その他特別の事情」が生じているとは認められないことから……勧告は行わない」[16]ことにしたのである[17]。

第3期区割審がこのような結論に至った要因としては，まずもって，2項勧告の要件が，従前の「区割りの前提となった重要な要素に根本的な変更が生じ，選挙制度の安定性の要請を考慮してもなお，即座に抜本的是正を必要とする場合」，すなわち「10年ごとの勧告を待てないような特段の事由が生じた場合に限られる」というように（狭く）解されていることに求めることができよう。しかし，それに加えて，上記のように，2項勧告については「できる」規定になっていることも少なからず影響しているのではないかと思われる。この規定の（実務）解釈として次のような説明がされているからである。2項勧告の要件である「その他特別の事情」とは，「人口格差が違憲状態になるほどにまでに拡大した場合に匹敵する事情」をいうものであるが，「このような場合であっても，区割の見直しを行うのは，審議会が必要であると認めた場合に限られる」と（山口 1994：19）。これによると，区割審の裁量が要件・効果の両面において（広く）認められることとなろう。

4） これに対して，答申は，⑥において，「簡易国勢調査の結果，較差2倍以上の選挙区が生じたときは」いわば自動的に「関係選挙区の見直し」を行うことを義務付けている。前述の格差2倍未満原則を手続的に担保する極めて重要なものといえよう。

このことは，区割基準との関係では，どのような意味をもつことになろうか。

16）2006（平成18）年2月2日衆議院議員選挙区画定審議会「平成17年国勢調査速報値の公表に伴う選挙区の見直しに係る審議結果について」〈http://www.soumu.go.jp/main_sosiki/singi/senkyoku/pdf/060302_2.pdf（最終閲覧日：2016年6月1日）〉

17）後に本文でも触れるように，区割審の区割勧告は，① 1994（平成6）年8月11日（第1期），② 2001（平成13）年12月19日（第2期）および③ 2013（平成25）年3月28日（第4期）の3回出されている。なお，第3期と第4期の委員構成は同一である。

第一に，人口的要素が比重を増すことになるといえよう。《2倍を超えるか否か》という基準のみで見直しの有無が決まることになるからである。第二に，2倍未満であれば，依然として非人口比例要素を考慮に入れることが許容されており，区割審に求められている上述の「安定した透明性のある制度運営」を実現するためには，引き続き，相当程度具体的な区割基準が必要となろう。そして，第三に，上記⑥の区割り見直しは，従前からの「都道府県への議席配分」を維持したままで行わなければならないところから，アダムズ方式により議席配分数が単数になることはないとしても，⑤（10年ごとの見直し）の場合と比べて，区割りの合理性を保つことはより困難になろう。

5）もっとも，答申には，これまでに紹介した以上に具体的に区割基準について語るところはない。区割基準の問題は，基本的に，区割法の対象・区割審の課題と考えてのことであろう。この答申を受けて国会での制度改正が27年最判の期待する方向で実現されるか，本章執筆時点では予断を許さないが（本章第5節参照），具体的な区割基準については，すでに区割審が出した三つの勧告時における区割作業等を通じての一定の蓄積がある。今後の見直し作業においても参考になると思われるところから，次に，区割審における区割基準をめぐる議論について，若干の歴史的・前史的考察をも交えつつ，検討することにしたい。

第4節　衆議院議員選挙区画定審議会における区割基準

■ 4-1 歴史的概観

1）1889（明治22）年制定法を皮切りとする「衆議院議員選挙法」，1950（昭和25）年から今日に至る公職選挙法のいずれにおいても，衆議院議員の選挙区については，ほぼ同様に，簡便な規定が置かれているだけであり，少なくとも，先にみた新旧区割法（第3条）のような区割基準の定めはみられない。この簡便な規定とは，「衆議院ノ議員ハ各府県ノ選挙区ニ於テ之ヲ選挙セシム其ノ選挙区及各選挙区ニ於テ選挙スヘキ定員ハ此ノ法律ノ附録ヲ以テ之ヲ定ム」（衆議院議員選挙法（明治22年法律第3号）第1条），あるいは，「衆議院議員……は……各選挙区において，選挙する」。「衆議院議員の選挙区及び各選挙区において選挙すべき議員の数は，別表第1で定める」（公職選挙法（昭和25年法律第100号）第12条1項・第13条1項）といったものである。

その理由を考えるに，あるいは，区割法の区割基準については，第三者的諮問機関である区割審による区割改定作業を規律するものとして，それに積極的な存在意義が認められるのに対し，仮に上記選挙法に同様な区割基準を定めたとしても，区割りの改訂（「附録」・「別表」の改正）を議会自身が行うとすると，議会は区割基準自体をいつでも改正することができるから，その規律的機能について多くを期待することができないことによるのであろうか。もっとも，「別表」に「更正」に関する明文規定を置く例もある（衆議院議員選挙法としては，大正8年法律第60号および大正14年法律第47号（10年間は更正しない），公職選挙法では，昭和25年法律第100号（5年ごとに更正するのを「例とする」））ことに照らすと，そのような考慮（だけ）によるものとはいいきれないようにも思われる[18]。

2) では，そもそも衆議院議員選挙法では，いかなる区割基準によって，選挙区を画定していたのであろうか。以下，試みに，選挙制度のタイプを異にする三つの法律について，簡単にみておきたい。

(1) 小選挙区制（衆議院議員選挙法・明治22年法律第3号）

（i）同法の「附録」をみると，東京府から鹿児島県まで，府県ごとの議員総数と選挙区が列挙されている。一例として，東京府を取り上げると，議員総数が12人で第1区から第12区まであり，各区の定数が「1人」となっている。そして，各選挙区は，単数または複数の区（「赤坂区」など），あるいは複数の「郡」（「東多摩郡」など）によって構成されている。他方，埼玉県をみると，議

---

18) もっとも，大正14年法律第47号（改正衆議院議員選挙法）の別表に付記された「本表は10年間は之を更正せず」という「制度」について，美濃部博士は，「此の制限は絶対の制限ではない。法律は法律を以て変更し得ることは勿論であるから。…（中略）…立法の方針の予定に止まり，絶対に立法者を拘束する力を有するものではない」と述べている（美濃部1929：103）。

員総数8人であるが，第1区から第5区までしかなく，すべての選挙区が複数(2-5)の郡からなり，うち三つの区で定数「2人」となっている。このようにして，全国でみると，1人区214・2人区43，議員定数合計300である[19)]。

（ⅱ）この明治22年法について，美濃部博士は，「一人一区主義」を原則に，「人口と行政区画とを標準とし，人口約13万人について議員1人を選出せしむるといふ大体の主義を立て」て選挙区を画定している，と説明している。すなわち，1郡か2-3郡「合わせて13万人前後のものが出来れば，それを一区」として定数1人とし，「人口の都合」で「どうしても」それがうまくいかないときは，「例外として数郡を合わせて，略その2倍に該当する人口の1区を作り，そこから2人の議員を選出」，その際，選挙人は2名連記投票を行うことにした，というのである（美濃部 1929：89-90）。

この《人口約13万人につき議員1名という主義》については，当時の「全国平均の議員1人当たりの人口」としては間違いではないが，選挙区設定に際しての標準人口としては「12万人」が基準との理解の方が有力・妥当と思われる[20)]（そこで，以下では，「12-13万人目安主義」とする）。いずれにしても，ここで興味深いのは，「議員の定数は丁度三百となったが，この完数を得たのは偶然

19）なお，ここでいう「郡」や「区」（前提とされている「府県」も）は，郡区町村編制法（明治11年太政官第17号布告）下におけるものを指す。また，北海道・沖縄県・小笠原島は未施行とされている。

20）衆議院議員選挙法案について審議した枢密院会議において，法案の「起草の担当者」（河村 1943：14）でもある報告員・金子堅太郎は，「府県ヲ基礎トシ其ノ人口十二万ニ付キ議員一人ヲ出スノ割合ヲ以テ府県議員ノ総数ヲ定メ其ノ数ヲ各郡区ニ配当シテ選挙区ヲ作ルナリ」と述べている（国立公文書館所蔵・枢密院会議議事録第2巻（東京大學出版會，1984：186頁。なお，漢字は新字体に改めた）。さらに，田中（1992：2），杣（1986：18），河村（1943：21），森脇（1998：231）など。林田（1902：附録（後編）4）も「当局者」の説明によれば，「一府県を基礎とし其の人口十二万人に付議員一人」という「確然たる定規」によったものであると述べている。

もっとも，「現行（大正14年改正前）選挙法に於ける議員配当の標準人口数は議員1人に付13万人（郡部に就いてである，独立選挙区は例外）であったが，改正選挙法は一面に市及島嶼の独立選挙区制を全廃すると共に，全国一律に議員配当の標準人口数を12万人に引き下げ，以て選挙区制の変更に因りて議員の総数に成る可く増減を生ずることを避けた」との説明（三宅他 1930：14）もみられる。

の結果である」との見解が紹介されている（河村 1943：21）ことである。これによれば，先に議員定数300が確定されていたわけではなく，12–13万人目安主義の適用の結果がそのような数字を偶然に生み出したということになり，かくして，いわゆる制限選挙制度の下，「大体の主義」としてではあるが，わが国の衆議院議員選挙法制の出発点においては，《人口比例要素》が（郡・区という行政区画と共に）主要な区割基準とされていた，ということができよう[21)]。

(2) 大選挙区制（衆議院議員選挙法・明治33年法律第73号）

（i）同法の「別表」では，東京府から沖縄県まで，府県ごとに選挙区が示されているものの，全県1区の例（埼玉 (9)・千葉 (10)・福島 (8)・秋田 (6)・鳥取 (3)・大分 (6)・宮崎 (4)。なお，括弧内は議員定数，以下同じ）を除き，府県ごとに二つないし三つの選挙区が置かれ，しかも，原則として，市部と郡部が峻別されている（ただし，特例的な北海道と沖縄県を除く）。例外的に市と郡部とが合体して一つの選挙区を形成しているのは，四日市市＋郡部 (7)・青森市＋郡部 (4)・尾道市＋郡部 (10)・丸亀市＋郡部 (5)・久留米市＋門司市＋郡部 (10) の計5区であるが，これらも，1902（明治35）年の改正（明治35年法律第38号）で，すべて市と郡部とが分離され，それぞれ独立した選挙区となった。

市部選挙区の定数は，東京市 (11)・京都市 (3)・大阪市 (6)・神戸市 (2)・名古屋市 (2) のほかは，すべて1人である。他方，郡部の選挙区は，市部の区域を除く当該府県の全区域により1選挙区を形成している（議員定数は，最大13人から最小4人）。さらに，対馬（長崎県）・隠岐（島根県）・大島（鹿児島県）（これに，明治35年の改正で，佐渡（新潟県）が加わる）も独立の1人区として扱われている。かくして，1人区（計46選挙区）から13人区（1選挙区）まで（ほぼ）すべてのタイプが揃い，合計で97選挙区，議員定数369人（北海道・沖縄県を

21）ちなみに，議員配当の基準を選挙人数ではなく「人口」としたのは，「議員は有権者を代表するのでなく，広く国民を代表するからであった」とされている（杣 1986：18）が，人口の目安が何故12–13万人とされたのかについては，確たる答えを見出すことができなかったところであり，今後の課題としたい。

なお，実際の運用においては，「府県内郡，市，の位置及び人口を考え，10万以上20万未満を1人，20万以上30万未満を2人としたるなり」とのことである（林田 1902：4）。

含む。明治35年改正後は，109選挙区・381人）となっている。

（ⅱ）美濃部博士は，この選挙制度を「大選挙区単記投票法」とよび，「日本に於いて始めて実施せられた他の諸国には全く類を見ない方法」と評し，その主な特色として，第一に，「1区から如何に多くの議員を出す所でも，総て小選挙区に於けると同様に，単記投票の主義を採った」こと，第二に，「市部と郡部とを独立せしめ，人口3万以上の市は総て独立の一選挙区とした」ことをあげている。区割基準の観点からは後者が注目に値する。同博士によれば，郡部および「東京市や大阪市のやうな大都会地」では，人口13万人に1人の割合で定数配分を行ったが，「小さき市では人口3万人で既に1選挙区を為し随って1人の議員を選出するものと」されたとのことだからである（美濃部 1929：91–93）。当時，市となるための人口要件は2万5千人以上とされていた[22]から，実際にもほとんどの市が独立選挙区となり得たといえよう[23]。従って，「府県大選挙区・市独立選挙区制」（杣 1986：7）とよぶ方が，実態をより良く表していると思われる。

(ⅲ) かくして，この制度における区割基準をあげるならば，さしあたり，行政区画としての府県・市・郡，人口比例要素としての12–13万人目安主義（大都市・郡部）に加え，行政区画以外の非人口比例要素として，小規模市（人口13万未満～3万以上）および一定の「島嶼」に係る優遇措置の存在を指摘することができる。このうち，小規模市優遇については，「郡部選出の議員はどうしても地主の代表に傾き易いから，これと相対して適当に商工業者の利益を代表せしむる」ため（美濃部 1929：93），すなわち「商工業者の選挙権を拡張鞏固にすること」（林田 1902：附録（後編）162）がねらいであり，納税要件による制限選挙制度の「ゆがみ」を，定数配分において小規模市を優遇することにより幾分な

22）市制及町村制（明治21年法律第1号）に付された「（参照）市制町村制理由」に，「今此市制ヲ施行セントスルモノハ三府其他人口凡二万五千以上ノ市街地ニ在リトス」と記されている。さらに，地方自治百年史編集委員会［編］（1992：334）参照。

23）林田（1902：7–8）は，1902（明治35）年改正によって，「今日においては市にして独立選挙区たらさるものなし」と述べる。

りとも「矯正」しようとしたものということもできよう。

他方,「島嶼を独立選挙区」とする「標準」については,「其所在本州と離隔して民情風俗を異にすること」,および「其島嶼が重要な地位」を占めることの「2条件を要する」とされていた（林田 1902：8)。従って，伊豆七島のように,「重要」ではあっても本州に比較的近いところにある島嶼は，これにあたらないことになり，地理的条件を考慮した特色のある基準であった，といえよう。

（3）中選挙区制（衆議院議員選挙法・大正14年法律第47号）

（i）本法は，いわゆる「普通選挙制度」を導入した新法として知られているが，その「別表」をみると，府県ごとに選挙区が設けられ，選挙区数では全県1選挙区の7県（奈良・山梨・滋賀・福井・宮崎・沖縄・鳥取（議員定数は，鳥取の4人を除き，すべて5人))から7選挙区の東京府まで7タイプがあるものの，各選挙区（総計122区）の議員定数は3人から5人と比較的平準化されている点に特色がある。美濃部博士は，この制度を「中選挙区単記投票制度」と呼んでいる。「1区から3人乃至5人を選出するものとし，1府県を通じて5人以内を選出するのであれば全府県を1区とするが，6人以上を選出する府県はすべて2区以上に分」けることにし,「旧法におけるような極端な大選挙区」を否定したという。つまり，1選挙区に複数の定数を配する制度という意味では,「大選挙区制」にあたるが，そのなかで，定数が3–5人をもって限度とされているものは,「普通に之を中選挙区制と言い慣はして」おり[24]，本法が採用する選挙区制度はこれに該当するというわけである。

（ii）各選挙区は，通常，市と郡または郡のみ（島庁・支庁管内を含む）を単位として編成されているが，東京（4）・大阪（3）・横浜（1）・名古屋（1）・神戸（1）に限り，単独で3人以上の議席配当可能な人口を有するため，1市1選挙区（ないし複数選挙区）となっている（丸括弧内は，市内の選挙区数)。複数選挙区をもつ東京市・大阪市ともに，区（ないし島庁管内）をもって区割の単位としてお

24）美濃部（1929：97–98)。大選挙区・中選挙区・小選挙区の概念，それら制度の長所・短所については，さしあたり，林田（1958：98）以下参照。

り，総じて，府県・市・区・郡・島庁管内・支庁管内という行政区画が主要な区割基準だった。

他方，人口の観点からみると，1920（大正9）年の国勢調査に基づく人口により，「第一段に各道府県」に対して，「第二段に……各選挙区」に対して，「人口数を標準として」一定数の議員を配当するのであるが，「議員の配当標準数としては，人口の数12万人に付議員1人の割合とし，端数を生ずるときは四捨五入の方法（即ち6万人以上切上，6万人未満切捨）に依りて之を処理する」というものであった。

加えて，「各個の選挙区を分割する」際には，「其の人口数を第一標準とし更にこれに沿革，地理，交通，人情，風俗等の各種の地方的特殊の事情を充分に参酌し，是れ等を考慮の上に郡市の区域を以て構成上の基礎単位」とした，という興味深い説明もみえる[25)]。

■4-2　第8次選挙制度審議会における区割基準

1）区割審における区割基準の先駆けとなったのが，第8次選挙制度審議会（以下，「8次審」とする）が区割り作業の基準として自ら示した「区割の具体的な基準」である。選挙制度審議会は1961（昭和36）年に制定された同審議会設置法により，公職選挙・投票制度，および国会議員の選挙区等に関する重要事項について調査審議することを所掌事務として設けられた内閣総理大臣の諮問機関であるが（現在は内閣府に置かれている），1972（昭和47）年12月以来「休眠状態」にあった。8次審は，いわゆるリクルート事件に端を発する政治改革

25）以上，三宅ほか（1930：13–14）。なお，「行政区画」としての「郡」については，周知のように「郡制廃止ニ関スル法律」（大正10年法律第63号）の施行（1923（大正12）年4月1日）によって郡制が廃止されて国の行政区画となった後，地方官官制の改正（大正15年勅令147号）により郡長・島司等の官職および郡役所も廃止されたため，「全くの地理的名称と化した」といわれている（地方自治百年史編集委員会1992：527）とおり，郡役所廃止後は「旧行政区画」というべきものである。もっとも，美濃部博士は，今後の法改正によって「必ず町村の名称を列記することに改められることであらう」との予測を述べていた（美濃部1929：102）が，今日の公職選挙法を含め，「郡」は選挙区構成単位の一つとして依然として利用されており，その意味では，単なる地理的名称にとどまらず，区割基準としての機能を果たし続けているともいえよう。

の一環として行われた選挙制度の抜本改革の流れの中で，1989（平成元）年6月に再開・発足することとなった同審議会を指すもので，1991（平成3）年6月25日，「衆議院議員の選挙区の区割りについての答申」を出している。

2） この答申は，1994（平成6）年公職選挙法改正により導入された小選挙区比例代表並立制下における区割りの原型をなすものであるが[26)]，北海道第1区（札幌市中央区・南区・西区）から沖縄県第3区（石川市・具志川市・名護市・沖縄市・国頭郡・中頭郡与那城村，勝連町，読谷村，嘉手納町，北谷町，北中城村，中城村・島尻郡伊平屋村，伊是名村）まで，都道府県ごとに（小）選挙区が列記されているにとどまり，それ以上に区割基準について語るところはない。ただし，前書きに，次のような目を惹く記述がある。すなわち，①諮問の趣旨が，「政府がとりまとめた選挙制度の改革方針」に基づいて区割り案を作成するというものであったこと，②政府方針は，同審議会が「昨年4月の答申において示した考えに基づく都道府県別定数配分と異なって」いることである[27)]。

3） そこでいう同審議会の4月の答申（以下，「4月答申」とする）とは，「選挙制度及び政治資金制度の改革についての答申」（1990（平成2）年4月26日）を指す。同答申は，「小選挙区比例代表並立制をとることが適当であると考える」との見解の下，「選挙区」の項目において，「小選挙区選挙」につき以下のような原則・基準を提示している。

26）1991（平成3）年8月，政府は答申と同内容の「別表第1」を含む「公職選挙法の一部を改正する法律（案）」等を第121回臨時国会に提出したが，審議未了・廃案となった。しかし，いわゆる「政治改革関連法」の一つとして成立した区割審設置法（平成6年法律第11号）に基づき（第1期）区割審が勧告した区割画定（案），それに基づいて追加された公職選挙法「別表1」（平成6年法律第104号）は，基本的に答申の内容を踏襲したものとなっている。なお，区割審設置法の制定に至る経緯については，山口（1994b：18–19）および山口（1994a：4–6）参照。

27）答申については，「資料（1）第8次選挙制度審議会の答申―衆議院議員の選挙区の区割りについての答申」選挙44巻7号（1991（平成3）年）15頁以下に掲載されているものを参照した。

（ア）「選挙区間の人口の均衡を図」り，「各選挙区間の人口の格差は1対2未満とすることを基本原則とする」。

（イ）「選挙区の設定に当たっては，まず，定数を人口比例により都道府県に割り振る」。「この場合，割り振られた数が1である都道府県についてその数を2とすることにより都道府県間の議員1人当たり人口の最大格差が縮小することとなるときは，当該都道府県に割り振る数は2とする」。つまり，議員定数＝選挙区数は，都道府県を単位として最大剰余式により人口比例配分するが，その結果，定数1となって議員一人当たり人口が著しく大きくなる，換言すると，都道府県間格差が大きいケースが生じたときは，プラス1として，その分，総定員数を増やすというものである。ここでは，いわゆる一人別枠方式が採用されていないことが重要である。

（ウ）「区割りの具体的な基準」は，「①各選挙区の人口の均衡を図る」（以下，「人口均衡原則」とする）。「②市区町村（指定都市にあっては，行政区）の区域は，分割しないことを原則とする（以下，「市区町村分割禁止原則」とする）。③郡の区域は，できるだけ分割しない」（以下，「郡域非分割主義」とする）。「④選挙区は，できるだけ飛地にしない」（以下，「飛地回避主義」とする）。「⑤地勢，交通，歴史的沿革その他の自然的社会的条件を総合的に考慮する」というもの（以下，「諸条件総合考慮原則」とする）であり，後述するように，今日に至る区割審における区割改定作業の主要な基準（ないしその原型）が既に示されている[28]。

4) これに対し，政府がとりまとめた「選挙制度及び政治資金制度の改革の方針」（1991（平成3）年6月6日8次審に提出）は，「小選挙区定数のうち47人を都道府県に対して1人ずつ割り振り，残余の定数（253人）を人口比例により各都道府県に対して割り振る」としており，いわゆる一人別枠方式を採用しようとするものであった[29]。23年最判以降の判例による違憲状態論におい

28）以上，4月答申の内容については，田中（1990：11–12）参照。

29）以上，田中（1991：6），「第121回国会衆議院政治改革に関する特別委員会議録第5号」（1991（平成3）年9月20日）3頁以下（堀江参考人説明）参照。

てその主因とされていた一人別枠方式の淵源をここに見出すことができよう。

5）実際，この方式については，公職選挙法の改正を含む政治改革関連3法案（内閣提出）の国会審議においても野党議員からその問題性が指摘され，提出「法案の区割案」において最小選挙区との人口格差が2倍をこえる選挙区が27もできてしまった「根本原因」は「各都道府県（に）1人ずつ配分するというようなことをしてしまったから」ではないかとの問いかけに，8次審の副会長であった佐藤功参考人も「それもあると思います」と答えている。

ちなみに，一人別枠方式を採用しようとする「理由」を問う質問に対し，政府委員（当時の自治省選挙部長）は，「過疎地域への配慮」や「多極分散型国土の形成等の政策課題への配慮」などから「人口以外の要素を取り入れるべき」との意見・要望等があったので，それを踏まえて「人口の少ない県に対して定数配分上の配慮をした」と答えている。しかし，人口最小の鳥取県については比例配分の場合と定数（2）は変わらず，「過疎への配慮」にしても，北海道にはむしろ不利（1議席減）なのに奈良県には有利（1議席増）に機能しているなど，理由として「全然当たりません」との批判を受けている[30)]。

6）8次審における区割案作成の作業は，4月答申で提示された区割基準を踏まえ，ワーキンググループ（WG）における「区割りの作業要領」の作成⇒区割案の作成を担当する第一委員会での論議⇒WGによる「選挙区割りの基準」の作成とそれに基づく原案の作成⇒第一委員会案の決定⇒総会における「答申」の決定という手順ですすめられた。この「選挙区割りの基準」は，上記（3）（ウ）で紹介した――「基本とする」・「原則とする」・「できるだけ……しない」といった曖昧な表現を含む――「区割りの具体的な基準」を，いわば《実用性》の観点からさらに具体化するものといえ，後述するように，区割審設置法の下における区割改定・画定作業の基準にも大きな影響を与えることとなった。そこで，以下にその概要をまとめておこう。

30）以上，「第121回国会衆議院政治改革に関する特別委員会議録第7号」（1991（平成3）年9月27日）27頁。なお，4月答申による場合と政府の改革方針による場合の議席の割り振りの異同については，田中（1991：8）を参照。

①人口均衡原則については，(a) 各選挙区の人口は，1 対 2 未満の範囲におさめることを基本原則とし，「全国の議員 1 人当たり人口（約 41 万 2 千）の 3 分の 2（約 27 万 5 千）から 3 分の 4（約 54 万 9 千）までとする」が，特例として，(b)「真にやむを得ないものに限り，その数をできるだけ少なくする」ことを条件に 3 分の 2 を下回る選挙区を認め，さらに，(c) 各選挙区人口は「当該都道府県の議員 1 人当たり人口の 3 分の 2 から 3 分の 4 まで」として，各都道府県内選挙区間の人口の均衡にも配慮している（以下，全国の議員 1 人当たり人口を「全国標準人口」，都道府県のそれを「都道府県標準人口」とする）。

②市区町村分割禁止原則については，(a) その例外を認める前提として，「2 人区は設けない」ことを確認し，(b) 次の 3 つのタイプの区域について「分割するものとする」としている。すなわち，(i) 全国標準人口の 3 分の 4 を超える人口を有する市区の区域，(ii) 当該都道府県標準人口の 3 分の 4 を超える人口の市の区域，(iii)「当該都道府県の人口最大の市に議員定数 1 を配当した場合」，全国標準人口の 3 分の 2 を下回る選挙区が生じるとき」における「当該人口最大の市の区域」である。

③郡域非分割主義については，(a) 前記①の基準（人口均衡原則）を満たすため必要がある場合，および (b) 次の 3 つケースに限り例外を認めるとされた。すなわち，(i) 選挙区が飛地になるのを避ける場合，(ii) 郡の区域が現に分断されているか，離島にある場合，(iii) 平成 2 年国勢調査により人口が 5 万人超で，市制の施行が予定されている町に該当する場合である。

④飛地回避主義については，前記①の基準の充足のために必要であり，かつ，② (b) の (i)〜(iii) に該当する「市区」以外の「市の区域を分割する以外に方法がない場合に限り」例外を認めるとしている。

なお，⑤諸条件総合考慮原則については，それ以上の具体化はされていない[31)]。

31）以上，田中（1991：12-17），「第 121 回国会衆議院政治改革に関する特別委員会議録第 5 号」（1991（平成 3）年 9 月 20 日）4 頁（堀江参考人）参照。

■ 4-3　衆議院議員選挙区画定審議会における区割基準

1）区割審における区割案の勧告

これまで，区割審の区割りに関する勧告は，①「衆議院小選挙区選出議員の選挙区の画定案についての勧告」(1994（平成6）年8月11日（第1期区割審)），②「衆議院小選挙区選出議員の選挙区の改定案についての勧告」(2001（平成13）年12月19日（第2期区割審)）および③「衆議院小選挙区選出議員の選挙区の改定案についての勧告」(2013（平成25）年3月28日（第4期区割審)）と，3度行われている。先に触れたように，選挙法（かつての衆議院議員選挙法，その後の公職選挙法）の外に区割法が制定されたことにより，区割改定（画定）案の作成基準（人口均衡原則，選挙区間人口最大格差2倍未満「基本」原則，行政区画・地勢・交通等諸事情総合考慮原則（以上，新区割法第3条・旧区割法第3条第1項），および，一人別枠方式（旧区割法第3条第2項)）が，その骨格についてであれ，法定されるに至った点に，それまでにはみることができなかった法的特色がある。しかも，基準の内容についても，伝統的な人口（比例）要素と行政区画のほか，さらに，地勢・交通が（行政区画以外の）非人口比例要素として例示されている点も注目に値しよう。

三つの勧告を比較すると，区割法が元来想定する過程に最も即する形でまとめられたのは，上記②勧告であるといえよう。①勧告は「画定案」という文言からも推測できるように，いわば原区割を敢行するものであるが，区割法の本則ではなく「附則」第2条に基づくもので，後にも触れるように，内容上も8次審の答申・区割基準・区割案をベースとしたものとなっている[32)]。他方，③勧告は，後述のとおり，「小選挙区選出議員の選挙区間における人口較差を緊急に是正するための公職選挙法及び衆議院議員選挙区画定審議会設置法の一部を改正する法律」(平成24年法律第95号。以下，「緊急是正法」とする）による大きな制約の下で行われたものだったからである。そこで，まず②勧告作成の際に

32）第1期区割審における区割画定の作業は「8次審の区割り案をたたき台として行ったもの」とされている。ただし，飛地を認めないなど，基準についても若干の相違があり，「48の選挙区」で同案とは異なるものとなっている（「第130回国会衆議院政治改革に関する調査特別委員会議録第3号」(1994（平成6）年9月2日）1-2頁（石川忠雄参考人))。

立てられた区割基準の概要を紹介し，それと比較対照する形で①勧告・③勧告の区割基準に言及することとしたい。

2）第２期区割審における区割基準

前項②勧告による区割改定案の作成にあたり，区割審は「区割りの改定案の作成方針」（2001（平成13）年９月）を決定し，次のような５項目からなる「区割り基準」を提示している[33]。

(i)「各選挙区の人口の均衡を図り，各選挙区の人口のうち，その最も多いものを最も少ないもので除して得た数が２以上とならないようにすることを基本とする」。(a)「各選挙区の人口」は，全国標準人口の３分の２から３分の４までとし，これを「上回る選挙区は設け」ず，「下回る選挙区はできるだけ設けない」。(b)「各選挙区の人口」は，当該都道府県標準人口の３分の２から３分の４まで。(c) その標準人口が全国標準人口の３分の２を下回る都道府県においては，「各選挙区の人口をできるだけ均等にする」。

(ii)「市（指定都市にあっては行政区）区町村の区域は，分割しないことを原則とする」が，「次の場合には，市区の区域は分割するものとする」。(a) 市区の人口が全国標準人口の３分の４を超える場合，(b) 市区の人口が当該都道府県標準人口の３分の４を超える場合，(c)「当該都道府県の人口最大の市の区域をもって単独の選挙区としたときに」全国標準人口の３分の２を下回る選挙区が「生じる場合（当該市の人口が当該都道府県の議員１人当たり人口を下回る場合を除く）」，(d)「選挙区が飛地となることを避けるために必要な場合」。

(iii)「郡（北海道にあっては支庁）の区域は，分割しないことを原則とする」が，「次の場合」には「分割することができるものとする」。(a) 上記 (i) 基準に沿った「選挙区を設けるために必要な場合」，(b)「選挙区

33）http://www.soumu.go.jp/main_sosiki/singi/senkyoku/pdf/senkyoku_shingi_06_03.pdf（最終閲覧日：2016年６月１日）

が飛地となることを避けるために必要な場合」，(c)「郡の区域が現に他の郡市により分断されている場合又は郡の区域に離島を含む場合」。

(iv)「選挙区は，飛地にしないものとする」。

(v)「地勢，交通，歴史的沿革，人口動向その他の自然的社会的条件を総合的に考慮するものとする」。

3）三つの区割基準の比較

(1) 以上の第2期区割審における区割基準と第1期区割審のそれ，すなわち1994（平成6）年6月2日，同区割審で取りまとめられた「区割り案の作成方針」のうち，「1. 区割り基準」とを比べてみると，両者がほとんど瓜二つであることに気づく。異なる点は，わずかに，(ii)-(c)のカッコ内の文章，および，(v)の考慮事項の例示のうち「人口動向」が，後者には存在しないことだけである（下線部分）。

両者がほぼ内容を同じくするのは，第2期区割審において「当審議会が前回，平成6年の区割りに際して用いた区割り基準をおおむね踏襲する」ことにしたからであり[34)]，上記の相違点も，重要な意味をもつものとはいえない。すなわち，(ii)-(c)に付加された留保については，当該都道府県において，人口最大市の人口が都道府県標準人口を下回るということは，他に人口のより多い選挙区が存在することを意味するところ，にもかかわらず当該市の区域を分割するとした場合，明らかにバランスを欠くことになると思われ，その意味で，市区町村分割禁止原則の例外事例の趣旨を明確化したに止まるものと評することができるからである。また，(v)に「人口動向」が付加されたのは，基本的に，当時進行中の市町村合併（いわゆる平成の大合併）の「動向」を意識したものとされているが，合併の枠組みとなることが多い「郡」について，そのような「動向」を勘案した分割基準の見直しが行われるまでには至っていないからである[35)]。

---

34)「第154回国会衆議院政治倫理の確立及び公職選挙法改正に関する特別委員会議録第2号」(2002（平成14）年3月26日）2頁（内田満参考人)。

35)「第154回国会衆議院政治倫理の確立及び公職選挙法改正に関する特別委員会議録第2号」(2002（平成14）年3月26日）2・5頁（内田参考人)，および大泉（2002：3–6）参照。

(2) そこで，基本的に共通した内容をもつ第1期・第2期区割審の区割基準について，簡単にコメントしておくと，次の通りである。

①第一原則は，選挙区人口の「均衡」原則，すなわち人口比例を求める原則であるが，最大格差2倍未満を「基本とする」，つまり「例外」を排除しないという留保付きのものであり，現に2倍を超える選挙区数が①勧告で28（最大格差2.137倍）に達していた。他方，②勧告では，「最大格差2.064倍，2倍以上の選挙区が9つという結果」になったが，区割法・憲法の「許容」するところと説明されていた[36)]。

より具体的には，「全国の平均人口（標準人口）をもとにその上下3分の1以内とする偏差方式」が採用された。人口最小県の議員1人あたり人口を「下限とし，その2倍を上限とするという方式」をとらなかったのは，外国の状況や8次審答申が偏差方式を採用していることに加え，分割される市区の納得の得やすさ（2倍上限方式の方がより人口変動の影響を受けやすく，相対的に安定性に欠ける），さらには，どちらでも「結果は余り変わらない」といった理由からとされ，さらに②勧告では，知事に対する意見聴取を行った結果，「特段不都合とする意見はなかった」ことも勘案された[37)]。

全国標準人口の3分の4を上回る選挙区は認めないのに，その3分の2を下回る場合には例外を許容する理由は何であろうか。①勧告当時の区割審会長代理・味村治参考人の説明によれば，実際上の実現可能性の問題ということになる。すなわち，一人別枠方式（旧区割法第3条第2項）が採られている「関係から」，都道府県間の標準人口格差自体が「既に1.82」となっているため，2倍以内におさめることは「非常に難しく」，実際に「上限」（約55万人）の方は「余裕がある」（人口最大の東京都で約47万人）が，「平均人口の3分の2」という「下限」（約

36)「第130回国会衆議院政治改革に関する調査特別委員会議録第3号」（1994（平成6）年9月2日）2頁（石川参考人），「第154回国会衆議院政治倫理の確立及び公職選挙法改正に関する特別委員会議録第2号」（2002（平成14）年3月2日）3頁（塩野宏参考人）。

37)「第129回国会衆議院政治改革に関する調査特別委員会議録第4号」（1994（平成6）年6月20日）2頁（石川参考人），「第154回国会衆議院政治倫理の確立及び公職選挙法改正に関する特別委員会議録第2号」（2002（平成14）年3月26日）2頁（内田参考人）。

27万4千人）の方は「どうしても守れない」（人口約25万5千人の島根3区から26万8千人の福井2区まで，6選挙区で下限を下回った）ということである[38]。

そこで，都道府県間の標準人口が全国標準人口の3分の2を下回る場合，当該都道府県内の各選挙区の人口を「均等」にすることによって，「できる限り全国の人口格差を抑え」ようとしているのが上記基準の(i)-(c)である[39]。

②第二原則と第三原則は，「行政区画」ないしそれに準ずる「区域」（郡。公職選挙法第13条第3項参照）に関するものであり，「市区」・「町村」および「郡」の区域は「分割しなことを原則とする」としている（市区・郡分割禁止原則）。人口（比例）要素と行政区画をもって主要な区割基準としてきた伝統が継承されているものといえようか。

もっとも，ここで「市」とは「指定都市にあっては行政区」を意味するとされているので，指定都市自体の分割は，当然に予定されている。

その上で，「市区」および「郡」の区域については，上記の人口比例基準をクリアするため，あるいは，「飛地」[40]防止（第四原則）などのために，例外的に分割が認められている。他方，町村については，例外的分割も認められておらず，このことから，郡の分割とは，郡に代わって，郡内各町村を当該選挙区の構成単位とすることを意味しよう。

(3) 以上を踏まえ，第2期と第4期の区割審における区割基準を比較してみよう。

①第4期区割審の区割基準は，「緊急是正法に基づく区割りの改定案の作成方針」(2013（平成25）年2月26日）に示されている。その最大の特色は，あらかじめ「改定対象選挙区」を限定した（実際には42選挙区にとどまった）上で，その「改定対象選挙区の区割り基準」として位置づけられていることである。「速やかな1人別枠方式の廃止，区割り規定の改正という立法措置にまで言及した

38）「第129回国会衆議院政治改革に関する調査特別委員会議録第4号」（1994（平成6）年6月20日）12頁（味村参考人）参照。

39）「第154回国会衆議院政治倫理の確立及び公職選挙法改正に関する特別委員会議録第2号」（2002（平成14）年3月26日）2頁（内田参考人）。

40）ちなみに，ここでいう「飛地」とは，「一連の地域が他の選挙区によって分断されている場合」を指す，とされている（「第129回国会衆議院政治改革に関する調査特別委員会議録第4号」（1994（平成6）年6月20日）8頁（石川参考人））。

平成23年最高裁判決について，真摯に応えることが立法府の権威を保持することであるとの認識の下，違憲状態を早期に解消するために制定された」（君野2013：16）のが緊急是正法であり，この緊急是正のための案を「速やかに」作成することが区割審の任務であった（同法附則第3条第3項）。

②このような事情から，第4期における区割基準には，主に次のような点に特異性がみられる。第一に，各選挙区の人口を，人口最小県（鳥取県）における人口最小選挙区の人口以上かつ2倍未満とし，これまでの偏差方式を捨てて，最大格差2倍未満を至上命題としていることである（2倍未満基準）。第二に，人口均衡原則を（第2期のように）一般的基本原則とするのではなく，当該人口最小県内の各選挙区間（鳥取1区・2区間）限定の基準としていることである（均衡原則の限定的適用）。第三に，2倍未満基準に適合しない選挙区およびその隣接選挙区の改定案の作成にあたり，選挙区の区域の異動を，2倍未満基準に適合させるために「必要最小限」にとどめるとしていることである（必要最小限原則）。つまり，他の要素を考慮してよりベターな案を作成するには及ばないということであろうか。第四に，「市区」のみならず，「町村」についても，例外事由（内容的にも，2倍未満基準・必要最小限原則を反映したものとなっている等の特色がある）を満たせば分割可能としていることである[41]。そして，第五に，上記事項のうち，2倍未満基準および必要最小限原則については，すでに緊急是正法に明記されており，この意味でも第4期の区割作業は，大きな制約を課されたものとなっていた。第4期区割審勧告に基づく区割の改定が，「抜本改正」からはほど遠いものとならざるをえなかった主たる理由は，以上のような区割基準自体の限界性にあったといえよう。

41）もっとも，市区町村といった区割の単位となっている「行政区画」に変更があっても小選挙区選出議員の「選挙区は，なお従前の区域による」（公職選挙法第13条第2項本文）ため，町村合併によって新しい町が生まれると，同一町が異なる選挙区に属する（町の分割）という状況が出現することがある。そのような状況は原則的には望ましいものではないため，第4期区割審勧告（それを受けた法改正）では，当時存在した分割町のうち見直しの対象となった選挙区に関わる3例（山梨県身延町，高知県いの町，愛媛県内子町）については分割状態の解消をはかったところであるが，なお3例（千葉県横芝光町，岡山県吉備中央町，熊本県山都町）が残存している。

第5節　あとがき

1）本章の執筆開始時点における構想では，この後，いくつかの選挙区を例にして，第4期区割審における区割基準について，その運用実態の検証を試みる予定であったが，既に与えられた紙幅をかなり大幅に超過しており，基準自体の一応の分析をもってひとまず稿を閉じることとする。

2）衆議院選挙制度に関する調査会の答申（本章第3節）を受けての国会側の対応としては，「衆議院議員選挙区画定審議会設置法及び公職選挙法の一部を改正する法律」(2016（平成28）年5月27日法律第49号）の制定・公布をあげることができる。しかし，アダムズ方式を全面的に適用しての本格的見直しは2020年の国勢調査以降に見送られ，当面，第5期区割審に与えられた任務は，「平成27年の国勢調査の結果に基づく改定案」の作成・勧告ということになり，その際の区割基準も，法定事項のレベルにおいて，第4期区割審のそれと類似するものとなっている（附則第2条。ただし，定数減は6)。依然として，抜本改正には遠く及ばない状態が続くことになる。

3）なお，本章で検索・閲覧したウェブサイトについて，本章で利用した衆議院議員選挙区画定審議会における配布資料・発表資料等を含め，アクセス可能であることを確認した最終時点は，2016（平成28）年6月1日である。

【引用文献】

大泉淳一（2002)．「公職選挙法の一部を改正する法律（小選挙区の区割りの改定等）等について」『選挙』55(9), 1–15.
大竹邦実・山本信一郎（1996)．『逐条解説公職選挙法　改訂新版』政経書院
河村又介（1943)．「明治時代に於ける選挙法の理論及び制度の発達（3・完)」『国家学会雑誌』57(2), 13–33.
君野祥子（2013)．「衆議院小選挙区選出議員の選挙区間における人口較差を緊急に是正するための公職選挙法及び衆議院議員選挙区画定審議会設置法の一部を改正する法律」『法令解説資料総覧』376, 15–18.
佐藤　令（2013)．「諸外国における選挙区割りの見直し」『調査と情報』782, 1–14.

篠原永明（2012）.「衆議院議員選挙・選挙区割り規定の合憲性」『法学論叢』171(2), 140–158.
篠原永明（2014）.「平成24年衆議院議員選挙における選挙区割規定の合憲性」『法学論叢』175(5), 109–131.
杣　正夫（1986）.『日本選挙制度史―普通選挙法から公職選挙法まで』九州大学出版会
只野雅人（2000）.「選挙区と「国民主権」・平等選挙―フランス憲法院判決を素材として」『法學研究』33, 147–207.
只野雅人（2010）.「投票価値の平等と行政区画」『一橋法学』9(3), 97–111.
田中宗孝（1990）.「第8次選挙制度審議会答申について（上）」『自治研究』66(11), 3–20
田中宗孝（1991）.「第8次選挙制度審議会「衆議院議員の選挙区の区割りについての答申」の概要」『自治研究』67(12), 3–17.
田中宗孝（1992）.「第1回総選挙のこと（上）」『選挙時報』41(8・9), 1–8.
地方自治百年史編集委員会［編］（1992）.『地方自治百年史　第1巻』地方財務協会
辻村みよ子（1989）.『「権利」としての選挙権―選挙権の本質と日本の選挙問題』勁草書房
辻村みよ子（2012）.『憲法　第4版』日本評論社
辻村みよ子（2015）.『選挙権と国民主権―政治を市民の手に取り戻すために』日本評論社
野中俊彦・中村睦夫・高橋和之・高見勝利（2012）.『憲法Ⅰ　第5版』有斐閣
長谷部恭男（2008）.『憲法　第4版』新世社
林田和博（1958）.『選挙法』有斐閣
林田亀太郎（1902）.『改正衆議院議員選挙法釈議』東京専門学校出版部
南野　森（2016）.「1票の格差―司法と政治の索敵」『法学教室』427, 8–13.
美濃部達吉（1929）.『選挙法概説』春秋社
三宅正太郎・石原雅二郎・坂　千秋（1930）.『普通選挙法釈義　増訂5版』松華堂書店
森口繁治（1931）.『選擧制度論』日本評論社
森脇俊雅（1998）.『小選挙区制と区割り―制度と実態の国際比較』芦書房
安田　充（1994）.「政治改革関連法　1」『時の法令』1474, 6–29.
山口祥義（1994a）.「公職選挙法の一部を改正する法律」『法令解説資料総覧』149, 4–17.
山口祥義（1994b）.「衆議院議員選挙区画定審議会設置法・同法の一部を改正する法律」『法令解説資料総覧』149, 18–19.
和田　進（1995）.『国民代表原理と選挙制度』法律文化社
和田　進（2008）.「議員定数配分の不均衡」大石　眞・石川健治［編］『憲法の争点』有斐閣，pp.184–185.

第5章

《proximité》考

何を概念化するのか

糠塚康江

第1節　はじめに

代表制は,「命令的委任の禁止」の法理によって選出母体に拘束された議員から構成される身分制議会を否認し，選挙人（さらにはあらゆる拘束）からの議員の切断を組織化する法原理として出発した。議員は選出された選挙区の代表ではなく「全国民の代表」である。日本国憲法 43 条 1 項の「全国民を代表する選挙された議員」とは，この謂いである。他方でこの規定は,「代表」と「選挙」を結びつけている。選挙は，通例「選挙区」単位で選挙人団（有権者団）の協同行為として実施される。そこには「選挙する者」と「選挙された者」との関係が生じる契機がある。切断と結びつけから生じる緊張関係が，代表制理論の展開を促してきた。「熟議的転回（deliberative turn)」を経た現代代表制理論は,「代表性」の精度化のために，議員と有権者とのコミュニケーション（=たえざる民意の構成）を想定する。古典的代表制の要請（=切断）から生じる部分代表禁止を核心とする禁止的規範内容を維持しつつ，このコミュニケーション行為を具体的にどのように遂行すればよいのだろうか。その解を議員活動に求めるのが，本章の主張である[1)]。

もとより熟議民主主義は，代議制の過程の外に形成される熟議（討議）空間でのコミュニケーション行為を基盤とする。この点を留保した上で，本章ではもっぱら代議制のルートに考察の照準を据える。考察の手掛かりとして，フランス第五共和制における選挙区の大規模再編をめぐる議論において，選挙区の地理的広がりの広狭が《proximité》を援用することで正当化されてきたことを確認する（☞第2節）。次に，代表制理論のなかで《proximité》がどのように位置づけ可能なのか検討することにより，《proximité》が何を概念しようとしているのかを明らかにしたい（☞第3節）。このことを通じて，代表制民主主義の現代的再生のための示唆を得たいと思う。

第2節　選挙区制と《proximité》：フランスにおける選挙制度改革論議

本節ではフランス第五共和制における選挙制度改革を瞥見する。具体的には，①国民議会議員選挙について名簿式比例代表制から小選挙区二回投票制を復活させた1986年7月10日法律，②ヨーロッパ議会議員選挙について全国1選挙区を8選挙区に分割した2003年4月11日法律，③県会議員と州会議員を兼職させる地域議員（conseillers territoriaux）を創設する2010年2月16日法律，④県会議員選挙に男女ペアの連記投票制を導入するために選挙区の数を半減させた2013年5月17日法律という，四つの改革である。

■2-1　国民議会（下院）議員選挙

普通選挙制度を導入した1848年憲法は，国民議会（一院制議会）の議員選挙について県単位名簿式投票制を採用し，原則として郡庁所在地での投票を定めた（30条）。普通選挙制度を引き継いだ第二帝制は，立法院議員選挙について名簿式投票を否定し（1852年憲法36条），小選挙区二回投票制を採用した（1852年2月2日の組織令）。かかる歴史的経緯から，第三共和制期には，国民議会議

1）国民国家が成立するためには，共通言語としての「国語」によって，市民の相互理解を可能にする国家空間の言語的均質化が必要であった。このアナロジーから，熟議空間が成立するためには，市民による平等な参加が必須となる。言い換えれば，統治空間の「言語」と生活空間の「言語」との接続が必要になる。選挙において選挙人（有権者）が候補者を選ぶことができるのは，代表者と代表される者との間には原理的には知的な位階差がないという擬制の下，前者の説得によって後者の支持を調達することが可能であることが必要である。糠塚（2010）は，議員がその《medium（媒体）》の役目を果たすことを主張したが，具体的にどのようにしてその役目を果たすのか，制度的観点から課題を残していた。本章はこの課題へのささやかな応答の意味ももっている。

員選挙の方法について，県単位名簿式投票制と小選挙区二回投票制の間で激しい論争が展開されたが，3立法期を例外として，小選挙区二回投票制の下で選挙は実施された 。第四共和制になって県を選挙区とする比例代表制が導入されたが，第五共和制憲法の成立とともに，小選挙区二回投票制が復活した。

このように，フランスの国民議会議員選挙については小選挙区二回投票制がほぼ定着していたところ，ミッテラン（François Mitterrand）政権の下で，議員定数を491人から577人に増やした上で，県単位の比例代表制が導入された時期があった（Loi n° 85-690 du 10 juillet 1985 modifiant le code électoral et relative à l'élection des députés）。この制度の下で実施された1986年3月16日の選挙の結果，最初のコアビタシオン（保革共存）の経験が始まった。政権に就いた中道右派のシラク（Jacques Chirac）内閣は，直ちに小選挙区二回投票制を復活させる選挙制度改革に着手した。この改革の前提には，おなじみの次のような理解がある。すなわち，比例代表制は，「ことばの狭い意味での選択の機能をもつのみならず，政治的意見の表明の機能をもつ」が，ウエストミンスターモデルの議院内閣制のように二極化した多数派を生み出さず，明瞭な政権選択を打ち出さない（Daugeron 2011：1056–1057）。比例代表制は「安定した多数派」の形成の妨げになる。これに対し，小選挙区二回投票制（多数代表制）では，選挙人は2度意見表明の機会を得て，「第1回目には選挙人は自らの支持する選好を表明し，第2回目には，代表者，その代表者を介して，議会多数派と政府の政策プログラムを選択する」（Daugeron 2011：1059）。シラク首相は，「比例代表制が採られている国では，議決や法案ごとに，選ばれた権力によって遂行される政策を妨げる振舞いをするその場限りの多数派…（中略）…が離合集散している。…（中略）…議会は，あらゆるニュアンスにおいて国民の政治的状況を反映することを使命とする以上に，民主的に表明された選挙民の意思に従って，投票箱から生まれた多数派が政府の活動を支えるために解放される場であるべきだ。多数派の存在は，政府のあらゆる活動の必要不可欠の条件であり，民主主義の実行そのものである」（*JO* 23 mai 1986, Débats de l'Assemblée nationale, 2e séance du 22 mai 1986：1041）として，小選挙区二回投票制の意義を説明した。

第三共和制期にあっては，歴史的出自から県単位の名簿式投票制こそが共和派の推奨する選挙制度であった。評価の逆転が生じたのは，県単位名簿式投票制の下で実施された1888–89年の補選において，ブーランジスムが席巻し，共和制の命が奪われる危機に直面したからであった（辻村・糠塚 2012：69–70）。共和派は，直ちに小選挙区二回投票制に回復させ，重複立候補制を禁止する措置（立候補届出制の導入）をとった。小選挙区制二回投票制は，選挙で競う者同士を向き合わせ，有権者により多くのよりましな情報を提供することで，「（候補者の）仮面を打ち破る」手段とされたのであった。対して，名簿式投票は「プログラムによる投票」ではなく，「プレビシットの投票」として機能したのであった。政策綱領として掲げられる統一プログラムの選択より，選挙人による候補者自身の見極めが重視されたといえる。そのため，候補者の認知コストの低い「小選挙区制」が選択されたとみることもできよう。もっともこの選挙制度の下で，選挙委員会（comités électraux）と呼ばれる後援会組織が活動し，利益誘導政治（clientélisme）が繁茂したことを指摘しておかなければならない。この時期に「半代表制」への移行が語られるようになったが，それには「選挙区の有権者に対する議員の従属」の「言替え」という側面があることは見逃せない。

第五共和制の発足当時，選挙区人口の最大較差は3.06倍であった（人口にかかわらず各県に2議席を配分した「特例措置」に関わる選挙区を除くと2.18倍）。その後の人口変動にもかかわらず較差の是正がなされないままに放置された結果，1980年初頭には，最大較差は10.49倍に達した。比例代表制の導入は，県単位とはいえ，この較差の是正に着手する意味もあった。激しい議論を経て，定員577人を維持したまま，1985年以前の制度に戻したが，かつての選挙区割は失効していたため，新たな選挙区の画定は，区割りの原則を法律に定めたのち，憲法38条のオルドナンスにより政府に授権された（Loi n° 86-825 du 12 juillet 1986）。

この授権法は，野党議員によって憲法院に提訴された。憲法院は，法の前の平等に関する憲法2条1項，国民主権に関する憲法3条1項，普通・平等・秘密選挙に関する同3項，国民議会選挙に関する憲法24条2項および平等原則に関わる1789年人権宣言6条を援用し，次のような原則を導いた。「普通直接選挙で指名される国民議会は，本質的人口の基礎（des bases essentiellement démographiques）に基づき選ばれなくてはならない。立法者はこの根本準則の実効性を緩和しうる一般利益の諸要請を考慮しうるとしても，限られた限度においてのみそう為しうるにすぎない」（Décision n° 86-208 DC des 1er et 2 juille 1986, cons. 20–21）。この区割原則が比較的厳格に遵守されたことから，92％の選挙区の人口が全国平均から±20％以内に収まるなど，かなり公正なものとなった。他方で，議席配分にあたっては，人口にかかわらず各県（département）に最低2議席を配分するという手法がとられた。この特例措置に該当するのは2県にとどまったが，最大較差は3.50倍になった。特例措置がなければ，本土における最大較差は，2.38倍となるはずであった。憲法院は，「最低2名の代議士の代表を各県に留保することで，立法者は選挙区の当選者と選挙人との緊密な絆（un lien étroit）を確保しようとした」として，この較差を正当化した[2)]。その上で憲法院は，「代表の乖離」は，「こうしてなされた選択が有利な代表の乖離をもたらす県の数が限られている」という点で，憲法に反すると解されてはならないと付言した。なぜなら「代表の不平等が同一県内での選挙区画定を指導する準則を介して著しく拡大しえない」ことを先に掲げた条項が含んでいるからである（Décision n° 86-208 DC des 1er et 2 juille 1986, cons.22）。

本判決において憲法院は，「本質的人口の基礎」を選挙区画定に際して原則としたが，各県に最低2議席配分の伝統を維持し，県の平均人口からの±20％の乖離を織り込んでいた。そうした留保つきの平等原則にさらに例外がもたらされる場合には，①地続きでないあるいは人口が4万を超える一つまたは複数のカントンを含む県において，カントンの境界を尊重しない権能は当該カントンについてのみ及ぶこと，②±20％の乖離の適用は，例外的で正式に正当化される場合に留保されること，すなわちこの権能は限られた限度でしか行使されえず，事例ごとに一般利益の明瞭な要請に立脚していなければならないこと，③選挙区画定はいかなる恣意に発してはならないこと，が条件となる（Décision n° 86-208 DC des 1er et 2 juille 1986, cons.24）。

その後の人口の変動にもかかわらず，区画の見直しが行われなかった結果，

---

2) この点につき，「フランス法における政治的代表の初期の概念とは一致しないが，政治的代表の現代的概念には合致する」（Favoreu & Philip 2001：689）という見解がある。「地域代表」の観念に通じる措置が，「現代的概念」に合致するという評価を得ている点に注目しておきたい。

最大較差は5倍，同一県内でも一部は2倍を超える較差が生じることになった。憲法院は国民議会選挙に関する「所見」公表などの機会を捉えて警告を発し続けたが，議会側の反応は鈍かった（只野 2010：105）。2008年の憲法改正を機にようやく巡ってきた判決の機会を捉え，憲法院は各県2議席配分方式について違憲判断を下すに至った。その理由はこうである。国民議会議員定数の上限が憲法で577人と定められた。在外フランス人選挙区が創設されて県に配分される議員定数が減少したが，この間，760万人の人口増があった。かような「法的および事実上のこれら状況の重大な変化に照らして」，2議席配分方式を維持することは，「国民議会は本質的人口の基礎に基づいて選出されなければならないという基本準則の射程を緩和しうる一般利益の要請によってはもはや正当化されえない」（Décision n° 2008-573 DC du 8 janvier 2009, cons.23）。もっとも憲法院は，「投票の前の平等を「最大限（au mieux）」尊重する国民議会議員の議席配分と立法府の選挙区画定」（Décision n° 2008-573 DC du 8 janvier 2009, cons.21）として，1986年の判決にはなかった「最大限」と限定したものの，各県毎に議席配分を行うことを否定したわけではない。換言すれば，各県に1議席配分されることが確認されたとみることもできる。選挙区選出議員と当該選挙区有権者との「緊密な絆」の名において，「本質的人口の基礎」の基本原則は緩和されている。

「緊密な絆」は，小選挙区二回投票制が名簿式比例代表制に勝ることを導くために援用されたのであって，小選挙区二回投票制という制度自体が，被選者議員と当該選挙区有権者との「緊密な絆」を保証するものではない。それは結果として生じるかもしれない関係であって，それを先験的に想定することはできない。

■2-2　ヨーロッパ議会議員選挙

政治的選挙にパリテ（parité：男女同数制）を導入する制度形成を立法者に可能にさせる1999年の憲法改正後，政府はパリテを具体化する選挙制度の設計に直ちに着手した。ヨーロッパ議会議員選挙は，当時，最大平均法による拘束名簿式比例代表制，全国1選挙区で実施されていた（ただし有効投票総数の5%を獲得できない名簿には議席が配分されない阻止条項があった）。1999年当時，ヨーロッパ議会フランス選出議員の女性議員率は40.2%に達していた。パリテ具体化法である2000年6月6日の法律の定める方式に従い，ヨーロッパ議会議員選挙の際の候補者名簿は男女交互の登載順となり，この条件をみたさない名簿は受理されない。パナシャージュも選択投票制も認められていなかったので，登載名簿の順位の変更も名前の削除も付加もされない。よってまるまる一つの名簿に投票が行われることから，ヨーロッパ議会議員選挙の結果，フランスの議員団についてパリテが初めて実現するのではないかと期待された。ところが，2000年12月に締結されたニース条約でEU加盟国が27までに拡大されたことから，フランスの議席配分が87から72に縮減された（ただし，2004-2009年の立法期については過渡的に78議席）。これを機に，2003年4月11日法律によって全国1選挙区から8地域ブロック選挙区への変更が行われた。

それまで，ヨーロッパ議会議員選挙が全国1選挙区で実施されていたことには，次のような事情があった。1976年9月20日のヨーロッパ共同体理事会決定ならびに付属議定書によって，ヨーロッパ議会議員は普通直接選挙によって選出されることになった。当時フランス国内では，直接普通選挙によってヨーロッパ議会議員を選出することは，国民主権原理（憲法3条）に反し，ひいてはヨーロッパ主権を創設することに通じるという強力な批判があった。そこでジスカール・デスタン（Valéry Giscard-d'Estaing）大統領（当時）は，この理事会決定と付属議定書の憲法適合性の判断を憲法院に仰いだ。憲法院は，理事会決定が「共和国の不可分性」と矛盾する選挙方式を含んでいないことを指摘するとともに，「「統一選挙手続（procédure électorale uniforme）」という文言がこの（共和国の不可分性という）原理の侵害を許すものとして解釈してはならない」（Décision n° 76-71 DC du 30 décembre 1976, cons.5）という解釈留保を付し，その上で，「共和国の制度的秩序に属さず，国民主権の行使に参加しない総会（une assemblée）の構成員の選挙に関するものだ」として，合憲であると判断した（Décision n° 76-71 DC du 30 décembre 1976, cons.6）。この判断を受けて制定された1977年7月7日法律が，全国1選挙区制を導入したのだった。もっともその後，マーストリヒト条約がヨーロッパ市民権を創設し，EU市民は所属国以外でヨーロッパ議会の投票権・被選挙権を行使することが認められるに至った。フランスで選出されるヨーロッパ議会議員は，もはや必ずしもフランス国籍を有する者ではないし，ヨーロッパ議会においてフランス人民を代表するとはいえない状況が生まれた。

2003年4月11日法律で8選挙区への分割が行われたのは，棄権率が高い状況（直近の1999年6月の選挙で53.24%）を改善するために，選挙人と被選議員を近づけることと，地理的多様性においてフランスを代表することを目的としていた。政府の法案提出理由（Assemblée nationale, Projet de loi, n° 574, 2003）によれば，ヨーロッパ議会議員選挙は政府を支える多数派を創出することを目的としないため，多様な政治的意見を代表することを可能にする全国1選挙区の比例代表制を導入したのであった。ところがこの選挙制度には，次のような問題があった。「第1に，選挙人と被選議員との関係が過度に引き伸ばされている。政治的多様性において選挙人団の公正な代表が確保されていたとしても，被選議員は全国名簿の匿名性を免れることはできず，選挙人によって明瞭に同定されない。こうした状況は，選挙人の選挙への参加を阻害している」。「第2に，この投票制度は地理的多様性におけるフランスの代表を保証しない。確かに名簿作成責任者は，好ましいと思うさまざまな意見潮流の最大数を集約すべく，配慮においてであるにすぎないにせよ，選挙人の投票に付す名簿にできるだけ多様な地域の候補者を記載するように心がけているが，選ばれるのはその一部にすぎない。しかも改選期と改選期の間に生じた欠員を埋めるべく名簿の次の順位の者を繰り上げるやり方で，地理的「配分」に変更が生じる」。こうした状況を改善するために，8選挙区分割が提案されたのであった。

この変更に対しては，可決法律を憲法院に提訴した国民議会議員・元老院議員は，①共和国の不可分性の原理に反する，②選挙人の自由および思想・意見潮流の多元主義に反する，③パリテの原則に反する，という点から憲法に違反すると主張した。憲法院は次のように述べて，違憲の主張を退けた。

①については，EU市民権の創設を踏まえ，「フランスで選出されるヨーロッパ議会議員はフランスに居住するEU市民の代表者として選出されている」（Décision n° 2003-468 DC du 3 avril 2003, cons.37）ことから，共和国の不可分性の原理への侵害，フランス人民の一体性（unicité）の原理への侵害は提訴の理由にならないことが確認された（Décision n° 2003-468 DC du 3 avril 2003, cons.38）。②の主張は，8選挙区に分割すると，大政党に属さない候補者の当選のチャンス

は縮減され，選挙人の自由や思想・意見潮流の多元主義に影響を及ぼすというものである（Décision n° 2003-468 DC du 3 avril 2003, cons.41）。「憲法は憲法院に議会の権限と同じような性質を有する評価と判断の一般的権限を与えていない。取り上げられた手段が追求される目的に明白に適合していないことがない以上，立法者が自ら定めた目的が他の手段によって達成されうるのかどうかを検討するのは憲法院ではない。とりわけ立法者は，選挙人とその被選議員とのより大きな近接性（une plus grande proximité）の探求と思想と意見の多様な潮流の代表との両立を企図していた。かようにして実行された調整は明白な過誤で傷つけられていないので，提訴理由は斥けられる」（Décision n° 2003-468 DC du 3 avril 2003, cons.42）。③は，1 議席しか獲得できない名簿が多ければ，名簿の上位に男性が記載されることが多いことから，男女間に重大な不均衡が生じるという主張である（Décision n° 2003-468 DC du 3 avril 2003, cons.45）。憲法 3 条 5 項（パリテ条項）は，それ自体で「ヨーロッパ議会へフランスで選出される女性の比率を減ずる目的も効果ももつものではなく，立法者は，先行する規定の影響を受けて候補者名簿に男女の候補者を交互に登載するルールを維持したのであるから，提訴理由は事実を欠いている」（Décision n° 2003-468 DC du 3 avril 2003, cons.46）。

地理的一体性を前提にした選挙区の有権者と当該選挙区の選出議員との《proximité》（近接性）が，政治的意見の多元性やパリテという憲法上の要請を抑制する方向に働いていることが確認される。前者は立法者による考慮事項であって，憲法院はその評価は自らの権限外であると判断した。《proximité》が制度に正統性を生み出す「打開策」となっている。《proximité》の原理が，ヨーロッパ議会議員の活動とその選出方法を地域化するために援用され，民主主義の赤字の縮減が図られたのである。

選挙制度改革後のヨーロッパ議会議員選挙の棄権率は，さらに上昇し高止まりしている。2004 年 6 月の選挙は 57.37%，2009 年 6 月の選挙は 59.37%，2014 年 6 月の選挙は 56.5%であった。多元主義とパリテの効果の後退と引き換えに，議員と選挙人との接近を狙った改正であったが，棄権率をみる限り成果はなかった。遠いのは，EU という審級そのものとその影響を受ける人々との隔たりではないのか。

■2-3　県会州会兼職議員選出選挙制度

フランスの地方制度はコミューン・県・州の三層制がとられている。実際にはコミューン間協力公施設法人（établissement public de coopération intercommunale）が基礎的自治体としての役割を担っており，地方制度はミルフィーユ状態にある。その結果，権限と財政は錯綜し，各地方公共団体ひいてはフランス国家の競争力を阻害する状況があった。この問題に対応するために，サルコジ（Nicolas Sarkozy）大統領は，2008年10月22日，バラデュール（Edouard Balladur）元首相を委員長とする委員会（Comité pour la réforme des collectivités locales）を設置した。同委員会が2009年3月5日に提出した報告書に基づき，地方公共団体改革法案が策定・提出された。後の2010年2月16日法律である。政府の法案説明によれば，①県・州／コミューン・EPCIという二極化を図り，地方公共団体を再編成すること，②EPCIを国土全般に拡げ，その枠組みを拡大して自発的な基礎自治体の統合を促進し，余計になった自治のレベルを廃止して，制度状況を簡略化すること，③巨大都市圏により相応しい制度的枠組みを与えて大都市を創出すること，④異なるレベルの地方自治体の権能を明確にし，共同資金調達の慣行を枠づけること，が主たる内容である。

地方制度改革論議は，県の廃止ないし県と州との統合に焦点があてられてきた。政府はそのような考え方をとらずに，本法案のなかで，県の活動と州の活動との相補性を促進するために，県会・州会の議員を兼職する「地域議員（conseillers territoriaux）」制度の創設を提案した。県と州という地方自治体を共通の被選議員を介して接合しようというのである。県会は「地域議員で構成」され，州会は「州を構成する県の議会に議席を有する地域議員で構成される」。地域議員は，これまでの県会議員の選挙方法と同じように，6年任期，小選挙区二回投票制で選出される。ただし，半数改選から全部改選となる。二回目投票に進む条件として当初案は登録選挙人数の12.5%を獲得することが必要だとしていたが，審議の結果，現状の10%の閾値が維持された。以上のことから選挙区への議席配分は，州会の議員定数を州を構成する県で割り振り，次に各県内でカントンごとに割り振るという方法が採られる。法律は，県会・州会あわせて議員総数約6000人のところ，地域議員総数を3496人にまで減員することを定めた。よって，当時のカントン数4182の区画を改定することが課題となった。法律が定めたルールは，①カントンの境界は国民議会議員選挙の選挙区画を尊重し，②人口 3500 人に満たないコミューンについては分割せず，全体が同一カントンに含まれる，という内容である。

県会州会の議員を兼職する地域議員の創設は，議会の内外で厳しい批判にさらされた。憲法 72 条は，別個の二つの地方公共団体として県と州を設置している一方，他方で地方公共団体の自由行政の原則を保証し，ある地方公共団体の別の地方公共団体に対する後見監督の設定を禁止している。この条項に違反しないかが問題とされ，憲法院にも提訴された。憲法院は，「地域議員制度の創設は，州と県との融合から新しいカテゴリーの地方公共団体を創設する効果をもたらさないし，州と県の存在ないしこれら地方公共団体の区別を侵害するものでもないこと」（Décision n° 2010-618 DC du 9 décembre 2010, cons.21），地域議員制度の創設によって「州の決定を県の決定に置き換える権限も，県に異議を申し立てる権限も，県の権能の行使を監督する権限も州に与えるものではないこと，よって州の県に対する後見監督権限を設定するものではないこと」（Décision n° 2010-618 DC du 9 décembre 2010, cons.22），「地方公共団体は被選議会によって自由に行政を行う原則は，すべての地方公共団体が実質的な権能を備えた被選の審議機関を有していることを含意していること，唯一の投票で指名された議員が 2 つの地方公共団体の議会に議席を有することを禁じていないこと」（Décision n° 2010-618 DC du 9 décembre 2010, cons.23）から，72 条に違反しないと判断した。

小選挙区二回投票制という投票方式については，この方式で選出される国民議会・県会の女性議員率の低迷から，パリテの要請を後退させる（これまでの州会は比例代表制で選出されていたことから，パリテの効果は顕著であった）との批判が出された。憲法院は，憲法のパリテ条項（1 条 2 項）は，「地方議会の選挙制度を定める憲法 34 条から引き出している権能を立法者から奪う効果をもたない」（Décision n° 2010-618 DC du 9 décembre 2010, cons.34）として，違憲の主張を斥けた。パリテ条項は，選挙による議員職への女性の均等なアクセスを促進する目的で，法律の前の平等原則に抵触する条項を合憲とするための立法者への授権規定である。パリテの要請を後退させる効果をもたらしたとしても，それに勝る利益が小選挙区二回投票制の採用にはある，と立法者が判断したのであれば，憲法上の問題は生じない。地域議員は，小選挙区二回投票制によって選出されることによる県会議員の有する「土地に根差した《proximité》（近接性）」のビジョンと，州会議員のようにより大きなスケールで戦略的なビジョンを併せもつことが期待されていた。こうした二つの異なる基本的性格を同一の議員に担わせることは極めて困難な要求であるだけなく，内部矛盾を孕ませる要因にもなりかねなかっただろう。2014 年に実施が予定されていた地域議員制度であったが，2012 年の大統領選挙によって政権が交代し，廃止された。

■ 2-4　県会議員選挙制度改革（2013 年 5 月 17 日法律）

2012 年，オランド（François Hollande）大統領を戴いて政権に復帰した社会党は，パリテ政策の推進のために県会改革に着手した。社会党は 1999 年に憲法改正を実現し，政治におけるパリテ政策を実行に移した。前述したように，県会議員は国民議会議員と同じく小選挙区二回投票制によって選出される。県会議員選挙は政党助成金の算定にあたっての考慮対象となっていなかったことから，間接的にもパリテを促す仕組みを用意することが困難であった。選挙の際に，正候補者の性とは別の性に属する補充候補者を立てることが制度化されていたにすぎない。このため，2011 年の選挙後の女性議員率は 13.9%にとどまり，県会だけがパリテの洗礼から取り残されていた。

県会議員選挙をパリテの対象とするため，他の地方議会選挙と同様に名簿式投票制ないし比例代表制を導入するという方法が考えられた。この点について，「県会議員選挙区＝カントンの枠で実施される県会議員選挙は，選ばれた議員の選挙区への定着を可能にし，選出議員と選挙人との密接な絆（lien de proximité）が由来するところである」（Sénat 2012：31）という理解から，カントンを選挙区とする小選挙区二回投票制の維持が図られた。パリテの実施に適合的とは思われない選挙制度とパリテの要請を両立するというアポリアを打破するために導入されたのが，2013 年 5 月 17 日の組織法および普通法[3]によって定められた男女ペア立候補方式（scrutin binominal）というアイデアである。男女がペアになって立候補し，選挙人はペアに対して票を投ずるのである。「他の国で実施されている選挙制度にこれに匹敵するものはない」（Sénat 2012：33）全く新しい制度である。議員定数を変更しない方針の結果，従前の選挙区の数を半減する必要がでてきた 。

カントン（cantons：小郡）は，1790年に行政区画の一段階として創設され，1800年に上級区画としてアロンディスマン（arrondissements：大郡）が創設され，カントンの行政権限が移行された。その際カントンの数が約1600に減ったが，その後2世紀の間に20％ほど増え，本改正直前にはフランス本土で3971に達していた。この数が，2013年法律によって2054に減少することになった。カントンの数が半減しなかったのは，4条で，①「カントンの数は，各県について，2013年1月1日において存在するカントンの数の2分の1と同数とし，この数が奇数の整数でない場合は，1の位が奇数となるように切り上げる」，②「人口が50万人を超える各県において，カントンの数は17未満とすることができない。人口が15万人以上50万人以下の各県において，カントンの数は，13未満とすることができない」という原則が定められたからである。立法者が「選挙人と選出議員との密接な関係（un lien de proximité）を保持する」ことを了解する一方，現在の県会議員数に近い水準で県会を維持しようとしたことによる（Décision n° 2013-667 DC du 16 mai 2013, cons.38）。

新たな選挙区画定にあたり，2013年法律は，過去の憲法院判決によって形成された準則を法律の規定に織り込んでいる。2013年法律46条は，「(a) 各カントンの区域は本質的人口の基礎に基づいて画定されなければならない」，「(b) 各カントンの区域は地続きである」，「(c) 人口3500人未満のコミューンは分断せず，同一カントンに含める」，ことを定めた。これらの準則は，「一つ一つ，地理的考慮によって特に正当化された制限をもたらす例外」を除いて，遵守されなければならない。憲法院に提訴された2013年4月24日の可決法は，46条4項で，地理的考慮のリストに「島嶼性，起伏，水圏のような地形に関わるもの」，

---

3)「コミューン議会議員，広域連合議会議員と県会議員の選挙に関する2013年5月17日の組織法（Loi organique n° 2013-402 du 17 mai 2013 relative à l'élection des conseillers municipaux, des conseillers communautaires et des conseillers départementaux）」，「県会議員，コミューン議会議員，広域連合議会議員選挙および選挙日程の変更に関する2013年5月17日法律（Loi n° 2013-403 du 17 mai 2013 relative à l'élection des conseillers départementaux, des conseillers municipaux et des conseillers communautaires, et modifiant le calendrier électoral）」をいう。本法律および男女ペア立候補方式については，大山（2016）を参照。

「県の領域の人口配分」のような人口に関わるもの，あるいは「飛び地，面積，カントンごとのコミューンの数」のような国土整備に結び付けられた考慮を加えていた。この規定は，山岳地であるアリエージュ県選出の議員の修正によるものであった。憲法院は，ここに列挙された例外事項は，「選挙区割の恣意的な画定を許してしまいかねない」として，違憲判断を下した（Décision n° 2013-667 DC du 16 mai 2013, cons. 42）。実際の区割作業（大山 2016：101–102）では，島嶼部，人口の極端に少ない地域，山岳地帯などは例外とされ，生活圏，産業構造や文化的伝統などの地域的アイデンティティが配慮される。人口規模の大きなコミューンを分断する場合は，道路・鉄道などを用い，恣意的な基準にならないように工夫する。このように法文の選挙区の改定規定・実際の選挙区画定作業において，憲法院が判決で打ち出した準則が尊重されており，政治部門と裁判機関との対話が機能していることが確認される。他方で，選挙区割の恣意性排除のために，「地域的アイデンティティ」が実際の区割りで重要な要素となっている点も，確認しておきたい。

第3節　選挙民と議員の〈つながり〉という《proximité》

■3-1　《proximité》の多義性

前節で確認した選挙制度改革の場面では，議席が「本質的人口の基礎」に基づいて配分されるべきことが憲法院によって繰り返し確認されていることを前提に，地理的広がりのより小さい選挙区の選択を正当化するために，《proximité》が援用されていた。これまで《proximité》を「近接性」あるいは「密接性」と断りなしに言い換えてきた。そこで《proximité》の意味を確認することから始めたい。

《proximité》は《proximitas》というラテン語からの派生語で，「近隣」，比ゆ的に「親近性・類似性」を意味する。「地理的な近さ」が原義である。原義の意味で《proximité》という言葉が使われ始めたのは，1970 年代頃であったといわれている。1990 年代になって，政治的ディスクールのなかでこの言葉は頻繁に用いられるようになった。1998 年，ジョスパン（Lionel Jospin）政権の下で，市民に密着した「近隣警察」（police de proximité）政策[4]が導入され，

2002年2月27日には，「近隣民主主義法」（Loi n° 2002-276 du 27 février 2002 relative à la démocratie de proximité）が制定された。この法律は，ミッテラン政権下で進められた1980年代の地方分権改革をさらに進めて，グルノーブルのような中規模コミューン内部での分権化[5]を進展させることを目的としていた。《proximité》という言葉が頻繁に用いられるようになった背景には，「身近な範域での社会的つながりの再生」に関心が向けられていたということがある（高村 2009：121–122）。《proximité》の名において，住民参加の審級として近隣住区評議会（conseil de quartier）が設けられたのである。空間的な距離に限定を加えることで，分断された社会における人々の絆を取り戻すマジックワードが《proximité》であったといえる。地方自治や参加民主主義とも親和性があり，人と人との関係性に関わる意義を有することが確認できる。相互性に基づく自治が可能な空間が，《proximité》によって語られている。《proximité》の示す空間の規模は，市民の参加に見合う質によって確定されるのであって，量的な問題に還元されない。

人々の「不信」に基づく，代議制ルート外からの政府に対する牽制・監視・批判を内容とする『カウンター・デモクラシー』（*La contre-démocratie: La politique à l'âge de la défiance*, Seuil, 2006）を発表した後，ロザンヴァロン（Pierre Rosanvallon）は，代議制のルートとカウンター・デモクラシーを備えた民主主義の「正統性」について論じる一書（*La légitimité démocratique: impartialité, réflexivilité, proximité*, Seuil, 2008）を著した。「不偏性（impartialité)」，「再帰性（réflexivité)」に加えて《proximité》が，民主的正統性としてあげられている。前二者が民主的な制度の発展（独立の行政機関，憲法裁判所など）を促すのに対し，《proximité》は，市民が望んでいる統治者との関係を表し，市民の側の承認要求に統治者の側が応答する相互作用を包含するものと考えられている。ロ

4）近隣警察政策は，2003年，ラファラン（Jean-Pierre Raffarin）内閣によって中止された後《Unités territoriales de quartier》（UTeQ）に，2011年には《police de patrouilleurs》なる政策に，実質的に引き継がれている。

5）パリ，リヨン，マルセイユといった大都市については，1982年のパリ－マルセイユ－リヨン法によって区議会が設置された。さらに近隣民主主義の名において，区の内部にさらに近隣住区評議会が設置された。

ザンヴァロンは,「《proximité》はフランス語において他の言語における同様の言葉（さまざまな段階での地理的かつ物理的次元を指し示している）よりもはるかに多くを示唆する力を持っている」ことを強調している（Rosanvallon 2008：269 note 1)。しかし，近代政治の根本原理とされる代表制は,「代表する者と代表される者の分離」を再組織化する方向で進展してきた。これと緊張関係にある,人々の〈つながり〉を含意する《proximité》が，政治ディスクールに頻出している現在進行している状況を，どのように評価すべきだろうか。次に，代表制理論の展開を踏まえて考えていきたい。

■ 3-2　代表制理論の展開と《proximité》

1）古典的代表制と「距離」

近代は，身分制の〈つながり〉から人々を解放し,「社会契約」による新たな再編の企てである。フランスにおけるその出発点に位置する 1791 年憲法が，代表制のプロトタイプを提供する。この憲法が採用したナシオン主権（souveraineté nationale）原理は，アンシャン・レジームにおける君主主権原理を否定すると同時に，政治的意思決定能力をもつ有権者総体を主権者とするプープル主権（souveraineté populaire）原理を否定した。国政のあり方を決める権力（主権）は，観念的・抽象的な一体として観念される国民（ナシオン）に帰属するとされた。主権主体である「国民」は，過去から現在を経て未来へ連綿と継続する観念的・抽象的存在であるため，主権主体自身が主権を行使できないことから，代って意思決定を行う機関を必要とする。これが「国民代表」である。1791 年憲法の下では，立法府と国王が代表として国民の一般意思の表明である法律の制定に関与した。誰が代表者であるかは，憲法が定める。立法府の議員は選挙によって選ばれるが，彼らが代表するのは「国民」であって,選出された選挙区の選挙人ではない。このような考慮から，身分制議会で実施されていた命令的委任は禁止された。選挙人の選挙権は，固有の権利ではなく,むしろしかるべき能力をもった者を国民代表として選出することを内容とした公務である（選挙権公務説)。そのような公務に相応しいのは「国の公的施設の維持に貢献しうる者」に限られるとして，これを能動市民として参政権を認め（制限選挙制)，それ以外の女性や納税額の低い男性などを受動市民として，参政権を否認した。全国民を代表する議員は，現実の個々の選挙人の意思を顧慮すべきではなく，また選挙人も議員の行動を拘束すべきではないという考え方に立った代表制のあり方を，講学上「古典的代表制」ないし「純粋代表制」と呼んでいる。

選挙人に対する議会の独立宣言こそが，古典的代表制の本質であった。命令的委任の禁止は，身分制議会と近代の国民代表議会とを分かつが，それは同時に，選出母体と被選の代表者との「距離」を確保する。代表制は，特殊利益（個別的配慮要求）から「距離」をとることによって，議会が表明する「一般意思」の正統性を確保する体制と言い換えることができる。これによって市民の平等が保障される。シィエスが端的に言い表しているように，「巨大な球体の中心に法律があると想像してみよう。すべての市民は例外なく，球の表面上に（球の中心から）等距離におり，全く平等な位置を占めている。全員が平等に法律の下にあり，全員が保護されるべき自己の自由と財産を法律に委ねるのである。これこそが，私が市民の共通の権利と呼ぶものであり，この点では，市民は皆同じである」（シィエス 2011：148）。こうした体制として理解される古典的代表制においては，《proximité》を論ずる前提を欠いていた。

もっとも制限選挙の時代にあっては，選挙人と選出議員との階層的同質性が確保されていたことから，法的に代表者が被代表者から独立していたとしても，代表者が被代表者の意向からかけ離れて決定・行動を行うことは事実上なかったと推量される。そうであるからこそ，選挙人と選出議員との「距離」を主張することは，議会が制定する「一般意思の表明としての法律」を正当化するためにも必要であったといえるだろう。

2）半代表制と「類似性」

市民の統治との関わりを代表者の選挙の場面に限定しながら，政治上の必要に応じて選挙人資格に制限を課す選挙制度が続いたことから，19 世紀前半の民主化要求は，選挙権の拡大要求に収斂されていった。普通選挙制が確立し，代表と選挙が密接不可分なものと観念されるようになった。このことは，統治過程において選挙＝投票が決定的に重要なモメントとなったことを意味する。こうして，選挙を介して国民と直結しうる議会が国政において中心的存在となった（議会中心主義の成立）。国民の代表者は，少なくとも実在する選挙人の意思とまったく独立に国政について判断すべきだとは考えられず，それをできる限り忠実に国政に反映すべきだと考えられるようになったのである。選挙民と代表者の意思の一致という建前に立脚した代表制を純粋代表制と区別して，講学上，「半代表制」と呼ぶ。この段階になって，選出議員と選挙人との関係について論ずることが論理的に可能となる。

選挙によって代表者を選ぶという仕組み自体は，「選抜」の考え方に従っている。そこでは「最良の者を選ぶ」という思考が働いている。選挙人は被選者に自分の有していない能力を期待している。その一方で議員が自分の「仲間」であることを望んでいる。この二つの要素を調整してきたのが，政党であった（Rosanvallon 2008：294）。

選挙人の意思と代表者の意思との関係は，法的意味のそれではなく，事実上一致しているか否かという社会学的意味で捉えられたものである（社会学的代表）。社会学的代表の主張は，選挙を通じて社会の構成要素を議会の構成に忠実に反映させ，「民意の縮図」としての議会を出現させることで，「選挙人意思と代表者意思」との事実上の一致＝社会学的な類似を実現しようとする。議会に国民世論を忠実に再現前すること（＝représentation）で，議会の決定に国民自身の決定と類似した内実を付与しようとするものである。しかし，「民意」を把握するために設定される「カテゴリー」それ自体の人為性が問題とされざるをえない。「民意」それ自体を把握できない以上，いかなる「尺度」を採用するかで「民意」の相貌が異なる。社会に存在する多様性（「地域」「階級」「職業」「宗教」「人種」など）を代表されるべきものとして予め想定していること自体，市民の等質性と矛盾を孕む。「代表されるべき実質を把握可能とする「尺度」「カテゴリー」自体が，曖昧さ・恣意性を伴わざるを得ないのである」（杉原・只野 2007：243）。今日のように「個人化の現象」（近藤 2010）が進むと，あらかじめ共通のアイデンティティの基盤となるようなものを想定できなくなることから，なおさら代表すべきものを同定することは困難になる。〈個人化〉の進展は，これまで期待されていた役割を政党が担うことを難しくしている。無党派層の増大は，そのことを物語っている。

たとえ「民意」自体が「実在する」のものであるとしても，それ自体を認識することはできない。議会への「民意の反映」という場合，選挙制度によって切り出されることで，いわば解読コードが与えられ，ようやく「民意」が把握される。選挙＝投票が民主的正統性として統治過程で決定的なモメントとされることは，それを介して，国民の意思と議会の意思が同一視され，議会の決定に異論をはさむ余地をなくす。投票という一つの行為に収斂する選挙による正当化を過度に重視する思考で，民主主義を理解する状況が生まれる（以下「選挙民主主義」という）。古典的代表制の下では議員の院内活動が「一般利益」を追求するものであることまで射程においていたが，選挙民主主義は，選挙の時点に射程が矮小化されている。

選挙民主主義によって，議会多数派は，自らの正統性の根拠を，普通選挙を通じて表明された有権者の多数の支持を得たことに求めることが可能となった。そうなると，議会多数派が採択した法律がなぜ「一般意思の表明」となるのかが，問い直される。議会制定法は政治的な多数派の意思に左右されることになり，法律の内容は具体的な政治状況に依存することがあからさまになる。法律は「（主権者である）われわれが望んだ」ものではなく，「（たまたま議会多数派を占めた）彼らが望んだ」ものにすぎない。こうして，議会の多数派が採択した法律が「一般意思の表明」であるという定式が，再審に付される。この定式は，第五共和制憲法の運用過程で大きく修正された。違憲立法審査の担い手として創設された憲法院は，1970年代以降，人権保障機関として活発な活動を開始した。その憲法院が，「法律が一般意思を表明するのは，憲法を尊重する限り」（Décision n° 85-197 DC du 23 août 1985, cons.27）として，フランスを「一般意思の表明＝法律」の定式の呪縛から解放した。今や選挙を通じた民意の伝達回路とは別に，議会多数派の決定の正統性を吟味する審級が設定された。選挙という正統性は，もはや万能ではない。

3）現代代表制論における「構成されるつづける民意」

選挙に起点をおく正統性が万能ではないということは，選挙による代表制の回路が法的にも万全な信頼を寄せられるものではないということである。「代表制の危機」がほぼ恒常的に論じられているが，この不信は法治国家の根幹にかかわるだけに深刻である。最近の立法学の進展は対応の一つと考えられるだろう（糠塚 2015）。あるいは，政府の牽制・監視・批判を内容とするカウンター・デモクラシーは，多数決原理に基づく代表制以外の次元に，社会の要求を表現する場を設けることで，代表制を補完するものとなる。

民主的正統性を独占する代表制の回路それ自体については，どのように考えたらよいであろうか。政治を多様な利害をもつ諸集団の抗争と妥協のプロセスと捉える「プリュラリズム」的な民主主義観を徹底させれば，「選好の総和」として「公益」が導かれることになる。しかし，政治過程が利益配分に堕し，それによって議員の「地元」や支持団体の「票田」が培養される傾向が強まることは，「行き過ぎ」として批判されなければならない。こうした利益政治に対抗して近時有力に主張されているのが，「熟議（討議）民主主義」である。これは，いろいろな立場・観点から論じられており，さまざまなバリエーションがある。先の選好集積モデルとの対比でいえば，熟議民主主義モデルは，「人々の間での討論と反省を重視」し，「討論を通じて意見を提出し合い，また自身の見解にも修正を加えてより良い合意を目指す」（早川 2010：160）。熟議民主主義が主張される背景には，激しい利害対立の錯綜する多様で多元的な大規模社会にあっては，あらかじめ統一的意思をもった均質な国民の存在を想定できないことがある。議会の外にある人々が参加し熟議を行うことまで視野にいれなければ，熟議民主主義は有効に働かない。

この「熟議的転回」を経て，現代代表制理論は，「民意」の絶えざる構成プロセスの側面を重視する傾向にある。代表制のプロセスは，「熟議」を組み込むことで，「「代表性（représentativité）」の精度を上げ続ける永久運動として描かれることになる」（糠塚 2010：22）。従って，代表制における「決定」は「暫定的」にすぎず，絶えず再審に付され，正当化される必要がある。このモデルは，一面では「古典的代表制」に親和的である。そこでは，選出母体から独立した代表者が理性的議会審議を通じて「一般意思」を形成することが理念として示され，熟議民主主義モデルでは，熟議を通じて私益の集積とは異なる「公益」が導かれる。他面，前者では，身体性を有する選挙人との切断を核心として，想定された「均質な国民」（代表される者）と代表者との法的同質性が確保されていたのに対し，後者では，もはやこの前提は成り立たない。等質な社会を想定しえないところで，「選好の変化」を通じたコンセンサス，「公益」の追求は可能なのか。この点について，政治思想の山田竜作は，アイリス・ヤング（Iris Marion Young）を援用し，「相互に異質だからこそ対話する必要性が生じるのであり，皆が同じ意見ならばそもそも対話の必要もないかも知れない」と指摘する（山田 2010：34）。等質な社会の想定がなければ「決められない」という思考回路は，人々に対して同質であることを有形無形に強いる同調圧力を増大させるだけである。人々が相互に異質でありながら，なお「公益」を追求して人々が「語る／聴く」というコミュニケーション過程を持続させることに，熟議民主主義の意義がある。

■ 3-3 《medium》としての議員

今や熟議空間は民主的正統性にとって不可欠な基盤であるとしても，皆に影響が及ぶ「共通の事柄」の決定は，代表制民主主義の回路を不可避とする。熟議空間と代表制民主主義の回路を接続するのが議員である。

1）議員のミッション

フランスの下院（国民議会）が2008年に公刊した活動報告（Assemblée nationale 2008：16）は，「国民議会議員の第一のミッションは，フランス人を代表することである」として，次のように記述している。

> 「ミッションの基盤は直接普通選挙である。選挙運動中，候補者は現地に赴き，同胞市民と交流する。選出されれば，議員は，例えば選挙区の事務所を維持したり公開の集会を開催したりして，選挙人との対話を持続させかつ強化する。日常的な接触と直接普通選挙が当該議員に与える正統性に支えられて，議員はフランス人の関心を政府，政党，国民議会といった国家の決定にかかわる機関に向けることができる」（Assemblée nationale 2008：16）。

議員は，選挙区の選挙人を代表するのではなく，国民全体を代表する。議員は法律の議決に際して全フランス人の利益について考える。このことは議員に対し彼の選挙区と密接なつながり（liens étroits）をもつことを禁ずるものではない。議員はパリで中央省庁と行政機関に対して選挙区の利益を擁護する。577人の議員の各々が地域に根付くことで，国民議会が国民の地域的，経済的，社会的および文化的多様性を反映することを可能にしている。

全国民に関わる議論の主体である議員は，国民議会を構成する政治グループの一つに属する。政治的立場を同じくする同僚議員とグループを形成することで，議員はフランスの民主主義を構造化する世論潮流の制度的表明に貢献する。最近の憲法改正（2008年7月23日憲法改正）はこの政治的代表のミッションを強化するもので，野党および少数グループのための特別な権利を定めた（辻村・糠塚 2012：132)。かくして議員がフランス人総体の声を力強く発し，国家の最高レベルで選挙人団の多様な意見を表明することを憲法上保障している。

上記三局面から浮かび上がる議員像は，《proximité》の原理と「距離」の原理との「交差点」に位置する。議員は，選挙区という地理的に限定された「地域」に自らの正統性の基盤を置いて活動する一方，議会内で選挙区の利益擁護と院内政治グループの活動を通じて国民総体の意思表明に貢献する。公開を原則とする議会では，議員は，レトリックとしては「公益」を標榜せざるをえず，少なくともあからさまな「地域の利益」の追求はしない（毛利 2002：233)。「議員は，一方で選挙区の意思を「反映」しながら，他方で何が一般意思であるかを同僚議員との討論・説得のなかで自己の良心に基づいて判断し，両者の乖離を選挙民への働きかけ（討論・説得）を通じて埋めてゆくという役割をはたさなければならない」（高橋 2013：343）存在である[6)]。きたる選挙に備えて政党

6）高橋の構想する「国民内閣制論」を厳しく指弾する本秀紀は，「「自同性民主主義」を実質的なものにするためには，…選挙区代表を通じた民意の媒介が問題化される。もとより，個々の代表は「全国民の代表」（憲法43条）であるので，選挙区制を用いたとしても，選挙区固有の利害を担うものではないが，全国民的課題に関わって選挙区の有権者と政治的コミュニケーションを重ねることを通じて，国民代表機関が有権者から遊離するのを防ぎ，民意の反映を実質化する契機となりうる」（本 2016：26）として，選挙区における議員の活動に注目している。もっとも，本にあっては，議員を選挙区の有権者から遊離させないで「民意の反映」を実質化することに主眼があり，デモスによるクラチアの回復のための便法として意識されている。この点で，古典的代表制の法的枠組みにおいて描かれた高橋の議員像とは緊張関係にある。本の本意はここにあるわけではないが，前述したように選挙独裁に結びつきやすいレトリックとしての「自同性民主主義」には，警戒を要する。

が政策体系をまとめ上げるにせよ，不満を抱く地域の声をくみ取って「民意」に対する応答性を高める必要がある。地域の声をくみ取るのは，日常的に選挙人と接する個々の議員である。議員と選挙人相互のコミュニケーションこそが，熟議空間と統治空間を接合する《medium》である。

いうまでもないことだが，選挙区という地理的実在，そこの居住する選挙人団の規模からすれば，「相互コミュニケーション」は，文字通りの全員を包含する過程を制度的に保証しないし，実質的な熟議が投票に先行することなど想定できない。もっとも，このこととの関わりで，《proximité》の名において「近隣住民評議会」という住民参加の審級の射程について留保しておきたい。住民の参加の審級は，制度的に選挙の過程に接続するものではないとしても，住民の相互性の現存性の基盤となる可能性を秘めているからである。このことを措くとして[7)]，選挙人にとって重要なことは，自分たちの生活世界を統治空間へ通訳するのが「誰であるのか」を知っていることである。選挙というモメントはこれを可視化する（只野 2013：257）。例えば，「立候補」は「発話」であり，公約として示される「政策」は，選挙人に対するコミュニケーション主題の提起である。投票に至るまでに，選挙人はさまざまな機会をとらえて，意中の候補者を見極めるためのコミュニケーションに多かれ少なかれ参加している。

2）選挙人と議員の〈つながり〉

古典的代表制の時代，解放された個人と政治社会と接合は，「代表関係」という観念的・抽象的媒介に委ねられていた。「等質な個人」を想定しえない現代代表制にあっては，議員と選挙人という主体間の現実的・具体的相互コミュニケーションがそれに代わる。主体の有する〈身体性〉が主体間の相互性，双方向のコミュニケーションを促さずにはいない。ここにいう選挙人と議員の相互性を概念化したものが，ロザンヴァロンのいう《proximité》といえるだろう。カウンター・デモクラシーとともに民主主義を支える代表制民主主義の再生は，《proximité》の実質化にある。

7）住民の相互性を保証する参加の審級が，選挙人と議員との〈つながり〉の実在化にどのような関わりをもつかについては，仮説にとどまる。

選挙制度の場面での《proximité》は，より地理的に狭い選挙区の選定を正当化する役割を果たしてきたことは否定できない。確かに，選挙区が狭い方が，候補者の認知コストが低くなることは期待できる。今日《proximité》が主張されるのは，それ以上に，選出議員と選挙人との「距離」を埋める必要に迫られているからではないか。選挙人は自分より資質の優れた代表者を選出することを望みながら，自分との「類似性」を代表者に望んでいる。議員の出自は一般国民のそれとは異なる。両者に社会学的な類似性はない。議員が根付いているとされる「土地」を媒介に選挙民との〈つながり〉を《proximité》によって想起させることは，全国民のレベルでの「類似性」の不足を補い，議員が「代表性」を有していることを示すレトリックとして理解できるだろう。議員の側が選挙人の像に近づくよう振舞うこと（mimétisme）・共感を示すことで，「類似性」を生み出している（Daugeron 2011：913–914）。

繰り返しになるが，地理的「近さ」は，必ずしも選挙人と議員の〈つながり〉を保証しない。議員は選挙区の選挙人を代表しない（Décision n° 99-410 DC du 15 mars 1999, cons.9）し，議員が選出される「場所（lieu）」も代表しない（Daugeron 2011 : 912）。〈つながり〉は与件ではなく，選挙人と議員との間で構築されるものである。これが，選出された議員が選挙人との「対話を継続し，強化する」ことの意味だといえるだろう。議員はこの対話を携えて議会に赴き，全国民の多様な意見表明に貢献する。候補者は選挙人の望んでいることを正確に理解し公約として提示し，当選したら選挙で提示した公約を政策として実現する。議員が再選を望むのであれば，選挙人の要望に沿った公約の提示，当選後の公約の実現といった応答性を高める行動をとることが，重要である。

選挙人と議員との，より一般的に熟議空間での「相互コミュニケーション」は言語行為によってなされる。当面，二つの留保が必要であると考える。一つは，いわゆる「サイバー・デモクラシー」はこれに代替できないということである。IT 技術を通じたコミュニケーションは，瞬時の情報共有を可能にする。しかし，「高度情報社会であることが，人々が自分の頭で考えた意見を自分の言葉で表現できている社会である，という保証はどこにもない」（山田 2010：24）。身体性を有する主体が対面し，言葉のやり取りをすることで，相互の意図をよりよく理解し合える。このプロセスを通して「語る者」「聴く者」の立場を互換し，対等な主体であることの認識を深めることになるだろう。このようなプロセスに関わるのは，自分の考えの不完全さを補ってくれるものに自らが開かれていることを意味する。よりましな政策「解」に至ることが重要で，自らの正しさの証明のために相手をやりこめることが目的ではない。

今一つの留保は，そうはいっても，言語資源は対等ではないということである。代表制民主主義は，選挙人が重要な争点について自分の意見をもち，選挙によって自分の意思を表明することを理念として読み込んでいる。あるいは，選挙において選挙人が適切な候補者を選ぶことができるのは，代表者と代表される者との間には原理的には知的な位階差がないという擬制の下，前者の説得によって後者の支持を調達することが可能であることが必要とされている。しかし，現実にはこの想定にかなう十分な政治的知識をもって選挙に臨むことができる選挙人はどれほどいるだろうか。政党の掲げる政策が当該選挙人の生活世界でどのような意味を有するのか，人々の暮らしの文脈で翻訳する役目を負うのが議員である（糠塚 2010：245-248）。無論「分かりやすさ」の罠があることは否定できない。本来複雑な問題を孕んでいる政策を「分かりやすい」言葉に置き換えて，選挙人をミスリードすることに十分警戒しなければならない。それゆえ開かれた自由なコミュニケーション過程が重要となる。

3）日本への示唆

熟議的転回を経た現代の代表制民主主義にあっては，選挙区における議員の選出は，選挙区の選挙人団による共通意思の表明である。その結果，当該地域の中央政治に対する「異議申立て」の表明手段として機能する場合がある。「異議申立て」は新たな政治課題の発見であり，熟議空間の再活性化を促し，あるものは議員の所属政党の政策に昇華され，議会での政治的アジェンダへと結晶化する。このプロセスを媒介するのが，議員である。その結節点に選挙がある。そこで選挙制度に着目すれば，少なくとも現行公選法が定める「一律平等に不自由」な選挙運動のルールについて，いくつかの改良点を指摘できるだろう。

第一に，選挙運動期間が短すぎるという点である。公選法は事前運動を禁止し（129条），公示から投票日までの最低必要期間を定めることで，選挙運動期間を決めている。衆議院議員選挙については，1950（昭和25）年公選法では30

日だったのに対し，1994（平成6）年改正法では12日に，参議院議員選挙については，同じく30日に対し17日に短縮された（公選法31条4項，32条3項）。選挙運動は，選挙人と議員との相互コミュニケーションにとって最重要なモメントのはずである。逆向きの改「正」だと言わざるをえない。

第二に，「戸別訪問」は選挙運動としてむしろ推奨されるべきであり，今や「禁止」の弊害の方が大きいように思われる。同様に1983年公選改正で禁止された「立会演説会」も復活が望ましい。選挙人に政策の比較をより明確にする機会として，候補者同士の公開政策討論会の開催が必要とされるだろう。

第三に，立法期間中において，議員は後援会の支持者向けではなく，公開の国会報告会を定期的に開催し，選挙人からの疑問に対する説明責任を果たすべきである。

第四に，現行選挙制度が，新たに選挙に立候補しようとする者にとって不利に働く点である。国民が政治に関心をもち，積極的に政治活動に参加することは，本来国民が自由になしうる。立候補届出直近の政治活動と「事前運動」を截然と区別し，後者のみを取り締まりの対象とすることには，かなりの恣意性が働く余地がある。現職議員は「選挙区培養行為」を政治活動として行うことが許され，新人には認められないからである。「民意」への応答性のある政策プログラムを練り上げることを考えるならば，立法期間にあっても，立候補しようとする者を含めた政治対話・政策論争のフォーラム開催は，むしろ好ましいのではないだろうか。

現代民主主義にとって選挙がすべてではないが，されど選挙である。代表制民主主義が選挙人と議員とを〈つなぐ〉ことで「民意」を構成し続けるものだとすれば，制度的見直しを含めた代表制民主主義の開発余地はまだある。

【引用文献】

大山礼子（2016）．「フランスの県議会選挙制度改革―男女ペア立候補方式によるパリテ（男女同数）の実現と選挙区改定」『駒澤大學法學部研究紀要』74, 77–106.
近藤康史（2010）．「社会民主主義と連帯の政治―「個人の連帯」に向けて」宇野重規［編］『つながる―社会的紐帯と政治学』風向社，pp.116–151.
シィエス, E. J. C.／稲本洋之助・伊藤洋一・川出良枝・松本英実［訳］（2011）．『第三

身分とは何か』岩波書店
杉原泰雄・只野雅人（2007）.『憲法と議会制度』法律文化社
高橋和之（2013）.『立憲主義と日本国憲法　第３版』有斐閣
高村学人（2009）.「連帯都市再生法と近隣の民主主義法の実施過程に関するケーススタディ」『日仏法学』(25), 121-154.
只野雅人（2010）.「投票価値の平等と行政区画」『一橋法学』9(3), 97-111.
只野雅人（2013）.「危機と国民主権─基盤のゆらぎと選挙」奥平康弘・樋口陽一［編］『危機の憲法学』弘文堂，pp.229-259.
辻村みよ子・糠塚康江（2012）.『フランス憲法入門』三省堂
糠塚康江（2010）.『現代代表制と民主主義』日本評論社
糠塚康江（2015）.「立法手続における「影響調査」手法の可能性─「より良き立法プロジェクト」への寄与のための試論」岡田信弘・笹田栄司・長谷部恭男［編］『憲法の基底と憲法論─思想・制度・運用─高見勝利先生古稀記念』信山社, pp.499-525.
早川　誠（2010）.「代表制民主主義におけるつながりと切断」宇野重規［編］『つながる─社会的紐帯と政治学』風向社，pp.155-186.
毛利　透（2002）.『民主政の規範理論─憲法パトリオティズムは可能か』勁草書房
本　秀紀（2016）.「民主主義の現在的危機と憲法学の課題」本　秀紀［編］『グローバル化時代における民主主義の変容と憲法学』日本評論社，pp.12-43.
山田竜作（2010）.「現代社会における熟議／対話の重要性」田村哲樹［編］『語る─熟議／対話の政治学』風向社，pp.17-46.
Assemblée nationale (2008). *Rapport d'activité 2008: Une année à l'Assemblée nationale*. Paris: Assemblée nationale.
Daugeron, B. (2011). *La notion d'élection en droit constitutionnel: Contribution à une théorie juridique de l'élection à partir du droit public français*. Paris: Dalloz.
Favoreu, L., & Philip, L. (2001). *Les grandes décisions du Conseil constitutionnel*. 11e éd. Paris: Dalloz.
Le Bart, C., & Lefebvre, R. (sous la direction de) (2005). *La proximité en politique : Usages, rhétoriques, pratiques*. Rennnes: Presses universitaires de Rennes.
Rosanvallon, P. (2006). *La contre-démocratie: La politique à l'âge de la défiance*. Paris: Seuil.
Rosanvallon, P. (2008). *La légitimité démocratique: Impartialité, réflexivité, proximité*. Paris: Seuil.
Sénat (2012). Session ordinaire de 2012-2013, *Rapport n° 250*, par M. Delebarre.

第6章

ホームレスと選挙権

土地から切り離された個人の同定について

長谷川貴陽史

第1節　問題状況：選挙制度と住所

選挙制度は土地から切り離された抽象的個人を単位とする。しかし，不正な選挙を防止するためには，その個人を選挙区と対応させて同定する必要がある。これが選挙人名簿である。選挙人名簿に登録されるためには，選挙が行われる当該市町村の区域内に①「住所を有する」こと，及び②「登録市町村等…の住民票が作成された日…から引き続き三箇月以上登録市町村等の住民基本台帳法に記録されている」ことが必要である（公職選挙法 21 条 1 項）。住民基本台帳法も「選挙人名簿の登録は，住民基本台帳に記録されている者…で選挙権を有するものについて行なうものとする」と規定する（法 15 条 1 項）[1)]。

では，公職選挙法にいう「住所」とは何か。判例は「およそ法令において人の住所につき法律上の効果を規定している場合，反対の解釈をなすべき特段の事由のない限り，その住所とは各人の生活の本拠を指すものと解するを相当とする」[2)]，「一定の場所を住所と認定するについては，その者の住所とする意思だけでは足りず客観的に生活の本拠たる実体を必要とするものと解すべき」[3)]である，「選挙権の要件としての住所は，その人の生活にもつとも関係の深い一般的生活，全生活の中心をもつてその者の住所と解すべ」きである，とする[4)]。

他方，住民基本台帳法にいう「住所」とは何か。住民票には「住所」を記載しなければならず（法 7 条 7 号），「住民の住所に関する法令の規定は，地方自治法…第十条第一項に規定する住民の住所と異なる意義の住所を定めるものと解釈してはならない」（法 4 条）。もっとも，地方自治法 10 条 1 項は「市町村の区域内に住所を有する者は，当該市町村及びこれを包括する都道府県の住民とする」と規定するのみであるが，これも従来から民法22条にいう「各人の生活の本拠」であると解されてきた。すなわち，公職選挙法においても住民基本台帳法においても，住所は「生活の本拠」とされ，生活の本拠を認定することが，当該個人を住所を通じて同定することとなる。

従って，住所（「生活の本拠」）が認められないとすれば，選挙人名簿に登録されるための第1の要件「選挙が行われる当該市町村の区域内に住所を有する」を満たさないだけではなく，住民基本台帳法における住所をも有しないから住民登録もなされず，従って，選挙人名簿に登録されるための第2の要件である「登録市町村等…の住民票が作成された日…から引き続き三箇月以上登録市町村等の住民基本台帳法に記録されている」も満たさないことになる。選挙人名簿に登録されなければ（あるいは登録を職権により消除されれば），基本的人権である選挙権（憲法15条）を行使できない（「選挙人名簿又は在外選挙人名簿に登録されていない者は，投票をすることができない」（公職選挙法42条1項本文））[5)]。

1）公職選挙法第9条は，国会議員の選挙権について住所要件を規定しておらず（1項），地方公共団体の選挙の選挙権についてのみ住所要件を規定する（2項）。これは「地方公共団体が地縁的社会であるという特性を考慮したもの」であるとされている（安田・荒川 2013：75）。

ただし，本文でのべたように，選挙人名簿に登録されるためには，国の選挙でも地方選挙でも住所要件を満たす必要がある（法21条1項）。では法9条との関わりではどうなるのかといえば，「国の選挙については，いったん選挙人名簿に登録された者は，その後住所を移しても，選挙人名簿に登録されている前住所地で投票する限り，選挙権の行使ができるのに対し，地方選挙については，名簿に登録された後でも住所を移転すれば，第四項の特例を除き，選挙権そのものを失うことにおいて差異がある」とされる（安田・荒川 2013：83-84）。

なお，国政選挙については，在外投票が認められ，在外選挙人名簿が調製されている（最大判2005〔平17〕年9月14日民集59巻7号2087頁，公職選挙法の一部を改正する法律（平成18年法律第62号）などを参照）。在外選挙人名簿を調製する点をみると，住所と選挙権との結びつきはやや弱まったようにも思われる。ただし，前述のように，国の選挙についてはそもそも住所要件がなかった。これに対して，地方選挙については住所要件がある。従って，国外に居住する日本国民は，国内に住所がない以上，地方選挙について選挙権を有しない状態に変わりはない。

2）最大判1954〔昭29〕年10月20日民集8巻10号1907頁，「茨城大学星嶺寮事件」。

3）最2小判1957〔昭32〕年9月13日集民27号801頁。

4）最3小判1960〔昭35〕年3月22日民集14巻4号551頁。

なお，後に少しだけ触れるが，住民登録は選挙人名簿のみならず，他のさまざまな行政サービスとも連動している。住所や住民登録は個人の主要な同定（identification）の手段であり，住所をもつことが権利行使や行政サービスを受給することの前提となっている。従ってまた，この identification の仕組みから脱落したり，identity を否定される場合（例えば住民票を職権により消除される場合），本人は権利行使を不可能にされ，さまざまな行政サービスを受給できなくなる[6)]。

これらの点でとりわけ問題となるのが，ホームレスである。ここでホームレスとはさしあたり「都市公園，河川，道路，駅舎その他の施設を故なく起居の場所とし，日常生活を営んでいる者」（ホームレスの自立の支援等に関する特別措置法2条）と解しておく。ホームレスについては，①特定の住所に継続的に居住しない場合，どこを当該ホームレスの住所と認定すべきかが問題となる。また，②住居をもたず，公の施設等を違法に占有する場合，その施設等を住所として認めてよいかという問題も生ずる。

上記①では，公の施設を起居の場所とするホームレスのみならず，旅芸人

5）選挙人名簿の抹消については，公職選挙法 28 条 1 項が「市町村の選挙管理委員会は，当該市町村の選挙人名簿に登録されている者について次の場合に該当するに至つたときは，これらの者を直ちに選挙人名簿から抹消しなければならない。…（中略）…二 前条第一項及び第二項の表示をされた者が当該市町村の区域内に住所を有しなくなつた日後四箇月を経過するに至つたとき。三 登録の際に登録されるべきでなかつたことを知つたとき」と規定する。すなわち「住民票の記載があっても記載通りの住所がなければ，選挙人名簿に登録されず（公職選挙法 21 条 1 項），争訟または選挙管理委員会の職権により選挙人名簿から抹消され（同法 24 条・25 条・28 条），あるいは投票できない（同法 42 条 2 項）」（山本 2012：55）。

6）ニクラス・ルーマン（Niklas Luhmann）はブラジルのファヴェーラやインドのムンバイを念頭に，社会的な排除を考察している。そこではある機能システム（例えば経済システム）から排除された人が他のシステム（政治システムや法システム）からも排除されるといったように，社会的排除が累積的になることが指摘されている。ただし，ルーマンは明確に指摘していないが，こうした排除の契機となるのは，住所や ID など，人を同定する基点を失うことであるように思われる。「住所がなければ，子供を学校にやれない。証明書がなければ結婚できないし，社会保障給付を請求できない。読み書きのできない人は，公式に排除されていようがいまいが，実質的には政治に関与できない。ある機能領域から排除されているがゆえに，他の機能領域へも包摂されえなくなっている」（Luhmann 1995：584）。

やトレーラーハウス居住者などについても問題となりうる。しかし，本章では，②のように公の施設等を起居の場所とする定住型のホームレスを検討の対象とすることにしたい。

第2節　日本のホームレスの概況

判例の分析に入る前に，わが国のホームレスの現況を概観しておきたい。厚生労働省（2016）によれば，2016（平成28）年1月現在，わが国には6,235名のホームレスがいる（図6-1）。2007（平成19）年1月現在のホームレス数が18,564名であったことを考えれば，この9年間で6割以上減少している。減少の理由としては，ホームレスが生活保護を受給して野宿生活から脱出したことや，自治体のホームレス施策が功を奏したことが考えられるが，真の理由は不明である。ホームレスの内訳は，性別でみると，男性5,821名，女性210名，不明204名である。また，起居の場所でみると，都市公園1,442名，河川1,872名，道路1,156名，駅舎264名，その他施設1,501名である。さらに，都道府県別でみると，最多は大阪府（1,611名），次に東京都（1,473名），その次が神奈川県（1,117名）である。

ホームレスの実態に関する全国調査検討会（2012）から生活実態をみると，ホームレスの平均年齢は59.3歳，平均月収は約3.6万円である。また，収入

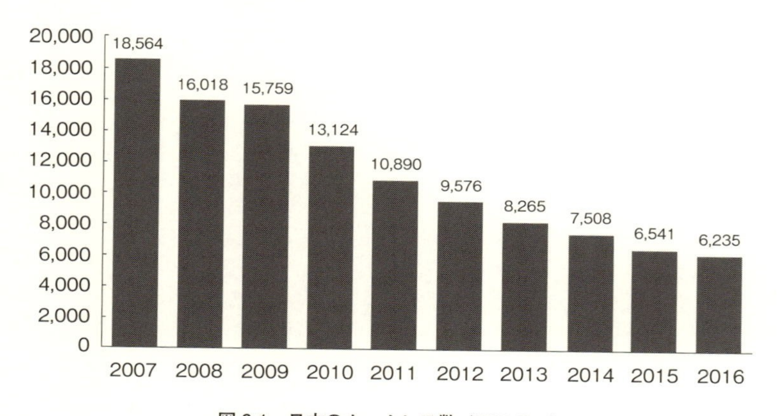

図6-1　日本のホームレス数（2007-2016）

のある仕事をしている人は61.0%，していない人は39.0%である。かれらの仕事内容としては，①廃品回収（アルミ缶・ダンボール・粗大ゴミ・本集め）が77.8%，②建設日雇が9.3%，③運輸日雇（運搬作業・引っ越し等）が3.3%，④その他雑業（看板持ち・チケット並び・雑誌の販売等）が4.9%，⑤その他が14.5%である。

第3節　判　　例

ここでは扇町公園住民票転居届不受理処分取消請求事件[7)]について取り上げる[8)]。同事件は，大阪市北区の扇町公園に居住するホームレスが公園内のテント所在地を住所地とする住民票転居届を提出したところ不受理処分とされたため，（審査請求を経て）同処分の取消訴訟を提起したものである。

判決の事実認定からは必ずしも明らかではないが，原告であるホームレスは当初，支援者X（「釜ヶ崎パトロールの会」会員）の居宅に住民票を置いていた（X宅には数名のホームレスの住民票が置かれていた）。しかし，大阪府警はXを電磁的公正証書不実記載幇助罪で現行犯逮捕し（数日後に釈放），その後もXに対してホームレスの住民票を消除することを求めた。他方，大阪市北区長もXに対して，ホームレスの住民登録を職権で消除する旨，警告してきた。そこで，ホームレスは弁護士に相談し，「生活の本拠」（民法22条）のある扇町公園内のテント所在地を住所とする住民票転居届を提出すべきだとアドバイスされ，そのように届出を行ったところ，不受理処分とされたのである。

第1審判決は，住所の定義については，判例を踏襲し「生活の本拠，すなわち，その者の生活に最も関係の深い一般的生活，全生活の中心を指すものであり，一定の場所がある者の住所であるか否かは，客観的に生活の本拠たる実体を具備しているか否かにより決すべきものと解される」とした。その上で，原告が本件テント所在地を生活の中心としていること，テントが地面に固定され

7）第1審判決：大阪地判2006〔平18〕年1月27日判タ1214号160頁，控訴審判決：大阪高判2007〔平19〕年1月23日判時1976号34頁，上告審判決：最2小判2008〔平20〕年10月3日集民229号1頁。

8）同事件については，永嶋（2006），長谷川（2006；2011；2013）を参照。

た構造物であること，支援者X宅を日常生活の場所として全く利用していないこと等の事実を認定した上で「本件テントの所在地について原告が公園管理者である大阪市から都市公園法6条所定の占用許可を受けた事実を認めるに足りる証拠がなく，原告が同所在地について占有権原を有するものとは認められないとしても，同所在地は，客観的にみて，原告の生活に最も関係の深い一般的生活，全生活の中心として，生活の本拠たる実体を具備しているものと認められる」と判示した。さらに，同判決は「市町村長は，法の適用が除外される者以外の者から法23条の規定による転居届があった場合には，その者に当該市町村の区域内において住所を変更した事実があれば，法定の届出事項以外の事由を理由として転居届を受理しないことは許されない」と述べ，「その者が当該場所について占有権原を有するか否かは，客観的事実としての生活の本拠たる実体の具備とは本来無関係というべきであり，当該場所が客観的に当該届出をする者の生活の本拠たる実体を具備していると認められるにもかかわらず，その者が当該場所について占有権原を有していないことを理由として市町村長が転居届を受理しないことは許されない」と判示した[9)]。

住所とはその人の「生活に最も関係の深い一般的生活，全生活の中心」であるという判示は，前述の判例[10)]と同様である。また「法定の届出事項以外の事由を理由として転居届を受理しないことは許されない」という判示も，最1小判2003〔平15〕年6月26日集民210号189頁（アレフ信者転入届不受理処分取消等請求事件。ただし転居届ではなく転入届の事案である）などと同様である。同判

9）都市公園法によれば「都市公園に公園施設以外の工作物その他の物件又は施設を設けて都市公園を占用しようとするときは，公園管理者の許可を受けなければならない」（6条1項）。また「公園管理者は，次の各号のいずれかに該当する者に対して，この法律の規定によつてした許可を取り消し，その効力を停止し，若しくはその条件を変更し，又は行為若しくは工事の中止，都市公園に存する工作物その他の物件若しくは施設…の改築，移転若しくは除却，当該工作物等により生ずべき損害を予防するため必要な施設をすること，若しくは都市公園を原状に回復することを命ずることができる。一 この法律…若しくはこの法律に基づく政令の規定又はこの法律の規定に基づく処分に違反している者」（27条1項1号）。さらに「次の各号のいずれかに該当する者は，六月以下の懲役又は三十万円以下の罰金に処する。…二 第六条第一項又は第三項…の規定に違反して都市公園…を占用した者」（38条）。

10）最3小判1960〔昭35〕年3月22日民集14巻4号551頁。

決は「市町村長…は，住民基本台帳法（以下「法」という。）の適用が除外される者以外の者から法 22 条…の規定による転入届があった場合には，その者に新たに当該市町村…の区域内に住所を定めた事実があれば，法定の届出事項に係る事由以外の事由を理由として転入届を受理しないことは許されず，住民票を作成しなければならない」としており，「地域の秩序が破壊され住民の生命や身体の安全が害される危険性が高度に認められるような特別の事情がある場合には，転入届を受理しないことが許される」とする主張を「実定法上の根拠を欠く」ものとして退けた[11]。

しかし，控訴審判決は原判決を取消し，被控訴人（ホームレス）の請求を棄却した。ここでも住所は生活の本拠とされている（「住基法にいう「住所」とは，生活の本拠，すなわち，その者の生活に最も関連の深い一般的生活，全生活の中心を指すものであり，一定の場所がある者の住所であるか否かは，客観的に生活の本拠としての実体を具備しているか否かによって決すべきことは，原判決 8 頁 19 行目の「法 4 条」から 9 頁 8 行目末尾までに説示するとおりであるから，これを引用する…」）。

だが，控訴審判決はこれに続けて「もっとも，そこにいう「生活の本拠としての実体」があると認められるためには，今日においては住基法にいう住所の有する上記の基本的性格に鑑みると，単に一定の場所において日常生活が営まれているというだけでは足りず，その形態が，健全な社会通念に基礎付けられた住所としての定型性を具備していることを要するものと解するのが相当である（傍点引用者。以下同様）」とした。その上で「都市公園においては，同法 6 条 1 項，7 条に基づいて占用の許可が与えられた場合に限って，当該区画に行政法上の占用が認められることはあっても，私人が，私権の行使として，敷地内に住居を設け，起居の場所とすることなど，およそ想定されていないことは明ら

11）このように，第 1 審判決は従来の判例からすると異例な判断が下されたとはいえないのだが，報道に接した一般市民から強い非難が浴びせられたという。非難の理由としては，①公園内テント所在地が住所になりうるという判断が，ホームレスに同地の占有権原を認めたものだと誤解された，②同地を住所地とする住民登録を認めたことで，ホームレスが大阪市内の公園に集まってくることが懸念された，③公園のような公の施設が住所となりうることが奇異に感ぜられた，などいくつかの可能性が考えられる。

かというべきであって，都市公園法が，そのようなことを許容していると解する余地は全くない」，「本件テントは，被控訴人が同所において起居し日常生活を営むための用に供する目的で設置されたブルーシート製キャンプ用テントであって，都市公園法7条各号，同法施行令12条各号及び大阪市公園条例8条の2に掲げる工作物その他の物件又は施設のいずれにも該当しないことが明らかであり，都市公園内にこれを設置することは法令上およそ認められないもので，我々の健全な社会通念に沿わないものというべきである（もとより，被控訴人が所要の占用許可を得て設置しているものでもない。）」とし，「本件テントにおける被控訴人の生活の形態は，同所において継続的に日常生活が営まれているということはできるものの，それ以上に，健全な社会通念に基礎付けられた住所としての定型性を具備していると評価することはできないものというべきであるから，未だ「生活の本拠としての実体」があると認めるに足りず，したがって，被控訴人が本件テントの所在地に住所を有するものということはできない」と判示した。

ホームレス側は上告したが，上告審は「上告人は，都市公園法に違反して，都市公園内に不法に設置されたキャンプ用テントを起居の場所とし，公園施設である水道設備等を利用して日常生活を営んでいることなど原審の適法に確定した事実関係の下においては，社会通念上，上記テントの所在地が客観的に生活の本拠としての実体を具備しているものと見ることはできない」として上告を棄却した。

第4節　判例に対する評価

上記最高裁判決については批判がある。例えば，塩野（2015：37）は「平成二十年判決の如き判断の結果，当該原告の法律上の生活の本拠がどこにも存在しなくなるとすれば，選挙権等の基本的人権の否定をもたらすことにもなる。事柄の重要性に鑑みれば，立法上の手当てを講ずる必要性があるのはもとよりのことであるが，裁判過程の場面においても，いずれかの住所を認定するという解釈論を展開する余地があるように思われる」とする。

また，太田（2013：20）も「住所が居住権原の判定とは異なり主として定住（居住）という事実に基づき設定されること，この住所を住民の要件として地方公共団体を編成することは，個人の自己同一性証明…にとっても，国と区別された地方公共団体という統治団体を存在させる意義にとっても，重要な意味を本来は有する…しかし最高裁は，これらに関する十分な見通しを欠くまま，社会通念の名の下で様々な考慮を混乱した形で取り込む直感的判断へ進んだといえる。第1に，居住の適法性といった権原に関わる考慮から逃れられていない。住所が定住という事実に基づき認定される概念であることを考えれば，生活の本拠といえるための継続性を備えているかといった考慮（基準・観点）が概念から導ける限界だろう。居住の継続性を否定するために不法な居住であることに言及したと考えられるけれども，その継続性にしても，本書11事件［最1小判2004〔平16〕年1月15日民集58巻1号226頁］で最高裁が行った工夫に鑑みれば，本件ではさほど強度のものが要請される必要はなかろう…。第2に，水道設備等の利用形態が事実の評価に近い考慮要素だとしても，関連性が疑問である。水道料金不払いにより水道を止められた住居の住人が付近の公園の水道設備から水を汲んで利用していても，当該住人は住居所在地を自らの住所と認められなくなるわけではあるまい。最高裁の態度は，法概念それぞれの位置づけと機能を精密に思考する態度から遠く，第1審の判断が支持されるべきであろう」と批判する[12]。

その後，原告は生活保護を受け，アパートに入居した。上告審判決時には，まだX宅の住民登録は職権消除されていなかったから，最高裁も住所がどこにもない状態を前提に判断を下したわけではない。しかし，もし原告が生活保護を受けられず，かつX宅の住民登録が職権消除されていたならば，原告は極

12）なお，判決について，原告自身は次のように述べていた。「これ（公園が住所となること）をあたりまえのことだとは思っていなかった。…たんに警察から頼まれたから（大阪市北区長が）住所を職権で消除するというのは理不尽ではないか。…一時期，100名近くの人が住所を置いていたこともあったが，そのときさえ何も言ってこなかった行政が，警察に頼まれたからといってあわてて消除する。これは納得できない。…本当に住所がほしかったわけではない」。「勝訴判決を受けても，「やったぞ」という気持ちはなかった。むしろ，その逆。警察の横暴を認めたくなかっただけだったので，「困ったな」というかんじ。…野宿生活当事者からみれば公園が住所として認められたからといって大きな利点はなかったのだ。公園に住めということかと。…夏の暑さ，冬の寒さ，さらには虫……。2, 3日であれば楽しいかもしれないが，公園に10年住んでそう思える人間はいないのではないか」（山内 2010：114–126）。

めて不安定な地位に置かれていたことは間違いない。

なお，わが国では山谷，寿町，釜ヶ崎（日本三大寄場）のように日雇労働者の多い地域はあるが，米国のスラム街やブラジルのファヴェーラのような貧困者が広大な領域に集住する例は少ない[13)]。ただし，ホームレスの増加が住環境を悪化させて地価を下落させ，結核罹患率を高め，あるいは生活保護受給世帯が増えるために地方財政を圧迫すると考えれば，地方公共団体や地域住民はホームレスを排除したいと考えるかもしれない。

しかし，住民基本台帳法の不受理という方法でホームレスの公園内テント居

---

13) 周知のように，マルクス（Karl Heinrich Marx）はルンペン・プロレタリアートを革命の主体とは考えなかったが，例えばスラヴォイ・ジジェク（Slavoj Žižek）は地球規模でのスラムの巨大化を憂慮しつつ，無力なスラム街住民を政治的に組織化することを構想する。「スラム街住民とは，文字通り，「全体の一部でない部分」，市民に与えられる恩恵から除外された社会の「定数外」要素，根なし草の放浪者といった存在たち，まさしく「鉄鎖のほかに失うものをもたない」存在たちの集まりなのだ」，「スラム街は，国家が（少なくとも部分的に）支配の手をひっこめた，国家領域の辺境に位置するテリトリー，いいかえれば，国家の公的な地図における無記入地帯，空白として機能するテリトリーである」，「二一世紀の主たる仕事は，スラム街住民という「脱構造化された大衆」を政治化する――組織化し，鍛練する――ことである」（ジジェク 2010：636-639；Žižek 2008：425-427）。なお，ジジェクが参照している Davis（2007）をも参照のこと。

他方，ルーマンは，先述の通り，今日でも社会から排除された人々が存在すること，その状態は（マルクスのように）「搾取」としては語りえないことを指摘している。「排除はいまだに存在している。しかも大規模に，かつ筆舌に尽くしがたいほど悲惨な形で存在している。あえて南米の諸都市のファヴェーラを訪れ，生きて帰れた者であれば，誰でも排除について語ることができる。だが，炭鉱閉鎖後も取り残されたウェールズ地方の開拓地を訪れただけでも，排除があることは確信できる。この点では，経験的調査は不要である。自分の目を信じる者ならわかることである。しかも，非常に衝撃的なので，手持ちの説明は一切通用しないだろう。搾取とか，社会的抑圧とか，周縁化とか，中心と周辺との矛盾の増大などについて，議論があることはわかっている。しかし，これらはみな，すべてを包摂したいという欲求になお支配されている理論であり，したがって，非難の対象を探している理論である。非難の対象となるのは，資本主義や，軍隊や有力な家系と結びついた金融資本と産業資本との支配的連携などである。しかし，よくよく見ても，搾取されたり抑圧されている主体など見つからない。見出されるのは，自己認識においても他者認識においても，たんなる身体にまで切り詰められ，ただ明日を何とか生き延びようとするだけの存在である」（Luhmann 2008：44）。

住を押しとどめることは不可能である（公園内テント所在地に対する行政代執行又はテント所在地の返還請求権の行使という形をとる必要があろう）。また，住民登録に占有権原は必要ないとしながら「社会通念」をもちだし，実質的には法令違反，すなわち占有権原の欠如を重視して住所を否定するのは，住民基本台帳法の解釈として誤っている。

第５節　法令の沿革

次に，民法の住所規定及び住民基本台帳法の住民登録制度の沿革，公職選挙法の選挙権資格について一瞥しておきたい。

第１に，民法22条の住所規定は，フランス民法102条「全てのフランス人の住所は，その私権の行使に関しては，生活の本拠を有する地にある（Le domicile de tout Français, quant à l'exercice de ses droits civils, est au lieu où il a son principal établissement)」などに由来する（原田 1954：14)。旧民法は住所を本籍地とし，届出を要するものとしていたが（形式主義）[14]，現行民法は「生活の本拠」として届出を要さず，実質的な生活関係から住所を判断することとした（実質主義）（谷口・石田 1988：334)。

ここでいう住所について，民法起草者の一人である梅謙次郎は，門札を掲げて住まう居所，すなわち通常の住宅を念頭に置いていたようである[15]。また，起草過程において，田部芳は住所がない者については旧住所を住所とする旨を規定するように主張したが[16]，実際にはこの提案は採用されなかった。民法の住所規定がさまざまな行政法規の住所として参照される事態は民法起草時には予想できなかったであろう。しかし，今日の目からみれば，たとえ旧住所であってもどこかに住所を確保すべきであるという田部の指摘は，傾聴すべき部分を含んでいるように思われる。

14）旧民法（人事編）は原則として「民法上ノ住所ハ本籍地ニ在ルモノトス」(262条）と規定し，例外として「本籍地ガ生計ノ主要タル地ト異ナルトキハ主要地ヲ以テ住所ト為ス」(266条）と規定していた。

15）「例ヘバ門札デモ掲ゲテ能ク其処ニ住ツテ居ル，本来其人ガ居ルベキ場所デアルト認メテ居ラルル居所ノ最モ重モナルモノヲ住所ト云フノデアリマス」(梅謙次郎発言，民法主査会第13回議事速記録・第3巻149丁)。

第2に，住民登録制度についてである。これは1886（明治19）年の寄留手続の創設（内務省令19号・22号）に遡る（中川1941）。1914（大正3）年には寄留法が制定され，国民は寄留簿により居住関係を把握されることとなった[17]。寄留地となる住所はやはり民法（当時は21条）にいう「生活ノ本拠」とされていた[18]。

戦後，1951（昭和26）年には住民登録法が制定され，住民登録により住民の居住関係を公証する制度が整備された。その後，1967（昭和42）年には住民登録法が廃止されて住民基本台帳法が制定され，住民基本台帳が住民に関する事務処理の基礎とされた。また，法令の所管が法務省から自治省に移された。このためもあってか，1969（昭和44）年，住民基本台帳法が改正され，公職選挙法の選挙人名簿と連動することとなった。

今日，住民基本台帳法上の住民登録は，選挙人名簿の登録（法15条1項，公職選挙法21条1項），学齢簿の編製（学校教育法施行令1条，2条），国民健康保険（法28条，国民健康保険法9条14項），介護保険（法28条の3，介護保険法12条5項），国民年金（法29条，国民年金法12条3項），児童手当（法29条の2，児童手当法施行規則8条）等各種の行政事務処理の基礎となっている。

第3に，選挙法についてであるが，1889（明治22）年に制定された衆議院議員選挙法は，選挙人について一定期間（1年以上）「住居スル」ことを求め[19]，1900（明治33）年改正では1年以上住所を有すること[20]，1919（大正8）年改正では

16）「私ハ此三十条ニ一項ヲ加ヘテ，是迄ノ住所ヲ止メタラ是非トモ住所ヲ持タネバナラヌト云フコトヲ，直接ニ書カヌテモ間接ニ書テ，然ウシテ何時デモ住所ガアルト云フヤウニシテ置キタイト思ヒマス，其処デ斯ウ云フ一項ヲ入レタイノデアリマス，「新ニ住所ヲ定ムルニ非サレハ旧住所ハ廃止セラレサルモノトス」全ク前ノ住所ハ止メテ仕舞ツタト云フコトガ極ツテ，又新タノガ極ラヌト云フヤウナモノハ旧住所ハ廃止セラルレヌト云フコトニスルノハ至極宜シイト思ヒマス，左モ無イト住所ガ無クテ無闇ニあつちこつちぶらぶらシテ居ル者ヲ法律デ認メルト云フコトハ不都合デアルカラ無イ者ハ無イ者トスルガ宜シイト思ヒマス」（田部芳発言，民法主査会第13回議事速記録・第3巻162丁）。

17）寄留とは「九十日以上，本籍外ニ於テ一定ノ場所ニ住所又ハ居所ヲ有スル」こと（寄留法1条）を指す。

18）「本条ノ住所トハ民法第二一条ニ定メル住所ノ謂ニシテ各人ノ事実上ニ於ケル生活ノ本拠ナルヲ以テ寄留ニ関スル届出ノ如キ形式上ノ手続ト相関スルモノニ非ズ又其ノ変更ニ意思ヲ表示スルモ其ノ実行アルニ非ザレバ未ダ変更アリタルモノト謂フヲ得ズ」（大判1920〔大9〕年10月1日）。

6か月以上住所を有することを求めるにすぎなかった[21]。

しかし，1925（大正14）年改正では，貧困者を選挙人から排除する欠格条項が挿入された。すなわち，「貧困ニ因リ生活ノ為公私ノ救助ヲ受ケ又ハ扶助ヲ受クル者」及び「一定ノ住居ヲ有セサル者」は選挙権及び被選挙権を有しないとされた[22]。

1947（昭和22）年改正（昭和22年法律第43号）により，貧困者の欠格条項は排除されたが，一定期間住所を有することが求められた。

ホームレスに公の施設に住民登録をさせず，従って選挙権行使を認めない現

19）衆議院議員選挙法（明治22年法律第37号）6条は「選挙人ハ左ノ資格ヲ備フルコトヲ要ス　第二　選挙人名簿調製ノ期日ヨリ前満一年以上其ノ府県内ニ於テ本籍ヲ定メ住居シ仍引続キ住居スル者」と規定していた。

20）1900（明治33）年改正法（明治33年法律第73号）8条は「左ノ要件ヲ具備スル者ハ選挙権ヲ有ス　二　選挙人名簿調製ノ期日前一年以上其ノ選挙区内ニ住所ヲ有シ仍引続キ有スル者」と規定していた。

21）1919（大正8）年改正法（大正8年法律第60号）8条1項は「二　選挙人名簿調製ノ期日迄引続キ満六箇月以上同一選挙区内ニ住所ヲ有スル者」と規定していた。

22）1925（大正14）年改正法（大正14年法律第47号）6条は「左ニ掲グル者ハ選挙権及ビ被選挙権ヲ有セス…三　貧困ニ因リ生活ノ為公私ノ救助ヲ受ケ又ハ扶助ヲ受クル者　四　一定ノ住居ヲ有セサル者」と規定していた。

なお，美濃部達吉は下記の通り，住居要件を廃止し，戸籍又は寄留簿によることを主張していた。しかし，これは選挙人名簿の調製の容易さを考慮し，また転居時における選挙権の喪失等を懸念したことに基づく提案であり，住居をもちえない貧困者を選挙人に包摂する（隠された）意図があったのか否かは不明である。

「自分は…住居を以て選挙権の要件となし，住居地の市町村においてのみ選挙人名簿に登録せられ得るものとする制度を全廃し，戸籍および寄留簿を以て選挙権の標準となすべきことを主張する。詳しく言へば，凡て住所寄留の届出をなさない者は，本籍地の市町村においてのみ選挙人名簿に登録せられ得べく，従つて又本籍地においてのみ選挙権を行使し得べきものとする。本籍地外において選挙権を行使せんと欲する者は，住所寄留の届出をなすことを要し，而してその寄留届をなした者は寄留地市町村において選挙人名簿に登録せられ選挙権を行使し得べきものとするのが，自分の主張せんとするところである…これは第一に選挙人名簿の調製を容易ならしめ，選挙権の所在を明白にし，疑義を除くの利益が有るのみならず，第二に調査の必要から或る期間継続して同じ市町村に住居して居ることを選挙権の要件となすことの必要を除き，従つて単に転居しただけの理由を以て選挙権を喪失するやうな不合理な結果を除去する長所がある。一方に於いては戸籍及び寄留籍を従来の如き単純なものたらしめず之を有意義ならしむることに於いても，間接の利益あるものと信ずる」（美濃部 1930：239）。

状は，実質的に欠格条項を有していた時代に遡行するようにも思われる。

第6節　米国の判例及び制度からの示唆：有権者登録に要する住所（及び居所）の認定

米国には住民基本台帳がないが，有権者登録が必要であり，その住所又は居所が公園でもよいかどうかが裁判で争われてきた。従来は「伝統的な住居」（traditional dwelling）に居住していることが有権者登録には必要であるとされてきたが，1980年代半ば以降の訴訟でこの点が争われた。

ここでは，*Pitts v. Black* 事件判決及び *Collier v. Menzel* 事件判決を紹介する。

■6-1　*Pitts v. Black* 事件判決（608 F. Supp.696, 709-10（S.D.N.Y.1984））

本事件はニューヨーク州のホームレス15万人を代表する集団訴訟である。原告は失業してニューヨーク州の公園に3年間住んでいたホームレスであり，ニューヨーク州選挙委員会がホームレスの選挙権を完全に否定する態様で州選挙法を適用することを禁ずる，終局的差止命令と宣言的判決とを求めて出訴した。ここでは，州選挙法の適用がホームレスという集団を一方的に排除しており，連邦憲法修正14条の平等保護条項に違反しているか否かが争点となった。

ニューヨーク州南部地区連邦地方裁判所は，選挙権について「選挙権の行使は基本的権利であり，民主政において他のすべての権利を担保するものであり，最も厳格な憲法上の保護に値する」と述べ，（個人が居所（residence）をもつか否かを判断するさいに重要な目的となるのは）「個人の生活の中心であり…最も重要な場所…当該個人がさしあたり滞在の意思を有する場所」を確定することであるとし，「これらの要素は，他の法的文脈で「住所（domicile）」を確定するために必要な要素と大きな違いはない」とした。

その上で，（ホームレスが）「政治共同体内部に，自らが「本拠地（home base）」であると考える特定の場所――すなわち定期的に立ち戻り，さしあたり滞在する意思を示し，郵便や連絡を受け取る場所――を同定した場合，かれは居所（residence）より厳格な住所（domicile）の基準を満たしたことになるから，たんに非伝統的な居所を持たないという理由から選挙権が否定されてはならない」と判示し，被告らによるニューヨーク州選挙法の規定（§1-104(22)，5-102，5-104）の適用は，（公園のベンチ等を本拠地とする選挙人登録を認めずに）ホームレスの選挙権を事実上否定する限りにおいて，連邦憲法修正14条の平等保護条項等に違反するとした。

■6-2　*Collier v. Menzel* 事件判決（176 Cal. App.3d 24, 221 Cal. Rptr. 110（1985））

本事件は，サンタ・バーバラ市の市立公園（フィッグ・ツリー公園）に居住とする３名のホームレスが，サンタ・バーバラ市担当者を相手方として提起した訴訟である。市条例は公園でのキャンプや宿泊を禁じていたが，ホームレスは公園を有権者登録の居所（residence）とする宣誓書を市に送った。市は「公園は居所として不十分であり，適切な選挙区を認定できないから，新たな居所が確定するまでは旧住所で投票できる」と回答したが，ホームレス側はこうした不受理手続は連邦憲法上の平等条項に反すると主張して訴訟を提起した。

カリフォルニア州控訴裁判所は，「市条例によれば，控訴人が自らの居所として指定している市立公園は，居住に用いることが法的に禁じられている。控訴人は公園を居住に用いる「権利を全く持たない」にもかかわらず，公園にとどまる意思を持ちうるだろうか。然り。控訴人らが公園にとどま［って有権者登録をす］るという意思は，条例に違反しようとする意思とは，法的にみて別である」，「われわれは，被控訴人が控訴人の公園居住を違法なものとすべく条例を執行することができないとは言っていない。われわれがのべているのは，申立人［控訴人］らが実際に公園に居住しているかぎり，かれらは当該選挙区で有権者登録ができるということである」，「人が「茂みや木の下，空の下で寝るかどうかは選挙権とは無関係である」という控訴人の主張に，われわれも賛成する」と述べ，市立公園は有権者登録を行うための居所となりうると指摘し，ホームレスに投票権を否定することは平等条項に反すると判示した。

本判決には，有権者登録と土地の占有権原とを区別する思考方法がみられる。これは既述した住民票転居届不受理処分取消請求事件第１審判決が生活の本拠の有無と土地の占有権原とを明確に峻別した態度に極めて近いように思われる。

第7節　米国のホームレスの選挙権行使の障害：継続的居住要件とID

現在では，すべての州でホームレスは有権者登録が可能になっている（National Coalition for the Homeless 2012）。すなわち，ホームレスであっても，街角，公園，シェルター，その他の宿泊地を居住地として示せばよい。住所（address）を示せなくとも，居場所を地図（map）で示したり，概括的な場所を説明できればよいとされる。

なお，有権者IDカードや選挙関係書類を受領するためには郵便物送付先住所（mailing address）が必要になるが，これは支援団体，シェルター，アウトリーチセンターの住所などでもよい（アリゾナ州やネブラスカ州では，カウンティの庁舎やカウンティ・クラーク（郡書記官）の事務所でよい。私書箱でよいとする州もある）。

ただし，多くの州では継続的な居住（durational residency）をなお要件としており，定住が困難なホームレスにとってハードルになっている（表6-1）。

また，近年では，有権者登録時や投票時に州法でIDを要求される点が問題となっている（運転免許証番号，社会保障番号 Social Security Number の下4桁，写真，公共料金領収書コピー，銀行取引明細書，政府小切手，給料支払小切手など）。各州は2000年の大統領選挙以降，「有権者ID法」（Voter ID laws）を制定するようになった（表6-2（☞ p.158））。共和党はID法制定を支持し，民主党は法制定には批判的である。ID法支持者は，同法が不正投票を防止し，選挙の公正さへの信頼を再建すると主張する。反対に，ID法批判者は「なりすまし」による不正投票などほとんどない以上，ID法は貧困者，マイノリティ，高齢者から選挙権を剥奪するものであり，不要であると主張する（de Alth 2007：185–187, 189）。シェリー・ドゥ・アルス（Shelly de Alth）は，ID法が2006年に300万人から450万人の有権者の選挙権を剥奪したと推定している（de Alth 2007：186）。実際，IDの取得には60ドル近くかかる場合があり，貧困者層に不利である。貧困層は転居も多く，書類の収集も難しい。また，貧困層はID取得のために車や電車で移動するのも経済的に困難である。

前述の通り，日本では住所を否定し，あるいは住民登録を行わないことに

表 6-1　ホームレスの継続的な居住要件の有無等について
(National Coalition for the Homeless 2012：44-45, 48-49)

番　号	州　名	道路やシェルターにいるホームレスには選挙権があるか	有権者登録に郵便物送付先住所を要するか	(選挙前の)継続的居住要件*
1	アラバマ州	有	要	不　要
2	アラスカ州	有	不　要	30 日間居住必要
3	アリゾナ州	有	要	29 日間居住必要
4	アーカンソー州	有	要	30 日間居住必要
5	カリフォルニア州	有	要	不　要
6	コロラド州	有	要	30 日間居住必要
7	コネティカット州	有	不　要	登録市町村の住民
8	デラウェア州	有	不　要	不　要
9	フロリダ州	有	不　要	登録郡の住民
10	ジョージア州	有	不　要	登録郡の住民
11	ハワイ州	有	要	不要
12	アイダホ州	有	不　要	30 日間居住必要
13	イリノイ州	有	要	30 日間居住必要
14	インディアナ州	有	要	30 日間居住必要
15	アイオワ州	有	不　要	登録選挙区の住民
16	カンザス州	有	要	登録選挙区の住民
17	ケンタッキー州	有	要	28 日間居住必要
18	ルイジアナ州	有	要	登録郡の住民
19	メイン州	有	要	登録市町村の住民
20	メリーランド州	有	要	不　要
21	マサチューセッツ州	有	要	登録市町村の住民
22	ミシガン州	有	要	30 日間居住必要
23	ミネソタ州	有	要	20 日間居住必要
24	ミシシッピー州	有	要	30 日間居住必要
25	ミズーリ州	有	要	登録地域の住民
26	モンタナ州	有	要	30 日間居住必要
27	ネブラスカ州	有	要	不　要
28	ネヴァダ州	有	要	30 日間居住必要
29	ニュー・ハンプシャー州	有	要	登録市町村の住民
30	ニュー・ジャージー州	有	不　要	30 日間居住必要
31	ニュー・メキシコ州	有	要	30 日間居住必要
32	ニューヨーク州	有	要	30 日間居住必要
33	ノース・キャロライナ州	有	要	30 日間居住必要
34	ノース・ダコタ州	有	N/A	30 日間居住必要
35	オハイオ州	有	要	30 日間居住必要
36	オクラホマ州	有	要	不　要
37	オレゴン州	有	要	不　要
38	ペンシルヴェニア州	有	要	30 日間居住必要
39	プエルト・リコ	有	要	不　要
40	ロードアイランド州	有	要	30 日間居住必要
41	サウス・キャロライナ州	有	要	登録選挙区の住民
42	サウス・ダコタ州	有	要	不　要
43	テネシー州	有	要	不　要
44	テキサス州	有	要	登録郡の住民
45	ユタ州	有	要	30 日間居住必要
46	ヴァーモント州	有	不　要	登録市町村の住民
47	ヴァージニア州	有	要	不　要
48	ワシントン州	有	要	30 日間居住必要
49	コロンビア特別区	有	要	30 日間居住必要
50	ウェスト・ヴァージニア州	有	不　要	登録郡の住民
51	ウィスコンシン州	有	不　要	28 日間居住必要
52	ワイオミング州	有	要	登録選挙区の住民

*「○○日間居住必要」は，同一の州，同一の郡，同一の市町村，同一の選挙区など，様々な居住地域の指定を含む。

表6-2　各州の有権者ID法（National Coalition for the Homeless 2012：54）

写真付きIDを厳格に要求する州	写真付きIDを要求する州（宣誓供述書への署名や住所，誕生日でも可）	写真以外のIDを厳格に要求する州（公共料金領収書など）	写真以外のIDを要求する州（宣誓供述書への署名や住所，誕生日でも可）
ジョージア州	アラバマ州	アリゾナ州	アラスカ州
インディアナ州	フロリダ州	オハイオ州	アーカンソー州
カンザス州	ハワイ州	ヴァージニア州	コロラド州
ミシシッピー州	アイダホ州		コネティカット州
ペンシルヴェニア州	ルイジアナ州		デラウェア州
サウス・カロライナ州	ミシガン州		ケンタッキー州
テネシー州	ニュー・ハンプシャー州		ミズーリ州
テキサス州	サウス・ダコタ州		モンタナ州
ウィスコンシン州			ノース・ダコタ州
			オクラホマ州
			ロードアイランド州
			ユタ州
			ワシントン州

よって選挙権を実質的に剥奪することが可能となっていた。これに対して，米国では有権者登録時や投票時に厳格なIDを要求することにより，選挙権の剥奪が現実化している。選挙権剥奪の態様は異なるが，個人を同定（identify）する要素を剥奪する点では共通している。

有権者ID法のリーディング・ケースとして，インディアナ州の有権者ID法が問題になった *Crawford v. Marion County Election Board*, 553 U.S. 181 (2008) がある。2005年インディアナ州法は，州内の全有権者に連邦又は州が発行した写真付きIDの提示を求めていた。州地方裁判所と連邦第7巡回区控訴裁判所は，州法を合憲であるとした。2008年の連邦最高裁判所判決も，6対3で州法を合憲とした。最高裁の多数意見は不正投票の防止，投票方法の現代化，投票者の信頼保護に関する州の利益と州法との間に関連性を認めた。

「インディアナ州のIDカードは無料であるから，自動車管理局に行き，必要書類を収集し，写真を撮影するという不便さは，多くの有権者の投票権に多大な負担を課すものとは言えないし，投票に関わる通常の負担を甚大に増加させるものであるとも言えない。限られた人々——例えば州外で生まれ，出生証明書を取得するのが難しい高齢者——に課せられる負担はいささか重いものになる。しかし，写真付きIDのない有権者も，暫定的な投票を行った上で，巡回裁判所調査官室で必要な宣誓供述書に署名すれば投票は有効となるのだから，上記の負担は軽減される」。これに対して，スーター反対意見は，有権者ID法は「貧困者，高齢者，身体が動かない障碍者」の選挙権に対し，その行使を阻止しかねないほど不当に旅費や手数料の負担を課すものであり，連邦憲法修正1条・14条に反し違憲であるとした。

全米における有権者ID法の合憲性に関する議論はまだ終わっていない[23)]。例えば，米国自由人権協会（ACLU）は，退役軍人や誕生日が証明できない高齢者を代表して，2011年ウィスコンシン投票者ID法が選挙権行使に不当な重圧をかけていると訴訟を提起した。しかし，2015年10月19日，ウィスコンシン州連邦地方裁判所は請求を棄却した（州はIDの種類を限定する必要がある）。ウィスコンシン州投票者ID法が施行された場合，約30万人が選挙権を行使できなくなるともいわれる（Ollstein 2016）。

第8節　小　　括

1） 固定した住所をもたないホームレスの選挙権行使を可能にするためには，土地から切り離した人の同定・把握という思考を徹底し，一点の住所ではなく，①エリアとしての住所（「代々木公園」，「扇町公園」など）を観念する[24)]，②架空の住所を認める，といった方法が考えられる。

②の場合，(1) 全くの架空の住所である場合もあれば[25)]，(2)（米国のように）市役所や支援団体の住所などに，仮設的な住所を置くことが考えられる（従前の住所を利用することも考えられる）[26)]。②の場合，いずれにせよ住所は生活の

23）なお，各州の有権者ID法制定においては，差別的立法を禁ずる投票権法（1965年）第5節との関係が重要となってきたといわれる。同節は，特定の州や地方自治体が選挙制度を変更する場合，コロンビア特別区合衆国地方裁判所の宣言的判決か，連邦司法長官の事前承認を得なければならないと規定していたからである。Daniels（2013）を参照。

24）ホームレスは一晩のうちでも，デパートの地下街（寝袋，段ボールハウス）→駅の地下道→公園内テント→駅の地下道と数時間ごとに寝場所を移動することが珍しくない。地下街や地下道の開閉に合わせて，凍死しないように移動する。従って，一点ではなくエリアを住所に設定することは，生活実態にも見合う場合がある。

本拠からは切り離される。

2) 住所以外の identification の手段を導入することも考えられる（写真や公共料金の領収書など）。しかし，住所や土地と切り離して個人を同定するとしても，やはり選挙区とどこかで結び付ける必要がある。ホームレス・住所不定者の選挙人名簿を別に用意する場合でも，選挙人はどこでも投票してよいということにはならない。本籍地を利用するとしても，その本籍地と特定の選挙区とを一時的にでも結びつける必要がある。

3) 現行法は「住所のない人」を想定していなかったように思われる。しかし，公の施設その他に住所を認めなければ，住所をもちえない人の選挙権をカテゴリカルに否定し（disfranchisement），政治参加のプロセスから排除することになりかねない。逆に，人を identify する仕組みに乗せることが，社会的に排除された人々を包摂する契機となる。

25）イタリアでも住所がない者は ID カードを取得できず，選挙権を行使できない。このため，イタリア国立統計研究所（ISTAT）は各自治体に対し，住所のないホームレスが住民登録ができるように，架空の通りを設定することを指示した（Council of Europe 2013：80）。例えばローマには，亡くなったホームレス女性の名をとった架空の通り「Via Modesta Valenti」がある。

26）フランスでは，住所のないホームレスは，認可受入団体のある市町村を住所として選挙人名簿への登録ができる（Loi n° 98-657 du 29 juillet 1998 d'orientation relative à la lutte contre les exclusions, art.81.）。

また，ドイツでも，住所のないホームレスは通常滞在している選挙区の選挙事務所に選挙人登録を行うことができる（Bundeswahlgesetz §§12ff., Bundeswahlordnung §16 Abs.2）。

【引用文献】

太田匡彦（2013）．「住所を有する者（1）―ホームレスと生活の本拠」磯部　力・小幡純子・斎藤　誠［編］『地方自治判例百選　第4版』有斐閣，p.20.

厚生労働省（2016）．「ホームレスの実態に関する全国調査（概数調査）結果について」〈http://www.mhlw.go.jp/stf/houdou/0000122778.html（最終閲覧日：2016年10月13日）〉

塩野　宏（2015）．『行政法　第6版』有斐閣

谷口知平・石田喜久夫［編］（1988）．『新版注釈民法（1）総則（1）』有斐閣

中川善之助（1941）．『戸籍法及び寄留法』日本評論社

永嶋靖久（2006）．「「占有権原がなくても生活の本拠たる実体があれば住所」は当然の判決―大阪市扇町公園住民票転居届不受理処分取消請求事件・大阪地裁判決（平成18.1.27）の経緯」『賃金と社会保障』1412, 53–57.

長谷川貴陽史（2006）．「ホームレスの「居住権」―大阪地判平成18. 1. 27・ホームレス住民票転居届不受理処分取消事件に接して」『都市住宅学』53, 29–33.

長谷川貴陽史（2011）．「居住における包摂と排除―野宿者の住所の剥奪と住宅困窮者の居住確保の事例から」『法社会学』74, 64–77.

長谷川貴陽史（2013）．「居住における包摂と排除―「住所の確保」と「住居の提供」の日米事例比較から」『新世代法政策学研究』20, 307–350.

原田慶吉（1954）．『日本民法典の史的素描』創文社

ホームレスの実態に関する全国調査検討会（2012）．「平成24年「ホームレスの実態に関する全国調査検討会」報告書」〈http://www.mhlw.go.jp/stf/houdou/2r9852000002rdwu-att/2r9852000002re1x.pdf（最終閲覧日：2016年10月13日）〉

美濃部達吉（1930）．「選挙権の要件としての住居」『現代憲政評論―選挙革正論其の他』岩波書店，pp.235–240.

安田　充・荒川　敦［編著］（2009）．『逐条解説公職選挙法（上）』ぎょうせい

山内勇志（2010）．「公園に住みたいわけではない」小久保哲郎・安永一郎［編］『すぐそこにある貧困―かき消される野宿者の尊厳』法律文化社，pp.114–126.

山本隆司（2012）．『判例から探究する行政法』有斐閣

Council of Europe（2013）. *Living in dignity in the 21st century, Poverty and inequality in societies of human rights: the paradox of democracies.* Council of Europe.〈http://www.coe.int/t/dg3/socialpolicies/socialcohesiondev/source/GuideLivingDignity.pdf（最終閲覧日：2016年10月13日）〉

Daniels, G. R.（2013）. Unfinished business: Protecting voting rights in the twenty-first century. *George Washington Law Review*, 81, 1928–1965.

Davis, M.（2007）. *Planet of slums.* London/New York: Verso（デイヴィス, M.／酒井隆史［監訳］（2010）．『スラムの惑星―都市貧困のグローバル化』明石書店）

de Alth, S.（2009）. ID at the Polls: Assessing the Impact of Recent State Voter ID Laws on Voter Turnout. *Harvard Law and Policy Review*, 9, 185–202.

Luhmann, N.（1995）. *Das Recht der Gesellschaft.* Frankfurt am Main: Suhrkamp.

Luhmann, N.（2008）. Beyond Barbarism. *Soziale Systeme*, 14(1), 38–46.

National Coalition for the Homeless (2012). Voting Rights: Registration Manual, You Don't Need a Home to Vote 〈http://www.nationalhomeless.org/projects/vote/Manual_2012.pdf（最終閲覧日：2016 年 10 月 13 日）〉
Ollstein, A. M. (2016). Wisconsin Voter ID Says It's Like A Poll Tax. *ThinkProgress*, (Apr 2, 2016)〈http://thinkprogress.org/politics/2016/04/02/3765843/wisconsin-voter-id-hatten/（最終閲覧日：2016 年 10 月 13 日）〉
Žižek, S. (2008). *In defense of lost causes*. London/New York: Verso（ジジェク, S.／中山　徹・鈴木英明［訳］(2010).『大義を忘れるな―革命・テロ・反資本主義』青土社）

第7章

代替不在者投票から考える インターネット投票への道

河村和徳・伊藤裕顕

第1節　はじめに

■ 1-1 「インターネット選挙運動解禁」の呼び水となった東日本大震災

2013（平成25）年4月19日，インターネット選挙運動解禁に係る公職選挙法の一部を改正する法律[1)]が成立し，インターネットを用いた選挙運動が可能となった。候補者が選挙運動期間中に積極的にICT（information communication technology）を利用できるという点で，これは，日本の選挙史上，大きな方針転換だった。

なかなか進まなかったインターネット選挙運動解禁が進む呼び水の一つとなったのは，東日本大震災であった（河村他2013；岡本2014）。東北地方太平洋沖地震によって発生した大津波は，三陸沿岸に壊滅的な打撃を与えた。岩手県の陸前高田市や大槌町，宮城県南三陸町では庁舎が流され，多くの職員が死亡・行方不明となった。福島第一原子力発電所の事故は，双葉郡など自治体全域が避難対象となる地域を生み，関連して多くの住民が住民票を残したまま広域避難するという事態が発生した。

被害の大きかった自治体や全町全村避難を余儀なくされた自治体では，そもそも選挙どころではなかった。選挙の実施にあたっては，表7-1の様な業務が

1）詳細については，総務省のホームページを参照〈http://www.soumu.go.jp/senkyo/senkyo_s/naruhodo/naruhodo10.html（最終閲覧日：2016年7月9日）〉。なお，インターネット選挙運動解禁について詳細に検討しているものとして，清原・前嶋（2011；2013）がある。

表 7-1　一般的な選挙における主要業務（出典：モントジョイ（Montjoy 2008）を参考に筆者作成）

選挙期間前	選挙期間中	投開票日	投開票日以降
有権者登録	投票所の設営		投開票結果の点検・審査
選挙管理体制の確認	代替不在者投票	投　票	異議申し立てへの対応
投票機材の確認		開　票	当選証書の付与
選挙区・投票区・投票所の確認			

行われるが，「職員が被災したことによってこのような業務を行う体制が整わなかった」「復旧・復興過程に人員がとられ，選挙の実施体制構築には人手不足に陥っていた」という被災自治体は，少なくなかった。また投票所に使われる体育館が被災者を収容する避難所となったことで，投票所確保も容易ではなかった。それだけではない。多くの住民が住民票を残したまま避難した被災自治体のなかには，彼らの居所把握に大きな手間がかかったところもあった。

三宅島の全島避難のように，大規模自然災害の被害を受けた自治体の住民が大量に避難を余儀なくされる事態は，これまでに何度もあった。しかしながら，そのような場合，被災者のほとんどは，自らの都道府県内にまとまって避難している。多くの自治体の住民が広域に分散して避難することは，現代の日本社会では初めてのことであった。

被災自治体は選挙が行える環境ではなかったが，発災 1 か月後には統一地方選挙が予定されていた。そこで国は，「平成二十三年東北地方太平洋沖地震に伴う地方公共団体の議会の議員及び長の選挙期日等の臨時特例に関する法律（平成 23 年 3 月 22 日法律第 2 号）」[2] を成立させ，選挙環境の整わない被災自治体で実施予定であった選挙は延期されることになった[3]。この対応は，阪神・淡路大震災の前例に沿った対応であった。

2）統一地方選挙以外の地方選挙も延長するため同法を一部改正する際，「東日本大震災に伴う地方公共団体の議会の議員及び長の選挙期日等の臨時特例に関する法律」に改題されている。

3）延期された被災地での地方選挙は，多くの自治体からの職員派遣によって可能となった（河村他 2013）。

ところで，我々人間は情報を集め，吟味し，行動を起こす存在である。そのように考えれば，「投票先（政党や候補者）の情報がなければ，我々は投票することができない」となる。しかしながら，東日本大震災において，県外避難を選択した者の多くは，避難元の選挙情報を手に入れることは容易ではなかった。それは，TV の放送エリアや新聞が県を基本としているからであった。一般的に，震災弱者である避難者・被災者は，政治弱者でもあり，情報弱者でもある[4)]。彼らの選挙権を担保する上で，選挙情報をいかに提供するか。それが選挙を行う上で重要な要件となった。

それを克服する一つの試みが，被災地の選挙に限って選挙公報の WEB 掲載を認めるという試みであった。片山善博総務大臣（当時）は，選挙の「普及・啓発」という観点からそれを認めるという判断を行った[5)]。この判断は，それまでの公職選挙法の解釈を大きく変えることになった。彼の判断によって選挙公報の WEB 掲載は，被災地限定でスタートした。それを運用する過程で，懸念されていた選挙公報の改ざん等といったトラブルは生じなかった。その結果，選挙公報の WEB 掲載は限定解除されることになり，それがネット選挙運動解禁へとつながっていったのである。

■ 1-2　閉ざされているインターネット投票への道

東日本大震災は，選挙制度が土地に縛られていることを再認識する貴重な機会であったといえ，政治に頼らなければならない避難者のために投票機会をどう保障するか，実践が求められた。たとえ自治体外であっても投票できる環境，すなわちインターネット投票ができる環境等が整っていれば，もう少し対応は楽であっただろう。

しかし，そうした機会があったにもかかわらず，日本ではインターネット投票に向けた道筋を描けないでいる。電子投票（DRM（direct recording machine）による投票[6)]）は，地方選挙レベルでは既に実施可能となっているものの，実施

---

4)　関連して，田中ら（2012）を参照。

5)　2011（平成 23）年 7 月 29 日に開催された参議院政治倫理・選挙制度特別委員会での答弁。なお，初めてホームページ掲載を行ったのは仙台市選挙管理委員会である（『河北新報』2011 年 8 月 22 日）。

する自治体数は減少の一途にある[7]（岩崎 2013）。インターネット投票[8]に向けての動きは，ほぼ止まっているといってよい。

インターネット投票の展望が描けなくなった原因の一つとして，岐阜県可児市で発生した事件，いわゆる「可児ショック」をあげることができる。2003（平成 15）年 7 月 20 日投開票の可児市議会選挙において，投票記録の保存にトラブルが生じ，選挙の有効性が最高裁まで争われた結果，選挙無効となった事件である。可児市で生じたこの選挙無効事件は，多くの選挙管理委員会に電子投票機器利用に対する不安をかき立てた。そして，電子投票機器の利用を敬遠する風潮を生み出すことになった。

そもそも，投票に用いる電子端末にかかる導入・維持費用の高さは実施の足枷になっていたが（河村他 2013），そこに可児ショックが追い打ちをかけたのである。繰り返すが，電子投票からインターネット投票への道は，閉ざされてしまっているのである。

■1-3　代替不在者投票への着目

インターネット投票は，土地と選挙の関係を大きく変える可能性をもつ（Alvarez & Hall 2004 ; Grofman et al. 2014）。もう少し正確にいえば，いつでもどこからでも投票できるインターネット投票は，定められた投票日に定められた投票所で投票する「投票当日投票所投票主義」を大きく揺るがす。ただ，既に述べたように，電子投票を経由してインターネット投票へ向かう道は先が見えない。インターネット投票に向かうために，我々は何をしたら，どう考えたらよいのだろう。

6）DRM 投票に関する議論等については，例えば，ハーンソンら（Herrnson et al. 2008）を参照。

7）2016（平成 28）年 1 月現在，実施の姿勢を維持しているのは 2 自治体（岡山県新見市と青森県六戸町）にすぎない。実施の状況については，次の URL を参照。〈http://www.soumu.go.jp/senkyo/senkyo_s/news/touhyou/denjiteki/denjiteki03.html（最終閲覧日：2016 年 7 月 10 日）〉

8）アルバレスら（Alvarez et al. 2009）によれば，インターネット投票は「投票所におけるインターネット投票」「キオスクからのインターネット投票」「投票所以外からのインターネット投票」の三つに大別される。

もちろん，インターネット投票の方には向かわないという選択肢もある。しかし，本章では，あえてこの課題に挑戦することにしたい。この挑戦にあたって，我々は，「代替不在者投票（alternative（absentee）voting[9]）」に着目する。近年，ICT の発達を受け，代替不在者投票の分野でこれを利用した新しい取り組みが全世界的に検討されているからである。代替不在者投票について検討を加えることで，投票における ICT の課題や可能性が見えやすくなるのではないか，そしてそこからインターネット投票に向けての示唆が得られるのではないか。これが，本章における筆者らの立場である。

第2節　代替不在者投票

■2-1　日本における代替不在者投票の種類

交通網が未発達の時代，人々の生活圏は職住一致の状態であった。そして当時は，通信網も脆弱な時代であった。このような時代，選挙管理を広域で行うことは容易ではなく，また広域で選挙活動を行うことは，候補者にとっても投票者にとってもコストが高くついた。選挙区や投開票区を設定すること，言い換えれば選挙競争空間を確定することは，選挙を成り立たせる上で合理的であった。定められた投票日に定められた投票所で投票できない者は極めて少数であり，彼らの投票権保障に対する配慮は極めて限定的で済んだ。

しかしながら，モータリゼーション等により人々の生活圏の拡大が進み，また職業が多様化することで，さまざまな理由で投票日当日に投票できないという者が増えた。投票当日投票所投票主義を採っている国々は，彼らに対する投票権保障のため，代替不在者投票の仕組みを見直し，さまざまな制度を創設してきた。日本も同様で，代替不在者投票の仕組みを見直し拡張させ，今日に至っている。

9）本章でいうところの，代替不在者投票は，「投票日当日に指定された投票所で投票できない者，もしくはしない者のために準備された投票方法」のことである。
　なお，イギリスの選挙制度改革の文脈では，“alternative vote”は選好投票を認める選択投票制（ないしは択一投票制）を指すので注意が必要である（甲斐 2012）。これに関しては Electoral Reform Society のホームページも参照〈http://www.electoral-reform.org.uk/alternative-vote（最終閲覧日：2016 年 7 月 26 日）〉。

表 7-2　日本における代替不在者投票

◉期日前投票制度
◉不在者投票制度
・名簿登録地以外の市町村の選挙管理委員会における不在者投票
・指定病院等における不在者投票
・郵便等による不在者投票
・国外における不在者投票
・洋上投票
・南極投票
◉在外選挙制度
・在外公館投票
・郵便等投票
・日本国内における投票
◉共通投票所投票制度

現在，日本における代替不在者投票は，「期日前投票制度」「不在者投票制度」「在外選挙制度」であり[10)]，2016（平成 28）年の参議院選挙から「共通投票所投票制度」が加わった。不在者投票制度の投票方法には，「名簿登録地以外の市町村の選挙管理委員会における不在者投票」「指定病院等における不在者投票」「郵便等による不在者投票」「国外における不在者投票」「洋上投票」「南極投票」があり，在外選挙制度の投票方法には「在外公館投票」「郵便等投票」「日本国内における投票」がある[11)]（表 7-2）。

■ 2-2　代替不在者投票をみる視座

比較制度研究の視点に立てば，代替不在者投票を考察する上での視座は，幾つか存在する。例えば，対象にする者の範囲がその一つとしてあげられる。代替不在者投票が，「投票日当日に投票できない者全てを対象にしているか」，それとも「特定の者（たとえば，病院に入院しているため投票所に赴けない者のみ対象

10）総務省ホームページ〈http://www.soumu.go.jp/senkyo/senkyo_s/naruhodo/naruhodo05.html（最終閲覧日：2016 年 7 月 9 日訪問）〉。

11）個々の投票制度については，総務省のホームページを参照〈http://www.soumu.go.jp/senkyo/senkyo_s/naruhodo/naruhodo05.html（最終閲覧日：2016 年 7 月 26 日訪問）〉。

12）海外の研究では，在外投票や軍隊での投票を特別な仕組みとみなし，別に分類する場合もある（Hale et al. 2015）。

にしている等）を対象にしているか」である[12]。日本では，届出不要の期日前投票制度と，名簿登録地以外の市町村の選挙委員会における不在者投票は，特定の者を対象としていない投票制度であるとみることができる。一方，それ以外のものは，利用できる者が限定されている。指定病院等における不在者投票の利用者は当該病院に入院している患者などであるし，郵便等による不在者投票の利用者は，身体障害者手帳か戦傷病者手帳をもつ特定の障害のある者や，介護保険の要介護区分が「要介護5」の者である。また国外における不在者投票の利用者は，総務大臣によって「特定国外派遣組織」として指定された組織に属する者であるし，洋上投票の利用者は船員[13]，南極投票の利用者は南極調査隊のメンバーである。在外選挙制度では，在外選挙人名簿に記載された者が投票できる。

投票が確定する期日がいつになるかも，比較する視座の一つとなりうる。例えば，日本の期日前投票制度では，投票者が直接投票箱に投函するため，その時点で投票が確定する。しかし，不在者投票制度では，投票管理人等が投函した時点で投票が確定する。

関連して，投票する機会が「1回限りか」，それとも「以前の投票を後日上書き可能であるか」という視座もある。日本では，投票日以前に投票した結果を上書きすることができない仕組みを採用している[14]。エストニアで実施されているインターネット投票による不在者投票では，「投票受付期間内であれば電子投票については再度電子投票により投票するか，投票所で紙の投票用紙により投票することによって投票方向を変更することができる」（湯淺 2009）。投票結果が上書きできるか否かで，有権者の投票行動は大きく変わると考えられるので，この視座は代替不在者投票を考える上で重要な視座になりうる。

投票する手段も，代替不在者投票を理解する上で，一つの有用な視座となる。日本の不在者投票制度や在外選挙制度では郵便投票が可能になっており，洋上

13）なお，2016（平成28）年参議院議員選挙の前に，洋上投票において日本船舶のうち日本人船員が2名以下での船舶での投票及び総務省令で定める外国船舶での投票が可能になる法改正も行われている。施行前のため，今回の参議院選挙では適用されていない。関連して，2016（平成28）年参議院選挙では，制度上の不備から水産高校の実習船に乗り組んだ生徒が投票できないという事件が発生している（『河北新報』2016年6月16日）。

14）関連して湯淺（2016）を参照。

投票や南極投票ではファックスを用いて投票がなされている。海外では，電子メール投票やインターネット投票が採用されている国，地方自治体がある（Alvarez et al. 2009；湯淺 2009；河村・金 2011；岩崎 2013；Hale et al. 2015）[15]。

第3節　物理的輸送からICT利用へ

■ 3-1　物理的輸送環境に左右されてきた代替不在者投票

代替不在者投票は，しばしば「投票日前投票（early voting）」と「メールによる投票（mail voting，電子メールを含む）」に分類されることがある（Hale et al. 2015）。投票当日に定められた投票所で投票できないので，「事前に投票する」[16]ないしは「メールする」という発想が根底にある。

代替不在者投票は，歴史的にみて，「ドキュメント（ここでは，登録申請書や投票用紙等）の物理的な輸送環境」の影響を大きく受けて制度が拡張されてきた。情報社会が到来する以前，代替不在者投票は，物理的輸送能力によって規定されていた。有権者登録の申請書等のやりとりは郵便で行われ，投票箱は自動車等を使って開票所まで運んでいた。交通網が整備されることによって輸送スピードが上がった結果，代替不在者投票で救済できる有権者の範囲は広がり，制度の拡張は進むことになった。その最たる例が，「在外投票（overseas voting）」である。今日の先進諸国で在外投票が可能となったのは，第2次世界大戦後に国際的な航空網が形成されたからである。

仮に，ドキュメントの物理的な輸送を，ICTを利用した電子的なやりとりに置き換えることができるようになれば，代替不在者投票は物理的なやりとりの制約から解放され，より使いやすいものに変わる。

一般的に，代替不在者投票におけるドキュメントのやりとりは，有権者登録時，投票時，開票時である（表7-3）。例えば，不在者投票登録のオンライン申請ができれば，郵便のやりとりにかかるコストと時間を節約することができる。海外からの投票も郵便で送付するのではなく，電子メールによって投票できるよう

15）また，代替不在者投票を利用する有権者の傾向について，海外では積極的に研究されている。例えば，ベリンスキーら（Berinsky et al. 2001）を参照。

16）投票の確定までは意味しない。

表 7-3　代替不在者投票におけるドキュメントのやりとりのタイミング

	送信元	送信先	内　容
登　録	・申請者	・選挙管理委員会	・申請書等送付の依頼
	・選挙管理委員会	・申請者	・申請書等の送付
	・申請者	・選挙管理委員会	・記入済み申請書等の送付
投　票	・選挙管理委員会	・有権者・投票所	・投票用紙の送付
	・有権者	・選挙管理委員会	・記入済み投票用紙の送付（郵便等投票）
	・投票所	・選挙管理委員会	・記入済み投票用紙の送付（洋上投票・南極投票）
開　票	・投票所（指定病院，在外公館等）	・選挙管理委員会	・投票箱の送付

になれば，投票者は投票日間近まで候補者の政策を吟味することができる。

こうした点から，近年，代替不在者投票にICTを活用する動きが世界的にみられる。繰り返しとなるが，有権者登録のWEB申請や電子メールによる投票にはじまり，一部の国ではインターネット投票が実用化されている[17)]。一般的に，登録に時間と手間がかかればかかるほど，登録する者は減り，また輸送の都合で投票期間が短くなればなるほど，棄権が増えるといわれる。これは選挙を行うどの国でも抱えている共通の問題であり[18)]，それを克服する手段という側面も，ICT利用にはある。

■ 3-2　総務省投票環境の向上方策等に関する研究会での議論

世界的なトレンドは，代替不在者投票にICTを積極的に活用していこうと

17）例えば，ケインら（Cain et al. 2008）や湯淺（2009；2016）などを参照。なお，アメリカやロシアでは，宇宙ステーションからの投票も可能としている。アメリカ（テキサス州）は電子メール投票方式で，ロシアは管制官に投票先を伝える代理投票方式で行われている（「【世界選挙紀行】宇宙　「宇宙」から，大西宇宙飛行士は投票できる？」〈http://www6.nhk.or.jp/ch18/post/info.html?a=349（最終閲覧日：2016年7月11日）〉）。

18）関連して，ウォルフィンガー・ローゼンストーン（Wolfinger & Rosenstone 1980）やライン（Rhine 1995），ベリンスキーら（Berinsky et al. 2001），アルバレス・ホール（Alvarez & Hall 2014），グロンケ（Gronke 2014）などを参照。

いう方向にあるようであるが，日本はどうなのであろう。日本では，冒頭述べたようにインターネット選挙運動は解禁されたが，全体的な印象ではICTを積極的に利用しようという機運は高まっていない。

ただ，そうした停滞気味の状況を変えようという動きもない訳ではない。その一つが，2014（平成26）年5月から2016（平成28）年5月にかけて，総務省が開催した「投票環境の向上方策等に関する研究会[19]（以下，投票環境研究会）」での議論である。

投票環境研究会は，「選挙の公正を確保しつつ，有権者が投票しやすい環境を整備するための具体的方策等」を検討する研究会として設置され，2015（平成27）年3月に2014（平成26）年度の議論の取りまとめである中間報告を，2016（平成28）年9月に2015（平成27）年度の議論の取りまとめである最終報告を出している。この報告のなかに，代替不在者投票におけるICTの利活用を提言した部分があり，そこに注目すべき部分がある[20]。

2014（平成26）年度における投票環境研究会の議論の柱は，①ICTを活用した投票環境の向上，②期日前投票等の利便性向上，③選挙人名簿制度の見直しであった。具体的な検討項目として，①に関しては，「(i) 他市町村不在者投票の投票用紙等のオンライン請求」「(ii) 都道府県選挙の選挙権に係る同一都道府県内移転時の取扱いの改善」「(iii) 投票所における選挙人名簿対照のオンライン化」「(iv) 選挙当日における投票区外投票」が，②に関しては，「(v) 期日前投票の環境改善」「(vi) 最高裁判所裁判官国民審査の期日前投票期間等の見直し」が，③に関しては，「(vii) 選挙人名簿の内容確認手段の閲覧への一本化」と「(viii) 選挙人名簿の登録制度の見直し」がそれぞれ議論された。

平成27年度の議論の柱は，①在外選挙人名簿登録の利便性向上，②選挙人名簿の閲覧制度，③ICTを活用した将来の投票環境向上の可能性であり，それぞれ議論が交わされた。

投票環境研究会による報告を，代替不在者投票の観点で読むと，「不在者投票

---

19) なお筆者の1人である河村は，同研究会の委員として議論に参加した。

20) 報告書に関しては，総務省ホームページを参照〈http://www.soumu.go.jp/main_sosiki/kenkyu/touhyoukankyou_koujyou/index.html（最終閲覧日：2016年7月31日）〉。

のオンライン請求」や「在外選挙人名簿の登録に一部職権主義を採用する」等，登録の省力化（有権者に対する負担の軽減）に重きが置かれていることがわかる。総じて，反発が生じやすい投開票の部分の議論は少なく，利便性向上に伴う恩恵が可視化されやすい部分の議論が中心となっている。

ただし，報告のなかには思い切った提案もある。それは，選挙人名簿のオンライン対照を可能にして選挙当日に投票区外投票を行えるようにすることである（③の（iii）及び（iv））。選挙人名簿のオンライン対照を可能とし投票当日に投票区外投票を認めることは，「投票当日投票所投票主義」を揺るがしかねないものだからである。なお，この選挙人名簿のオンライン対照と投票当日の投票区外投票は，「共通投票所投票制度」として，2016（平成28）年7月10日投開票の第24回参議院議員通常選挙から導入されることとなる[21]。

次節では，新たな投票区外投票である共通投票所投票制度について，2016（平成28）年参議院議員選挙での実施状況も含め，述べることにしたい。

第4節　共通投票所投票制度

2016（平成28）年の参院選は，選挙制度史上，重要な選挙であった。選挙権年齢が18歳以上に引き下げられた最初の国政選挙であり，県を越えた合区選挙区（鳥取県と島根県，徳島県と高知県）が初めてできた選挙となった。また，投票所に入ることのできる子どもの範囲が18歳未満に拡大され，「子連れ投票」が可能となった。代替不在者投票関係では，期日前投票時間の弾力的運用も可能となり，共通投票所投票制度が新たな投票区外投票として導入された。

共通投票所は，「選挙の当日，既存の投票区の投票所とは別に，市町村の区域内のいずれの投票区に属する選挙人も投票できる」[22]投票所であり，共通投票所投票制度という仕組みは，既に述べたように投票当日投票所投票主義を揺る

21）「投票環境の向上方策等に関する研究会　中間報告」〈http://www.soumu.go.jp/main_content/000350075.pdf（最終閲覧日：2016年7月24日）〉。

22）「国会議員の選挙等の執行経費の基準に関する法律及び公職選挙法の一部を改正する法律案の概要」〈http://www.soumu.go.jp/main_content/000398936.pdf（最終閲覧日：2016年5月24日）〉。

がしかねない仕組みである[23)]。

■4-1　共通投票所投票制度に対する見方

共通投票所投票制度に対する一般的な有権者の理解は，おそらく，「投票日も期日前投票所のある場所で投票できるようになった」であろう。多くの有権者が，「期日前投票制度の延長線上に共通投票所投票制度はある」と思っているのではないか。

もともと，投票日に投票できない有権者が投票しやすい環境を整えるため導入されたのが，期日前投票制度である。しかし，今日では，様々な使われ方をしている。例えば，特定の政党・候補者の後援会幹部が期日前投票を積極的に利用している事例がある。彼らは投票を選挙期間前半にさっさと済ませ，投票後の選挙期間は，自分の支持する政党・候補者の選挙運動に注力する傾向にある[24)]。投票率の向上のツール[25)]として，選管が意識して用いる事態も起こっている。例えば，期日前投票所を大型商業施設や中心市街地の商店街，交通至便な公共施設等に設置して投票率アップを試みているところがある[26)]。

もし，期日前投票制度が，手軽に投票できる環境をつくっているなら[27)]，「投

23）共通投票所の導入によって投票率が向上することは望ましい。しかし，現在の期日前投票の利用状況をみる限り，おそらくそれは期待できないだろう。指定された投票所で投票していた有権者の多くが共通投票所を利用するようになると，思われるからである。仮に多くの有権者が共通投票所で投票するようになったとしたら，投票所のなかには「閑古鳥が鳴く」ところもでてくることになろう。

そう考えると，共通投票所の導入は投票区の統廃合を促す可能性があることに我々は留意しなければならない。すなわち，共通投票所の導入によって，交通手段をもたない高齢者などの投票環境はむしろ悪化する可能性もあるのである。そのため，共通投票所を導入するにあたっては，期日前投票所の巡回や投票所までの移動支援についても，併せて検討すべきである。なお，島根県浜田市では，期日前投票所を巡回させることを，2016年参院選から始めており，こうした取り組みは参考になる（『毎日新聞』2016年6月1日）。

24）海外でも同様の傾向があることが報告されている。例えば，ベリンスキー（Berinsky 2005）やグロンケ・トッフィー（Gronke & Toffey 2008）を参照。

25）投票日当日が荒天になりそうだから選管が期日前投票の利用を積極的に呼びかけるという状況も生じている。例えば，牧之原市ホームページ（http://www.city.makinohara.shizuoka.jp/bg/shisei/ent/5880.html（最終閲覧日：2016年5月24日））などを参照。

票日も，今ある期日前投票所の場所で投票できればいいのでは」と思うのは，至極当然であろうし，そうした流れがあるので，選挙管理の仕組みをよく知らなければ，「期日前投票制度の延長線上に共通投票所投票制度がある」という発想が出てくるのも当然である。

■ 4-2　共通投票所設置の壁

期日前投票制度の利用が堅調であるにもかかわらず，共通投票所の設置を試みた自治体は皆無に近かった。2016（平成28）年の参院選で共通投票所を設置した自治体は，北海道函館市，青森県平川市，長野県高森町，熊本県南阿蘇村の4自治体であった。

多くの自治体が共通投票所を設置することに前向きでなかった理由は幾つかある。大きなところであれば，次の3点であろう。

第一は，「2016年参院選での導入では準備期間が短すぎた」である。衆議院選挙とは異なり，参院選は解散がない。そのため，各市区町村選管は7月の参院選に向けて計画的に準備を行うことができた。そのため，「共通投票所を利用しようと思うが，もう準備が始まってしまっているので今回は検討を見送る」というところがあったことは想像に難くない。

新たな仕組みを導入すれば，選挙事務は複雑化し，選挙事務従事者の仕事量が増える。その結果，ヒューマンエラーが生じる確率は高まる。選挙の管理執行は，「本来，瑕疵（かし）なく“100点満点”で完了しなくてはならない」（小島 2014）世界である。選管職員は，トラブルやミスに対してどうしても敏感にならざるをえない。とりわけ，ミスが許されない選挙では，情報機器の利用は鬼門である。「情報機器の故障」や「職員の誤操作」が生じやすいからである。そのため，「人の手による方が安全」という思考に傾きやすくなり，「どこかの先行自治体の取り組みを見てから判断したい」という心理も働きやすい。こうした意識も

26）『朝日新聞』（青森県版）2015年2月28日。関連して，人々が集まりやすいこれらの場所に期日前投票所を設置した結果，投票のハードルが下がり，「買い物ついで」「通勤ついで」といった「ついで投票」が促され，投票区外の知人や会社の先輩・後輩と一緒に投票所に赴く「連れ投票」も可能となった。

27）期日前投票の具体的な効果を検討したものとして，和田・坂口（2006）や久保田・根本（2014）などがある。

共通投票所の設置を妨げる壁となったと考えられる。

共通投票所設置の最も高い壁となったのが，二重投票防止を含めた「導入コスト」であろう。「平等選挙」は，民主制下における選挙の基本原則の一つである。二重投票は絶対にあってはならず，その備えは欠かせない。期日前投票制度と共通投票所投票制度の決定的な違いは，二重投票の発生リスクの差である。後者では，二重投票を防止するために，共通投票所及び各投票所間をオンライン等で結び，投票記録をリアルタイムで照会できるようにする必要がある。今日の地方自治体の財政状況を考えると，その導入のための予算を準備することは容易ではない。また，情報漏洩のリスクを減らそうとすればするほど，予算の見積金額はどうしても高くなり，オンライン環境の整備に二の足を踏むことになる。

今回の参議院選挙では共通投票所の設置自治体は4自治体にとどまった。しかし，2016（平成28）年6月4日の高市早苗総務大臣は閣議後の会見では，次回以降の導入を検討しているところが206あることを述べている[28)]。この数値は，共通投票所投票制度に対する市区町村選管の関心が全くないわけではないことを示している。多くの自治体は，先行設置の自治体の動向を注視しているに違いない。

■4-3　2016（平成28）年参議院選挙における共通投票所投票の利用状況

2016（平成28）年参議院選挙における共通投票所の利用状況は，函館市が1,048人，平川市が1,705人，高森町が387人，南阿蘇村で103人という結果であった。利用率が最も高い平川市で当日投票者の約17%，高森町が約8%にすぎなかった（表7-4）。この値をどう評価するか，それは難しい。ただ，平川市のように利用者が多かったところもある。データの蓄積が進めば，共通投票所設置の効果がでやすい自治体とそうでない自治体の差がみえてくるだろう。

共通投票所投票制度の創設によって，選挙人名簿のオンライン対照で投票区外投票ができるようになった。多くの有権者は認識がないかもしれないが，投票当

28）「高市総務大臣閣議後記者会見概要」（2016（平成28）年6月7日）〈http://www.soumu.go.jp/menu_news/kaiken/01koho01_02000499.html（最終閲覧日：2016年7月24日）〉。

表 7-4　共通投票所の利用状況（出典：総務省提供資料から筆者作成）

市町村名	選挙当日有権者数	投票者数	うち選挙当日の投票者数	うち共通投票所での投票者数	当日の投票者数に占める共通投票所の投票者数の割合	設置場所
函館市	232,352	122,911	82,548	1,048	1.27%	商業施設2か所
平川市	27,728	15,533	9,934	1,705	17.16%	商業施設1か所
高森町	10,739	7,437	4,420	387	8.76%	商業施設1か所
南阿蘇村	10,005	5,437	2,375	103	4.34%	庁舎3か所

日投票所投票主義を揺るがすことになった点で，インターネット投票に向けた大きな第一歩が踏み出されたのである。

第5節　インターネット投票に向けて

ICTの利活用によって，土地と選挙のつながりは徐々に弱まっていくであろう。既に世界はそちらの方に動いている。ただし，そのスピードは，各国の状況によって異なってくることになる。海外には，代替不在者投票レベルで電子メール投票やインターネット投票が可能になっているところもある。ただ，「それらの国には環境が整っていたので導入できた」と考えるべきであり，他国で行っているから日本でもすぐにできるというものではない[29)]。技術的には可能であっても，別の要因が導入を阻むからである。

例えば，エストニアでインターネットを用いた期日前投票が可能になったのは，旧ソ連構成国で国民がIDをもつことに抵抗が少なかったことや民主的な選挙の歴史が浅かったことが大きい。さらに，人口が130万程度と少ないこと

29）関連して，ヨーロッパにおける近年のインターネット投票の事例について比較検討したものとして，ゴースら（Goos et al. 2016）がある。

もあるだろうし，電子政府構築に対する政府の姿勢も影響していると思われる(Alvarez et al. 2009；湯淺 2009)。

一方，日本ではどうであろう。日本では，国民総背番号制や住民基本台帳ネットワークシステムに対する反対論にみられるように，国による統一的な情報管理を嫌う有権者の存在がある。そのため，世論形成が容易ではない。またデジタル・ディバイドに対する懸念を指摘する声も大きい。

共通投票所投票制度の創設によって，日本はインターネット投票に向けた第一歩を踏み出した。そこから先，インターネット投票に近づくためにどのような論点があるのであろう。少し考えてみたい。

■ 5-1　既存の環境を活用するという発想と代替不在者投票による環境整備

日本の選挙における投開票は,「選挙人名簿登録主義」「本人による投票」「秘密投票主義」そして「一人一票主義」を原則に運営されている[30]。投票当日に投票区外投票を行うことは，現行の期日前投票制度以上に,「確実な本人確認の実施」と「二重投票の回避」が求められる。二重投票を回避するには，選挙人名簿のオンライン対照はほぼ必須であり[31]，本人確認もより慎重にする必要がある。

既に述べたように，共通投票所を設置する自治体が少なかった一つの背景には，ICT 環境の整備に費用がかかることがある。「選挙のみ」のために高価な初期投資をすることはどうしても敬遠される。ネットワーク構築コストを低減しない限り，インターネット投票への道を啓開することはできない。筆者らとしては，投票所の多くが公共施設に設置されているという現実を活かし（茨木・河村 2016)，他の施策で構築されたネットワーク環境を選挙に利用することが突破口になると考える。

これについては既に興味深い取り組みがなされている。船橋市が，災害時の住民の安否情報確認に選挙の期日前投票システムを応用する実証実験を試みて

30）洋上投票・南極投票によるファックスを利用した投票や，地方選挙で認められている電磁的記録式投票（いわゆる日本でいう電子投票）は例外という位置づけである。
31）有権者人口が少なかったりすれば，電話対応も可能ではある。

いるのである[32]。二重投票を防ぐために用いられている仕組みを使うことで，誰が避難所にいるのか把握でき，支援物資の配分の効率化がはかれるのだという。この試みは，選管が自前で回線を整備するのではなく，「防災のために構築された回線を選挙に活用すればよい」ことに気づかせてくれる。こうした柔軟な発想をもつことが，インターネット投票に近づく上で有効である[33]。

そもそも代替不在者投票制度は，投票できない環境にある少数者を救済する性格を有している。一般的に，「投票が容易でない環境にある者ほど投票する際に発生するリスクに対して寛容になりやすい」と考えられる。事実，筆者の在外選挙人等に対するヒアリング経験では（河村・金 2011），彼らは選挙にICTを利用することに寛容であり，なかにはインターネット投票を切望する者もいる。彼らの多くは，ICTがより投票環境をよくする手段であると認識しているのである[34]。

前出の投票環境研究会は，有権者の投票の利便性向上に向けてICTを導入するには，「効果が見えやすい分野及び導入による影響が限定される分野から段階的に検討を行い，投票の利便性向上を実感してもらえるようにすることも一つの方策」[35]と述べている。一気に国内の選挙をインターネット投票に切り替えるという発想ではなく，「急がば回れ」ではないが，代替不在者投票における名簿登録のオンライン申請を認めたり，電子メール投票などを在外選挙の投票方法で先行導入する方が，インターネット投票の実現に近づくと思われる。そして，その過程で運用ノウハウの蓄積と技術的な課題の検証を実施することで，多くの国民に受け入れられる素地ができる。そう考えるべきではないだろうか。

32）『朝日新聞』2015年3月11日。

33）これに関連して，マイナンバーカード（個人番号カード）をどう選挙に活用するかについての検討も必要となる。国民一人ひとりに番号を振るマイナンバー制度は，選挙の場面での本人確認や投票済み記録の確認等に活用できるからである。

34）洋上投票・南極投票におけるファクス利用に関し，さしたる批判がないのも「投票できないよりも，まし」という発想があるからである。

35）前掲注20参照。

■5-2 平行して検討しておかなければならない論点

インターネット投票実現に向けては，技術的な取り組みはもちろんであるが，投票の権利という側面からの検討も議論すべきである。例えば，どこからでも投票できる段階になれば，自由意思による投票がかえって難しくなる可能性もある。投票所での投票であれば，投票立会人などで監視が可能である。しかしながら，投票所以外から自由に投票できるようになると，自分の意思に反する投票を強要されたり，票の売買が行われやすくなったりする可能性が高まる（Goos et al. 2016）。公正な選挙を保つという観点からの議論も，インターネット投票に向かうためには不可欠である。

投票当日に投票所で投票するという伝統的な方法をどこまでインターネット投票に置き換えるのか，これについても深く議論すべきであろう。仮に置き換えるとするのであれば，デジタル・ディバイドの克服に本腰をいれなければならない。投票できない者を救うはずのインターネット投票が，別の次元で投票弱者を生むことになるからである。また，インターネット投票を補助的な役割（すなわち代替不在者投票レベル）に留めると考えるのであれば，それはどこまでなのか，その範囲についての議論も必要である。

さらに，「投票」という行為のもつ意義が変わってくることについても，検討する必要がある。例えば，投票所に行くという行為は，有権者としての自覚を促すと考えられる。しかし，投票所以外からインターネット投票ができるようになれば，それは薄れ，選挙が有する「お祭り効果」は不可視化する。その結果，棄権者が増えるかもしれない。すなわち，利便性と引き替えに政治的な意義が失われるという部分についても，我々は配慮しなければならない。

冒頭に述べたように，日本の電子投票に関する議論は下火である。しかし，共通投票所投票の創設という形で，インターネット投票に向けた新たな動きが始まったのは事実であり，世界的なトレンドもICTを選挙に利活用する時代に入りつつある。これらの動きを睨みながら，我々はこれらの論点について考え直す必要に迫られていると思う。

［付　　記］

本章は，『月刊選挙』2016年6月号掲載の「被災地選挙の諸相⑲　共通投票所を考える」を大幅に加筆・修正したものである。また，本章は，日本学術振興会科研費「26245003」「15H01931」「15H02790」の成果の一部である。

【引用文献】

茨木　瞬・河村和徳（2016）．「「平成の大合併」は投票環境に影響を与えたのか―投票所数の現象に注目して」『横浜市立大学論叢 社会科学系列』67(3), 79-94.

岩崎正洋［編］（2013）．『選挙と民主主義』吉田書店

岡本哲和（2014）．「もう一つの“ネット選挙”―2012年衆院選および2013年参院選における選挙公報のインターネット掲載」『関西大学法学論集』64(2), 349-369.

甲斐祥子（2012）．「選挙制度改革の夢は潰えたか―2011年イギリス国民投票を巡って」『帝京法学』28(1), 39-65.

河村和徳・金　銀姫（2011）．「日本における在外選挙制度が抱える課題と韓国の制度設計への提言」『九州国際大学法学論集』17(3), 175-191.

河村和徳・湯淺墾道・高　選圭［編著］（2013）．『被災地から考える日本の選挙―情報技術活用の可能性を中心に』東北大学出版会

清原聖子・前嶋和弘［編著］（2011）．『インターネットが変える選挙―米韓比較と日本の展望』慶應義塾大学出版会

清原聖子・前嶋和弘［編著］（2013）．『ネット選挙が変える政治と社会―日米韓に見る新たな「公共圏」の姿』慶應義塾大学出版会

久保田敬介・根本俊男（2014）．「三重県四日市市における期日前投票所配置への定量分析とその考察」『情報学ジャーナル』7(1), 1-14.

国政情報センター［編］（2014）．『選挙管理事務におけるミス発生事例集』国政情報センター

小島勇人［監修］（2014）．『選挙管理事務におけるミス発生事例集』国政情報センター

田中幹人・標葉隆馬・丸山紀一朗（2012）．『災害弱者と情報弱者―3.11後，何が見過ごされたのか』筑摩書房

湯淺墾道（2009）．「エストニアの電子投票」『社会文化研究所紀要』65, 39-71.

湯淺墾道（2016）．「アメリカの在外不在者投票へのインターネット有権者登録の導入」『情報ネットワークロー・レビュー』14, 85-100.

和田淳一郎・坂口利裕（2006）．「横浜市における期日前投票所増設の効果」『選挙学会紀要』7, 27-35.

Alvarez, R. M., & Hall, T. E. (2004). *Point, click, and vote: The future of internet voting*. Washington, D.C.: Brookings Institution.

Alvarez, R. M., & Hall, T. E. (2014). Resolving voter registration problem: Making registration easier, less costly, and more accurate. In R. M. Alvarez, & B. Grofman (Eds.), *Election administration in the United States: The state of reform after*

Bush v. Gore. New York: Cambridge University Press, pp.186–198.

Alvarez, R. M., Hall, T. E., & Trechsel, A. H. (2009). Internet voting in comparative perspective: The case of Estonia. *Political Science and Politics,* 42(3), 497–505.

Berinsky, A. J. (2005). The perverse consequences of electoral reform in the United States. *American Politics Research,* 33(4), 471–491.

Berinsky, A. J., Burns, N. & Traugott, M. W. (2001). Who votes by mail? : A dynamic model of the individual-level consequences of voting by mail systems. *Public Opinion Quarterly,* 65(2), 178–197.

Cain, B. E., MacDonald, K. & Murakami, M. H. (2008). Administering the overseas vote. *Public Administration Review,* 68(5), 802–813.

Goos, K., Beckert, B. & Lindner, R. (2016). Electronic, internet-based voting. In R. Lindner, G. Aichholzer, & L. Hennen (Eds.), *Electronic democracy in Europe: Prospects and challenges of E-publics, E-participation and E-voting.* Cham: Springer, pp.135–184.

Grofman, B., Trechsel, A. H., & Franklin, M. (Eds.) (2014). *The internet and democracy in global perspective: Voters, candidates, parties, and social movements.* Cham: Springer.

Gronke, P. (2014). Early voting after Bush v. Gore. In R. M. Alvarez, & T. E. Hall (Eds.), *Election administration in the United States: The state of reform after Bush v. Gore.* New York: Cambridge University Press, pp.120–143.

Gronke, P., & Toffey, D. K. (2008). The psychological and institutional determinants of early voting. *Journal of Social Issues,* 64(3), 503–524.

Hale, K., Montjoy, R., & Brown, M. (2015). *Administering elections: How American elections work.* New York: Palgrave Macmillan.

Herrnson, P. S., Niemi, R. G., Hanmer, M. J., Bederson, B. B., Conrad, F. C., & Traugott, M. W. (2008). *Voting technology: The not-so-simple act of casting a ballot.* Washington, D.C.: Brookings Institution Press.

Montjoy, R. S. (2008). The public administration of elections. *Public Administration Review,* 68(5), 788–799.

Rhine, S. L. (1995). Registration reform and turnout change in the American states. *American Politics Quarterly,* 23(4), 409–426.

Wolfinger, R. E., & Rosenstone, S. J. (1980). *Who Votes?* New Haven, CT: Yale University Press.

第８章　土地と自由，選挙権―序説
第９章　所有権のイメージ
第 10 章　住民投票・空間・自治
第 11 章　現代フランスにおける「都市問題」の語りかた：
エロー県モンペリエ市セヴァンヌ地区の事例

第8章

土地と自由，選挙権—序説

中島　徹

第1節　土地と選挙

■1-1　地租改正をめぐる「近代」と戦後改革における「近代」

土地所有権と選挙権という一見すると相互に無関係な権利が制度的に交差するきっかけをつくったのは，日本の場合，直接的には1873（明治6）年の地租改正と，それに先立つ地券交付であった。廃藩置県を背景に，収益税であった幕藩体制下の貢租から，土地の価値を課税標準とすることで，明治政府の財政基盤を確立することを企図した改革である[1)]。地価に応じて租税額を決定するためには，土地を個人の財産と観念し，使用・収益・処分の自由[2)]が認められることが前提となる[3)]。歴史学研究者のなかには，これを封建的規制の撤廃とみて，地券交付とそれに続く地租改正により近代的土地所有権が確立されたと理解する者が少なくない[4)]。

これに対し憲法学においては，第二次大戦以前の日本社会を「前近代」と把握し，日本国憲法の制定に先立って行われた農地改革によって，そうした「前近代」的関係が清算されたとの理解が一般的である。例えば樋口陽一は，自作農創

1）具体的には，（1）土地の調査に基づき一筆ごとに地価を確定する，（2）一地一主の原則に基づき土地所有者を確定する，（3）土地所有者に地券を発行する，（4）地価を基準に金納による地租の徴収，をその内容とする。

2）仏民法544条「所有権は，法律または規則によって禁じられる使用を行わない限り，最も絶対的な仕方で，物を収益し，かつ，処分する権利である」。

3）土地所有の自由に途を開いたのは，1871（明治4）年の田畑勝手作の許可と翌年の土地永代売買禁の解禁である。地租改正は，これを前提に実施された。

設特別措置法による農地買収価格が「正当な補償」といえるかどうかが争われた事案に関し，「最高裁は，……相当補償説に立った……と目されてきた。しかし，農地改革が占領下に「憲法外に於いてなされた」（稲生，岩松裁判官少数意見）という担い手の点でも，前近代的な日本農村の地主制を改革して自由な諸個人をつくり出し，日本国憲法存立の前提を整えるものだというその歴史的性格からいっても，この判決を一般的に相当補償説の先例とするのは適切ではない」（樋口 2007：256。傍点筆者）と指摘する。

これは，相当補償説がこの判決で採用されたことを，当該事案の具体的文脈に即して特殊な例として正当化するための議論である。その意味でこれは，戦前日本の「前近代」的地主制と，それから開放された「自由な諸個人」を対置しつつ，後者を日本国憲法という近代憲法存立の「前提」と評価するものであって，近代的土地所有権観念を主題として論じたものではない。それを承知で，あえて土地所有権の保障，あるいは農地改革の文脈に即して農地所有権の保障という観点から樋口の所説を読むと，同判決における相当補償説の位置づけとして，広く憲法学説において受容されてきたこの説明には，戦後改革以前の日本社会を「前近代」と規定する前提があることがわかる。しかし，樋口が「前近代」的所有関係と理解した戦前の農地所有権は，歴史研究者の理解によれば，明治初期の土地制度改革[5]の下で個人に対して認められた権利であり，前述のように近代的土地所有権[6]であったと解する余地がある。仮にそうであるとすれば，戦前の旧地主の農地所有権は，日本国憲法という近代憲法の下で存在を否定されるべき前近代的な性格をもつ権利とは必ずしもいえないことになるだろう[7]。

4）もっとも，権力的につくりだされた制度によって土地所有のありようが一夜にして変わるわけではない。1643（寛永 20）年に出された田畑永代売買の禁は，実際には百姓が自らの土地と観念し，所有権が成立したわけでないにせよ，質入れされた土地が質流れすることなどを通じて 18 世紀以降有名無実化し，土地への執着が内面化されていったと歴史研究者は説く。詳しくは，後掲注 41 参照。

5）1868（明治元）年の太政官布告で農民に土地所有権を認め，翌年の版籍奉還で領主の貢租徴収権が廃止され，地租改正（1873（明治 6）年）では土地所有者に地券が交付されている。

6）「近代的土地所有権」の観念については，この段階では，それを民法 206 条にいう「自由にその所有物の使用，収益及び処分をする権利」と形式的に理解しておく。

地租改正を契機とする農地所有権の性格規定をめぐって，前記のように「近代」理解にずれが生じるのは，土地所有権と憲法秩序では「近代」を論じる視点が異なるからだ，とはいえる。たとえ財産権制度の一角が近代的性格を有していたとしても，政治権力が「近代」的――それ自体多義的だが――であるとは限らないからである。とはいえ，ここで念頭に置いているのは，地租改正で確立された土地（農地）所有権と戦後農地改革におけるそれという，時間的に連続した同一の権利に対する評価である。この場合，一方で近代的と評価されたものを，他方で前近代と位置づけることは，少なくとも論理的には理解が困難である。

もとより，これを日本資本主義論争における講座派と労農派の対立の構図に還元し，憲法学における農地改革理解とそのコロラリーである前述の正当補償説を講座派の枠組みで理解することは――本章では，その観点からの検討を行わないが――可能である。そのように考えれば，前記「近代」のずれは，やはり「視点」の違いにすぎないことになるだろう。だが，第2節で論じるように，日本国憲法の下ではじめて近代的土地所有権が確立されたと論じることは，ある意味で，営業の自由を「人権」と理解した法律学（憲法学）に特有のフィクションと類似する一面がある。周知のようにそれは，独占の自由をも人権と理解する契機を含んでいた。それでもなお，法律学に特有な理解を貫くことに意味があるというのが，営業の自由論争における法律学の着地点であったが，果たしてここでも同様のことがいえるであろうか。

これを土地所有権に即して読み替えれば，土地所有史と法制度を切り離して理解することにより，逆に日本国憲法下での土地所有権に過剰ともいえる「近代」性が付与されてきた可能性もある。具体的には，農地や山林のように，人と生産の結びつきゆえに独自の利用ルールが形成されてきた領域の特性を無視した制度変更に起因しての，地域や人々の結びつきの破壊などは，第二次大戦後の土地所有権理解と密接な関係がある。本章の目的の一つは，日本における土地所有権の成立史を憲法学の視点から検討しつつ，憲法学における土地所有権理解の功罪を明治以降の土地制度史も踏まえて検証することにより，前記

7）実際，旧農地法下における最高裁判決には，このような前提に立っていると思われるいくつかの判決（一例として，旧農地法80条に関する最大判1971〔昭46〕年1月20日民集25巻1号1頁）がある。

「近代」のずれの意味を探ることにある[8)]。

■1-2　近代租税原則と選挙権

地券発行と地租改正は，土地所有権に変動をもたらしただけではない。財源としての地租は，「四民平等」に集約される旧来の身分秩序の否定と再編を通じての国民国家の形成という当時の課題の下で，身分秩序にも大きな影響を与えた。地租は，開国に伴い必要となった海上防衛等の統治コストを賄う役割を担い，実際，当時の歳入の8割を占める国家財政上の主要財源として，国民国家形成の一翼を担うことが期待――現実にそのように機能したかどうかはともかくとして――されていた（奥田 2012：23）。地租を地代とみれば，土地所有権ないしそれを包含する――土地所有権と未分化の――統治権は，地租負担者以外の何者かに属するはずである。この場合，近代的土地所有権が確立されたとみることが困難であることはいうまでもない。

他方，それを租税とみれば，その根拠や使途が問われることになる。実際，植木枝盛は早くから「地券ノ発行アリト雖ドモ，租税ノ徴収ハ政府ノ専裁ニ出デ」[9)]「租税ヲ処置スルニハ政府一己ニシテ之ヲ為ス可キ義アルコト無ク，必ズヤ全国人民ト協議セザルヲ得ザル可ク，而シテ租税ヲ全国民ト協議スルニハ国会ヲ開設セザルヲ得ザル可ケレバ也」[10)]と主張していた。租税負担は，自由民権運動の国会開設要求の根拠の一つであったのである（家永 1960：184-）[11)]。

とはいえ，自由民権運動においては，人一般への選挙権の拡大が主張されていたわけではなかった。選挙権の拡大は，実際には，納税者という「身分」と結び

8）この問題を漁業権と農地所有権に即して検討した中島（2012）も併せて参照。

9）植木枝盛「国会開設ノ願望致スニ付四方ノ衆人ニ告グルノ書」（1870（明治12）年11月）（植木 1991：49）。

10）植木「国会ヲ開設スル允可ヲ上願スルノ書」（1871（明治13）年4月8日）（植木 1991：59）。

11）もっとも，板垣退助らによる「民撰議院設立建白書」は，一方で，納税者には「政府ノ事ヲ与知可否スルノ権理」があるとの認識を示しながら，他方で「政府ノ強キ者何ヲ以テ之ヲ致ヤ，天下人民皆同心ナレバナリ」，「政府人民ノ間，情実融通，而相共ニ合テ一体トナリ，国始メテ以テ強カルベク，政府始メテ以テ強カルベキナリ」と述べて，「強い国家へのあこがれと国家権力との一体化」（大木 1995：24）が語られており，納税者の権利よりは，ナショナリズムの視点が前面に出されていた。

つけて主張されていたにすぎない。女性参政権への視点を欠いている点もあわせて考えると，自由民権運動が立憲主義思想の源流といえるかどうかは再検討の余地もある[12)]。その点はさておき，上に述べたように，地券発行・地租改正と選挙権の拡大の間にある隠れた関連性を検討することが本章第二の課題である。

その点に関連して，公職選挙法上の選挙運動規制は，納税要件を撤廃した1925（大正 14）年の「普通」――男性限定――選挙制度導入以前の，地租改正後の時点ですでに検討されていたことにも留意する必要がある。今日まで続く戸別訪問禁止等の選挙運動規制は，上記「普通」選挙制度と引き換えに導入されたと説明されてきた。もとより，それ自体は事実である。しかし，1889（明治 22）年の衆議院議員選挙法制定時の納税要件は，直接国税（地租と所得税）15円以上で，それにより新たに選挙権を獲得したのは約 45 万人，当時の日本の人口は 4,000 万人であったから，納税要件を充足した者は 1％強にすぎなかった。この時点ですでに検討されていた選挙運動規制の意義は，実際に導入された時期に同定されたそれとは異なり，無産者対策にとどまるものではなかった可能性もある。

「代表なくして課税なし」という近代租税原則は，いうまでもなく私有財産制を前提とする。日本の場合，地券発行と地租改正が近代的土地所有権の確立を促したとすれば，それはこれまで述べてきたように，土地の再配分だけでなく，選挙権を有していなかった者の一部に対し選挙権を付与する契機ともなっていたことを意味する。財産所有と選挙権の結びつき自体はとりたてて目新しい論点ではないが，日本の場合，冒頭で述べた「近代」理解に関わり，第二次大戦以前の政治社会を絶対主義の時代と描き出す――講座派的――理解が，少なくとも憲法学では一般的である。それは，冒頭でみたように，いまだ近代的土地所有権が未確立であることを暗黙のうちに含意していた。このように考える場合，地租との関係における土地所有権と選挙権（ならびにその規制）は，いずれ

12）当初の「民権自由」から「自由民権」に定着していくのは，「「民権」（国政参加権）をアピールしたかったため」（江村 1995b：15），「士族出身の民権派知識人は，「平民は卑屈で知識も元気もない」などと内心では思いつつも，理論としては，身分や財産を問わない「人民一般」の政治参加を要求するほかなかったのである」（牧原 1995：39）。なお，中島（2016）の注 34 とその本文周辺参照。

も近代的意味における「権利」性が未確立であるという意味において，相互の連環は断ち切られる。それはまた，大日本帝国憲法における財産権をはじめとする諸権利の性格，ひいては日本国憲法の下での「近代」と「前近代」理解のずれをどのように考えるかという問題にも影を投げかけるであろう。この財産所有と選挙権の連環ないし非連環は，経済的――精神的ではなく――自由主義と議会制民主主義の関係を明らかにするミッシング・リンクである。

■ 1-3　選挙権と土地所有権

地券発行と地租改正に「近代的土地所有権」成立の画期を見出す見解と対照的に，明治政府は版籍奉還を天皇への領主権の返還とみて日本の国土の土地所有権も天皇にあり，地租は天皇に対する地代の支払いと解する立場を採用していた。これは，国会開設要求の根拠の一つとして近代租税原則を掲げて，代表なくして課税なしの原理が実現されていないことは私有財産権の侵害であると主張する自由民権運動[13]への牽制としての意味を併せもっていた。天皇が土地所有権を有するという，いわゆる王土論[14]によれば，地租を地代と説明することができるから，私有財産権の侵害との主張を退けることができる。これが，本章冒頭で指摘した「近代」理解をめぐるずれを引き起こす要因の一つ，すなわち大日本帝国憲法（以下，明治憲法）下の体制を天皇制絶対主義と規定した上で，その意味における「前近代」を解体することが，近代立憲主義憲法としての日本国憲法成立の前提条件であると論じることにつながることは，容易に看取できるであろう。

もっとも，王土論だけでは，地租が天皇の統治権に基づくものなのか，それとも土地所有権に基づくものかは，必ずしも明らかではない。加えて，不平等「条約改正とそれに伴う内地雑居を実現する上で，在日外国人を含む，私的所有権の不可侵原則を打ち立てることは必須の要件」（奥田 2012：23）であったとす

13）「国会を開設するの允可を上願する書」（片岡健吉・河野広中代表）（自由党史編纂局 1957：282–306）。地租改正に関する主張は，第六項目にある。その内容や評価をめぐっては，服部（1967），後藤（1968），内藤（1964），大石（1978），大江（1998）等参照。

14）「皇統一系万世無窮，普天率土其有ニ非ザルハナク其臣ニ非ザルハナシ」（東京大学資料編纂所 1972：148）。これは，より正確にいえば王土王民論，すなわち「国体」論に他ならない。

れば，個人の土地所有権を認めない王土論ではこれを充足することもできない。そのため，政府は王土論の下で事実上の土地所有権を法的には承認しつつ，地租を地代と理解することで選挙権の拡大要求を拒否するというアクロバティックな法的構成を考案する必要に迫られた。

明治憲法は，この課題にどのように答えたか。条文上は「日本臣民ハ法律ノ定ムル所ニ従ヒ納税ノ義務ヲ有ス」(21条)，「日本臣民ハ其ノ所有権ヲ侵サルコトナシ　公益ノ為必要ナル処分ハ法律ノ定ムル所ニ依ル」(27条) と定めるだけで，財産権の制限を法律事項としている点では日本国憲法と大きな違いはなく，曲芸の痕跡を見出すことは困難である。もちろんこれは，明治憲法のいわゆる外見的立憲主義を日本国憲法が継受しているとか，逆に明治憲法は外見的立憲主義の憲法ではなかったなどと主張しているのではない。検討すべきは，上記課題とこれらの規定がいかなる関係にあるか，ということである。

果たして，王土と近代的土地所有権という両立しがたい観念は，明治憲法へと至る道でどのように論じられ，上記憲法規定へと結実していったのか。本章が，明治期における近代的土地所有権成立の有無に注目するのは，それが一方で選挙権の拡大と連動していた可能性があること，他方でしかし，戦後農地改革の対象とされた明治憲法下の土地制度が絶対主義のそれとして，「近代」理解をめぐるずれの原因の一端ともなっているからである。

第2節　土地所有権の近代性と前近代性

■ 2-1　農地改革と近代的土地所有権

戦後農地改革（以下，農地改革）により地主から小作人へと移転された農地所有権が，旧地主のそれと同じ性格のものであれば，農地改革は小作農民を解放したかもしれないが，同時にそれは自作農という新たな地主をつくりだしただけともいえる[15)]。そうであれば，農地改革は「近代」資本主義に適合的な財産権の保障と同義であるにすぎないと解する余地があることになろう。もちろん，これを「自由な諸個人」を支える権利保障と理解し，あとは憲法29条の枠組み

15) 渡辺洋三は，「旧地主を追い払って，その代わりに新地主をつくり出した農地改革方式そのものに根本的に限界があった」と指摘する（渡辺 1975：104）。

の下で権利の保障と制限を論じれば，憲法論としては完結するともいえる（愛敬 2003：序章；中島 2007：第 3 章）。

しかし，そのように解すると，農地改革が地主の土地所有権を農民の土地所有権へと変換したことの正当性を説明できなくなるはずである。なぜなら，前述のように明治憲法下の土地所有権を近代的性格のものと解するのであれば，一反について「鮭三尾」[16] 程度ともいわれた「相当補償」しかなされないままでの所有権の移転を合理的に説明することは困難となるからである。それが正当であるためには，例えば農地改革を寄生地主制，すなわち支配従属関係の解体と捉え，それを「日本国憲法存立の前提」と把握することで，法外の，その意味で一種の「革命」であると説明する必要があった（山田 1984：235）。

しかし，自作農創設ないし小作人の保護はすでに戦前から国内政治の課題であったし，また，GHQ 側に「土地持ちの穏健な社会的安定層を形成する」意図はあったにせよ，「土地国有化や耕作権の強化といった道筋は考慮外であった」（島本 2011：10；大内 1952：299）とすると，そのような説明は農地改革の実態とはかけ離れていたといわなければならない。

加えて，仮に農地改革の意義を寄生地主制の解体に見出し，それを「革命」と捉えるならば，農村における「自由な諸個人」は，抽象的な土地所有者ではなく，農地所有者という特殊なカテゴリーにおいて把握すべきことになる[17]。だがそのような理解は，人権の普遍性（樋口 1997）という「近代的」観念との関係において疑問の余地があるだけでなく，農地所有者の自由ということの具体的意味も問われる必要があるだろう。なぜなら，戦後農地改革によって，「前近代」が一掃されたと考える以上，ここで近代的土地所有権（自由な使用・収益・処分）が確立されたことになり，それが戦後の土地所有制度を形づくる基本となるからである。

果たして農地改革は，寄生地主制という「前近代」の解体と，土地所有権ない

16）一反は 300 坪＝約 1,000m² で，その買収対価は鮭三尾分（2 円 50 銭）といわれた。

17）実際，そのように論じる見解もある（大澤 2005：394）が，農地耕作の義務は「自由な諸個人」という観念と相容れない疑いがある。なお，現行農地法 2 条の 2 は，所有者等に「農地の農業上の適正かつ効率的な利用を確保するようにしなければならない」と規定するが，これは義務ではなく責務規定と解されている。

し利用権の保障という「近代」の，いずれの側面に力点を置いて理解すべきであったのか[18]。2009年の農地法改正における農地耕作者主義の放棄，そしてグローバリゼーションと貿易自由化がそれをさらに加速させるのであれば，それらは，農地改革を「前近代」の解体＝農地耕作者主義の確立という前者の文脈で論じる限り，日本国憲法の前提を掘り崩すものとなる可能性を秘めている。他方，後者の下に位置づければ，前述のように日本国憲法の枠内での権利の保障と制限の問題として考えれば足りることになるだろう[19]。それはしかし，農地改革を「前近代」の清算と捉え，日本国憲法成立の前提と理解する憲法学説と整合的でありうるだろうか。果たして明治憲法下の土地所有権は，近代的土地所有権と同定されるべきものであったのか。もとより本章は，地租改正の位置づけや性格等の検討自体を目的とするものではないので，以下の作業は，既存の研究を踏まえ，それを憲法学の議論の文脈に定位させながら，問題の所在を明らかにすることに限定したい。

■2-2　地租改正と王土論

土地の私有を原理的に否定する王土論は，「法」的観点からは律令制下の公地公民制が明治期まで存続していたとの主張や，徳川時代の田畑永代売買禁止令など，歴史の各時点におけるさまざまな制度に根拠を求めてきた。しかし，いずれも牽強付会な説明で，所詮は王土論を正当化するためのパッチワークでしかないように思われる。もとより，歴史学上の知見には，墾田永年私財法が実は公地公民制を維持する役割を果たすものであった等々，土地制度論として興味が尽きない議論が少なくない。だが，本章の当面の目的との関係では，古代までさかのぼって王土論の法律学的構成を検証する必要はないであろう。

本章で確認しておくべきは，王土論をめぐって当時いかなる主張がなされていたか，それと対抗関係にある近代的土地所有権の確立がどの程度に意識されていたか，である。王土論を，土地所有権，近代租税原則，国会開設のいずれをも拒否する根拠として唱えていたのは，王政復古の実現に尽力し，「国体」を

18）これは，近代法の下での土地所有権と利用権の関係を検討する「土地所有権の近代化論」との関係で問題を一層複雑にする論点であるが，後述する。
19）農地改革の評価をめぐっては，中島（2012）を参照。

「地球上絶無稀有」(1883(明治16)年3月。日付の記載はない。以下，日付記載がない限り同じ。多田 1968：982)と唱えた岩倉具視であった。岩倉は「國土ハ則チ皇室ノ國土臣民ハ則チ皇室ノ臣民」(1882(明治15)年7月。多田 1968：844)と説いて，国家と皇室，国土と臣民を一体のものと論じた[20)]。その上で，社会契約論的発想を妄説と退け，地券の交付は所有権を与えたものではなく，天皇の所有する土地を利用する対価として，租税という名の，実質的には地代であると説く[21)]。岩倉の意図は，主として国会開設要求を原理的に否定することと，それが回避できない場合の皇室財産の設定にあった[22)]。ここでの議論は，明治14年政変後のものであるが，この時点では既に国会開設を不可避とみたからこそ王土論を強調することで，皇室財産設定への道筋をつけたのである[23)]。その意味で，調整型のリーダーとして現実主義者であった岩倉の真意は，財政基盤確

---

20)「皇室國家ト謂ヘハ吾皇室國土及臣民ヲ合稱シ國政ハ即チ皇室ノ公務政府ハ即チ之ヲ擧行スル所ノ府ニシテ……土地ニ官有民有ノ區別アリ皇室ト政府ハ別物タリ百官有司ハ他ノ臣民ノ使役者タリ主權ハ君民ノ間ニ在リト云フノ理アランヤ」(1882(明治15)年7月。多田 1968：844)。

21)「吾カ皇國ノ國體ニシテ世界萬國ニ冠絶スル所以ナリ然ルニ近来……天約民約等ノ妄説ヲ信シ國土ハ本來人間ノ共有ニシテ……租税ハ人民ノ給スル所之ヲ以テ官吏ヲ養ヒ政務ヲ託ス故ニ官吏ハ人民ノ傭使ノミト……爲サントスルハ蒙昧杜撰尤甚シト謂フ可シ」(多田 1968：845)，「地券ヲ與フル者ハ土地ヨリ生スル所ノ収穫利益ヲ賣買使用スルノ權ヲ與フルノ趣意ニシテ土壌ヲ擧テ所有スルノ權ヲ與フルニ非ス」(多田 1968：846)，「田畑山林鑛山等一切土地ヨリ徴収スル所ノ税ハ之ヲ國租ト謂フ國租ハ即吾カ皇上ノ所有スル國土ヨリ徴収セラルヽモノナルヲ以テ臣民ヲシテ必ス貢納スヘキノ義務アルヲ知ラシメ國會固ヨリ擅ニ議シテ之ヲ廢興スルヲ得サラシムルナリ之ヲ徴収シ之ヲ使用スルハ皇上ノ聖裁ニ出て人臣之ヲ専擅スルコト能ハサルヲ昭示シ以テ國土所有主權ノ所在ヲ明瞭ニス可キナリ」(多田 1968：848)，「抑此國土ハ吾カ皇室ノ所有ニシテ租税徴収ノ權ハ天祖ノ授ケ賜フ所ナリ」(多田 1968：845)。

22) 岩倉は，「天子ト雖モ国会ニ左右セラレ」(1882(明治15)年2月。多田 1968：821)と危惧していたが，実際には，1881(明治14)年10月の国会開設勅諭を受けて，「皇室財産設定の議一日も惣諸に付すべからず……官有財産を調査せしめ，土地の品目を定めて皇有・国有・民有とし，以て皇有地を設定せん」と論じ，翌年2月には「皇室財産設定に関する意見書」を内閣に提出していた(宮内庁 1971a：645)。皇室財産設定が本章主題と密接に関わる点に関して，鈴木(1990)，川田(2001：第1章4節)参照。

23)「岩倉は早くから立憲制の導入が不可避であることを認識していたが，他方で万世一系の天皇を政治体制の中軸に据えるという構想においては，いかなる妥協も拒否した」(米原 2015：122)。

立のために必要とされた地券交付・地租改正と，明治維新の基本原則である王土王民論＝「国体」との間に生じた矛盾を糊塗することにあったといえよう。

■2-3　王土論という同床異夢

岩倉の王土論に影響を与えた可能性があるといわれるのが，岩倉と関係が深く，ほぼ同じ時期に元田永孚[24]に意見書として提出された副島種臣の王土論であった。それをみると，岩倉の議論は上記のように実利的観点からものであったが[25]，副島は「国家社会主義者」（柳田 1936：127–137）と評されたことに示されるように，①公務の削減と減税，②小作人の保護と，その前提ともいうべき③土地の共有論，納税額に応じての制限選挙制ではなく④人頭税に基づく普通選挙制や⑤一院制論など[26]を展開していた点で，岩倉のものとはかなり趣を異にしている。副島の主張の特徴は，地券の交付を「失錯ノ大ナル者」，皇室財産の設定を「祖宗開闢ノ土地ヲ自ラ棄テ」ることになること，「他日外国人売買差支ナキノ条約改正ノ日ニハ悉ク其ノ所有トナルハ予メ見ルヘキコト」など，もっぱら原理的観点から王土論を主張した点にあり，岩倉の皇室財産設定論には批判的だったことにある[27]。その点で，同じ王土論でも，両者は実は土地と租税，選挙の相互連環においては正反対の主張といえなくもない。岩倉の王土論が一見すると剛直な「国体」論に見えるのは，仮に副島の王土論を参考にしたとしても，それを表面的に借用したにとどまるからであろう。

ちなみに本章主題からは若干逸れるが，副島の主張で興味深いのは，③の土地共有論が土地公有論と見紛うばかりの内容を有していたことである。というのも，「資本制生産様式のもとにおける土地所有は，資本所有・商品所有とその性格を本質的に異にして」おり，「土地「所有」はその「利用」と結合することによってのみ，資本主義的でありうる」（戒能 2010：437）[28]とすれば，「土地国有化と資本主義との関係は多くの問題を含むが……それが産業資本主義段階

24）ちなみに，天皇親政論者として王土論を主張しても不思議ではない元田ですら，「土地の人民私有たるべきは天下の公理」（宮内庁 1971b：373）と述べていた。そのことがもつであろう意味については，第3節参照。

25）「皇室ノ財産ヲ富贍ニシテ陸海軍ノ経費等ハ悉皆皇室財産ノ歳入ヲ以テ支弁スルニ足ル可ラシムルヘシ」（多田 1968：821）。

ですでに「進歩的なブルジョワ的要求」（レーニン）として提出されていたことを忘れて，土地国有化をただちに社会主義にむすびつけることをしてはならない」（樋口 1969：140（傍点原文）；椎名 1978）からである。土地の所有ではなく共有――その下での利用――を重視する副島の王土論は，産業資本主義段階における土地国有論としてみれば，岩倉のそれとは異なり，逆説的に「近代的」と評する余地もある[29]。

副島の主張と相通じる面をもちつつも，王土論を「無稽ノ妄語」（児島 1877：21）として退け，①人民を保護する政府の義務を語りつつ，②地券の交付によ

26）①「凡租税ハ物成什が一を過す可らず，元来自由の主義に差支ある工農商文部等の諸省及衆多の冗官冗員等ハ総て之を廃止し，尚も陸軍ハ民兵にて事足るを以て，悉皆之を廃せざる可らず，斯の如くする時ハ政府の費用は概ね半額を減じ，而して却て大に百般の事業を長進すべし」，②「我日本国の如きハ人民什中の七八ハ小作人にして，是れ等は年中辛苦艱難して僅かの物成を作出すも，多くは皆地主の手に徴収せられ……而して是れ等の人民に限り県会並に郡村会等の設けあるも，進んで選挙の権だに之を有するを得ず，……憐れと云ふも亦愚かなる次第なり，願ふハ地主達の宥恕は勿論，政府に於ても至当の保護ありたき事と想ハる」③「国の頼て以て立つ所のもの，皆土地なり，此の土地たる，日本全力を以て保有する所にして，則ち社会の共有なり，決して一人一家の私有にあらず，……今の地主も亦是れ借地人たることを，人の地を借て人の国を泯絶し，人の民を憔悴す，……国家之を正すの法なくして可ならんや……」（以上，副嶋君意見（前々号の続），1882（明治 15）年 8 月 15 日，日本立憲政党新聞 130 号 8 月 17 日），④「凡そ租税なるものハ，何らの名義を以てするも，実際我々人民が国家の為に分担する労力の為換なれバ，即ち此の租税なるものハ人民銘々の名前，所謂る分頭税を以て国人の第一と定むることこそ至当なれ……国会開設の日に当り，我々人民に取りて最も利害の重大なるものあり，他なし選挙被選挙の権是なり，抑も此の権理なるものハ人権中最も貴重なるものにして，……一般人民むろん此の選挙被選挙の両権を有す可きこと肝要なり，……」（副嶋君意見（去一七日の続）同 133 号 8 月 20 日），⑤「我々が民権より希望の点は，只一国会議院にして事足るべし……ほかの貴族院とか上院とかの一院は我々人民は之を要するの事なし……」（副嶋君意見（前々号の続）同 135 号 8 月 23 日）。いずれも，齋藤（2010：253–）に全文が掲載されている。

27）元田永孚「公有地ヲ定メ諸功臣ヲ調和スルノ議見聞ノ次第言上案」（国立国会図書館憲政資料室所蔵『元田永孚関係文書』）（齋藤 2010：258–）。なお，齋藤によれば，元田の天皇への奏上案は副島が岩倉に建言した内容に基づいているという（齋藤 2010：155）。

28）ちなみに，王土論を土地公有論として理解すれば，地代という理解は近代的土地所有権論と接続する可能性もある。

29）この点に関しては，中島（2012：88–92）参照。

る私的所有権の確立をほぼ留保なしに論じた[30]のは，「国体」論者の問いに答えるという形式で書かれた児島彰二編「民権問答」（1877（明治10）年）であった。他方，それに先立つ1873（明治6）年12月15日付岩倉宛の書簡で，政権内部にあった木戸孝允は，大久保利通が創設しようとしていた家禄税に士族保護の観点から反対し，家禄は家産でないにもかかわらず課税するのであれば，それは華士族の所有物と認めたことを意味すると批判していた[31]。その前提には，課税対象は所有権の対象であるという認識がある。これは地租改正後の書簡であるから，地券交付により土地所有権が認められたことを念頭に置いていたはずだが，それを秩禄処分批判に転用することで，岩倉の痛いところを突いたわけである。地券交付と地租改正による財政基盤の確立と，秩禄処分による財政の維持という，土地所有権観念にとっては正反対ともいうべきベクトルをもつふたつの政策は，岩倉流王土論であれば難なく正当化できる。しかし，現実に実施された地券交付の前では，のちにみるように，それを押し通すには相当な力技が必要であった。

そのことを端的に示していたのが，明治新政府の法制度整備に尽力し，啓蒙思想家でもあった津田真道（金子 1982；大久保 1997；前田 2007 など）が明六雑誌16号（1874（明治7）年9月22日）に寄稿した「政論五」である。津田は，「地券は人民土地を私有することの明確なる証券なり」（山室・中野目 2008：77）と明言する。「大日本帝国従前の制……大八州の土地みな天皇陛下一人の御有に

30）①「政府ハ素ヨリ人民ヲ保護スルノ義務アルカ為メニ随テ其権利ヲ得人民ハ保護セラルヽノ権利アルカ為メニ又随テ其義務ヲ生シ即政府ハ義務ヲ先キニシテ権利ヲ後ニシ人民ハ権利ヲ先キニシテ義務ヲ後ニスル者ナリ」，②「國土人民豈盡ク天皇ノ所有ナランヤ如レ人民ナクンハ政府何ヲカ為サン國土何ヲカ為サン天祖ノ皇孫ヲ其土ニ降スハ斯ノ人民ヲ保護勸道セレノ各自天賦ノ自由ヲ満足セシメンカ為メニシテ威力ヲ以テ之ヲ壓服シ私心ヲ以テ之ヲ虐使セヨト云フニアラス……國土ハ君主ノ私有ニアラサルノ理ハ維新諸侯ノ奉還以来既ニ政府ニ於テ之ヲ辨明シ人々ノ私有地ヲ認許シ之ヲ證スルニ地券ヲ以テシ而シテ之ヲ保護スルノ方法ヲ定メタリ是レ即チ田園山林ヲ問ハス人民ノ所有地ハ敢テ君主ノ私有ニ非レハナリ」（児島 1878：5-10）。

31）「元より禄税は被課候道理決して無之一旦又禄税を被課候い上は餘禄は固より士族之所有物に相成再其禄を被削候道理決して有之間布と奉存候」（妻木 1931：147）。なお，背景をなす秩禄処分に関して，落合（2015：第3章），落合（1994）など参照。

して，絶て人民私有の土地あることなし……明治維新の際，わが今上天皇陛下，千古未曽有の英断を以て，人民に土地売買の自由を許し，地券を与えて各人その土地を私有するの確証として永くこれを保護し，……わが帝国の人民，地券ありて以来，はじめて自由の権利を全うすることを得たり」と論じたのである。津田の議論の特徴は，王土論を前提に地券交付でそれが否定され，「帝国神代以来固着の束縛を解き，皇統連綿たる掛巻もかしこむべき天皇陛下の，またわが大日本帝国の土地を私有したまわざること」と，王土に対する私的所有権の成立を強調した点にある。これはしかし，「天皇の英断」の結果であるから，何らかの留保をつける余地が残されていた。

津田自身は，その点に関して何も言及していないが，それを推測させる主張を行っていたのが，加藤弘之であった。加藤は，津田と同じく明六社の社員で，のちに自由民権論者から社会的ダーウィニズム論に転向し[32]，天賦人権思想を否定した政治学者で官僚，のちに東京帝国大学総長になった人物である。加藤は，民権論者時代に執筆した『國體新論』（加藤 1875）で，西欧社会では[33]土地に対する所有は先取や開拓によって成立するものとされており，日本でも地券制度によって同様の「良政」が実施されていると論じることで，もはや天皇の「御有」という観念は成り立たないと説いて王土論を否定した。ここまでは，津田と大きな違いはない。彼の土地所有論の特色は，「所有ノ權ハ地主ニアリテ管轄ノ權ハ君主政府ニ在ル」として，土地を私有権と管轄権に区別して論じた点にある[34]。論理的には後者によって王土論を紛れ込ませたとみる余地もあるが，加藤は「人民私有ノ地ト雖モ……國家ノ為メニ……政府嚴命ヲ以テ之ヲ買ヒ上クル權アリ但シ相當ノ價ヲ償フハ固ヨリ當然」と説いて，明治憲法には明文規定がなかった損失補償を「當然」と論じていたので，王土論とみるべきではないだろう[35]。

しかし，加藤は元来が筋金入りの自由民権論者というわけではなく[36]，「政府ノ職掌ハ……人民ヲ保護シテ其生命ト權利ト及ヒ所有ヲ安全ナラシメ及ヒ此人民ヲ勸導シテ其風俗ト知識ト及ヒ諸業ノ開明ノ補益スル……ノ外一事モアル

32）加藤弘之に関し，さしあたり田畑（1986），「転向」に関しては，戸田（2007）。

33）『国體新論』に先立つ『真政大意』（加藤 1870）では，欧米各国の事情を紹介しながら，天賦人権論の立場を採用すると述べている。

ヿナシ」と述べていることに示されるように，政府の「勧導」を土地所有権に対して認めている。天賦人権を論じながら，実際には政府や天皇に由来する人権を論じているわけである。こうした思考が，のちに検討する選挙権ならびにその制限に影響を与える可能性があることはいうまでもない。

もっとも，こうした思考は，立憲改進党の法学者小野梓にもみられる[37)]。小野は『國憲汎論』で，①王土は古来の慣行だが正当の道理ではないこと，②土地永代売買の禁止は富める者が貧者の財産を獲得できないようにすることを目的としていたが，平等の実現には役立たなかったこと，③地券交付による土地の私的所有こそが理にかなうもので，それが民権の発達を促したと論じた[38)]。王土論の根拠の一つでもあった土地永代売買の禁止を経済的平等の観点から説明する点は独特だが，それは功を奏せず，土地の私有を認めたことで民権，即ち

---

34)「凡ソ土地山川ノ如キハ……始テ其處ニ占居シ其處ヲ開拓セシ者ノ之ヲ己レカ所有トスルハ當然ノヿニシテ……西洋各國ニテハ夙ニ所有ノ真理ヲ悟リシヨリ政府人々ノ私有地ヲ認許シテ敢テ天下ノ全土ヲ一君主ノ所有トナスヿナキニ至レリ本邦ニテモ先年ヨリ此理ニ従テ人々ノ私有地ヲ認許シ玉ヒ殊に地券ノ制ヲ設ケテ私有ヲ保護スルノ道ヲ確定シ玉ヒシハ實ニ良政ト稱スヘシ……天下ノ土田山林ニハ各之ヲ私有スル者アルヿ明ラカニシテ決シテ悉皆　天皇ノ御有トハ云フ可ラサルナリ……土地ニ憲法ヲ施行シ民衆ヲ管轄スルヿノ如キハ固ヨリ君主政府ノ職掌ナレハ土地ノ所有主ハ謹テ土地ニ関セル憲法ヲ遵守シ且ツ其土地ニ借住スル他人ト共ニ君主政府ノ管轄ヲ受クサル可ラサルハ固ヨリ論ナシ是故ニ土地ヲ私有スル權利ト土地ヲ管轄スル權利トハ全ク異ナル者ニシテ所有ノ權ハ地主ニアリテ管轄ノ權ハ君主政府ニ在アルノ理ヲ知ラサル可ラス……人民私有ノ地ト雖モ若シ國家ノ為ニ必要ナルヿ生スルトキハ政府厳命ヲ以テ之ヲ買ヒ上クル權アリ但シ相當ノ價ヲ償フハ固ヨリ當然ノコトナリ」(加藤 1875：11-13)。ここで，「憲法」という場合，「土地に関する憲法」という表現から推測するに，それは本章が念頭に置く「憲法」ではなく，民法等の個別法をさすものと考えられる。これを文字通り「憲法」と理解すると，「土地ヲ管轄スル權利」を語ることは，のちに検討する井上毅の議論に近づく。

35) この点は，後述の井上毅の議論と共通するが，これは両者がいずれもブルンチュリの『国法汎論』(ブルンチュリー 1872-1874) に依拠しての立論であることによる。なお，同書に関しては，加藤・丸山 (1991：43-) 参照。

36) 加藤 (1875：19-20) には，「人民ハ國家ノ主眼ニシテ君主政府ハ特ニ人民ノ為メニ存在スル者ナレハ人民ハ唯君主政府ノ保護ヲ受ケテ其安全ヲ得ルカ故ニ敢テ其保護ヲ求ムルノ權利ヲ有ス……人民ハ必ス君主政府ノ權利ヲ認許メ其命令ト處分トニ謹テ恭順スルノ義務ヲ負ハサル可ラス」との天賦人権論と相反する記述がある。

37) 小野梓の法思想に関しては，さしあたり吉井 (1996：第2部)，沢 (2005)，小池 (1998-2000) など参照。

人民が政治に参加する権利が促進されたという論理には，加藤と同様に，政府や天皇由来の権利という観点が含まれている。

これと対照的なのは，直接には地価修正と地租減税に反対するために福沢諭吉が書いた「地租論」であった。彼は，そこでロック流ともいえる①「労働に基づく所有」論を展開して，②地主の存在を「正理」ではないと批判し，③本来であれば土地私有の廃止を求めるべきだが，急変を避けるため地税を重くすべきである，④地租改正で官有地の私有を認め，売買を自由化し，しかも減租したために地主に土地が集積した点で，地租改正は明治政府の一大失策であると地租改正に手厳しい批判を加えた[39)]。福沢の土地公有論は，副島のそれと同じく産業資本主義段階のそれであって，社会主義的観点[40)]からのものではない。そのことは，「私有権は労力より起こり」という表現にも示されている。彼の地租改正批判は，近代的土地所有権の法認が地主への土地集積を生んだ当時

---

38) ①「率土ノ濱，王土ニ非ラサルハナク民能ク得テ之ヲ私有セサルハ古來慣行ノ典例ニシテ人敢テ之チ疑フコトナシト雖モ詳カニ其及フ所ノ利害ヲ考フレハ必スシモ之ヲ以テ正當ノ道理ナリト爲スヘカラス」②「且ツ土地ノ永代賣買ヲ禁シタルハ富者ヲシテ貧者ノ財産ヲ兼併セシメサルノ意ニ出テ其由來甚ク古シト雖モ全体ノ利害ヨリシテ之ヲ云ヘハコノ人爲ニ出ルノ平等必スシモ民人ニ益アリト爲スヘカラサルナリ」③「故ニ明治壬申二月詔シテ土地ヲ賣買スルノ禁ヲ解キ更ニ地券ヲ發シテ之ヲ海内ニ頒チ以テ民人私有ノ權利ヲ鞏クシ始メテ日本民人ヲシテ土地ヲ所有スルノ權利ヲ全有セシム蓋シ叉タ改進ノ治理ニ随フモノニシテ民權ノ係ル所甚タ著大ナルヲ知ル」（小野 1885：193–4）。

39) ①「私有権は労力より起こり労力のほかに私有なし……世の中の人は皆おのずから弄して作り得たる物品を所有するの権ありて他より其権利を犯す可からずとすれば彼の土地私有なるものは大に正理に反したる所業なり」，②「凡そ人間社会の富と名来るもの丶本を糺せば皆土地ヨリ出てざるはなく土地ありてこそ始めて人の労力も化して富となることを得るなれば今少数の人が私に土地を専有して漫に他人の之を使用するを許さざるときは不幸にして自から土地を所有せざるものは仮令ひ如何に労働するも之に相当したる報酬を得ること能わず其身体を労してせっかく作り出したる物も多くは地主の為めに奪はれて労働者の手に帰することなければなり」，③「吾々の宿論は速に土地私有の事を廃し都て之を政府に没入して国民一般の共有に帰せんと欲するものなれども凡そ事は成る丈け急変を避くるを宜とするが故に……其代わりとしてさらに地税を重くし凡そ小作料として地主の手に入る可きものを残らず政府に取り上ぐるは目下の上策なる可し」〈project.lib.keio.ac.jp/dg_kul/fukuzawa_text.php?ID=111&PAGE=169&KEY=（最終閲覧日：2016 年 11 月 8 日。原文は 1982（明治 25）年『時事新報』掲載）。

の状況に向けられていて，王土論の復権を目指すものではなく，それを土地公有論と同視することで，自らの主張の論拠とすることに主眼があったものと思われる。

以上の議論を「土地制度の現状認識において，「王土」論が実質的には貫徹している」（奥田 2012：30）とみる見解があるが，そうだろうか。これまでみてきた限りでは，王土論を前提に，地券交付と地租改正により近代的土地所有権が確立されたとみる立場と，それが地主への土地集積を促進させたとみて近代的土地所有権に批判的な立場に分かれるものの，王土論を土地公有論と読み替える議論を別にすれば，王土論の再制度化を唱える者は皆無である。その意味で，王土論の強調は，逆説的に土地の私有が成立している現実の反映ともいえる。

そもそも，王土論は王政復古に版籍奉還，それに続く廃藩置県の暗黙の前提であると同時に，それらから導き出された論理的帰結として主張（強調）されたものであった。加えて，地券交付と地租改正は，王土論のような口実を必要としていた。1643（寛永 20）年に出された田畑永代売買の禁止にもかかわらず，事実において土地の売買が行われ，土地の私有が進行していたとすれば，それを無効化するほどのドラスティックな「改革」を正当化する根拠が必要である[41]。

40）自由民権運動急進派で社会改良主義者を自認する大井憲太郎は，『時事要論』で「毎戸平均ニ耕地ヲ保有セシメ，典賣ヲ禁ジテ永世ノ資産ト爲サシメ，以テ困苦ニ沈淪セシメザルノ堤防ト爲スヲ良策トス」（大井：1876：87–88）と論じて，土地を国民に均分することを主張していた。しかし，『帝国新報』1900（明治 42）年 5 月では，土地国有論と王土論を同視しつつ，それを「万国に比類なき美制なり」と説いて，「明治 5 年に土地国有制を廃して，民有制に変更したるは，太だ惜む可き事に属す。此を以て，吾人は此旧制再興して先づ国有にし永代小作地となして，再び農民に貸与せんことを欲す」（絲屋・岸本 1968：97）と述べていたので，主眼は王土論の再興ではなく地主批判にあったとみてよいだろう。

41）「近世土地所有における百姓的土地所持権……は，農業経営を基礎とするために近世権力によって恣意的な取り上げができないほどの強さをもっていた」（後藤 1995：287）。なお，土地の移動（売買）は，16–7 世紀を通じて，即座に永代売りするのではなく，質入れして取り戻しの可能性を留保しつつ行われるのが原則であった。これは，百姓の「家」が一般的に成立し，土地は代々子孫に守り伝えていくべきで容易に手放してはならないものだという観念を内面化したことによるといわれる。もっとも，18 世紀以降，公然と「売買」の語がつかわれた証文も多くみられるという（渡辺 2002：247）。なお，「家」の成立に関して，水林（1987），大藤（1996）参照。

とすれば，この時代の土地制度のあり方を論じようとした者たちは，それが「いかに「非常識」なものに見えるにしても」(奥田 2012：30)，支配的イデオロギーであった王政—王土論に言及しないですませるわけにはいかなかったであろう。それゆえ，これを王土論の「貫徹」とみることには疑問の余地がある。それに加えて，王土論は，以下にみるように，天皇制を基軸とする統治体制にとっても両刃の剣であった。

第3節　土地所有権，人格権，選挙権

■3-1　井上毅の国法・私法二分論と王土論

もとより，その当時「王土思想と私有権思想が，それぞれの現実的基盤を以て対立」(原口 2008：237) していたこと自体は否定できない。前節でみたように，土地公有制は近代的土地所有権観念に親和的でありえたにもかかわらず，それを王土論に包摂することによって正当化することで，逆説的に近代的土地所有権批判論となった大井や副島の議論に示されるように，両者の「対立」は，混乱ないし混同——意図的かそうでないかはともかく——に起因する部分があった。また，仮に自覚的に王土論や土地公有論を唱えていたとしても，その主張が当時の体制選択にとっていかなる意味をもっているかについての検討を行っていたかどうかは定かではない。それとは対照的に，この点を自覚しつつ，当時の土地所有論に一応の理論的決着をつけたのは，大日本国憲法の制定など明治政府の基本構想に深く関わった井上毅[42]であった。

井上は，①地券発行と地租改正により日本人民は土地私有権を得たこと，②王土論は誤りであること，③天皇には私的所有権ではなくブルンチュリ (1872-1874) の説くように国土管領大権があること，④所有は私法上の観念で，国事上の性質を有しないこと，⑤王土管領大権は，臣民の所有権の上に存在する最上権で公権である[43]，と説いて王土論を一蹴した。井上は，明治 14 年政変で岩倉や伊藤らとともに政権中枢側にいた人物であったにもかかわらず，なぜ王土論を拒否したのか。その理由は，一言でいえば，井上は国法と私法の役割を区別することで，天皇の政治権力が明治政府において公的性格を獲得したことを明確にしようとしたからである。もとより，井上の国法と私法の二分論は，

今日の公法・私法区別論とは異質の独特なものであったことはいうまでもない。

地租改正の翌年に書かれた井上の「對清意見案」(1864（明治7）年）は，この区別に関連して「俗ハ私ナリ律ハ公ナリ律無ケレハ是レ國ナキナリ」と指摘している（井上 1966：26)。また，その前年5月22日には司法省上司であった楠田英世に宛てた書簡で，民法の細則は各地の習慣（上記引用文における「俗」）に従うことで民心は安定すると述べて，ドイツ（歴史）法学を念頭においたと思われる「局法（droit local)」に言及していた[44]。これらの点からすると，井上は，民法の内容を各地の慣習によって定められるべきだと考えていたようであ

42）井上（1966：348-352）は，「①明治。六年ニ至リ地租改正ヲ布告シ嗣テ。地券ノ〔ヲ発行シ〕券面ニ所有ノ明文ヲ記載シ又地所名稱區別ヲ交付シタルヲ以テ日本人民ハ全ク土地私有權ノ名實共ニ之ヲ得ルニ至レリ②然ルニ近來議者ノ説ニ曰ク日本ノ國土ハ天皇ノ御所有ナレバ人民ニ土地私有權ヲ與フ可ラス人民ニ土地私有權ヲ與フル時ハ皇室ノ日本國土ヲ管領シ玉フノ大權ヲ損スルナリト其言固ヨリ愛國忠義ノ至情ニ出レハ其意ハ深ク嘉スヘシト雖ドモ是其一ヲ知テ未タ其二ヲ知ラス所謂國土ノ義ニ暗キノ説ナリ③抑人民ニ土地所有權ヲ與フルカタメニ天皇ノ國土ヲ管領シ玉フ大權ニ於テ毫モ損スル所ナキハ……決シテ爭フ可ラザルノ叓タリ……ブルンチュリ氏著國法汎論第二十四欵販圖管領ノ權即チ國家所有權ノ條目中ニ曰ク世人或ハ其版圖ヲ管領スル權利ヲ稱シテ即チ國家ノ所有權ト云フ……然レドモ方今ノ國家ノ眞理ニハ〔決シテ〕適當セサルナリ④凡ソ所有ナル者ハ全ク私法上ノ性質〔ヲ具スル〕者ニシテ〔決シテ〕國事上ノ性質ヲ具スル者ニ非ス……此權（筆者注，国土管領大権）ハ實ニ国法上ノ權ナレハ〔決シテ〕私法ニ屬スル者ニ非ス……蓋シ最上所有權トハ即チ臣民ノ所有權ノ上ニ立ツ所ノ最上權ニシテ此最上所有權ハ現在政府ニ屬スル一公權タリ……國土ヲ以テ人民ノ私有トナスヲ非トスルノ説ハ全ク田産ト國土トヲ混同シ普通所有權ノ外ニ管轄權アリテ其理相悖ラサルヿヲ知ラサルニ原因スルモノトス故ニ我國ニ於テ人民ニ土地所有權ヲ與ヘタルハ理ニ於テ不可ナルヿナク又決シテ是カ爲ニ天皇陛下ノ國土ヲ管領シ玉フ大主權ニ損スル所ナシ」と説く。

43）ロエスレルは，1883（明治16）年3月15日の「土地最上所有權ニ關スルロエスレル答議」で，「所有權ノ眞体ハ，原ト一物上ニ就キ無限ノ權力ヲ與フル一私權タルニ在リ。……後終ニ之ニ参スルニ。國カ其土地上ニ有スル權利ノ如キ公權ニ係ルノ事項ヲ以シ，且ツ之ヲ所有權ノ傍ニ國ノ最上所有權（ドミニオム，エミ子ンス）ノ意思ヲ生シタルモノ蓋シ之ニ由ルナリ。所有權ノ此ノ如キ區分（ドミニオム，ヂヴィゾム）ハ封建ノ時代ニ淵源シタルモノニシテ，其際君主ノ權ヲ認メテ最上所有權（ドミニオム，ヂレクトーム）ト爲シ，臣屬ノ權ヲ認メテ享受所有權（ドミニオム，ユチーレ）ト爲シタルニ由リ，遂ニ其成立ヲ。土人民ノ所有權即チ田野ノ所有權ニ及ホスニ至〔レ〕ルナリ」（國學院大學日本文化研究所 1997：129-130）と回答している。

る。もとよりこれは，直接的には民法典制定を急ごうとする政府を牽制しようとしての主張ではあるが，民法を民の好み（＝意思？）に従わせる[45]ことを主張することで，一方で王土論と相いれない私的土地所有権の成立をあえて「俗」（＝慣習）として是認し，律（＝法）を国法に限定することを通じて[46]，私法を国法から排除することにより，両者を区別したのである。だが，なぜ井上はこのように複雑な構成を採用したのか。

■ 3-2　土地所有権に対する国家権力の優越性

この点，以下のように井上の近代的所有権理解の特殊性を説明する見解（石井 1976）[47]がある。それによれば，日本の伝統的所有観念は，「旧領主層の領地支配権の廃棄の問題が，基本的にはもっぱら政治權力の集中，すなわち統一国家の形成の次元で意識され，……それが所有の問題として意識されてこなかったこと」，町人の所持地の場合は「それまでとは異なった性質の土地所有を創り出すとかいうような自覚なしに」土地の諸改革が積み重ねられて，「所有の本質にかかわる画期的改革という意識なしに」新しい税制に即応したものに変わっただけ」だというのである。

他方，プロイセンでは「貴族のグルントヘルシャフトに基づく諸權利も，当

---

44)「獨乙人ノ論ニ据れハ刑法は國法ニ属するを以て，固ヨリ全國一律なるべからず，民法に至ては，獨リ其ノ大則數條一律を表掲スベしといえども，其ノ細目に至ては，各所各邑皆ナ其ノ習慣ニ従ヒ，民心自ラ安するの舊貫あり，卽チ名ケて局法とす，若し其ノ局法を消滅して是を一律ニ約せんとするにおひては，……人民を束縛として其ノ自然の好ミを奪ヒ，正ニ殘刻を施スに過キざる而已」（國學院大學圖書館 1971：387）。

45)「外邦の法を以て内邦に施行し，甲の習慣を以て乙に強ゆるに至ては，猶ホ農民に船を與へて水に業せしめ，漁夫に鋤を與へて陸に事せしむるが如し……獨乙近世の一大家「ワンジヤント」氏の語ニ曰，「羅馬ノ法を學ヘヨ，汝ノ法ニ従テ生活セヨ」言心は羅馬法を以て目的として，其の日用施行する所は獨乙の舊法に依るべしとなり……一朝にして施行せず，強制なく逼迫なく，徐々にして進ムを以て旨トス……民法は民の好ミに從ふべきを以てなり」。ちなみに，「井上の用語法から推測するに，彼のいう「好み」とは他ならぬ「意思」の訳語」との指摘がある（坂井 1983：73）。

46) 井上が「国法」の典型として掲げるのは刑法，治罪法で「治罪法，刑法ナシ，是，國ナキナリ」と論じる。興味深いのは，そこにある種の適正手続観念が垣間見えることである。詳しくは，「治罪法備攷」（國學院大學圖書館 1969：111–）参照。

47) これに対して，熊谷開作の書評（熊谷 1977）参照。

時一般の観念によれば疑いもなく私権（dominium directum）の一種で……当然補償を必要とすると誰もが考え」ていたが，日本では「廃藩で大名の支配権が全く補償の観念なしに止揚され」たことに示されるように，「私領は，ヨーロッパの私有地とはかなり性格を異にするものであった」。こうした「人間の人格的自由の流出物として承認され，国家ないし全体社会に対して——しばしば絶対的と称せられる——自由を保障された所有権の観念」（111上）が，明治憲法の起草を担った井上毅において「わが国の伝統的所有観念」といかに「出遭」うことになったかと問い，次のように答える。

地券交付や地租改正により譲渡自由の「近代的所有権」を認めたことの意義は，明治政府が地租徴収の確実性を手に入れたこと，すなわち，土地所有関係における國家権力の優越性を確立したことにあった，というのである。実際，明治憲法27条は，前述のように1項で「臣民の所有権の不可侵」を規定しながら，2項で「公益ノ為必要ナル処分ハ法律ノ定ムル所ニ依ル」と定めつつも，日本国憲法29条3項のような正当補償条項を欠いていたから，法認された近代的所有権は，「西歐近代所有権」とは性質を異にしていたと解する——そのように主張されているわけではないが——ことにも一理ある。実際，井上がブルンチュリに依拠して「國法上ノ權」に属する「国土管領大権」を語っていたことは，すでにみた通りである[48]。

だが，第一に国家権力の優越性を説くことや正当補償条項の欠如を説明するためなら，土地所有権を慣習によって正当化する必要も，私法を国法から排除する必然性も，ない。それだけのためであれば，ブルンチュリの議論をコピー

48）井上は，これを「國家ニ於テ。ハ一般所有権ノ外ニ「エミネント。ドメーン」……公益ノ爲ニ私有財産ヲ取上ルノ權ヲ云フ即チ主權中ニ存スル財産上ノ最上權ニシテ或ル場合二於テ所有主ノ情願ニ拘ハラス公益ノ爲ニ私有財産ヲ取上ケ又ハ其使用ヲ管理スルヲ得ル所ノモノヲ云フ」（井上 1966：350-351）と論じている。Eminent Domain は，周知のように公用収用（権）と訳されるが，通常それには損失補償が伴う。しかし，井上はここではそれに言及していない。ただし，1875（明治8）年の『王國建國法』（坂井（1983）所収）の第9條では「私有ヲ没収スル事ハ，法ニ循ヒ証驗シタル公益ノ故ニ因り，及其價直ヲ前給シ，若シ緊急ナル時ハ，亦必ズ價直ヲ前定スルニ非サレバ，之ヲ行フ〻ヲ得ズ」（坂井 1983：426）として損失補償の必要性を明言しているので，明治憲法27条にそれがないことは，井上の構想ではなく，岩倉・伊藤のそれである可能性もある。

すれば足りるし，井上は実際にそうしていた。検討すべきは，井上がなぜ國土管領大権を語ったのか，である。第二に，正当補償条項を欠いているのは，日本人の所有意識が希薄だったからではない。詳しく紹介する紙幅の余裕はないが，近時の歴史学研究によれば，田畑永代売買の禁止は「従来から有していた土地所有を否定するものではなく，これを基礎として成り立っている中・小農民経営の安定をはかるものであり，……幕末期に事実上において田畑の売買は行われており，形式上（も）法的な効力を有するかたちで行われ……，幕府・藩においても田畑の所有権を法認するようになる」のであって，「土地の国有説から出たものではない」（北条 2008：63）との指摘にみられるように，「「家」制度に基づく「村」社会における地主小作関係や土地の所有利用関係は，同時に独特の土地所有意識を農民に付与した。……この土地所有……に対する特別な意識は，近代になっても「家」制度とともに根強く残った」。つまり，「「家産」的土地所有意識」（板根 2002：413。傍点，筆者）[49] は，近世から強く存在していたというのである。井上は，そのことを熟知していたからこそ，これを慣習として位置づけつつ，「国法」から排除したのではなかったか。

■3-3　政治体制近代化と国会開設要求拒否を両立させる論理

もちろん，近世以来の家産的土地所有意識が存在するというだけでは，井上が明治憲法制定以前に國土管領大権を論じていたことの説明としては不十分である。また，井上が岩倉具視・伊藤博文らと共に天皇親政を支持しながらも，王土論を排斥し，皇室（私有）財産設定論議 [50] にも異を唱えていたことは，一見すると矛盾した行動であるようにも思える。しかし，井上は「私有」を公権力の領域から徹底的に排除した点で，実は一貫していた。王土論は，煎じ詰め

49）なお，近世の土地所有に関し後藤（1995）および注 27 参照。

50）皇室財産設定論とは，国会開設後の皇室の自立という観点から，地券発行・地租改正により土地の私有を人民に認めた以上，皇室も私有地をもたなければならないと主張するものである。明治 14 年政変により 10 年後に国会開設を行うことが決定された翌年に提出された「皇室財産ヲ定ムルノ議」（参事院議官安場保和提出，1882（明治 15）年 9 月）は，「国家大権ノ帰スル皇室ニシテ僅カニ国税ノ一部ヲ以テ其費途ニ備ヘラレ，他ニ確定ノ御財産一箇モ之ヲ存セサルニ至リテハ実ニ一大欠典ト云ハサル可ラス」（宮内庁 1971a：737）と主張していた。なお，注 22 参照。

れば国土は皇室のもの，すなわち私有地であることを説くものだが，土地所有権を統治権の根拠とすることは，ヨーロッパの絶対王政のような国王の直轄領土からの収入で政府を維持する家産国家[51]であることを意味する。これでは，私的所有の神聖不可侵を前提に，それから独立した公共性を担う統治権力を正当化する近代国家の論理とは整合しない。その結果，天皇制を前提としての近代的政府の樹立という明治維新の目的を達成できなくなる。井上は，この点に自覚的であったがゆえに，今になって官有地とは別に皇有地を設けるとすれば，既存の官有地は誰のものであったのか，官とは国民公共の別名なのか，官と皇とは区別すべきなのか，仮にそうであるならば，皇室と政府は一体ではなく，わが国固有の政体と矛盾する，と論じたのであった[52]。

ここには，二つの意味が込められている。一方で，すでに述べたように，天皇制を近代的な公権力と位置づけるのであれば，官有地の他に私有地を設ける必要はないという皇室財産設定に対する反対論，すなわち岩倉や伊藤の家産国家論ないしそのヴァリエーションを拒否しながら，他方で，仮に皇有地を設けるのであれば，それは官有地と区別することを意味するから，「官トハ國民公共ノ異名」すなわち，政府と国民を一体のものとみる社会契約説に基づいた国家構想を認めることになると指摘して，国会開設要求を拒否できる論理を貫いていたのである。そのための道具立てが，国法と私法を区別し，後者は慣習と同視されて国法から排除されるという論理であった。

51）岩倉は，当初「憲法ノ力ヲ保ツカ爲メニハ，其実質即チ皇室ノ財産ヲ富贍ニシテ，陸海軍ノ経費等ハ悉皆皇室財産ノ歳入ヲ以テ支弁スルニ足ル可ラシムヘシ」（多田 1968：822–823）と論じていたが，井上からの指摘を踏まえて家産国家の側面が天皇制の正当性を損なう可能性があることに気がついたためか，1982年7月三条実美に提出した地所名称変更等に関する「意見書」では，「地券ヲ與フル者ハ土地ヨリ生スル所ノ収穫利益ヲ売買使用スルノ權ヲ與フルノ趣意ニシテ土壌ヲ擧テ所有スルノ權ヲ與フルニ非ス」（宮内庁 1971a：846）と地代徴収権を前面に出している。しかし，これによっても本質的に家産国家であることを否定することはできないであろう。

52）「今コトサラニ官有地ノ外ニ別ニ皇有地域ハ御有地ノ名義ヲ設クル時ハ従前ノ官有地ハ何人ノ所有トナル哉官トハ國民公共ノ異名ナル哉皇ト官トハ判然区別スヘキモノトスル哉土地ニ於テ既ニ皇ト官トニ分スルトキハ政體ニ於テモ亦帝室ト政府ヲ區別シ判然兩体トナサヽルコトヲ得サルベシ事此ニ至ラハ我固有ノ政体ニ矛盾ス」（井上 1966：321）。

加えて，現実問題として，地券発行と地租改正により私的所有権が認められた以上，それ以前からの所有「意識」の存在も含めて，人民の土地所有権を今さら否定することはできない。そうであれば，逆にそれを国法の外に放逐し，国土管領大権の存在を語ることで，私的所有権を全面的に天皇制に服させる論理を構築することが必要となる。その点で，政治権力の近代化を図りつつ，同時に国会開設要求の理論的基礎を掘り崩すための論理としては，王土論に比べればはるかに考え抜かれたものとはいえるだろう。もっともそれは，近代化を意図しながら，のちに絶対主義と評価される結果となる逆説をはらむものであったことは，歴史の皮肉というほかない。

明治憲法27条（①日本臣民ハ其ノ所有権ヲ侵サルルコトナシ②公益ノ爲必要ナル処分ハ法律ノ定ムル所ニ依ル）が，井上の意図を体現していたといえるかどうかを確認する術はないが，伊藤博文は『憲法義解』で，同条に関し「所有権は國家公権の下に存立する者なり。故に所有権は國權に服屬し法律の制限を受けざるべからず」（伊藤 1940：56–57）と論じていたから，その意図が相応には反映されていたとみる余地もある。この憲法の下で，いわゆる明治民法が制定された。その財産法部分の多くが，とりわけ「近代的所有権」に関する諸規定が現行民法に引き継がれていることは，周知の通りである[53)]。

第4節　小括：近代的土地所有権，人格権，選挙権

既に与えられた紙数を大幅に超過しているため，以下では本章で予定していた検討課題における問題の所在だけを提示しておきたい。第一に，本章冒頭で紹介した樋口陽一の「前近代的な日本農村の地主制を改革して自由な諸個人をつくり出し，日本国憲法存立の前提を整える」という評価と，明治期における

53）王土論や皇室財産設定論議と森林法判決（1987〔昭62〕年4月22日民集41巻3号408頁）における「近代市民社会における原則的所有形態である単独所有の原則」との言い回しの関係は，本章における「近代的所有権」観念を検討する上で無視できない問題をはらんでいるが，紙幅の関係で論じることができない。森林法判決についての私の問題意識に関しては，中島（2007）参照。なお，その点も含めて，本章で論じることができなかった検討課題については，2017年初夏に刊行が予定されている奥平康弘記念論文集に「政治的自由と財産私有型民主制」（仮）として公表予定である。

近代的所有権成立論との間のずれの意味についてである。第二に，地券発行と地租改正により確立されたといわれる土地私有権の保障は，少なくともヨーロッパ流の観点からすれば，「人間の人格的自由の流出物……として自由を保障された所有権」[54]という理解と結びつく点である。これは個々人の人格の特性を問うものではないから，抽象的な個人を前提としての人格の平等を説いているはずである。

しかしながら，前述のように1889（明治22）年に大日本帝国憲法とともに制定された衆議院議員選挙法6条は，直接国税15円以上を納めている者であることを選挙人要件とした。しかし，所得税を15円以上納める者はわずかで，さらに地租は1年以上，所得税は3年以上納めていることが要件とされるなど，地主に有利な税制であったから，実質的には，地券交付と地租改正による土地の分配は主権者という身分の再分配であったといってもよい。だが，王土論や国土管領大権論は，前述のように，議会開設要求に対する牽制として主張されていた点で，納税者主権の要求を拒否していた。この点でいえば，地券交付・地租改正は，もっぱら政府の財政基盤確立の観点から行われたものであって，私的土地所有権の法認は人格の平等とは無関係と論じる余地もある。上記制限選挙制の導入は，明治14年政変により，10年後の国会開設要求を受け入れざるをえなかった結果にすぎないというわけである。この場合，人格の（形式的）平等の帰結であるはずの平等選挙ではなかったことになるから，逆説的に当時導入が検討されていた選挙運動規制は一定額以上の納税者の人格の実質を問うものであった可能性もある。仮にそうであれば，人格を媒介としての近代的土地所有権と選挙権の連環を問うことで，今日まで続く選挙運動規制の意味を問い直す新たな契機を見出すことができるのではないか。これが，第二の課題である。

第一の課題に関していえば，あらためて指摘するまでもなく，「前近代」と「近代」は多義的概念であり，両者を対比させるだけでは単なる相対概念にとどまる。これを社会の実態に即して，例えば農地改革以前の社会関係を「当時の地主・小作関係は本質的に封建的・身分的な関係」（本間 2010：81）とみれば，

54）これが，ロックの「生命，自由，プロパティ」の三位一体論と密接に関連していることはいうまでもない。なお，前掲注47とその本文参照。

「日本では，社会一般が資本主義になった後まで，耕作者は農業資本家に雇われる賃労働者とはならず，地主に対して，地代を支払って土地を借りる小作人となり，古い封建時代の特徴がそのまま今日まで続いてきた」（近藤 1974［原著1947］：200）[55] と，戦前の日本資本主義を「前近代」的特徴を備えた特殊な性格のものと把握することになるであろう。

この点，川島武宜は，近代法を「「近代の市民社会の法」，言いかえれば「資本主義社会の法」」という意味で用いると断った上で，我妻栄の『近代法における債権の優越的地位』（有斐閣，1953）を批判して，「近代法の構造に焦点をおくなら，「近代的」私所有権制度がそのもっとも基礎的な要素であ」ると指摘する。そして，この所有権の近代的性格との対比で，「「現実的所有権ないし物権」とも呼ばれるべき gewere の理論によって，……幕藩体制からの遺制たる現実の所有制度ないし物利用制度（たとえば特に入会権）――国家法たる民法とは次元を異にする慣習法（習俗の次元に属する権利秩序）における制度――の特質（すなわち，所有権の「現実性」）を理論的に理解する手がかり」を得ることができるという（川島 1949：416, 437）[56]。

上記引用だけでは難解かもしれないが[57]，ここでは川島がいう「所有権の近代的性格」と対比させて，「幕藩体制からの遺制」たる入会権に言及している点を確認すれば足りる。我妻のように土地所有権を自由な商品所有権と捉え，一物一権主義を近代法の原則と把握すれば，その利用関係を債権として論じることになるのは当然である（渡辺 1960：61）[58]。このように近代的所有権を理解

55）本間（2010）とは，執筆時期も立場も大幅に異なるが，認識は共通している。

56）ちなみに，「慣習」に着目する点に限っていえば，3-3 で検討した井上毅の所論との距離は遠くない。

57）「いかに近代的……な条文があろうとも，現実の社会関係のうちに，その条文を現実化しこれを支えるところの特殊＝近代的な法意識がないかぎり，その条文は画かれた餅にすぎない。わが国では明治このかた近代法典を輸入し立法化したが，近代的規範・法関係が現実にわが国に存在しているか否かは，それとは別問題である」（川島1949：64）。言い換えれば，「日本における法制度上の近代的所有権の成立がそのまま近代的土地所有成立を意味するものではないという認識は，……常識である」（甲斐1967）。

58）川島は，これを近代法に特有な所有論と位置づけ，それとの対比で現実の所有制度としての入会権研究の視座を確立したのであった。詳しくは，川島ら（1959-1968）参照。

する限り，所有権を制約する入会権その他の利用権は，論理的にはその構成要素となりえない。これを逆にいえば，土地所有権の近代化とは，土地が自由な商品取引の対象であることを意味するはずである[59)]。川島や渡辺らの議論は入会権の研究に道を開くなど，我妻とは異なるスタンスをもつが，近代化＝自由な所有権の確立という命題を前提にする点で大前提は共有していた。土地国有化は進歩的なブルジョワ的要求――その意味で「近代的」――という樋口の指摘[60)]は，この「近代化」論に関わる。

土地国有化が「進歩的なブルジョワ的要求」でありうることは，地代論を媒介項としつつ，「国有化」が文字通りの権利の帰属論だけではなく，土地利用権の優位を帰結させる枠組みの一つとして想定されていることを併せて考えれば，容易に理解できるであろう。それはすなわち，土地賃借権の強化を通じて安定的な資本主義的経営を保障することを意味する。その意味で，前記憲法学説もまた近代化＝資本主義の発展という図式を前提に，普通の資本主義，すなわち土地利用権の優位性を保障する資本主義の確立を「憲法存立の地盤」とみたといえる。その限りでそれは，実質的には近代的土地所有権論と軌を一にする思考に他ならない。

しかし，戦後農地改革は，小作人の土地利用を権利として保障するために所有権を与える改革であったから，所有権保障が資本主義の桎梏となれば，それを土地利用権保障の観点から制限する論理を近代的土地所有権論は含んでいた。戦後農地改革に関して，樋口をはじめとする憲法学上の議論は，なぜそれを「憲法存立の地盤」と捉えてきたのか。むしろそれは，営業の自由論争における法律学の――樋口の立場とは異なる――着地点と同様に，存立の基盤を掘りくずす可能性がある。実際，企業に農地利用を認める2009年の改正農地法における農地耕作者主義の放棄は，上記資本主義の論理の貫徹に他ならない。

他方，第二の課題に関していえば，1925（大正14）年，前記納税要件を撤廃

---

59)「地主的土地所有は，その権利の形式において，純粋に自由な近代的土地所有権として構成され」，小作関係も「法形式的には自由な私的契約関係」（潮見他 1957：307。傍点原文），すなわち対等な当事者間の自由な賃貸借契約として構成されざるをえなかった。

60) 前掲注28及びその本文と樋口（1969），椎名（1978）参照。

し25歳以上の男子に選挙権を認めたのが日本における「普通」選挙制度の始まりとされる。その際に導入されたのが，それに先立つ制限選挙制下では行われていなかった戸別訪問禁止である。それが創設された際の立法理由は，「戸別訪問ノ如ク情実ニ基キ感情ニ依ツテ当選ヲ左右セムトスルカ如キハ之ヲ議員候補者ノ側ヨリ見ルモ其ノ品位ヲ傷ケ又選挙人ノ側ヨリ見ルモ公事ヲ私情ニ依ツテ行フノ風ヲ訓致スヘク今ニシテ之ヲ矯正スルニ非サレハ選挙ノ公正ハ遂ニ失ハルルニ至ルヘシ」（内務省 2014：206。傍点，筆者）というものであった。地盤維持という政権党側の思惑が伏在していたにせよ[61]，この一文が直接的に説いているのは，愚民観を背景とした道徳的教化の必要性に他ならない。これを，普通選挙制と治安維持法の抱き合わせと同じく，「選挙市場」に新規参入する無産階級対策とみるのが，政治学や歴史学における通説的理解であった（松尾 1989：327-）。

しかし，戸別訪問は不正行為の温床であるとか，情実や感情に訴える選挙といった「弊害」は，1925（大正14）年を契機に突如として予測されたものではなく，すでに制限選挙制下でたびたび指摘される問題の一つであった[62]。地租改正の結果，納税要件を充たした有産階級に属する者といえども有徳の市民とは限らないため，選挙は「政策や指導力への支持を広げていくという形のものになりにくく，選挙民の情に訴えて，当選を嘆願する形のものになりやすかった」（杣 1986：53）ことがその理由とされている。

その原因の一端は，明治憲法下の衆議院が，内閣や貴族院，枢密院，それらに対し圧倒的な影響力をもつ官僚，それを統括する天皇の統治大権との対比において権限が小さく，「民主」政治の担い手といえる存在でなかったことにある。実現の見込みが薄い政策を訴えて支持を求めるよりも「暴力的圧力，情実の起用，勧誘・依頼，買収，権力の利用等々の手段に訴える」（杣 1986：53）方が有効であったのである。

61）これら選挙取締規定の導入に積極的であったのは内務省ではなく，憲政会，革新俱楽部，立憲政友会を与党とし，憲政会総裁加藤高明を内閣総理大臣とする護憲三派内閣で，地盤維持が目的であったといわれる（松尾 1989：308）。

62）戸別訪問禁止が腐敗一掃を掲げて衆議院に議案として初めて提出されたのは，1909（明治42）年であった（審議未了）。

戸別訪問禁止をめぐって違憲論を先導した奥平は，戦前から続く戸別訪問禁止について「憲法体系の転換，すなわち，一方における国民主権の原理と，他方における基本的人権の保障原則の採用により，新しく吟味再検討されるべきもの」であり，「戦前からの制限制度の生き残りの一つであるという意味で，戦後の制限諸規定の性格を照らし出す鏡でありうる」と指摘していた。しかし，「憲法体系の転換」は，権利主体の側がそれを受け止め充填できなければ，外皮の転換にとどまる。財産所有と人格の（形式的）平等は，今日の民法学では無用の論点なのかもしれないが，憲法学において問われているのは，民主主義を支える（実質的）人格ではないのか。それは，いうまでもなく権利論の前提でもある。それを選挙権の（形式的）平等を掘り崩さずに，どのように理論化することができるか。これは，ロールズの「公共的理性」論（ロールズ 2004：第3部；ハーバーマス 2012）やハーバマスにおける熟議民主主義論とも関わり，反知性主義の抬頭著しい現代社会において，見過ごすことができない問題であるように私には思える。

【引用文献】

愛敬浩二（2003）.『近代立憲主義思想の原像—ジョン・ロックの政治思想と現代憲法学』法律文化社
家永三郎（1960）.『植木枝盛研究』岩波書店
石井紫郎（1976）.「西欧近代的所有権概念継受の一齣—明治憲法第二七条成立過程を中心として」『日本思想史』1, 109–133.
板根嘉弘（2002）.「近代的土地所有の外観と特質」渡辺尚志・五味文彦［編］『土地所有史』山川出版社
伊藤博文／宮沢俊義［校注］（1940）.『憲法義解』岩波書店
絲屋寿雄・岸本英太郎［編］（1968）.『大井憲太郎と初期社会問題—明治社会主義史論』青木書店
井上　毅（1966）.「土地所有考」井上毅傳記編纂委員會［編］『井上毅傳　資料篇1』國學院大學圖書館
植木枝盛（1991）.『植木枝盛集　第6巻』岩波書店
潮見俊隆・渡辺洋三・石村善助・大島太郎・中尾英俊（1957）.『日本の農村』岩波書店
江村栄一［編］（1995a）.『自由民権と明治憲法』吉川弘文館
江村栄一（1995b）.「自由民権を考える」江村栄一［編］『自由民権と明治憲法』吉川弘文館

大井憲太郎（1886）．『時事要論』板倉中
大石嘉一郎（1978）．『日本地方財行政史序説―自由民権運動と地方自治制』御茶の水書房
大内　力（1952）．『日本資本主義の農業問題　改定版』東京大学出版会
大江志乃夫（1998）．『明治国家の成立―天皇制成立史研究』ミネルヴァ書房
大木基子（1995）．「自由と民権の思想」江村栄一［編］『自由民権と明治憲法』吉川弘文館，pp.240–245.
大久保利謙［編］（1997）．『津田真道　研究と伝記』みすず書房
大澤正俊（2005）．『農地所有権の理論と展開』成文堂
大藤　修（1996）．『近世農民と家・村・国家―生活史・社会史の視座から』吉川弘文館
奥田晴樹（2012）．『地租改正と割地慣行』岩田書院
奥平康弘（1984）．『政治的自由』有斐閣
奥平康弘（1988）．『なぜ「表現の自由」か』東京大学出版会
落合弘樹（1994）．「帝国議会における秩禄処分問題―家禄賞典禄処分法制定をめぐって」『人文学報』73, 177–199.
落合弘樹（2015）．『秩禄処分―明治維新と武家の解体』講談社
小野　梓（1885）．『國憲汎論』東洋館書店
甲斐道太郎（1967）．『土地所有権の近代化』有斐閣
戒能通厚（2010）．『土地法のパラドックス―イギリス法研究，歴史と展開』日本評論社
加藤周一・丸山真男（1991）．『翻訳の思想』岩波書店
加藤弘之（1870）．『真政大意』山城屋佐兵衛
加藤弘之（1875）．『國體新論』稻田佐兵衛
金子幸子（1982）．「明治期啓蒙の課題―津田真道を中心に」『教育哲学研究』45, 71–83.
川島武宜（1949）．『所有権法の理論』岩波書店
川島武宜・潮見俊隆・渡辺洋三［編］（1959–1968）．『入会権の解体　1–3』岩波書店
川田敬一（2001）．『近代日本の国家形成と皇室財産』原書房
宮内庁［編］（1971a）．『明治天皇紀　第5』吉川弘文館
宮内庁［編］（1971b）．『明治天皇紀　第6』吉川弘文館
熊谷開作（1977）．「石井紫郎著「西欧近代的所有権概念継受の一齣―明治憲法第二七条成立過程を中心として」」『法制史研究』27, 290–291.
小池正行（1998–2000）．「小野梓の生涯とその法思想の軌跡　上・中・下」『岐阜大学教育学部研究報告　人文科学』46(2), 249–276；47(2), 320–358；48(2), 126–154.
國學院大學圖書館［編］（1969）．『井上毅傳　資料篇三』國學院大學圖書館
國學院大學圖書館［編］（1971）．『井上毅傳　資料篇四』國學院大學図書館
國學院大學日本文化研究所［編］（1997）．『近代日本法制史料集　第18（スタイン答議）』東京大學出版會
児島彰二［編］（1877）．『民権問答　初編上』氷炭有花舎
児島彰二［編］（1878）．『民権問答　初編下』氷炭有花舎
後藤正人（1995）．『土地所有と身分―近世の法と裁判』法律文化社
後藤　靖（1968）．『自由民権思想』青木書店

近藤康男（1974）．「土地問題の展開」近藤康男『農村民主化の課題』農山漁村文化協会
齋藤洋子（2010）．『副島種臣と明治国家』慧文社
坂井雄吉（1983）．『井上毅と明治国家』東京大学出版会
沢　大洋（2005）．『小野梓の政法思想の総合的研究—日本の憲法学と政党政綱の源流』東海大学出版会
椎名重明［編著］（1978）．『土地公有の史的研究』御茶ノ水書房
島本富夫（2011）．「戦後農地制度の改正経緯とその効果・影響」原田純孝［編著］『地域農業の再生と農地制度—日本社会の礎＝むらと農地を守るために』農山漁村文化協会
自由党史編纂局［編］／遠山茂樹・佐藤誠朗［校訂］（1957）．『自由黨史　上』岩波書店
鈴木正幸（1990）．「皇室財産論考　上・下」『新しい歴史学のために』200, 1–14；201, 1–14.
杣　正夫（1986）．『日本選挙制度史—普通選挙法から公職選挙法まで』九州大学出版会
多田好問［編］（1968）．『岩倉公実記　下』原書房
田畑　忍（1986）．『加藤弘之』吉川弘文館
妻木忠太（1931）．『木戸孝允文書　第5』日本史籍協会
東京大学資料編纂所［編］（1972）．『明治維新史料選集（下）—明治篇』東京大学出版会
戸田文明（2007）．「加藤弘之の『転向』」『四天王寺国際仏教大学紀要』44, 15–28.
内藤正中（1964）．『自由民権運動の研究—国会開設運動を中心として』青木書店
内務省（2014）．『衆議院議員選擧法改正理由書　完』信山社
中島　徹（2007）．『財産権の領分—経済的自由権の憲法理論』日本評論社
中島　徹（2012）．「財産権保障における「近代」と「前近代」(1)–(8)」『法律時報』84(1), 82–88；84(2), 84–93；84(3), 88–92；84(4), 86–92；84(5), 106–111；84(6), 75–81；84(8), 82–87；84(9), 78–85.
中島　徹（2016）．「「選挙の公正」と憲法学—もうひとつの立憲主義と民主主義」『法律時報』88(5), 28–33.
ハーバーマス, J.／川上倫逸・耳野健二［訳］（2012）．『事実性と妥当性—法と民主的法治国家の討議理論にかんする研究　上・下』未来社
服部之総（1967）．『明治の革命』理論社
原口　清（2008）．『日本近代国家の成立』岩田書院
樋口陽一（1969）．「正当な補償—農地買収に対する不服申立事件」憲法判例研究会［編］『日本の憲法判例—その科学的検討』敬文堂
樋口陽一（1997）．「批判的普遍主義の擁護—文化の多元性に対面する人権概念」『比較法研究』(59), 3–12.
樋口陽一（2007）．『憲法　第3版』創文社
ブルンチュリー, J. K.／加藤弘之［訳］（1872–1874）『國法汎論』文部省
北条　浩（2008）．『日本近代化の構造的特質』御茶の水書房
本間正義（2010）．『現代日本農業の政策過程』慶応大学出版会

前田　勉（2007).「津田真道の初期思想（人文・社会学編)」『愛知教育大学研究報告　人文・社会科学』56, 49–56.
牧原憲夫（1995).「有司専制と国会開設運動」江村栄一［編］『自由民権と明治憲法』吉川弘文館
松尾尊兊（1989).『普通選挙制度成立史の研究』岩波書店
水林　彪（1987).「封建制の再編と日本的社会の確立」山川出版社
柳田　泉（1936).「副島種臣伝の或る一章―その国家社会主義的思想」我観社編『我観』我観社
山田盛太郎（1984).「農地改革の意義」『山田盛太郎著作集　第3巻』岩波書店
山室信一・中野目徹（2008).『明六雑誌（中)』岩波書店
吉井蒼生夫（1996).『近代日本の国家形成と法』日本評論社
米原　謙（2015).『国体論はなぜ生まれたか―明治国家の知の地形図』ミネルヴァ書房
ロールズ, J.／ケリー, E.［編］／田中成明・亀本　洋・平井亮輔［訳］(2004).『公正としての正義再説』岩波書店
我妻　栄（1953).「近代法における債権の優越的地位」有斐閣
渡辺尚志（2002).「近世的土地所有の特質」渡辺尚志・五味文彦［編］『土地所有史』山川出版社
渡辺洋三（1960).「近代的土地所有権の法的構造」『社會科學研究』12(1), 51–63.
渡辺洋三（1975).「農地改革と戦後農地法」東京大学社会科学研究所［編］『農地改革』東京大学出版会

第9章
所有権のイメージ

小粥太郎

第1節　はじめに

東日本大震災を契機として，あらためて，人間と土地との結びつきが意識に上るようになったと思う。すなわち，生まれ育った土地に住みつづけることができなくなった人が，容易に別の土地に移り住みたがらないという現象を通じて。

本章では，この現象を機縁として，所有権について考えることにした。とはいっても，できることは限られる。ここでは，学説・判例の背景に潜む所有権――主として不動産の所有権を念頭に置きつつ――のイメージを素描したい。民法領域におけるイメージを中心として，ごく簡単に憲法領域におけるイメージにもふれる。所有権という言葉のもとで，人がどのようなものを想定しているのかを理解しておくことは，民法における所有権を考えるについても，憲法における所有権を考えるについても，必要なことだと考えるからである。

第2節　民　　法

■ 2-1　民法学の所有権論

1）教科書・体系書における所有権総論

はじめに，民法の教科書・体系書における所有権の論じ方を一瞥しよう。

かつての通説を代表する体系書（我妻 1932：132；我妻・有泉 1983：254）は，所有権の章の総説として，第一に所有権の社会的作用と統制，第二に所有権の性質，第三に物上請求権の項目を立てていた。第一の項目では，所有権の社会的作用をふまえた統制のあり方が論じられた。第二の項目では，次のような事項が列挙されるのが常であった（我妻・有泉 1983：257–259）。すなわち，①客体を一般的・全面的に支配する権利である（地上権・永小作権などが，客体を，一定の範囲において，一面的に支配する権利とされることと対置される）。②客体に対する種々の権能の束ないし総合ではない，渾一な内容を有する（この性質が，所有権と他の物権が同一人に帰属すると混同によって後者が消滅することを説明する）。③弾力性を有する（地上権や永小作権によって制限された所有権も，地上権や永小作権は有限であり，所有権はいつかは円満な状態に復帰する）。④恒久性を有する（一定期間後に消滅する所有権，時効によって消滅する所有権はない）。⑤客体は物である（権利の上の所有権は否定される）。⑥絶対不拘束性（今日では所有権も公共の福祉に適合すべく，制限されることがある）。第三の項目では，返還請求権，妨害排除請求権および妨害予防請求権それぞれの要件と内容が論じられた[1)]。

ところが現代の教科書・体系書は，所有権の章の冒頭において，第一に相当する内容にごく簡単にふれ，第二についてはほとんど言及することなく[2)]，第三については，所有権の章ではなく，物権総論で論じる。そのため，教科書・体系書においては，所有権の総論的記述が縮小される傾向がみられる（鈴木 2007；星野 1976；広中 1982）[3)]。形式的にはともかく，内容面での総論的記述に関する変化は乏しい。土地の所有権の社会的制約の必要性が強調されること（星野 1976：111–112；広中 1982：370）を別にすれば，所有権に関する総論的記述の有用性は疑わしいと考えられているのだろう。

表面的な無風状態の根底には，一つの明快な所有権イメージが存在する。結

1）舟橋（1960：337–340）も，所有権の総説として上記第一および第二を論じる。また，川島・川井（2007：300–313）は，(a) 所有権の意義，(b) 所有権の性質，(c) 所有権の沿革，(d) わが国における近代的所有権の成立史，(e) 所有権の保障，(f) 所有権の制限，(g) 所有権に関するその他の問題（川井健執筆。(d) のみ山中康雄）について，それぞれ簡潔な説明を行っている。

2）所有権が消滅時効によって消滅しないことにはしばしば言及される（鈴木 2007：4；星野 1976：111）。

3）最近では，安永（2014），佐久間（2006）。ただし，例外的に，稲本（1983）は近代法における所有権に頁数を割く。山野目（2012）にも総論的記述が残る。

論を先取りするなら，それは，所有権をその客体の金銭的価値ないし交換価値を体現したものとみるイメージである。そこで，以下では，この所有権イメージをより具体的に示したい。

2）近代法における所有権

近代的所有権の内容については――中世との断絶を強調するのか連続面にも注目するか，あるいは西欧法共通のものとしてみるか地域による違いを重視するかなどの違いがあるにせよ――，前近代的な諸制約から自由であることが強調されてきた。すなわち，所有者は，その意のままに（領主などの意思に関わらず），客体を使用・収益・処分――物理的な処分・法律的な処分（譲渡等）――をすることができる，というわけである（甲斐他 1979）。もっとも，近代的所有権については，夙に，「物の実体（ズブスタンツ）の処分権を中心とする全面的な経済的支配権」（村上 1979：109。傍点原文）という表現も与えられていたことに留意しておこう。

前近代的所有権においては，所有者による所有権の行使は，物の支配であるとともに人の支配でもあった（あるいは，自らの意思だけで所有物の処分をすることはできなかった）。これに対して，自由な近代的所有権においては，所有者は，自分だけの意のままに客体を使用・収益・処分することができる。そして，この所有権像は，資本主義経済の発展とともに変容する。このさまを描いたのが，我妻栄『近代法における債権の優越的地位』（有斐閣，1953年）であった。すなわち，第一段階では，生産手段の所有者は雇用契約（から生ずる債権）を通じて労働者を支配し，住宅の所有者は賃貸借契約（から生ずる債権）を通じて賃借人を，商品の所有者は売買契約（から生ずる債権）を通じて消費者を，貨幣の所有者は消費貸借契約（から生ずる債権）を通じて資金を必要とする企業主体を，それぞれ支配する（「所有権の支配的作用」）。第二段階では，債権，不動産，動産等が，本来の利用形態にとどまらず，その経済的価値が抽出されて担保に供される。不動産については，抵当権を被担保債権から切り離し，抵当権自体に独立の経済的価値を認め，証券化の上で流通させるべきことになる。動産については，流通中の商品・在庫商品等の担保化，債権については，売掛代金の担保化が行われる（「財産の債権化」）。第三段階では，「「総ての財産を担保化せんとする潮流は，その最後に至って，企業組織そのものを担保化する要請を生み，この要請は，企業の担保価値を維持せんがために，企業を構成する個々の要素，殊に不動産所有権の効力を企業の目的のために制限せんとする」。金銭資本の所有者が，従来支配的地位にあった不動産所有者の恣意によって企業が破壊されるのを防止し，結果として資本主義生産組織を維持するというのである。こうして，総ての資本形態が金銭債権に依存することになる」（瀬川 2000：134–140。「」内は瀬川による我妻（1953：222）からの引用）。

我妻の所有権イメージを，不動産に即してもう少し具体的にみてみよう。「一面，所有権はその客体を利用する者から対価を徴収する権能となり，他面，利用権はこれと対立する権能となり，弾力性ある全面的支配権と一次的な制限としての一面的支配権との対立は破れて，所有権はその包含する権能に応じて分裂する傾向を示す」（「地上権・永小作権の強化および賃借権の物権化傾向」）（我妻・有泉 1983：7)。「所有権は，一面，利用権能を分離させつつあると同時に，他面，いわゆる価値権を分離させつつあることは，さらに注目すべき現象である。所有者は，みずから利用しまたは他人をして利用させると同時に，その客体の担保価値を他人に与えて信用を獲得する。信用を与えた者は，金銭債権ないし価値権によって，所有者から利息を吸収する。そして，金銭債権は，近時益々その勢力を拡大し，いわゆる金融資本としての威力を備え，社会の経済組織を維持するものとなった」。「その結果として，所有権についての問題は，化して金銭債権についての問題となる。すなわち，(a) 不動産の上の金銭債権は，その利用者の地位を覆滅する。抵当権の成立後に成立する利用権は，抵当権の活動によって，ことごとく否定される。価値権と利用権との調和が図られなければなるまい」。「(b) 金銭債権ないし価値権に対して，所有権に対すると同様の社会的統制が企てられねばなるまい」（我妻・有泉 1983：8)。価値権と利用権の調和の方法としては，自己借地権制度を一般化し，建物と敷地の借地権は一緒に処分しなければならず，建物のある土地については借地権を保留することなしに処分しえないこととして，土地建物の任意の売買時のみならず強制競売・担保競売時にも，金銭債権ないし価値権の効力を維持しつつ，利用権を安定化することが提案されていた（我妻 1968：351)。

不動産所有権の賃料収取権能化を背景とする賃借権の物権化の立法提案，一般的な自己借地権制度の立法提案については，いずれも，1960（昭和35）年の借地借家法改正要綱案に採用されていたから，以上にみてきた所有権イメージは，少なくとも当時の学界と立案当局には，受け入れられていたとみてよいだろう[4)]。『近代法における債権の優越的地位』の描いたストーリーは，昭和の日本の経済と法の展開を言い当てたのであり（瀬川2000：143），その所有権イメージも，広く深く滲透したのではないだろうか。

所有権侵害の不法行為を理由とする損害賠償請求の際の損害額の算定という局面に目を転じるなら，一般に賠償額は，物の交換価値とされる（幾代1993：291–292；四宮1988：575–576）。また，占有権侵害の不法行為を理由とする損害賠償についてみると，一般に，本権侵害が伴うものであれば占有喪失期間中の目的物の使用料相当額，果実収取権侵害が伴うものであれば収取できなかった果実相当額の賠償が認められているが，本権を伴わない占有権自体の侵害しか認められない場合については，権利侵害ないし損害が認められないことを理由に，賠償請求自体を否定する見解が有力である（加藤1974：110；幾代1993：66；四宮1988：317–318；前田1980：79）[5)]。以上のような所有権侵害・占有権侵害に関するルールによるなら，所有権侵害の不法行為による損害賠償額は，直接占有侵害の有無に関係なく――直接占有下の物の所有権侵害であっても，間接占有下の物の所有権侵害であっても――，同じということになるはずである。要するに，不法行為法による所有権の保護は，その交換価値を対象にするにとどまり，所有者の占有自体には及ばない。不法行為法の被侵害権利としての所有権も，自ら物を使用する権利としてよりも，徹底的に商品――交換されて金銭に変化するもの――として把握されているように思われる。

3）所有権概念の精錬

所有権の概念は，自由に物を使用・収益・処分する権利であると理解されてきた（民法206条）。ところが，起草者の見解やフランスの学説を手がかりに，物の物理的な処分と，譲渡等の法的処分との区別を強調する見解が登場してい

4）もっとも，立法には至らなかった。その事情につき，寺田（1992：16, 79）を参照。
5）もっとも我妻・有泉（1983：511）は，物の占有の価格（使用の価格）の賠償を肯定。

る（森田 2015）。この見解によれば，「所有権ないし財産権の内容を，当該権利の客体からの排他的な利益享受であると捉えるときには，当該権利の法的処分権は，その内容を構成すると解することはできない。財産権の内容はその客体に応じて多様であるのに対し，法的処分権は，財産権一般について，より高次のレベルで共通に位置づけられるべきものであり，当該財産権の法主体への排他的帰属関係の構成要素，すなわち，当該財産権に含まれる帰属主体性の問題であると捉えることができる」（森田 2015：508）。

法的処分権を所有権の内容から切り離すことによって，有体物の法的処分と債権等の無体物の法的処分とを共通の枠組みで考察することが可能となる。法的処分（譲渡を念頭に置く）の意味は，財産権の排他的帰属関係の変更となり，法的処分の前提として対象が現存することを必ずしも要しないことになりそうである。実際，譲渡人が将来取得する動産の譲渡と将来債権譲渡とは，共通の枠組みで語られるに至っており，曖昧であった将来財産の処分の論理に透明性が与えられようとしている（森田 2005：92；2007：1）。将来の財産についても明快に処分可能性——商品性——を付与する方向性は，物の商品性に注目してきた民法学の傾向に連なるものと考えられる[6]。

■ 2-2　問題の所在

1）所有権の弱さ

すでにみたとおり，我妻は，「近代の経済組織において企業を構成する要素のなかで，従来支配的地位に在った不動産所有権が金銭所有権といふ新興勢力のために征服」されようとしているという認識を示した（我妻 1953：222）。「土地

6）法的処分権を所有権の内容から切り出す見解においては，排他的帰属関係の客体という法的カテゴリが注目されることになる。すなわち，所有権をはじめとする各種の物権，債権，知的財産権などは，いずれも，物——所有権の客体——とは別の次元のカテゴリに属することになるのであり，例えば，顧客関係の譲渡や事業譲渡など，物の所有権とともに複数の権利義務関係を一体として処理する法律関係の論じ方などに影響を及ぼすはずである。こうした観点からの所有権概念の彫塑は，ひきつづき行われる必要があるだろう。

なお，このカテゴリに財 biens という名を付けた上で，正の価値をもつ財と負の価値をもつ財とを区分して，後者については財産権放棄を否定すべきであるとの意見もある（高村 2014：71）。

所有権が完全な剰余価値名義たり得る場合は，次第に減少する。しかも，この僅かに残存する場合においても，土地所有権は，に，土地所有権の社会化の主張の下に，著しき制限を受けてゐる。ドイツのワイマール憲法は，その著しい例であらうが，その他の総ての国においても，程度の差こそあれ，所有権の社会化は既に確立せる原理となすべきである。今や，所有権の絶対といふ理論は「一の擬制に過ぎない」といふも必ずしも過言ではない」（我妻 1953：321）と[7]。

このように，所有権，とりわけ不動産所有権は，その内容について，金銭債権の優越，あるいは，社会化という観点からの弱体化の傾向を知ることができるが，内容ばかりでなく，その帰属の面においても，法的保護の強度は低下させられている。すなわち，民法典は，動産については，即時取得制度（民法 192 条以下）によって，善意無過失の動産取得者のために，従前の動産所有者がその権利を失う可能性を肯定しているが，不動産については，同様の制度をもたない。ところが裁判所は，民法 94 条 2 項の類推適用等の手法を用いて，不動産所有権の帰属の保護の強度を低下させており，その取扱いは定着している。すなわち，ある不動産の登記名義が所有者ではなく，別人の名義になっており，そのことについて真の所有者に一定の帰責事由がある場合には，登記名義人を所有者であると信じて当該不動産を取得しようとした第三者は，当該不動産の所有権を取得することが認められる——もとの所有者は不動産を自ら処分したわけでもないのに所有権を喪失する——のである[8]。同様に，裁判所は，表見代

7）もっとも，我妻の見立てにもかかわらず，所有権は，ときに，過剰に強力であるかのような印象を与えることがある。例えば，建物の明渡執行の際の建物内の残置物は，だれがみても要らない物のようにみえても，法的には，だれかの所有物なので，執行債権者にとっては，勝手に処分することはできず，適法に処分しようとすればなかなかの手間となる。あるいは，遺失物について，拾得者から提出を受けた警察署長がこれを処分なり廃棄ができないのは逸失物がだれかの所有物である以上当然のことだが，ビニール傘や安価な衣類など，逸失した時点で逸失者が取り戻すことをあきらめそうなものについてまで，過度に逸失者の所有権に配慮する必要はないはずである（平成 18 年法 73 号による改正後の民法 240 条および逸失物法は，過剰な遺失物所有権の保護を適切な程度へと調整したものとみられる）。しかし，これらの現象は，——動産所有権の問題でもあり——我妻の構図のなかでは周縁的なものだということになるのだろう。

8）民法 94 条 2 項に関する判例法理につき，佐久間（2008：131-143）を参照。民法 94 条 2 項は「相当広く類推適用されている」と評価されている（佐久間 2008：131）。

理の法理を通じても，不動産所有権の帰属の保護の強度を低下させている。すなわち，不動産所有者の代理人から不動産を譲り受けた者は，代理人に処分権限がなかったとしても，権限ありとの信頼が正当なものと評価されたなら，当該不動産の所有権を取得する——もとの所有者は代理人に処分権限を与えたわけでもないのに代理人によって所有権を喪失させられる——のである[9]。

我妻民法学が，取引安全保護を重要な指導原理としていることは，よく知られている[10]。しかし，その後の民法学は，我妻民法学における取引安全保護思想を相対化し，むしろ，静的安全の保護ないし真の所有者が権利を失うことが正当化できるかどうかに配慮する見解が目立つようになり，従来に比べれば，所有権の帰属を適切な程度に保護すべきであるとの問題が意識されている（大村（2007：55）のいう「静的安全」への「回帰」）。もっとも，裁判所にそのような問題意識がどこまで共有されているかどうかは，よくわからない。

2）商品性の難点

所有権をもっぱら商品という観点から把握することにも，問題がないわけではない。

西欧の過去の法に目を向けるなら，所有権の客体となる物，とりわけ不動産については，その由来によって，財産としての性格を異にし，自由な取引や相続の面で制約されることがあった。近代的な民法典の制定後であっても，例えば，フランスでは，1904年7月12日の法律が，家産を構成する一定の財産については，当事者がその意思によってその譲渡・差押可能性を奪うことができるとしていた（現在では廃止）（Terré & Simler 2014：138, n128）。現在でも，個人が所有する財産であっても当該個人の営業財産となっているものは，当該個人の債権者が差し押さえることができないなどのルールが散在することが指摘される（Terré & Simler 2014：138, n128）。日本でも，華族世襲財産法（明治19年勅令34号）は，世襲財産に指定された財産の譲渡・差押可能性を奪う制度を設けていた（現在では廃止）。

9）表見代理に関して，佐久間（2008：259-287）を参照。
10）「我妻法学の足跡——『民法講義』など——」（星野 1978：44-45）。

もちろん，現代において，家産を構成する不動産について，それが処分された場合に家族共同体からの取戻しを許すような制度は許容できないだろう。しかし，そうであるとしても，現代日本の民法の教科書・体系書においては，家産――所有者と物との間に特別な関係がある――であることに由来する処分や差押えを制約する制度は忘却され，個人の財産は，差押え可能であり，自由に譲渡できる，という原則だけが前面に出ている印象を与える。こうした民法学の傾向は，所有権をもっぱら商品として把握する考え方とよく適合するだろう。

しかし，所有権を商品とみるイメージは，例えば，愛着のある物の所有権侵害による不法行為の場面で限界を示す。一般的には物の交換価値に対応する損害賠償が認められた場合には，それ以上の損害の賠償は認められない[11)]。あるいは，原発事故によってそれまで居住していた土地建物が使用不能となって移転を強いられた者に対する補償・損害賠償に際して，土地建物の交換価値を損失・損害として補償・賠償額が算定されるとするなら，それに加えて引越費用の補償・賠償がされたとしても，居住者の違和感は募るばかりとなるのではないか。たとえ所有権侵害とは別に慰謝料によって填補されるべき部分があるとしても，そこで侵害される精神的利益は，居住していた土地建物を喪失したそのこと自体によるものであり，所有権侵害と独立に評価されるべきものなのだろうか。

そもそも，近代的な所有権は，所有者を封建的諸制約から解放し，自由という価値に奉仕するものであった。それ自体の意義はもちろん大きい。ところが，すでに一瞥したところによれば，日本の民法学は，所有権をほぼもっぱら商品として把握しようとしたために，もともと豊かな内容をもっていたはずの自由を取引の自由に縮減しつつあったのではないかとの疑念が生じる。

こうした観点からは，さまざまな検討の方向性が示唆されるだろうけれども，少なくとも，所有権を商品として把握しつつ，所有者の人格権・人格的利益について，所有権とは別個独立のものとして概念を彫塑していくべきなのか，それとも，人格権・人格的利益をも取り込んだ所有権論を展開する可能性がない

11）しかし，平野（2013：349-352）によれば，特別な事情があれば慰謝料請求が認められている。

かという問題があるだろう[12]。人体の所有権をめぐる議論は，所有権と人格権・人格的利益の関係を検討するのに興味深い視点を提供するから，以下では，簡単に人体の所有権をめぐる議論を観察しておこう。

人間は，民法典において，基本的には権利義務の帰属点とされている。その意思については，行為能力制度や法律行為制度等において前提とされているが，その肉体については，侵害の対象であり毀損されたら損害賠償の根拠となるという形で，いわば裏面から規定されているにとどまる。ところが肉体は，臓器，血液，精子・卵子など，第三者にとっても価値を有するものがあるなどの事情から，法的処分の対象になるかどうかが問題とされてきた。

この問題は，民法学においては，おそらくは民法典が所有権の対象を物としているとしている[13]ために，身体が「物」であるかという観点から論じられてきた。現在の通説とおぼしき見解は，伝統的な人と物の二分法をふまえて，身体が物にあたらないことから，その一部についても物であることを否定し，従って所有権の客体としないとする傾向を有する（吉田 2013：134–135）。人間がその身体の一部を分離する契約も，本人が望むとしても原則的に許されない（公序良俗違反）。しかしそれでも分離された身体の一部は，「物」にあたるため，所有権の客体となる。もっとも分離物も，人格権的な制約が及んでおり，不融通物であるとして法的処分が否定されたり，処分が公序良俗違反になることがある（河上 2007：207–209；大村 2009：119–120, 252–253）。これに対し，伝統的な二分法にとらわれず，排他的な支配可能性がある限り，身体の一部であっても「物」であり，所有権の客体になるとの見解もある（内田 2008：358）。法哲学の領域では，伝統的な二分法とは逆に，自己の身体には所有権が及ぶことから出

12）後者を志向する吉田（2000：529）が示唆する，所有権の客体が個人的性格を有するか代替的性格を有するかによる別異取扱いが興味深い。

人格権・人格的利益への着目は，占有論にも影響を及ぼす可能性がある（太田 2009：85）。すなわち，有力な見解によれば，近代法において観念化された所有権の保護は――所有権の証明が容易になっているため――物権的請求権によって行われるから，仮の占有保護制度として理解される占有訴権制度は従前の役割を失う（賃借権に基づく占有保護の役割等を担うにとどまる。簡単には，川島（1960：111–112））。民法体系のなかでの占有訴権制度の存在理由は，小さく，曖昧なものとなる（占有権自体の侵害に対する不法行為法の保護を否定する有力説の思考とも符合する）。

13）その意義につき，水津（2011：299）を参照。

発して，自己の身体への所有権を肯定する有力な見解もある（森村 1995：65）。

他方で，以上のように問題を所有権の視角から考えるのではなく，人格権の問題と捉える可能性も示されている。すなわち，生体の身体の全部または一部に対する権利を人格権と性質決定し，その侵害に対する保護を肯定することはもちろん，その処分についても，人格権の枠組みで考える。所有権の枠組みのなかで，身体が「物」にあたらないから一切の処分はできないとするのでもなく，あるいは「物」にあたるから処分ができる——公序良俗違反になることがあるにせよ——とするのでもなく，「人格権の物化をどの程度まで承認することができるかの問題」（森田 2014：99。傍点原文）として捉え直すのである[14]。

ここまでみたところによれば，一見したところでは商品の所有権のようにもみえる権利であっても，人格権として性質決定できるなら，あるいは人格権としての性格を加えることができる所有権であれば，商品所有権以上の法的保護を実現することも不可能ではないように思われた。

第3節　憲　　法

■3-1　29条

1）森林法事件

今度は憲法の領域における所有権イメージをさがしてみよう。財産権の保障について定める憲法29条に関する判例は手がかりになるだろうか。

同条1項および2項の意味については，森林法事件判決[15]が，「私有財産制度を保障しているのみでなく，社会的経済的活動の基礎をなす国民の個々の財産権につきこれを基本的人権として保障するとともに，社会全体の利益を考慮して財産権に対し制約を加える必要性が増大するに至つたため，立法府は公共の福祉に適合する限り財産権について規制を加えることができる，としているのである」と述べていた。

ところが，この「財産権」の内容について判決は，「財産権の種類，性質等が

14）以上につき，櫛橋（2014）を参照。

15）最大判 1987〔昭 62〕年 4 月 22 日民集 41 巻 3 号 408 頁。

多種多様」であるとはいうものの，それ以上の具体的理解を示さない。そもそも，森林法事件において，法律（森林法）による制約の憲法適合性が問われた財産権とは，共有された森林の分割請求権であり，所有権ではなかった。とはいえ，共有持分権の本質的属性として，分割請求権とともに，使用・収益権能でなく，「処分の自由」が掲げられているところからは，最高裁がイメージする財産権――「処分の自由」が大切――と，Ⅱでみた民法領域における所有権イメージとの類似性を窺うことができる[16)]。もっとも，森林法事件は，森林法の規定を違憲であるとしたことゆえの大きなインパクトを有してはいたが，憲法学界においては，その後の最高裁判所に対して必ずしも影響を与えているわけではないとみられているようでもある（水津他 2015：100–102）。そうだとすれば，所有権のイメージを汲み取るべき源泉は，森林法事件判決ではなく，最高裁が，これに代わって財産権制約立法の憲法適合性判断についての先例として用いるようになった証券取引法事件判決[17)]となるだろうか。

2）証券取引法事件

証券取引法事件において最高裁は，以下のような一般論を述べた。「財産権は，それ自体に内在する制約がある外，その性質上社会全体の利益を図るために立法府によって加えられる規制により制約を受けるものである。財産権の種類，性質等は多種多様であり，また，財産権に対する規制を必要とする社会的理由ないし目的も，社会公共の便宜の促進，経済的弱者の保護等の社会政策及び経済政策に基づくものから，社会生活における安全の保障や秩序の維持等を図るものまで多岐にわたるため，財産権に対する規制は，種々の態様のものがありえる。このことからすれば，財産権に対する規制が憲法 29 条 2 項にいう公共の福祉に適合するものとして是認されるべきものであるかどうかは，規制の目的，必要性，内容，その規制によって制限される財産権の種類，性質及び

16）判決は，「共有物分割請求権は，各共有者に近代市民社会における原則的所有形態である単独所有への移行を可能ならしめ，右のような公益的目的をも果たすものとして発展した権利であり，共有の本質的属性として，持分権の処分の自由とともに，民法において認められるに至つたものである」という。

17）最大判 2002〔平 14〕年 2 月 13 日民集 56 巻 2 号 331 頁。

制限の程度等を比較考量して判断すべきものである」。ここでも最高裁は，「財産権の種類，性質等は多種多様」であるとはいうものの，それ以上の具体的理解を示さない。そもそも，証券取引法事件において，法律による制約の憲法適合性が問われた財産権とは，上場会社の役員ないし主要株主が一定の短期の有価証券等の売買によって得た利益であり，この利益が証券取引法によって，インサイダー取引規制のために会社に返還されるべきだとされていることの憲法適合性が争われたのであった。ここでも，議論の対象になっているのは所有権ではない。

3）証券取引法事件を引用する最高裁判決

つづいて，証券取引法事件を先例として引用する主要な最高裁判決もみておこう。

最判 2002〔平 14〕年 4 月 5 日刑集 56 巻 4 号 95 頁は，農地法の規定が，農地の処分・転用を都道府県知事の許可にかからしめていることが憲法に違反するものではないとしたものである。本件において，法律による制約の憲法適合性が問われた財産権とは，農地の所有権であるが，さらに具体的にみるなら，農地の処分を法律で制約することの憲法適合性が問われていた。ここでは，所有権そのものが議論の対象になってはいるが，具体的には所有権の一権能――しかしその商品性に注目するのであればもっとも重要な――処分権であった。

最判 2003〔平 15〕年 4 月 18 日民集 57 巻 4 号 366 頁は，証券取引法の規定が，有効に成立した損失保証等を内容とする契約に基づく履行請求権の行使を許さないことが憲法に違反するものではないとしたものである。本件において，法律による制約の憲法適合性が問われた財産権とは，契約に基づく履行請求権であり，所有権ではなかった[18)]。

最判 2009〔平 21〕年 4 月 23 日判時 2045 号 116 頁は，「団地内全建物一括建替えの決議がされた場合は，1 棟建替えの決議がされた場合と同様，建替えに

18）消費者契約法において，消費者に不利な条項の効力を否定する規定が憲法 29 条に違反することはない旨を判示した最判 2006〔平 18〕年 11 月 28 日判時 1958 号 61 頁，最判 2011〔平 23〕年 7 月 15 日民集 65 巻 5 号 2269 頁においても，法律による制約の憲法適合性が問われた財産権は，契約に基づく事業者の請求権とみてよいだろう。

参加しない区分所有者は，時価による売渡請求権の行使を受けて，その区分所有権及び敷地利用権を失うこと」を定める建物区分所有法の規定が，憲法に違反するものではないとした。ここで法律による制約の憲法適合性が問われた財産権は，建物区分所有権——所有権！——であった（区分所有権は，建物区分所有法上，所有権であるとされている。同法2条1項）。もっとも，「区分所有権は一般の不動産所有権とは異なり，種々の団体的拘束に服すべき特殊な所有権である」（青山 1983：18）ともいわれており，そうであるとすると，本判決を所有権に関する判断として受け止めることには慎重さも必要だろう。しかしながら，本件は，30年以上団地に居住を続け，団地内全建物一括建替えの決議にもかかわらず，当該団地に継続して居住を望む者によってなされた，建物区分所有法の憲法違反の主張を含む点で，本章の関心を惹かざるをえない。すなわち，ここでは，単に商品としての所有権の主張にとどまらない，居住を続ける場所に対する権利としての建物区分所有権が問題とされている。

注目したいのは，まず，最高裁が，本件における建物区分所有権も，もっぱら経済的利益に係わる権利に関わる事件と同様に，財産権制約の憲法適合性を判示した証券取引法事件[19]に依拠して，憲法違反ではないとの結論を導いたことである。現に所有者が居住している建物の区分所有権も，取引によって金銭的利益を取得する権利などと同列に扱われている。つぎに，建替えに反対する者に対して，建物区分所有法が売渡請求権という形で経済的填補——区分所有権の対価——を与えていることが，同法が憲法違反にならないことの理由として添えられていることである[20]。

以上に一瞥したところによれば，近年の教科書・教材にみられる憲法29条に関する最高裁判例は，所有権イメージをさぐるには不十分だったといわざるをえない。わずかに農地法に関する前掲・最判2002〔平14〕年4月5日および建物区分所有法に関する最判2009〔平21〕年4月23日から垣間見える最高裁の所有権イメージは，「処分」や「経済的損失」に対する「相応の手当」への言

19）前掲注17参照。

20）判決は，「建替えに参加しない区分所有者は，売渡請求権の行使を受けることにより，区分所有権及び敷地利用権を時価で売り渡すこととされているのであり…（引用略）…，その経済的損失については相応の手当がされている」という。

及から察するに，民法領域の所有権イメージと親近性があるようにも思われた。そうなると，所有者の生活，あるいは人格ないし生存の密接に結び付いた不動産所有権のイメージは，どこにも見出せないのだろうか。

■3-2　9　　条

蟻川恒正「裁判所と９条」（蟻川 2016：95）は，憲法９条に関わる四つの訴訟――砂川事件，恵庭事件，長沼事件，百里基地訴訟――における憲法論を考える。「4 訴訟については，「具象的」憲法論を見込みあるものとして構築しうる可能性は低いといわなければならない。だが，下級審における「抽象的」違憲判決が上級審における（変形された）統治行為論を引き寄せ，そうして引き寄せられた（変形された）統治行為論が刑事裁判においては常に被告人を有罪とする法的帰結をもたらすとすれば，「抽象的」ではない違憲判断の可能性を探ることは，課題であり続ける必要がある」「憲法９条が，何よりも政治過程をその深い基底に沈んで縛る規範であるとすれば，それは「抽象的」であることにおいて最も典型的な役割を発揮するというべきである一方，司法過程は，個別の事案に定位し「具象的」であることによって争訟当事者にとっての問題解決に最もよく奉仕することができる。そうであるとすれば，司法過程において「抽象的」ではない憲法９条論を摸索することは，それ自体，ひとつのパラドクスであるといわなければならない。その困難を図らずも証明するのが，ほかならぬ4訴訟の苦闘の歩みそのものであった」（蟻川 2016：126）[21]。

このような難しい課題に直面した蟻川がその解決の糸口として提示するのが，農民の土地所有権にベースを置く立論である。（ここでは問題が相対的に単純な）砂川事件，恵庭事件についてみると，形式的に犯罪構成要件に該当する行為であっても，それを農民の土地所有権を守るためのやむにやまれぬ行為として正当化する可能性が語られている。ここでの土地所有権は，その交換価値において評価されているというよりは，所有者の「尊厳」を体現しているとみられて

21）「具象」とは，「個別の紛争事案をかたちづくり諸事実のなかにそれを梃子として当該事案を法的に解決することを可能とする核となるべき特徴を見出すことを方法的に想定した上で，その特徴を梃子として当該事案を法的に解決しようとする法律論（憲法論を含む）」のことだとされている（蟻川 2016：124）。

いる。いわく，「ルードルフ・フォン・イェーリングは，『権利のための闘争』のなかで，将校の名誉に対応する農民の所有権と商人の信用について語っている。将校にとっての名誉，農民にとっての所有権，商人にとっての信用は，それぞれの「身分」の「尊厳」の在り処を示すものである。本章が確認することができたのは，日本の基地裁判は，少なくともこれまで，「尊厳」を持ってたたかわれたということである」（蟻川 2016：129-130）と。

第4節　おわりに

第2節では，民法領域における所有権のイメージについて，教科書・体系書，我妻栄などを手がかりに検討した。おおまかにいえば，そこでの所有権は，商品のイメージをもっていた。商品において重要なものは，交換価値である。所有は，所有者と所有権の対象の帰属関係にすぎず，所有者と所有権の対象との間の――単なる帰属関係以上の――個別のつながりには，それほど関心がもたれていない。

第3節では，憲法領域における所有権のイメージについて，近年の若干の著名な憲法判例を手がかりに若干の検討を試みた。積極的なイメージを摑むことはできなかったが，少なくともそこでの所有権のイメージは，民法領域におけるそれを覆すようなものではなかった。

第1節での問題提起を承けつつ，本章において概観した民法・憲法領域における所有権のイメージの現状をふまえて今後の現実的な展望を試みるなら，所

22）その一例として，平野（2013：349-352）参照。

23）もっとも，すでにみたとおり，所有権そのものに人格権ないし人格的利益を織り込んでゆく，ないし人格権（のようなもの）として構築するかのような考え方も示されていた。吉田（2000：529），森村（1995：65），森田（2014：99），蟻川（2016：129-130）。

24）ある最新の憲法教科書は，財産権保障の趣旨として，第一に，個人の自律的な生のために，財産を使用する権利が保障され，第二に，社会全体の利益のために，私法上の法制度として，財産の取得・収益・処分の権利が保障されるという（渡辺他 2016［宍戸］：342-343）。財産権保障の趣旨の第一として説かれている内容は，財産権保障のなかに人格権的考慮も取り込もうとするものとしても理解できそうである。

有権――当然，不動産所有権を含む――は商品として把握するほかなく（侵害に対する法的保護の内容は交換価値の賠償・補償が上限となろう），その限界を超えるためには，所有権概念とは独立に，例えば，人格権ないし人格的利益等の概念の活用を試みるほかないということになるのだろうか[22]。そうだとすれば，所有権者が所有権の対象との間に有する対商品関係以上の関係の意味――容易に別の土地に移り住みたがらないということの法的意義――をつかまえなければならない[23][24]。

【引用文献】

青山正明（1983）．『改正区分所有関係法の解説―新しいマンションの管理と登記』金融財政事情研究会

蟻川恒正（2016）．『尊厳と身分―憲法的思惟と「日本」という問題』岩波書店

幾代　通／徳本伸一［補訂］（1993）．『不法行為法』有斐閣

稲本洋之助（1983）．『民法Ⅱ 物権』青林書院新社

内田　貴（2008）．『民法Ⅰ 総則・物権　第4版』東京大学出版会

太田匡彦（2009）．「明渡しか，除却か―「占有」と「事実上の排他的支配」の間に立つ大阪地裁第2民事部」『東京大学法科大学院ローレビュー』4, 85–128.

大村敦志（2007）．『基本民法Ⅰ総則・物権総論 第3版』, 有斐閣

大村敦志（2009）．『民法読解 総則編』有斐閣

甲斐道太郎・稲本洋之助・戒能通厚・田山輝明（1979）．『所有権思想の歴史』有斐閣

加藤一郎（1974）．『不法行為 増補版』有斐閣

河上正二（2007）．『民法総則講義』日本評論社

川島武宜（1960）．『民法Ⅰ 総論・物権』有斐閣

川島武宜・川井　健［編］（2007）．『新版 注釈民法（7）占有権・所有権・用益物権』有斐閣

櫛橋明香（2014）．「人体処分の法的枠組み（1）～（8・完）」『法学協会雑誌』131(4), 725–769；131(5), 992–1069；131(6), 1181–1238；131(8), 1547–1615；131(9), 1738–1879；131(10), 1992–2067；131(11), 1–89；131(12), 2514–2607.

佐久間毅（2006）．『民法の基礎2 物権』有斐閣

佐久間毅（2008）．『民法の基礎1 総則 第3版』有斐閣

四宮和夫（1988）．『不法行為』青林書院

水津太郎（2011）．「物概念論の構造―パンデクテン体系との関係をめぐって」『新世代法学法政策学研究』12, 299–346.

水津太郎・宍戸常寿・曽我部真裕・山本龍彦（2015）．「憲法上の財産権保障と民法（前篇）」『法律時報』87(2), 99–107.

鈴木禄弥（2007）．『物権法講義　5訂版』創文社

瀬川信久（2000）．「我妻先生と金融ビッグバン」『学士会会報』2000(3), 138–143.
高村学人（2014）．「過少利用時代における所有権論・再考―土地・建物の過少利用が所有権論に投げかける問い」『法社会学』81, 64–75.
寺田逸郎（1992）．「借地・借家法の改正について」『民事月報』47(1), 123.
平野裕之（2013）．『民法総合 6 不法行為法 第 3 版』信山社
広中俊雄（1982）．『物権法 第 2 版』青林書院
舟橋諄一（1960）．『物権法』有斐閣
星野英一（1976）．『民法概論Ⅱ 物権・担保物権』良書普及会
星野英一（1978）．『民法論集 第 4 巻』有斐閣
前田達明（1980）．『民法Ⅵ 2 不法行為法』青林書院新社
村上淳一（1979）．『近代法の形成』岩波書店
森田宏樹（2005）．「事業の収益性に着目した資金調達モデルと動産・債権譲渡公示制度」『金融法研究』(21), 81–107.
森田宏樹（2007）．「譲渡の客体としての将来債権とは何か」『金融商事判例』1269, 1.
森田宏樹（2014）．「財の無体化と財の法」吉田克己・片山直也［編］『財の多様化と民法学』商事法務，pp.85–122.
森田宏樹（2015）．「処分権の法的構造について」高　翔龍・野村豊弘・加藤雅信・廣瀬久和・瀬川信久・中田裕康・河上正二・内田　貴・大村敦志［編］『日本民法学の新たな時代―星野英一先生追悼』有斐閣，pp.463–509.
森村　進（1995）．『財産権の理論』弘文堂
安永正昭（2014）．『講義物権・担保物権法　第 2 版』有斐閣
山野目章夫（2012）．『物権法 第 5 版』日本評論社
吉田克己（2013）．「身体の法的地位（2・完）」『民商法雑誌』149(2), 115–139.
吉田邦彦（2000）．『民法解釈と揺れ動く所有論』有斐閣
我妻　榮（1932）．『民法講義Ⅱ 物権法』岩波書店
我妻　榮（1953）．『近代法における債権の優越的地位』有斐閣
我妻　榮（1968）．『民法講義Ⅲ 擔保物權法』岩波書店
我妻　榮／有泉　亨［補訂］(1983)．『民法講義Ⅱ 新訂 物権法』岩波書店
渡辺康行・宍戸常寿・松本和彦・工藤達朗（2016）．『憲法Ⅰ 基本権』日本評論社
Terré, F., & Simler, Ph. (2014). *Droit civil: Les biens*, 9è éd. Dalloz.

第10章
住民投票・空間・自治

牧原　出

第1節　はじめに

戦後日本の地方自治体は，住民が選挙を通じて首長と地方議会議員を選出する点で，「二元代表制」をとっていると指摘されてきた。その嚆矢は，西尾勝の『都民参加の都政システム』（1978）である。そこで西尾は，「二元的代表民主制」を住民参加に対置した。住民参加によって，「二元的代表民主制」を一層の改革の下に置くべきだとする主張が，本来の「二元代表制」の含意であった（牧原 2011）。

こうした意味での住民参加を，「選挙」という観点でみた場合に，とりわけ冷戦終結後の1990年代以降に世界的に本格化したのが，住民投票ないしは国民投票すなわち「レファレンダム（referendum）」である。ともに投票という点を共通とするが，選挙は人の選任が目的であり，住民投票は事項の可否を目的としている点では異なる（今井 2000：2）。だが，住民投票が地域を二分する争点をめぐって行われる場合には，前後に行われる議会や首長の選挙でもやはりこの争点への態度が問われる傾向にある。地方自治体に限るならば，住民投票は二元代表制下の諸々の選挙と連動するのである（塩沢 2004；2009）。

こうした政策課題についての可否を住民が投票によって示す件数は，特に近年増大傾向にある。世界的には，国民投票に焦点を置いたやや概数としての調査ではあるものの，図10-1が示すように，1990年代には，以前よりも飛躍的に件数が増えている（Qvortrup 2014：247）。旧社会主義国の民主化に伴うレファレンダムが相次いだことが主たる理由である。だが2000年代になると1980年

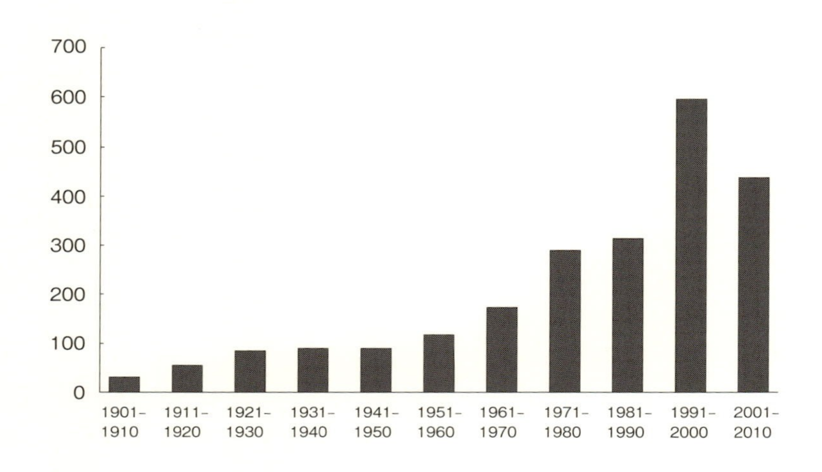

図 10-1　1900 年から 2010 年までの世界におけるレファレンダムの実施回数

代以前よりは件数が多いものの，1990 年代よりは減少している。

これに対して日本では，国民投票が行われていないため住民投票に限ってみると，1990 年代は試行期として迷惑施設建設の可否といった争点で住民投票が行われたが，2000 年代になると，自治基本条例で規定されたり，市町村合併の局面で本格的に利用されるようになったのである。図 10-2 は条例に基づいた住民投票数の変遷であるが，図 10-1 と比べると国際的趨勢との差異を読み取ることができる（上田 2007：85)。

このような国際的趨勢と比べた日本の特徴は，平成の市町村合併に伴い，多数の住民投票が行われたことに起因している。そして合併を経た新しい自治体で住民にとり重大な案件について，住民投票が行われた場合，旧市町村の区域に応じて判断が異なることが生じうる。つまり，合併後の住民投票とは，合併前の区域を引きずりながら新しい自治体の空間秩序を形成する営みなのである。

これまでの住民投票に関する多くの研究は，直接民主主義の一制度という観点からこれを分析してきた。だが，平成の市町村合併で多数の住民投票が行われた日本の場合，住民は自らが属する自治体の区域変更に対して投票を行っており，それは，本書の主題からすれば，区域即ち土地と住民とを結びつけ直す

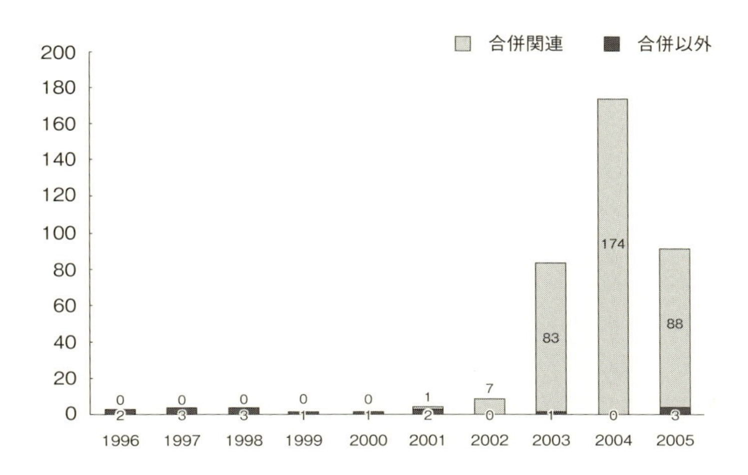

図 10-2　日本における住民投票の実施件数（条例に基づくもの）

機能を帯びている。近代法の理念では土地と切り離されたはずの個人は（飯島 2013），ここでは土地と確固と結びつき，合併を機に再度新しい土地に帰属するかどうかをめぐり投票を行っているのである。

しかも，第一に，ここでいう合併の結果，新自治体が成立すると，そこでの住民投票さらに首長選挙・議会選挙は，個人と新自治体の区域という意味での土地との結びつきを再確認するものとなる。

第二に，こうした住民投票は，地域空間ないしは自治体区域を決定づけるものであり，空間という対象をめぐる投票制と捉えることができる。市町村合併以外にも，原子力発電所や産業廃棄物処理場の立地，米軍基地再編は，そもそも広域的観点から計画されており，これまでも住民投票の主題となってきた。これらの争点もまた，当該自治体の区域を越える広域の空間に対する投票という意義をもつ。住民投票を通じて区域を越えた争点が区域内の争点に置き換わる過程は，個人が空間における位置づけを確認する過程である。よって，以下本章では，「土地・選挙制度・自治」という本書の主題を，土地を「空間」と読み替えることによって，「空間・住民投票・自治」と位置づけ直し，分析を進める。

第2節　住民投票の制度

■2-1　制度類型

現行制度下での住民投票は，憲法，法律，条例で規定される（今井 2000：Ch.I)。地方自治法に基づく議会の解散請求，議員または長の解職請求に関する規定に加えて以下の類型がある。

第一に憲法第95条は，特定の地方自治体のみに適用される特別法を制定する際に，国会が法律を議決した後，当該自治体で住民投票を実施し，投票者の過半数の同意を得ることを定めている。これまで1949（昭和24）年に国会を通過した広島平和記念都市建設法から1951（昭和26）年の軽井沢国際親善文化観光都市建設法まで，18の法律が議決され，いずれも住民投票で過半数の賛成を得て成立した。占領期に特有の制度運用の形態であった。

第二に法律によるものとしては，1948（昭和23）年に1937（昭和12）年から1945（昭和20）年までに強制的に合併させられたり市に編入されたりした町村について，住民投票により過半数の賛成を得ることで分離できることが規定された。これは1948（昭和23）年から2年間の時限法であり，33件の住民投票が行われ，28件で分離の成立をみた。また1951（昭和26）年の警察法改正により，自治体警察の廃止の際にも住民投票が要件とされ，1,203の自治体で廃止をみた。

そして市町村合併促進のために，1953（昭和28）年施行の町村合併促進法さらに新市町村建設促進法で住民投票が規定された。前者では市町村の境界変更の際に，当該区域での住民投票で過半数の賛成を得た上で都道府県議会の議決を経る。後者では，町村合併の際に，関係市町村の争論を都道府県知事が調停する際に，住民投票に基づいて定める内容である場合には住民投票を行うことを規定した。二法ともに時限法であったため失効したが，その後でも合併の際に住民投票が行われた事例もあった。このように伝統的に住民投票と馴染む案件とされた市町村合併については，2002（平成14）年の合併特例法の改正によって，住民発議による合併協議会の設置を議会が否決した場合，合併予定の市町村の住民投票で賛成多数の場合に，長が協議会を設置するものとしたのである（上田 2003：Ch. Ⅲ)。

第三に住民投票条例を制定し，これに基づいて行う場合であり，1996（平成

8）年に新潟県巻町で原子力発電所建設をめぐって初めて条例に基づいた住民投票が行われた。実施はされなかったものの，すでに高知県窪川町に窪川町原子力発電所設置についての町民投票に関する条例が制定されていた。さらに個別案件ではなく条例の規定する案件が生じた場合に住民投票を実施するものとして，2000（平成12）年に愛知県高浜市で住民投票条例が制定された。以後，住民投票条例の制定が次第に全国に広がっていった。

以上とは別に，法制度化せずとも住民投票を行うことも可能である。自主管理の住民投票であり，原発建設，空港建設，町名変更などで実施されている。

■2-2　二元代表制批判と空間形成

憲法，法律で規定された住民投票を別にすれば，条例制定の住民投票には首長発案，議会発案，住民発案の3類型がある。とりわけ住民発案の住民投票については，首長・議会によって否認されて実施されなかった事例も過去にはみられる。例えば，1998年には神戸空港の建設是非を問う住民投票条例の制定が市長・議会によって反対され，結果として否決された。住民投票はまずは地方議会批判，次いで首長批判となりうる。つまり二元代表制との間で緊張関係に立っているのである。

だが，新潟県巻町での住民投票を嚆矢とする1990年代後半から試みられた住民投票では，原子力発電所の建設，河口堰の建設，米軍基地問題など，国の政策の一環として地域に立地する施設の是非をめぐるものが増えている（新藤1999：3–8）。またこの時期から開始された地方分権改革の流れのなかで，国に対抗する住民自治が活性化した点も看過できない。従って，第一に住民投票は，自治体内部の正統性をめぐる問題に限られず，国から当該地方自治体への統制を批判する契機を含んでいた。

そして第二に，原子力発電所，河口堰，米軍基地はいずれも建設される地域の自治体のみならず，周辺自治体に広域的な波及効果がある。従って，本来ならば近隣自治体住民も投票に参与する余地がなければならない（村上1999：195–198）。仮にそうでないとすれば，一自治体における住民投票の結果は，その波及効果を含めて評価する必要がでてくる。

第三に，平成の市町村合併における住民投票では，必ずしも自治体の自主的な合併とはならず，多くの場合，都道府県が当該地域の人口分布の特性に応じた合併パターンを示し，それに基づいた合併の枠組みへの賛否を問いかけた。従って，あらかじめ定められた空間秩序への関わりを決定づける性質を有していた。結果として，合併後の自治体に，役所本庁の位置などに応じて中心と周縁の関係がつくられるために，中心に近い自治体ないしその住民は積極的に賛同し，遠方の自治体ないしその住民は消極的姿勢を示す傾向があったのである。

第四に，こうした合併によって成立した自治体では，その後長らく自治体としての一体性が生じにくい状況にあった。その間自治体の重大案件をめぐって，住民投票が行われれば，旧自治体区域に応じてやはり住民の対応に差異が生じやすい。それが迷惑施設などの空間秩序のあり方に関わるものであれば，かつては施設立地地区の住民ではなかった地域も住民投票に参画する。そこでは自治体の区域を決める合併時の住民投票とは異なり，一度公式に形成された空間のさらなる内実をめぐる投票となる。それはまた当該案件への首長の姿勢を問う首長選挙とも連動するのである。

この問題を考える上での空間の捉え方について，従来の有力な枠組みは，公共交通建設をめぐる受益圏，受苦圏という空間設定であった。受益圏・受苦圏という概念は，住民運動の争点に応じて空間イメージが異なるものと観念してきた。受苦圏についていえば，空港騒音の場合は，「被害区域が空港を中心に離・着陸コース周辺に面的に拡散する」のに対して，新幹線公害の被害地域は「高架橋の両側 100 メートル位まで」帯状に広がる「線の公害」の被害地域である（船橋他 1985：177）。そして，「「受苦圏」の範域と，既成のネットワークの範域の対応関係」に応じて，住民運動の組織化にどの程度既成のネットワークが参画するかが規定されるという（船橋他 1985：180）。

だが，自治体合併という争点に際しては，受益・受苦の程度は本庁の位置，新自治体の名称などをめぐって変わりうる。特に合併の後の首長・議会選挙は，そうした受益・受苦の程度を設定し直す意味をももつ。このような投票の連鎖は，個人と土地ないしは空間との関係の再接続の過程となるのである。

よって本章では，数々の住民投票のなかでも，こうした広域の空間形成効果をもつ住民投票の機能を分析する。1990 年代後半に顕著になった迷惑施設建設の可否をめぐる住民投票，2000 年代の市町村合併をめぐる住民投票の蓄積の上に立ったのが，2015（平成27）年の大阪都構想をめぐる住民投票であった。住民投票に焦点を当てつつ，首長選挙・議会選挙を含めた投票の連鎖のなかで，住民と地域の空間との関わりがどう変化したかに着目しながら，一連の流れを検討していくことにしたい。

第3節　空間を超える民主主義

■3-1　合併における住民投票と空間形成

こうした広域の空間形成機能をもつ住民投票として，最多件数を記録したのが，2003（平成15）年から2005（平成17）年までの合併特例法及び条例に基づく住民投票であった。この間に，約3,200の市町村のうち，条例に基づくものが349件，合併特例法に基づくものが68件で，417件の住民投票が行われたのである（上田2007：98）。

また，合併の過程において，特例法及び条例に基づく住民投票だけが行われたわけではない。多くの自治体では，自主的に住民アンケートによって合併の是非を問うなど，住民の意向に配慮しながら合併の枠組みに参画するかどうかを決定したのである。

しかも，この合併を促した2002（平成14）年の合併特例法の改正に先立って，自治省から「市町村の合併の推進についての指針」が都道府県に対して示された。「市町村が合併の検討の際の参考や目安となる合併のパターン等を内容とする」市町村の合併推進の要綱を策定するよう要請したのである。

このパターンを作成する際には，人口規模のみならず合併の目標，各自治体の組織・権能の差，市町村の結びつき，面積などを実態に合わせて考慮するよう求めた。さらに特徴的なのは，合併後の人口規模と他の要素の関係に着目した「類型」が参考として提示された。これこそ，合併に伴う地方自治体の空間イメージを端的に表すものなのである。

人口規模としては，50万人超，30万・20万人程度，10万人前後，5万人前後，1–2万人程度の5類型が提示されている。まず人口50万人超の類型は，複数の地方中核都市が隣接している場合または大都市圏において複数の中小規模の市が隣接している場合である。合併目標は経済圏の確立，高次都市機能の集積などがあげられ，さらには指定都市への移行による都道府県も含めたイメージアップといった当該市域を越えた目標も掲げられている。

次に人口30万人・20万人程度の類型は，地方中核都市と周辺の市町村で一つの生活圏を形成している場合または大都市圏において市街地が連担した複数の小面積の市が隣接している場合である。都市計画，環境保全行政の充実や，中核的都市機能の整備，急激な人口増加への広域的な対応，都市圏の発展の中核となる都市の育成といった目標が掲げられている。50万人超の類型よりは規模は小さいが，都市のスケールメリットを生かすための合併が念頭に置かれているのである。

人口10万前後の類型は，地方圏において，人口の少ない市と周辺の町村で一つの生活圏を形成している場合または大都市圏において人口の少ない市町村が隣接している場合である。合併の目標は，高等学校の設置や一般廃棄物の処理など一定水準の質を有する行政サービスの提供や，県下第二，第三の都市の育成による県全体の均衡ある発展があげられている。

以上の3類型に共通しているのは，第一に，既存の都市圏に周辺の小規模自治体を吸収することで生活圏に即した自治体の形成が図られていることである。第二に，合併が当該都道府県域に影響を与え，その価値を高めうることが目標の一例とされていることである。

さらに人口5万人前後の類型では，地方圏において隣接している町村で一つの生活圏を形成している場合である。合併の目標は，福祉事務所の設置など福祉施策等の充実，計画的な都市化による圏域全体の発展などがあげられている。

そして人口1–2万人程度の類型では，中山間地域等において，地理的条件や文化的条件によるまとまりなど，複数の町村が隣接している場合または離島が複数の市町村により構成されている場合である。合併の目標は，適正かつ効率的な基幹的行政サービスの提供である。

これを受けた都道府県の対応はさまざまであった。森川洋によれば，基本パターンの他に1，2の合併パターンを示し，「参考・目安」とする形が通例であったが，福島，長野，兵庫のように基本パターンを示さず，市町村の意思に任せる県もあれば，青森，宮城，群馬，新潟，長崎，大分などのように唯一の基本パターンを示した県もあった。判明した範囲では，これらの基本パターンにおいては，30万人以上が80，10–30万人が177，5–10万人が165，3–5万人が98，1–3万人が128，1万人未満が5であった（森川 2013：71–72）。人口が5万人以上の自治体を形成するようパターンを示す傾向にあったといえるであろう。

この実施過程で住民投票がしばしば用いられた。それは合併協議会の設立という合併特例法の規定に限らず，合併の是非を問うものでもあった。投票をせずとも，住民アンケートを含めた住民の意思確認が図られることもあった。その結果は合併を認めるものから，合併への参加取りやめを支持するものなどさまざまであった。合併パターンが示すように，中心となる大規模自治体と周辺部の小規模自治体との間に，中央－周辺の空間イメージを住民は意識する。新自治体に参画するかどうかの意思確認を通じて，住民とりわけ周辺自治体の住民が賛否の意思を明らかにする機会を得たのである。

もっとも，上田（2007）が強調するように，こうした住民投票の経験がそのまま新自治体に継承されたとは一概にはいえない。この過程を通じて，重要争点について住民投票という手法がとられることについての了解は「一定程度社会には形成された」が，議会・首長を統制する型の住民投票は萌芽的に現れたにとどまるとする。

他方で，千葉県袖ケ浦市は合併に参画せず，その間合併協議会設置の直接請求はなされたが，合併に関わる住民投票は行われなかった。しかし2005（平成17）年10月に袖ヶ浦市は住民投票を行った。まず，JR駅北側の遊休地に住宅団地や公共施設を建設し，駅前もあわせて整備しようとする区画整理事業について，市民グループが問題視し，住民投票条例の制定を請求するための署名が集められ，有権者の24%分が有効とされた。議会もこれを受け入れて住民投票条例を可決して，住民投票を行った結果，反対派が圧勝した。平成の市町村合併の気運がさめやらぬ時期に，合併に関わらなかった自治体でも，地域の大問題とまでは必ずしもいえない争点において住民投票が実施されたのである。住民投票が全国に根付き始めた徴表とみることも不可能ではない事例であった。

■3-2　合併後の自治体における住民投票

全国的な傾向にもう一度着目すれば，多くの自治体が実際には合併を経験している。結果として，合併自治体で住民の投票すなわち首長選挙・議会選挙・住民投票が行われた場合，旧来の市町村の枠組みがその投票行動に影響を与える。つまり，新しい自治体の枠で投票する場合もあるが，旧来の市町村の枠で投票する場合もある。合併後，十分な市域の統合が行われない限り，住民は新旧二重の自治体空間をイメージするのである。

これを継続的に追跡している塩沢健一は，「合併に伴う自治体の広域化によって，「民意」の構造も変わってくる」と指摘している（塩沢 2012：114）。また争点が自治体にとり決定的に重要な場合は，住民投票が首長への信任・不信任を間接的に示すものとなり，首長選挙を代替しうる（金井 2011）。そこで以下では，これらを示す事例として，長野県佐久市の総合文化会館の建設をめぐる住民投票，広島県岩国市の米軍移駐をめぐる住民投票を検討したい。

1）長野県佐久市

佐久市は，中心部の旧佐久市と周辺部 3 町村臼田町，浅科村，望月町が合併して 2005（平成 17）年 4 月に誕生した。合併に至る過程では，各市町で住民アンケートが行われた上に，2004（平成 16）年に望月町では合併の是非を問う住民投票を行い，賛成 63.2%，反対 36.8%で合併への参加が決定されていた。ここに至るまでに旧佐久市においては，1986（昭和 61）年に総合文化会館建設の検討が始まっていたものの，建設費用が不足し，計画は具体化に至らなかった。だが，合併により新市の市町村建設計画に基づく事業に対して合併特例債の活用が可能となり，建設計画の具体化が進んだ。2009（平成 21）年には，市長任期満了の直前に，引退を表明していた三浦大助市長は長野新幹線佐久平駅前の用地を取得し，以後会館の設計作業が進み，管理運営基本計画が策定されたのである（塩沢 2012：115）。

その後 2009（平成 21）年 4 月に柳田清二が市長に当選した。選挙では，任期終了直前に用地取得を行った三浦前市長の対応が一争点となり，柳田は「総合文化会館の建設は慎重に検討し，市民の意思を再確認して進める」ことを公約に掲げていた（藤井 2011：124）。慎重な検討の末，2010（平成 22）年に市長は議会に住民投票条例を提案し，9 月 1 日に一部修正の上可決，成立をみたのである。投票告示は 11 月 7 日であり，14 日が投票日であった。市は『広報佐久号

外　住民投票特集』で詳細に仕組みを解説し，市民説明会，市民討論会を複数回開催した。地方紙は精力的に取り上げ，建設反対派の主催する後援会，意見広告の配布といった周知徹底もなされた。

この住民投票は，長野県では初めての政策提案型の住民投票であり，合併自治体における全国初めての住民投票であった。そのため，建設推進派とみなされた議会側なかんずく議長も，住民投票の成立は佐久市の対外的な体面上必要と考え始め，投票に積極的に応じるよう呼びかけたのである。

結果は，投票率は成立要件の50％を超え，反対が31,051票，賛成が12,638票で，反対が多数であった。柳田市長は開票終了後に「結果を尊重して建設は中止したい」と表明し，議会もこれに異論を出さず，建設中止が決定されたのである。

投票結果に地区間の差があるかどうかを分析した塩沢（2012）によれば，第一に賛成・反対票について旧市部と旧町村部に有意な差はないが，第二に反対の多い地区にそれぞれ病院，ホールがあるという背景事情があり，第三に旧市は文化・芸術への関心，財政事情，旧町村部は合併への評価が投票を規定する要因になっていた。すなわち，旧市においては文化・芸術への関心が低い人ほど，また市の財政状況の不安が高い人ほど住民投票で反対票を投じ，旧町村部においては合併への評価が低い人ほど反対票を投じる傾向にあったというのである。塩沢は，民意が「重層的」であることに着目するが，それは本章の視点からみれば，市民の新市の空間への帰属意識にいまだ重層性が残存しているからでもある。

2）山口県岩国市

次に山口県岩国市の事例である。岩国市は，旧岩国市と周辺7町村との合併により，2006（平成18）年3月に成立した。合併に至るまで，住民アンケートが行われたものの，合併にまつわる住民投票は行われなかった。だが，合併直前に，政府の発表した米軍再編案について旧岩国市では住民投票が行われ，米軍艦載機部隊の厚木基地から岩国基地への移駐について反対が「圧倒的」であった。そして合併後の4月に市長選挙が実施され，住民投票を発議していた旧岩国市長の井原勝介が「移駐案の白紙撤回」を公約に当選したのである（塩沢 2009：203–204)。

だが，移駐問題はその後長らく市政を制約づけていく。政府は 2007（平成 19）年に米軍再編法を成立させ，自治体への交付金について再編に協力的な自治体にのみ給付するものと定めた。そして 2007（平成 19）年には，普天間飛行場の空中給油機を岩国基地に移転したことで 2003（平成 15）年度より交付していた市庁舎建設に充当する予定の補助金を打ち切ったのである。起債により歳入を充填しようとした市長に対し議会はこれを 5 度にわたって否決し，予算編成に支障を来したことを受けて井原市長は辞職し，市長選に再度出馬した。対抗したのは，衆議院議員であった福田良彦であった。2008（平成 20）年に行われた選挙の結果は，約 1,800 票の僅差で福田が勝利し，米軍機移駐を表明した。補助金の交付は再開され，国は県，市の求めていた岩国空港の民間共用を認めた。そして 2012（平成 24）年の市長選挙で，再度井原は福田に挑んだが，ここでも敗北したのである。

このように，基地と共生してきた岩国とその周辺自治体の民意は，基地再編に対して，揺れ動いた。この過程では，まず，合併によって失職する旧岩国市長が，失職前に住民投票を行おうとしたことで，議会と激しく対立し，周辺自治体首長・議会も反対を表明していた。だが，2004（平成 16）年に常設の住民投票条例を制定していたため，2006（平成 18）年 2 月には市長の発議で住民投票の実施が決定された（田村 2006：187)。3 月 12 日に行われた投票の結果は，58.68％の投票率で，賛成は 5,369 票，反対は 4 万 3,433 票で，反対票は有効投票総数の約 89％であった。その約 1 か月後の 4 月 23 日の市長選挙では，井原は 5 万 4,144 票を得た。2 位の味村太郎は 2 万 3,264 票であり，井原は他候補を倍以上引き離して圧勝したのである。

これに対して，財政危機を迎えた 2008（平成 20）年 2 月 12 日の市長選挙では，対抗する福田は有力候補ではなかった。2006（平成 18）年の郵政解散時に小泉チルドレンとして立候補し当選していた福田は，次の総選挙で落選する可能性があるとみられており，落選を恐れての市長への転身と地元ではみなされ，「身内にも出馬を疑問視する声があ」[1] ったのである。結果は僅差での福田の勝利であった。福田市政のもとで米軍艦載機の受け入れに伴い，補助金交付や空港の民間共用などが進むと，2012（平成 24）年 1 月 29 日の市長選挙結果では福田4万2,257票，井原3万656票であり，2006（平成18）年の井原と味村ほどではないが，両者の差は開いた。

2008（平成20）年の市長選挙では，基地を抱える旧岩国市と，旧郡部とでは争点についての意識が異なっており，中国新聞の世論調査では，市長に期待する政策について旧市部では「米軍再編」が最も多かったのに対して，旧郡部では「地域経済」が最も多かったと指摘されていた[2]。中国新聞の出口調査では，旧郡部では福田への支持が多いが，旧市部では井原への支持が多かったという。井原陣営からみれば「合併して二年が過ぎ，旧郡部の不満が一番高まった時に選挙をしてしまった」というのである[3]。こうして，当初新しい市への合併に伴う市長選挙と住民投票が連動して米軍機移駐への反対の声を強めたものの，市政の混乱によりそれは弱まり，基地周辺の旧岩国市で持続するにとどまったのである。そして2012（平成24）年になると，「4年間のまちづくりの礎を形にしたい」という福田を市民は選択した。井原も米軍機移駐問題を選挙のテーマとはしなかった。選挙結果は，「市民は条件整備が進む在日米軍再編問題と，地域振興策や生活関連施策をにらみ，「現状政策の維持」を選択した」というのである[4]。度重なる首長選挙を経て，住民の間で米軍機移駐問題に対する感度の差が少なくなっていった。それが問題の終了を意味するとは限らないのは，2012（平成24）年以後オスプレイの岩国配備が現在に至るまで継続して問題化していることが示している。岩国市は一貫して配備に慎重姿勢を示しているが，そのなかで市民の意識がどう統合されていくかが今後も問われているのである。

■3-3　大阪都構想

1）大阪都構想と堺市

こうした2000年代の市町村合併とそれに伴う住民投票を経て，民主党政権では，「地域主権改革」のもと，総務大臣を務めた片山善博の強いイニシアティ

1）『日本経済新聞』2008年1月14日。
2）『中国新聞』2008年2月7日。
3）『中国新聞』2008年2月13日。なお，塩沢（2012：223）も参照。
4）『中国新聞』2012年1月30日。

ブもあり，住民投票の法制化が目指された。検討は地方行財政検討会議，次いで第30次地方制度調査会で進められたが，法制化には至らなかった。ところが，この間関西地域で急速に勢力を拡張したのが大阪維新の会であった。その幹部の大阪市長橋下徹，大阪府知事松井一郎が掲げた「大阪都構想」を受けて，国レヴェルで民主，自民などの協議を経て，議員立法による大都市地域における特別区の設置に関する法律が成立した。その際に，住民投票が手続のなかに組み入れられたのである。2015（平成27）年5月に行われた住民投票では，僅差で反対が賛成を上回り，構想は頓挫した。これに伴い，橋下市長は政界引退を表明した。

一連の過程は，大阪市を廃止して区に分割するという「大阪都構想」の制度設計に関心が集まったが，本章のように住民投票の蓄積という観点から検討するならば，大阪市における住民投票とともに，同じく大阪府下のもう一つの政令指定都市である堺市にも注目する必要がある。

美原町との合併を経て堺市は，2006（平成18）年に政令指定都市に移行した。それ以前には，合併に伴う住民投票は，旧堺市の周辺自治体で行われた。まず大阪狭山市との合併について法定協議会の設置を求める住民発議の直接請求が大阪狭山市でなされたが，堺市議会は可決したものの，大阪狭山市議会は否決した。その後，高石市が美原町とともに堺市と合併するかどうかの住民投票を行い，反対が圧倒的多数で合併を取りやめていた。

事態が大きく変わるのは，2008（平成20）年に大阪府知事選挙で橋下徹が当選してからである。その後府自民党から「自民党・維新の会」が分離して，橋下支持グループを結成した。そして翌2009（平成21）年に，大阪市職員であった竹山修身が，橋下とその支持グループの支援を受けて堺市長選挙で勝利した。その上で2010（平成22）年に橋下は「大阪都構想」を提唱し始めた。これに伴い大阪維新の会が新たに結成された。「大阪都構想」自体は，太田房江府知事時代からも主張されていた制度構想であったが（砂原 2012：151-152），この段階で登場した構想は，堺市をも巻き込んだ府下の2政令指定都市を解体し，さらには隣接9市を区に再編するものとなったのである。

2）大都市地域における特別区の設置に関する法律（大都市地域特別区設置法）の成立

2011（平成23）年の統一地方選挙では，大阪府・大阪市・堺市の議会で大阪維新の会が躍進し，11月には知事を辞任した橋下が大阪市長選挙に立候補し，府知事・市長のダブル選挙となった結果，府知事に松井一郎，市長に橋下が当選し，「大阪都構想」を推進する首長の体制が整ったかにみえた。大阪維新の会は2012（平成24）年には，全国政党としては日本維新の会として国政選挙をはじめ全国に広く浸透を図った。こうした大阪発の制度構想と並行して，愛知県・名古屋市から「中京都構想」，新潟県・新潟市からは「新潟州構想」などが提起されていた。その結果，2012（平成24）年には議員立法により大都市地域特別区設置法が成立したのである。自民党，みんなの党が，橋下の構想を受けた地方自治法改正案ないし要綱を発表すると，民主党もワーキンググループを立ち上げて，法案作成作業を開始した。前原誠司政策調査会長が堺屋太一大阪府市特別顧問と会談し，調整を進めた。自民・公明党案はすでに国会に提出されていたが，これとは別に民主党案を単独で提出したのである。自公案と民主党案はともに住民投票での過半数の成立を要件としているが，後者は設置計画作成についての総務相への報告と総務相からの意見表明，また特別区の事務・権限の分担や税源配分，財政調整に関して政府が法制上の措置を講ずる場合には，事前に総務相の同意を要するといった国の関与を規定した点で異なっていた。また政令指定都市と隣接する市町村をあわせた人口200万人以上としており，限定的な適用を前提とするものであった[5)]。結局，各党もこれにあわせて調整を図り，一本化された法案が国会で審議され成立をみたのである（小松 2012）。

このうち住民投票を規定した点について，衆議院総務委員会での審議のなかで，公明党の佐藤茂樹議員はこう述べている[6)]。

「住民投票につきましては，関係市町村が廃止されて特別区が設置され

5）『朝日新聞』2012年6月6日。
6）『第180回国会衆議院総務委員会議録第15号』，p.28。

ることによって，関係市町村の住民には住民サービスの提供のあり方というのが大きな影響を受けるわけですね。特に指定都市が今回廃止になるという，大阪市のような場合，そういう場合については権限や税財源の面でいわば格下げとも言える事態が生じて，通常の市町村合併以上に住民の生活等に大きな影響があると考えられます。ですから，本当にそういう指定都市を廃止して特別区という形にしていいのかということについて住民の意思を尊重する，そういうことも大事であろうということで，住民投票を必要とさせていただきました」。

このように，大都市地域特別区設置法は，市町村合併とは異なる事案ではあるが，「市町村合併以上」に「住民の意思を尊重する」必要があるという趣旨から，住民投票を規定した。それは，サービス提供の質の変化や，権限・税財源面で「格下げ」が生じうるのみならず，やはり市町村合併のように，個人としての住民と自治体の空間とを結びつけ直す意味が大きいからだともいえるであろう。

3）競合する住民投票

ところが，大阪都構想の実現に向けて動き出す大阪府・市に対して，堺市は距離を置き始めていた。2012（平成24）年初に大阪府・市とともに，都構想の制度設計を協議する協議会設置条例の同時制定を進めていた竹山市長は，規約案のなかに「全会一致」で協議会からの脱退が認められるとする条項に危機感を抱いたという。一度協議会に入れば，大阪府・市の同意がなければ脱退できないからである。議会への根回しを続けて了解を取り付けた竹山は，2月には協議会への不参加を松井・橋下に告げた。松井は「有権者に問う」と宣言し，市長選挙に向けて対抗候補の擁立に着手したのである[7)]。

9月の市長選挙を見据えて5月に竹山が打ち出しだのが，市長選挙と同日の住民投票であった[8)]。「堺を廃止，分割するという都構想の根幹部分について

7）『朝日新聞』2013年9月13日。
8）『朝日新聞』2013年5月2日夕刊。
9）『朝日新聞』2013年5月9日。

民意を問うのは市長の責務」というのである[9]。竹山は5月の議会に住民投票を市長選挙と同時に実施するための条例を提出する準備に入った。結局は選挙運動の事前運動とされる可能性があるため断念したが，代わって市長選挙でその可否を問うことを掲げた。9月の選挙で竹山は維新の会の候補を破り，堺市の大阪都構想への参加は決定的に遠のいた。

橋下ら維新の会は，2014（平成26）年10月に法定協議会の案を府・市議会に提案した。大阪府と大阪市の二重行政を解消するため，大阪市を廃止した上で，区域を5特別区に再編し，通常業務は特別区に移管し，広域業務のうち消防，下水道などは大阪府の事務として，水道，国民健康保険などは一部事務組合を新設し，これが担当するという内容であった。だが，維新の会が府・市議会でともに過半数を確保していないために，双方で案は否決されたのである。

そこで維新の会が掲げたのは「プレ住民投票」であった。大阪都構想の是非を問う住民投票を行うかどうかを大阪市民に問うものであった。「プレ住民投票」を行う条例案の提出を首長に求めるには，大阪市の有権者数の50分の1すなわち約4万3千人の署名が必要になる。橋下らは，署名で必要数以上の数を集めた上で条例の議会提出を通じて，圧倒的な民意を背景に議会に圧力をかけようとした。また首長の専決処分で条例を制定する選択肢もあることが公然と語られた。こうして，住民投票が絶えず試みられていったのが，大阪都構想の最終局面であった。

だが，2015（平成27）年の統一地方選挙を前にして，公明党が住民投票の容認に転じた。ここで「プレ住民投票」の署名活動は休止され，都構想案は府・市議会で可決されたのである。4月に行われた統一地方選挙では，維新の会の退潮傾向がみられ，大阪府・大阪市では第1党とはなったものの過半数議席に至らず，振るわない結果となった。その上で5月17日に200万人を超える有権者を対象とした大阪市の住民投票が行われた。ここに至るまで大阪市によるパンフレットが配布され，ホームページに掲載されるなどの広報がなされ，橋下市長らは1月以降650回を超えるタウンミーティングに出席し，告示後は，維新の会の議員に街頭演説のノルマを課し，市長自らも精力的に演説を行った[10]。

10）『朝日新聞』2015年5月19日。

全国的にも注目を浴びた住民投票であり，新聞，テレビ，雑誌，書籍などさまざまなメディアが焦点を当てて報道を続けたのである。だが結果は，投票率は66.83%，賛成が69万4,844票，反対が70万5,585票で，約1万票差で大阪都構想の反対が賛成を上回った。過去に行われた最大規模の住民投票の結果であり，法制上投票が成立する投票率の下限はないが，市民の関心は高く投票率も高かったのである（武田 2015：43–44）。都構想不成立の結果を受けて，橋下市長は政界引退を表明した。橋下なき維新の会は都構想を政策として掲げ続けてはいるものの，かつての熱気は政治の表舞台から姿を消したのである。

以上のように，大阪都構想の設計に際しては，市町村合併以降の多数の住民投票を念頭に，手続上住民投票が法制化された。さらに，堺市のように都構想に参画するかどうかが，首長選挙の最大の争点となった上に，そこで住民投票の実施が模索された。また大阪市でも，議会が都構想を否決すると，これに対抗する「プレ住民投票」が掲げられた。その上で，都構想を否決する議会について，議員の選挙が都構想の賛否を改めて問うものとなった。あらゆる投票の機会が，都構想への賛否を問う仕掛けとなっていった。住民投票と首長選挙，議会選挙を通じて，個人はたえず地域空間との結びつきを問い直されたのである。

第4節　おわりに

平成の市町村合併による住民投票が全国で広がった後，橋下による大阪都構想提示の間に，鹿児島県阿久根市において市長の解職請求と議会の解散請求の双方について，住民投票が行われた。2008（平成20）年に市長に当選した竹原信一は，議会と徹底的に対立した末に，議会を解散した。選挙後の議会で市長不信任案が可決したものの失職後の市長選で竹原は再選され，市長の議会審議欠席，議会召集を行わない市長の専決処分といった事態が相次いだ。結局は2010（平成22）年12月の市長リコールの住民投票成立と翌年の市長選挙における竹原落選，2011（平成23）年2月の議会解散のリコール住民投票成立と議会選挙での竹原派の敗北によって，紛争は幕を閉じた（平井 2011）。こうした「暴走」する首長の問題は，民主党政権下の地域主権改革・地方制度改革の背景要因であり，また橋下市長が「プレ住民投票」を規定する条例を専決処分で成立させるのではないかと危惧されたのも，このような阿久根市の事例なしには考えにくい。それが住民投票と引き続き行われた市長選挙・議会選挙によって幕を閉じたことで，住民投票の有効性は認知されていった。その後に行われたのが，大都市地域特別区設置法の制定であり，大阪都構想における住民投票の成立であった。

かくして2010年代に入ると，住民投票は身近になりつつある。国民投票／住民投票情報室のホームページによれば，2010（平成22）年以降2015（平成27）年5月までの段階で，「常設型」及び「実施必至型」住民投票条例の成立に関わるものは13件，佐久市のような施設建設関係で実施されたものは投票の不成立を含めて14件ある[11)]。特に前者は今後投票を行うための基盤を整えている点でも重要であり，事態は2000（平成12）年以前とは全く異なるのである。

本章では個人と土地とを再接続する住民投票を主たる対象にしたが，それらのもつ広域性は，新藤（1999）が指摘したように，国との対抗関係ないしは，国の制定した法律を基礎にするものであった。合併特例法であれ，大都市地域特別区設置法であれ，法が住民投票を規定していた。そこで，多数の投票が実施され，あるいは大きな関心を集めた投票が行われたのである。つまり，空間としてみるならば，住民が主体でもあるが，国の枠組みが住民投票を促しているのである。それは，河口堰，原子力発電所，基地といった広域性を帯びる迷惑施設の設置や運用も同様であった。砂原（2016）は，大阪都構想までの大阪維新の会の活動を振り返って，国会と地域政党・地方議会という制度を沿って，一自治体を超えた「意思決定」は難しいと強調する。他方で，2000年代以降は，国の主導する改革が住民投票を促すことで，広域性を帯びた投票もまた増えている。「二元的代表民主制」に一層の改革を突きつける住民参加は，国の法制度上の枠組みを導火線として「領域を超え」てきた。それは日本に限らず，地方自治体の基本構造改革など地方制度改革のなかでは諸外国でもみられる（牧原2003）。大阪都構想が最終的に否定される過程でさえ，2000年代における各

11）http://www.ref-info.net/member/ju-ayumi05.html（最終閲覧日：2016年9月8日）。
12）『朝日新聞』2015年10月5日。

地での住民投票の蓄積が作用していたのである。

平成の市町村合併の特例が終了した後，かつてのような住民投票の飛躍的な件数増加はない。だが，人口減のなかで地域の意思決定が広域性を帯びる事案も出始めている。例えば，2015（平成27）年には，愛知県小牧市で書店・レンタル店のTSUTAYAと市が連携する図書館建設計画について住民投票が行われ，反対が賛成を上回った[12]。計画によれば現図書館の2.6倍の規模の図書館である。それが実現すれば併設店舗の話題性を考えると，市域を越えた多数の来訪者があろうことは十分予想できる。原子力発電所や河口堰のように国の広域的政策による立地とは本来的に異質である自治体の図書館建設ですら，広域的効果をもちうるのである。人口減のなか，住民投票が近隣自治体の住民に影響を及ぼす余地が大きくなっているともいいうる。これまで蓄積されてきた住民投票の経験が，どう個人としての住民を土地と再接続するのかは，これからも問われ続けるであろう。

【引用文献】

飯島淳子（2013）.「区画・区域・土地」『地方自治』791, 2–13.

今井　一（2000）.『住民投票―観客民主主義を超えて』岩波書店

上田道明（2003）.『自治を問う住民投票―抵抗型から自治型の運動へ』自治体研究社

上田道明（2007）.「「住民投票史」のなかの2005年」『佛教大学社会学部論集』44, 83–100.

金井利之（2011）.「直接参政制度に関する諸問題」『都市とガバナンス』16, 9–28.

小松由季（2012）.「道府県における特別区設置に係る手続の創設―大都市地域特別区設置法」『立法と調査』334, 17–24.

砂原庸介（2012）.『大阪―大都市は国家を超えるか』中央公論新社

砂原庸介（2016）.「領域を超えない民主主義？―広域連携の困難と大阪都構想」『アステイオン』84, 196–214.

塩沢健一（2004）.「住民投票と首長選挙―両者の投票結果に見られる「民意のねじれ」とは」『選挙研究』19, 125–137.

塩沢健一（2009）.「「民意」は一通りではない―米軍岩国基地問題と住民投票・市長選挙」『年報政治学』60(2), 203–224.

塩沢健一（2012）.「合併新自治体における政策課題と住民意識―長野県佐久市の住民投票をめぐる地域間の比較分析」『中央大学社会科学研究所年報』17, 113–132.

新藤宗幸（1999）.「序章　いま，なぜ，住民投票なのか」同［編］『住民投票』ぎょうせい，pp.2–17.

武田真一郎（2015）.「「大阪都構想住民投票」に関する一考察」『市政研究』188, 36–46.

田村順玄（2006）.「いま，はじめて民意が問われる―米軍再編・岩国市住民投票」『世界』751, 184–187.

西尾　勝（1978）.『都民参加の都政システム』東京都都民生活局企画部

平井一臣（2011）.『首長の暴走―あくね問題の政治学』法律文化社

藤井一夫（2011）.「佐久市の住民投票に見る公民連携」『東洋大学PPP研究センター紀要』1, 123–144.

船橋晴俊・長谷川公一・畠中宗一・勝田晴美（1985）.『新幹線公害―高速文明の社会問題』有斐閣

牧原　出（2003）.「Mayorと（Ober-）Bürgermeister―直接公選首長制の中の制度と政党」『法学』66(6), 1–43.

牧原　出（2011）.「「二元代表制」と「直接公選首長」」『地方自治』768, 2–12.

村上芳夫（1999）.「第5章　地方自治体における住民投票条例制定の問題点―5W1H」新藤宗幸［編］『住民投票』ぎょうせい，pp.163–211.

森川　洋（2013）.「平成の大合併の実態と問題点」『自治総研』421, 68–83.

Qvortrup, M. (2014). Conclusion. In M. Qvortrup (ed.), *Referendums around the world: The continued growth of direct democracy*. Basingstoke: Palgrave Macmillan, pp.246–251.

第11章

現代フランスにおける「都市問題」の語りかた

エロー県モンペリエ市セヴェンヌ地区の事例

小田中直樹

第1節　はじめに

本章の課題は，現代フランスにおいて「都市問題（question de la ville）」と呼ばれている問題について，それがいかに語られてきたか，これら通説的な「語りかた」の背景には何があるか，そこにはいかなる利点と問題点があるかを明らかにしたうえで，今日の時点においてもちいられるべき語りかたを試論的に提示することにある。具体的には，オクシタニ地域圏エロー県の県庁所在地であるモンペリエ市内に位置するセヴェンヌ（Cévennes）地区について，ほぼ1960年代から今日に至るまでの歴史的な経験を分析対象として採用する。セヴェンヌ地区を取上げるのは，同地区が典型的な都市問題を経験してきたことと，その内部にいくつか性格の異なるエリア（団地）が並存しており，それらの比較が有意味であると思われることという二つの理由にもとづいている。

本章では，以下の三つのステップを踏むことにより，この課題を果たすことを試みる。第一に，これまで都市問題がいかに語られてきたかを確認する。第二に，既存の語りかたが問題を孕んでいることを明らかにする。第三に，セヴェンヌ地区を対象として，都市問題が具体的に発現するプロセスとメカニズムを追う。最後に，以上の分析から得られた知見にもとづき，都市問題を語る際に留意するべき点について試論を提示する。

第2節　通説的な都市問題の語りかた

本章における課題設定の背景には，今日ひろく共有されている都市問題の語りかたに対して，我々が一定の疑念を抱いていることがある。まずは，通説的な位置にある都市問題の語りかたを確認することから始めたい。

第二次世界大戦後の経済復興期と，それに引続く高度経済成長期において，パリなど大都市の郊外に広がる衛星都市や，地方中核都市内部の一部エリアでは，社会政策的な性格を付与された低廉集合住宅，通称「社会住宅（logement social)」が集中的に建設されるが，ほぼ1980年代に入ると，これらエリアを中心として，住民の貧困や不安定性の帰結として，犯罪，治安悪化，さらには異文化間対立といった問題が生じる。これが都市問題である。

都市問題は，通常，貧困な移民，とりわけムスリム移民の集住と関連するものとして理解されている。すなわち，通説的な理解によれば，社会住宅は，当初は，高度経済成長を支える労働者を主要な居住者として想定していたが，旧フランス領植民地が広がる北アフリカ（マグレブ）を出自とするアラブ系諸民族（エスニシティ）や，旧西ドイツの移民政策の変遷の帰結として同国から移住してきたトルコ出身者など，おもにムスリムからなる移民（immigré）が労働者としてフランスに流入しはじめると，社会住宅は彼らが集住する場となった。とりわけ1976年から78年にかけて移民家族の呼び寄せの条件が明確化されると，移民は一次滞在移民（出稼ぎ）から定住移民に性格を変え，それに伴って社会住宅が立並ぶエリアは移民家族が集中的かつ継続的に定住する場となり，またそのようなものとして認識されはじめた。

戦後フランスにおける移民政策は，基本的に同化主義を採用してきた。同化主義の最終的な目標は移民の「統合（intégration)」であり，同化し統合された移民は平等な取扱いを受ける存在とみなされた。そして，概略的にいえば，戦後フランスにおける移民第一世代は，統合され，したがってフランス社会に同化することを了解していた。

しかしながら，異質な文化的背景をもつ彼らが同化・統合による社会的上昇を実現することは，現実には困難であった。彼らの多くは貧困な状態にとどまり，それに伴い，彼らが多く居住する地区は経済的および社会的な不安定性から生じる諸問題の多発に直面せざるをえなくなった。窃盗や麻薬売買といった犯罪の多発，強盗など治安の悪化，住民の貧困から生じる居住環境の悪化などである。

他方で，移民とりわけ移民第二世代のあいだでは「同化・統合による平等」というフランス型移民政策の機能不全に対する不満が高まり，イスラームをはじめとする自らの文化的起源を重視し，既存の主流的文化と対立あるいは断絶する傾向が生じた。これは同化主義の失敗を意味するものと捉えられ，深刻な政治的議論を惹起した。

かくして，貧困な移民が集住するエリアは「犯罪が多発する移民集住地区」たる問題地区（quartier sensible）とみなされ，いわゆる都市開発政策（politique urbaine）のみならず移民政策，社会経済政策，さらには治安政策を含んだ総合的な政策システムたる「都市政策（politique de la ville）」の必要性を証す存在となった。

以上が，ほぼ通説的な都市問題の語りかたである。移民の困窮，犯罪の増加，同化の失敗――これは，きわめてわかりやすい図式である。そして，この図式のうえにたって，あるべき都市政策が論じられることになる[1)]。

第3節　「アイデンティティの政治」アプローチの陥穽

しかしながら，この通説的な都市問題の語りかたには大きな欠陥が存在する。すなわち，そこには，みずからが人為的に構築されたものではないのかといった疑念も，あるいは，みずからがもちうる政策的なインパクトが負の方向に機能する可能性に関する感受性も，みてとりえない。換言すれば，通説的な

1）都市問題・都市政策に関する通説的な語りかたの例として，まず都市史研究については，定説的な通史をみると，社会住宅は都市の郊外部に建設され，この「中心部との距離」が空間的隔離（セグリゲーション）や社会的分断をもたらしたことが主張されている（Roncayolo 2001：311）。また都市問題・都市政策に関する実証研究たる都市研究（urban studies）については，1970年に発表され，いまだに引用される古典的な研究では，社会住宅にはさまざまな階層が住んでいるが，彼らは分類され序列化してゆくことと，そこから都市問題が発生することが重視されている（Chambordon et al. 1970）。

都市問題の語りかたは，みずからの構築性や問題性を問う視点がないという意味で，自己反省性（self-reflexivity）を欠いている。かくのごとき非自己反省的なスタンスは，今日の科学のありかたの基準からすれば不十分であり，さらにいえば危険である。本章の出発点をなす疑念とは，つまりはそのようなことである（森 2016）。

かくのごとき非自己反省的な都市問題の語りかたは，いかなる意味で人為的・構築的であり，また，いかなる点で危険性を孕むのだろうか。本節では，現代フランスにおける都市問題・都市政策に関する先行研究を顧みつつ，この2点を明らかにする。

第一に，その人為性・構築性について。この点を検討するに際して出発点たりうるのは，2000年代初頭に闘わされた，フランスの問題地区は「ゲットー」と呼べるか否かをめぐる論争である（Kokoreff 2009；Lapeyronnie 2008；Wacquant 2006）。すなわち，ロイク・ヴァカン（Loïc Wacquant）は，シカゴの黒人地区における長期の参与観察をもとに，アメリカ合衆国を起源とする「ゲットー」概念は単一民族たる黒人の集住という基準を中核として構成されており，アラブ系ムスリムが優越しているとはいえ多様な民族からなる移民が集住している問題地区には適用しがたいと主張する。これに対してディディエ・ラペロニ（Didier Lapeyronnie）は，問題地区もまた，民族的差異にもとづく空間的隔離が機能している点では合衆国の黒人地区と変わるところなく，したがって「ゲットー」と呼びうると反論した。

ここで留意されるべきは，両者は，程度の差こそあれ，移民と非移民の民族的差異にもとづく空間的隔離を問題地区にみてとり，さらにいえば問題地区の最大の特徴をこの空間的隔離におく点では共通している，という事実である。これは，通説的な都市問題の語りかたに共通する特徴である。問題地区に住む移民についていえば，彼らは同化主義に反発するなかでみずからの居住地区の空間的隔離を促し，また空間的隔離によって疎外感を高揚させるなかで同化主義に対する反発を強める。ここから各種の都市問題が生じる。したがって，都市問題の解決策たる都市政策の最優先課題は空間的隔離の解消，すなわち社会的混交（mixité social）の促進におかれる。都市問題のキーワードは民族的差異にもとづく空間的隔離であり，都市政策のキーワードは社会的混交である，ということになる（Estèbe 2004；Fourcaut 2002；Marchal et al. 2010；Tellier 2007；Vasconcelos 2013；Vayssière 1988；Zegnani 2013）。

たしかに，現代フランス都市の歴史的経験において，空間的隔離と社会的混交という事象が，実態の次元で重要であることは事実だろう。ただし，事象の重要性を測定する際には，言説の次元も考慮に入れる必要がある。二つの事象が他の事象に増して重要であるという判断は実態と言説という二つの次元にまたがっており，したがって人為的・意図的な営為が介入している可能性がある，ということである。

この点については，すでに，いくつかのすぐれた研究において，実際に人為的な意図が介入してきたことが指摘されている（Houard 2009；Magri 2008；Tissot 2007）。それらによれば，そもそも「都市問題」や「社会的混交」という用語や概念が出現し，人口に膾炙しはじめたのは1990年代のことであり，その背景には一部の政策知識人（ポリシー・インテレクチュアル）の姿があった。その代表的な存在が，社会学者アラン・トゥレーヌ（Alain Touraine）である（Touraine 1997）。彼は「新しい社会運動」概念の提唱者として日本でも知られているが，彼が同概念を提唱したことの背景には，社会をタテ方向すなわち階級構造にもとづいて把握することから，ヨコ方向すなわちアイデンティティ関係にもとづいて把握することへと，社会認識のあり方を変容させようとする意図と意思があった。すなわち，彼において，社会は，多様なプレーヤーが，かつてのような「支配と服従」ではなく「排除と包摂」を掛け金として営む「アイデンティティの政治」というゲームが展開される場（フィールド）であり，また，そのようなものとして捉えられるべきだとされたのである。彼の提言は，1970年代以降先進国でみられるようになった社会変動の特質を適切に説明しうるものとして肯定的に受容され，1990年代になると現代都市史研究や都市研究にも影響を及ぼすに至った。かくして「都市問題」あるいは「社会的混交」なる用語・概念が誕生し，成長することになる。

以上の点を考慮すると，これら用語・概念をもちいて都市とりわけ問題地区を分析することは，すなわち「アイデンティティの政治」という観点・枠組から当該空間に接近することを意味しているといってよい。

いまや事態は明白だろう。問題地区に限っていえば，そこにおいて，住民の多くを占める貧しい移民がさまざまな問題を惹起していることは確かである。ただし，それらを「都市問題」と命名し，その主要な原因を民族的差異にもとづく空間的隔離に求め，その解決策たる都市政策の主要目標を社会的混交におくことには，人為的に構築された言説行為が介入している。そして，この言説行為においては，問題地区はアイデンティティの政治が営まれる空間として捉えられ，また，そのようなものとして捉えられるべきであるとされる。

現代都市史研究や都市研究は，この，人為的な意図の介入という事実を念頭において進められなければならない。しかしながら，我々にいわせれば，かくのごとき認識が専門家のあいだに十分に共有されているとはいいがたい。これは，彼らの自己反省性が欠落しているか，少なくとも不十分であることを証している。

第二に，通説的な都市問題の語りかたの危険性について。この危険性は，以下の二つに区別できる。

まず，それが意識的にか無意識的にか「アイデンティティの政治」という観点・枠組をもちいて都市問題に接近していることから生じる危険性である。議論を問題地区に限定すると，この観点・枠組は，一見すると，都市問題を分析するに際してきわめて有効であるように思える。すなわち，通説的には，都市問題の主要な原因は貧困な移民の集住に求められうる。彼らは，同化主義の機能不全から生じる疎外や差別に直面することにより，自らの民族的および文化的なアイデンティティを「再」発見し，問題地区という空間を，これらアイデンティティに好ましい方向に再編成し，あるいはさまざまな次元で占有しようと試みる。これに対して非移民は，このような移民の動向を，みずからが拠って立つ「共和国の価値（valeurs républicaines）」すなわちフランス革命後とりわけ第三共和制期以来の歴史のなかで確立されてきた，フランスをフランスたらしめている（と集団的に想像されている）アイデンティティに対する挑戦あるいは侵略とみなし，反発する。二つのアイデンティティが相対立し，その過程で結晶化するなかで，問題地区はアイデンティティの政治というゲームが営まれる場となり，各種の都市問題を生ぜしめる。ここから，これら問題を解決する方策，すなわち都市政策の基本的な目標は，アイデンティティの結晶化を妨げることにおかれるべきだという主張が生じる。都市政策の具体的な例としては，相異なるアイデンティティをもつアクターが当該空間で混在するという状況，すなわち社会的混交を促進することがあげられ，その有効性の如何をめぐって議論が続くことになる（Bricocoli et al. 2014；Causer 2011；Clerval 2013；Driant 2010；Lussault 2009；Musterd et al. 1998；Préteceille 1973；Schelling 1971；Tissot et al. 2004）。

たしかに，都市問題はアイデンティティの政治の産物という側面をもっている。また，同問題を分析するにあたり，アイデンティティの政治という観点・枠組みを利用することは有益にちがいない。ただし，それには大きな副作用が伴うことを忘れてはならない。アイデンティティには，しばしば通約不可能な性格が付与されているからである。すなわち，移民と非移民，ムスリムとキリスト教徒，アラブ民族とラテン民族……といったアイデンティティは，相互に排他的であり，したがって通約不可能である。さらにいえば，諸々のアイデンティティは，場合によっては相異なるレイヤーに重層的に並存し，レイヤーが異なる場合は部分的に重複して存在するため，アイデンティティは（移民かつムスリムかつアラブ民族とか，移民かつキリスト教徒かつアラブ民族とかいった具合に）細分化され，増加してゆく。そして，これら細分化されたアイデンティティが，ふたたび，しばしば通約不可能なものとして認識される，というわけである。

我々にとって重要なのは，通約不可能なアクターのあいだで展開されるゲームには，しばしば妥協の余地がない，ということである。この種のゲームにおいて，アクターは，勝って敗者を排除するか，負けて排除されるか，あるいは引き分けて相互に無関係に並存するかしかない。都市問題に即していえば，勝って空間をみずからの排他的な文化的領域とするか，負けて転出するか，引き分けて口を聞かない隣人同士として気まずく共存しつづけるかである。かくのごときゲームのどこに社会的混交の余地があるのだろうか。

通説的な都市問題の語りかたが孕む危険性としては，もう一つ，それが現実の都市政策に大きな影響を与えていることがあげられる。もしも都市問題・都市政策に関する議論が象牙の塔たる学界の内部に留まるのであれば，それが非自己反省的であろうが，無邪気なかたちでアイデンティティの政治にもとづくものであろうが，さほど実害はないかもしれない。しかしながら，現代都市史研究・都市研究という学問領域は，少なくとも今日のフランスでは，学術的な研究と政策的な実践の距離が近いという特徴をもっている。それゆえ，アイデンティティの政治という観点・枠組で都市問題を捉えるというスタンスは，さまざまなルートを辿って政策担当者に届けられ，共有され，都市政策の制定に際して影響を与えることになる。都市問題はアイデンティティの政治というゲームの産物であるという現代都市史研究・都市研究の専門家の言説は，かくして，アイデンティティの政治という観点・枠組にもとづく都市政策の制定に至る。実際，近年のフランスにおける都市政策は，基本的には問題地区居住者のアイデンティティに焦点をあてる方向に進んでいるといってよい（CES/ANRU 2013a；2013b；CESE 2013；Delarue 1991）。

現代都市史研究・都市研究という学問領域において学術的な研究と政策的な実践をつないでいるのは，ここでもまた政策知識人たちである。その代表的な存在としては，社会学者ジャック・ドンズロ（Jacques Donzelot）があげられる。彼は，ミシェル・フーコー（Michel Foucault）の強い影響のもと，家族社会学者として研究生活を開始したが，1990 年代から都市社会学に関心を移し，さらには都市計画全般に関わる政府の公式シンクタンクとでもいうべき「都市化・建設・建築計画局（Plan Urbanisme Construction Architecture，PUCA）」の科学顧問として，都市政策の立案に絶大な影響を行使するに至った。彼は，排除と包摂をめぐってアイデンティティの政治が争われる空間として社会を捉えるというトゥレーヌの所説を受容して都市に援用し，空間的隔離こそが都市問題の中核であると主張したうえで，住民の参加によって社会的混交を実現するべきことを説いている（Donzelot 2009；2012）。

これまで述べていたことからわかるとおり，都市問題や都市政策を論じる観点・枠組として無邪気に「アイデンティティの政治」をもちいることは，理論的に，さらには実践的にも，幾多の危険性を孕んでいる。しかも，この概念が人為的に構築されたものであるだけに，なおさらのことである。我々は，少なくともこの観点・枠組を相対化したうえで，その利用の是非を検討しなければならない。すなわち，他の観点・枠組についても，その有効性を測定し，可能かつ必要であれば併用を試みるべきだろう。あるいはまた，アイデンティティの政治を生み出すメカニズムを，アイデンティティ以外の次元に求めてみることも可能だろう。そのためには，我々はもう少し自己反省的であってよいはずである。

第4節　セヴェンヌ地区の事例から

かくのごとく通説的な先行研究を批判的に評価するのであれば，我々がなすべきことは明らかだろう。すなわち，都市問題・都市政策について「アイデンティティの政治」と唱えるだけでは片付かない点が存在することを明らかにし，その点を論じる方策を提示することである。本節では，セヴェンヌ地区を対象として，この課題を簡単に検討する[2)]。

1950年代から1960年代にかけて，モンペリエ市は急速な人口増加を経験した。同市の人口は1954年から1975年までの約20年で10万人弱から20万人弱に倍増するが，その背景には，工場誘致に伴って外国を含む各地から労働者が流入したこと，モンペリエ大学が拡大して学生数が増加したこと，そして1962年にアルジェリアが独立したためフランスに帰国をよぎなくされた引揚者を大量に受入れたことがあった。

この事態に対応して，モンペリエ市の中心部をなす旧市街から3キロほど北西に位置するセヴェンヌ地区では，巨大な団地群の建設が進められた。例えば，1964年には，引揚者を想定住民とする800戸以上の住宅からなる民間分譲集合住宅団地「プティ・バール（Petit Bard）」が建設された。1967年には，プティ・バールから道を一本隔てたエリアに，公営社会住宅を建設・供給・運営するエロー県公共低廉住宅局（Office Public Départemental des HLM de l'Hérault）が約500戸の低廉住宅（HLM）からなる公共賃貸集合住宅団地「ペルゴラ（La Pergola）」を建設した。さらに，両者の近隣には，民間分譲集合住宅団地「セヴェンヌＩ（Cévennes I）」などが整備された。かくのごとくセヴェンヌ地区に貧困層むけの住宅が大量に建設されたことの背景には，1960年代から70年代

2）本節のうちプティ・バールを論じる部分は，別稿（Odanaka 2016）の一部に対して翻訳・加筆・削除・修正・要約を加えたものである。それゆえ，当該部分に関する詳細はそちらを参照されたい。なお，同部分は日本学術振興会科学研究費・基盤研究（c）（研究代表者・小田中直樹，課題番号15K02925）に基づく研究成果の一部である。

にかけてモンペリエ市が都市開発政策の基本思想としてゾーニングを採用したことがあった。すなわち，市の東部は農地，北部は学術地区（大学，グラン・ゼコール，病院），南部は工場用地，そして西部が労働者，周辺地域からの移入者，あるいは移民を対象とする住宅用地として，おのおの指定されたのである[3)]。

本節では，プティ・バールとペルゴラを分析対象として取上げ，両者を比較対照しながら議論を進める。かくなるアプローチを採用するのは，両者のあいだには，一方で，道（ポール・ランボー通り）を一本隔てただけで隣接しており，また，都市問題・都市政策を論じる際にしばしば一括して取り上げられてきたという共通性と，他方で，前者は民間分譲集合住宅団地なのに対して後者は公営賃貸集合住宅団地という相違点の双方が存在しており，それゆえ比較対照にふさわしいと考えられるからである。

まずプティ・バールであるが，当初，同団地の住民のほとんどは持ち家として居住する引揚者であった。しかし，彼らは，高齢化の進展や世帯規模の変化などの理由から，徐々に持ち家を売却あるいは賃貸して転出してゆく。主な住宅購入者は不動産業者であり，主な賃借者は移民，とりわけ1970年代後半からはマグレブ諸国，というより，ほとんどはモロッコからの移民となった。1990年代に入ると，プティ・バールは，持ち家居住世帯は約2割，住民の9割近くはモロッコ移民，また成人男性の失業率は3割近くという状況に至った。かくして同団地は「移民の集住，貧困と失業，治安悪化」という典型的な都市問題が発生する場として認識され，「麻薬のスーパーマーケット」あるいは「民営だが事実上の社会住宅」と呼ばれることになった。

それでは，プティ・バールにおける都市問題は，なぜ・いかに生じたのだろうか。「アイデンティティの政治」すなわちモロッコ移民の集住と，それが惹起する文化的対立のゆえであるといいたくなるかもしれないが，それは正しくな

---

3)《Programme de modernisation et d'équipement de Montpellier》(s.d., maybe 1962, Archives Municipales de Montpellier (AMM) 1O1T)。なお，1977年に社会党市政が誕生すると，それまでの中道右派市政が推進してきたゾーニング政策は放棄され，南東部を住宅・産業・行政地域として開発することによる北西部から南東部にむかう開発軸の設定と，各エリアにおいて職住接近をはじめとする機能の複合化を進める通称「マイクロ・ゾーニング」が，都市開発政策の基本思想として採用されることになる(Da Rold 2010)。

い。あるいは，それだけでは十分でない。これでは，移民が集住した理由を説明していないからである。

問題は，なによりもまず，貧困な移民の集住を生んだメカニズムにある。

プティ・バールの場合，それは，民間分譲集合住宅団地に商品化すなわち市場の論理が導入されたことから生じた。すなわち，持ち家居住者の転出によって売りにでた住宅は，たいていの場合，不動産業者が購入し，賃貸住宅化する。不動産業者にとって重要なのは収益率であり，したがって，彼らにあっては，集合住宅全体の環境維持や改修などのために支出する意欲は薄い。また，エレベータや外装など集合住宅の共用部分の修繕や清掃などを担当する職員の雇用にもちいられる管理費（charges）を積極的に負担する気もない。団地の管理は理事長（syndic）に委任されるが，理事長は「だれが住んでいるか」あるいは「だれが所有しているか」には関心を寄せない。これらの結果として，団地の建物・居住環境・財務状況は急速に悪化する。事態に耐えられない持ち家居住者や借家人は転出し，代わりに，ここにしか住めない人びと，すなわち貧困層や，知人や親族の近くに住むという習慣をもち，そのためにはある程度の家賃を支払ってもよいと思っている人びと，すなわちマグレブからの移民がやってくる。その一方で，住宅価格は低下し，逆に収益率は上昇し，不動産業者が購入するインセンティヴは向上する。かくして，ふたたび悪循環が始まる――これが，プティ・バールに貧困な移民の集住をもたらしたメカニズムである。

換言すれば，同団地では，3種類のステークホルダー，すなわち所有者（おもに不動産業者），居住者（借家人），管理者（理事長）が，おのおの他者に対して無関心なまま並存していた。そして，彼らが担う機能たる所有，居住，管理が，これまた相互に無関係に並存していた。

ペルゴラの事情は異なっている。同団地の建物・住宅は，いちはやく1992年，建設から四半世紀を経て，賃貸社会住宅改修補助金（PALULOS）をもちいた改修が試みられた。フランスでは，集合住宅団地は15年程度で改修時期を迎えるとされているので，これは比較的すばやい対応といえる。その後，ペルゴラでは，社会住宅という性格上貧困層が集住することもあり，マグレブ出身者を中心とする移民の集住や治安の悪化など，プティ・バールと同様に「アイデンティティの政治」に帰されうる都市問題の発生が指摘されるようになったが，実際には，建物の劣化や居住環境の悪化の程度は後者ほどではなかった[4]。2005年には，両団地を対象とする整備計画である「セヴェンヌ地区都市再生計画（Projet de Rénovation Urbaine, quartier de Cévennes)」が5年間の予定で始まるが，ペルゴラは建物・住宅の改修だけで十分であると判断され，計画期間内に整備を完了した。これに対して，プティ・バールは，ほぼ半数の建物の解体と新築が必要であると判断され，当然ながら5年がすぎても整備は完了せず，今日に至るまで計画期間を延長しながら解体と新築が続けられている。

ペルゴラの都市問題がそれほど悪化しなかったのは，公営賃貸集合住宅団地という性格上，商品化すなわち市場の論理が導入されなかったためである。そこでは，居住環境の維持，小規模な改修の随時実施，管理費の適切な徴収と執行などは，建物・住宅の所有者兼管理者たるエロー県公共低廉住宅局が担うというシステムが明確化されていた。借家人は，なにか問題があれば，所有者兼管理者たる県公共低廉住宅局と交渉すればよかった。ステークホルダーやその機能が無関心・無関係に並存し，そのなかで都市問題が悪化するという事態は，かくして避けられることになったのである。

プティ・バールとペルゴラという，セヴェンヌ地区に位置する二つの団地の歴史的経験を比較してわかるのは，都市問題を「アイデンティティの政治」の次元で把握するという通説的な語りかたは，正しくないとまではいえないが，分析の深度という観点からすると十分ではない，ということである。都市問題におけるアイデンティティの政治が生じる背景あるいは基盤には，不動産の商品化あるいは市場の導入という，経済の次元における事象がある。換言すれば，都市問題のメカニズムは，アイデンティティの政治のみならず経済の次元をも含んだかたちで捉えられ，理論的に構築されなければならない（Vieillard-Baron 2009）。さらにいえば，都市問題に対する対応策たる都市政策は，アイデンティティや，それを含む文化や社会の次元にとどまることなく，経済の次元，とりわけ不動産市場のありかたに届くものでなければならないだろう（Pinçon et al. 1996）。

---

4)《PRU Cévennes 2005–9, concession d'aménagement Petit Bard》(ville de Montpellier, s.d., maybe 2005, AMM 837W18).

第5節　おわりに

我々は，セヴェンヌ地区における都市問題がアイデンティティの政治という側面をもっていることを否定するものではない。また，アイデンティティの政治という観点・枠組が，セヴェンヌ地区，あるいは，それに留まることなく現代フランス各地の都市問題を分析し，解決策・対応策たる都市政策を構想するに際して有効であることを否定するものでもない。したがって，通説的な都市問題の語りかたを全否定するつもりはない。実際のところ，都市計画や都市開発は政治的な営為であり，また，そこに介入する政治のうち最重要なものの一つがアイデンティティの政治であることは，いうまでもない（Bourdieu 1980；Hamman et al. 2011；Jouve et al. 1999；Joly 1995；Le Goullon 2010）。

ことセヴェンヌ地区についていうと，2012年にトラムウェイ3号線が開通し，ペルゴラに接して駅が設置されたことにより，市中心部まで15分弱でゆけるようになった今日にあっても，とりわけプティ・バールは，多くの市民において，マグレブからのムスリム移民が集住する「彼らのための」団地というイメージを維持している。アイデンティティの政治が，依然として都市問題の次元で機能していることは明らかだろう。

また，セヴェンヌ地区を対象とする都市政策は，少なくとも部分的には，アイデンティティの政治という観点・枠組にもとづいて構想されるようになった。例えば，住民の多数を占めるムスリム移民のアイデンティティを尊重するべく，1997年には，プティ・バールに隣接する市有地にモンペリエ市最大のモスクが建設された。2005年に始まるセヴェンヌ地区都市再生計画では，プティ・バールについて，アイデンティティの政治にもとづいて生じたとみなされた都市問題を解決するべく，新たな方策が採用された。すなわち，同計画の主要な内容は老朽化した建物を解体して新築するというものであったが，新築される住宅のうち半数はプティ・バール以外の地区（hors-site）に移設し，希望する既存借家人はそこに居住するべくプティ・バールから転出できることになった。地区

5)《Document de travail, les choix stratégiques à effectuer pour résoudre les problèmes en cours et à venir sur la cité du Petit Bard》(Philippe Ténaud, AUM, s.d., maybe 2004, AMM 837W26).

内の新築住宅（sur-site）のうち，彼らの転出によって空室となる部分については，あたらしく賃貸あるいは分譲に供されるとされた。これは，文化的差異にもとづく空間的隔離の弊害を解消するには「人の移動」が必要であるという判断の産物であった。人を移動させることにより，貧困な移民が集住する団地というイメージを一新し，地域内に広がる移民の社会的なネットワーク（したがって彼らのアイデンティティ）を解体し，さらには団地の所有や運営という機能に対して関心をもつ住民を増加させることが目指されたのである[5]。これら二つの政策は，住民の既存アイデンティティに対する評価こそ正反対であるが，アイデンティティの政治が都市問題の一因であり，それゆえ都市政策はこの点を包摂するかたちで構想されなければならないという判断を共有していると考えてよい。

我々がいいたいのは，アイデンティティの政治という観点・枠組のみで都市問題を語り，あるいは都市政策を構想するのは，不十分にして危険な営為である，ということである。諸々の学問領域において「アイデンティティ」は流行語として不動の位置を占めているが，我々には「その先」を見通す努力が必要なのではないだろうか。現代フランスにおける都市問題・都市政策は，そのような教訓を与えているように思われる。

【引用文献】

森千香子（2016）．『排除と抵抗の郊外―フランス「移民」集住地域の形成と変容』東京大学出版会

Bourdieu, P.（1980）. Identité et la représentation: Éléments pour une réflexion critique sur l'idée de région. *Actes de la Recherche en Sciences Sociales*, 35, 63–72.

Bricocoli, M., & Savoldi, P.（2014）. Urban spaces as public action 'mode durable' : Open spaces and urban change in Milan. In A. Madanipour, S. Knierbein, & A. Degroset（eds.）, *Public spaces and the challenges of urban transformation in Europe*. London: Routledge, pp.11–22.

Causer, J.-Y.（2011）. La contribution des discriminations socio-spatiales aux logiques urbaines de cloisonnement et d'enfermement. In P. Hamman（ed.）, *Le tramway dans la ville: Le projet urbain négocié à l'aune des déplacements*. Rennes: Presse Universitaires de Rennes, pp.149–158.

CES/ANRU（2013a）. *Changeons le regard sur les quartiers: Vers de nouvelles exigences pour la rénovation urbaine*. Paris: La Documentation Française.

CES/ANRU (2013b). *Des quartiers comme les autres ? : La banalisation urbaine des grands ensembles en question*. Paris: La Documentations Française.

CESE (2013). *Avant-projet de la loi relatif à la ville et à la cohésion urbaine*. Paris: Directions des Journaux Officiels.

Chambordon, J.-C., & Lemaire, M. (1970). Proximité spatiale et distance sociale: Les grands ensembles et leur peuplement. *Revue Française de Sociologie*, 11(1), 3–33.

Clerval, A. (2013). *Paris sans le peuple: La gentrification de la capitale*. Paris: La Découverte.

Da Rold, J. (2012). *Les sociétés d'economie mixte, acteurs de la ville: Regards croisés en France et en Europe*. Paris: L'Harmattan.

Delarue, J.-M. (1991). *Banlieues en difficulté: La relégation*. Paris: Syros.

Donzelot, J. (2009). *La ville à trois vitesse et autres essais*. Paris: Editions de la Villette.

Donzelot, J. (dir.) (2012). *À quoi sert la rénovation urbaine?* Paris: Presses Universitaires de France.

Driant, J.-C. (2009). *Les politiques du logement en France*. Paris: La Documentation Française.

Estèbe, P. (2004). *L'usage des quartiers: Action publique et géographie dans la politique de la ville, 1982–1999*. Paris; Budapest; Torino: l'Harmattan.

Fourcaut, A. (2002). Trois discours, une politique ?. *Urbanisme*, 322, 39–45.

Hamman, P., & Blanc, C. (2011). La négociation dans les projets urbains de tramway. In P. Hamman (ed.), *Le tramway dans la ville: Le projet urbain négocié à l'aune des déplacements*. Rennes: Presse Universitaires de Rennes, pp.45–72.

Houard, N. (2009). *Droit au logement et mixité: Les contradictions du logement social*. Paris: L'Harmattan.

Joly, J. (1995). *Formes urbaines et pouvoir local: Le cas de Grenoble des années 60 et 70,* Toulouse. Presses Universitaire du Mirail.

Jouve, B., & Lefèvre, C. (1999). De la gouvernance urbaine au gouvernement des villes ?: Permanence ou recomposition des cadres de l'action publique en Europe. *Revue Française de la Science Politique*, 49(6), 835–854.

Kokoreff, M. (2009). Ghettos et marginalité urbaine: Lectures croisées de Didier Lapeyronnie et Loïc Wacquant. *Revue Française de Sociologie*, 50(3), 553–572.

Le Goullon, G. (2010). *Les grands ensembles en France*, Ph.D. Thesis, Université de Paris 1.

Magri, S. (2008). Le pavillon stigmatisé. *L'Année Sociologique*, 58, 171–202.

Marchal, H., & Stébé, J.-M. (2010). *La ville au risque du ghetto*. Paris; Lavoisier: Tec & Doc.

Musterd, S., & De Winter, M. (1998). Conditions for spatial segregation, *International Journal of Urban and Regional Research*, 22(4), 665–673.

Lapeyronnie, D. (2008). *Ghetto urbain: Ségrégation, violence, pauvreté en France aujourd'hui*. Paris: Robert Laffont.

Lussault, M. (2009). *De la lutte des classes à la lutte des places*. Paris: B. Grasset.

Odanaka, N. (2016). Cinquante ans d'un quartier montpelliérain: Le Petit Bard, 1960–2010. *Bulletin Historique de la Ville de Montpellier*, 38.

Pinson, D. (1996). La monumentalisation du logement, l'architecture des ZUP comme culture. *Les Cahiers de la Recherche Architecturale/Les Cahiers de la recherche architecturale et urbaine*, 38/39, 51–62.

Préteceille, E. (1973). *La production des grands ensembles*. Paris; La Haye: Mouton.

Roncayolo, M. (ed.) (2001). *La ville aujourd'hui: Mutations urbaines, décentralisation et crise du citadin*. Paris: La Seuil (first ed., 1985).

Schelling, T. C. (1971). Dynamic models of segregation. *Journal of Mathematical Sociology*, 1(2), 143–186.

Tellier, T. (2007). *Le temps des HLM 1945–1975: La saga urbaine des Trente Glorieuses*. Paris: Autrement.

Tissot, S. (2007). L'État et les quartiers: Genèse d'une catégorie de l'action publique. Paris: La Seuil.

Tevanian, P., & Tissot, S. (2004). La mixité contre la choix. *Les mots sont importants* (http://lmsi.net/La-mixite-contre-le-choix).

Touraine, A. (1997). *Pourrons-nous vivre ensemble ?: Égaux et différents*. Paris: Fayard.

Vasconcelos, P. (2013). Processus et formes socio-spatiaux des villes. In M. Carrel P. Cary, & J.-M. Wachsberger (eds.), *Ségrégation et fragmentation dans les métropoles: perspectives internationales*. Villeneuve d'Ascq: Presses Universitaires Septentrion.

Vayssière, B. (1988). *Reconstruction, déconstruction: Le hard french ou l'architecture française des trente glorieuses*. Paris: Picard.

Vieillard-Baron, H. (2009). *Banlieues et périphéries: Des singularités françaises aux réalités mondiales*. Paris: Hachette.

Wacquant, L. (2006). *Parias urbains: Ghetto, banlieues, État*. Paris: La Découverte.

Zegnani, S. (2013). *Dans le monde des cités: de la galère à la mosquée*. Rennes: Presses Universitaires de Rennes.

第 12 章　〈国民が担う立憲主義〉に関する考察

第 13 章　代表民主主義における理想と現実：

現代日本政治の思想と制度

第12章

〈国民が担う立憲主義〉に関する考察

佐々木弘通

第1節　はじめに：本章の課題と構成

2015（平成27）年9月に成立したいわゆる安全保障関連法は，その内容に，前年7月1日の閣議決定――憲法9条は個別的自衛権の行使のみを容認し集団的自衛権の行使を禁止するという従来の政府解釈を変更し，9条は集団的自衛権の行使をも一定範囲内で容認するとした――を受けた部分を含む。特にこの部分を中心として，この法案が憲法9条に違反する（＝違憲である）との批判が，この法案を国会で審議する間，国会の内外で高まった。この法案は，国会内で野党の強い反対にあったのみならず，国会前をはじめとする全国の様々な地域における街頭で，国民（ないし市民）による大規模な反対運動に晒された。街頭で人々は「憲法守れ」と声を上げ，自らの運動を立憲主義のためのものだと自任した[1)]。

ここに顕在化した，国民が立憲主義を擁護するための実践に携わる，という事態について，本章では，以下に述べるような問題意識を持ちながら，憲法理論的に考察したい。

立憲主義とは，憲法に従った統治を行うべしという原理のことだが，今日の我々の標準的理解によれば，ここで統治が従うべしとされるところの「憲法」は，どんな内容の憲法でもよいわけではなく，「立憲的（近代的）意味の憲法」でなければならない。この意味での立憲主義について後に立ち入って考察する

1）さしあたり，奥田他（2015）を参照。

ので（第2節），ここでは「立憲的意味の憲法」をごく簡単に，〈国民主権原理を基礎とした上で人権保障と権力分立を不可欠の原理とする憲法〉，と理解しておこう。日本国憲法は，「立憲的意味の憲法」である。

「立憲的意味の憲法」は国民主権原理に立つから，統治が民主主義に基づくものであることを要請する。民主主義に基づく統治は，憲法の定める手続的な枠に統治が従うことで実現するが，それだけでなく憲法は，その民主主義的統治が越えてはならない実体的な枠をも定めている。このように，憲法の定める実体的・手続的な枠の内側で，政策を決定し遂行するのが，通常の，民主主義に基づく統治である。憲法の定める枠の外側（違憲）の政策は，通常の民主主義的統治では決定・実施することができない。それを行うには，憲法の定める特別の民主主義的手続に従って，憲法改正をしなければならない。ここで，ある政策が憲法の枠内にあるか枠外にあるかは，憲法解釈により判断される。

公権力を担い統治を行う「国家」自らが，憲法に従い，憲法の定める枠の内側で，通常の民主主義的統治を行うのが，〈「国家」の立憲主義〉である。一方，国家が，憲法改正を行わずに通常の民主主義的統治で，憲法の定める枠の外側（違憲）の政策を決定・実施しようとするとき，〈「国家」の立憲主義〉は損なわれている。そのとき，公権力を担わず統治を及ぼされる側にいる国民（＝「社会」）が，それに反対して，「国家」に憲法の枠を守らせようとするのが，〈「社会」の立憲主義〉である。安全保障関連法案に反対する街頭運動は，正にそういう〈「社会」の立憲主義〉という一面をもっており，その意味で，この運動は立憲主義の運動だといえる。しかし他面では，この運動は，特定の法案の成立に反対する運動であるから，その限りで通常の民主主義に属する活動だといえる。このようにこの運動には，通常の民主主義の側面と，むしろ通常の民主主義を枠づけるところの，立憲主義の側面との，両方があり，この運動において両者は重なっていた。

この運動がそうであるように，〈「社会」の立憲主義〉は，それが現実に顕在化する場合には，通常の民主主義と重なって現れることが少なくない。だが本章の関心はむしろ，通常の民主主義にはない，〈「社会」の立憲主義〉に固有の特徴があるとしたらそれは何か，という問題にある。その固有の特徴は，しかしながら，〈「社会」の立憲主義〉の担い手が国民に他ならない以上，通常の民主主義とはまた違う，立憲主義そのものがもつ民主主義的特徴であるといえるのではないか。〈「社会」の立憲主義〉を本章標題ではあえて〈国民が担う立憲主義〉と表記した上で，民主主義を主題とする本書に本章を寄せたのは，その趣旨である。

本章の課題は，〈「社会」の立憲主義〉が，立憲主義の憲法秩序のなかでどんな位置を占めるのかを解明し，その実践的課題を探ることにある。本章の構成は次の通りである。まず前提的に，立憲主義がどんな実践的な〈ものの考え方〉であるのかを確認する（第2節）。次に，成文の憲法典をもつ現代立憲主義諸国の憲法秩序を客観的に認識・記述しようとするとき，どんな憲法秩序のモデルをその認識枠組みとして採用できるかを検討する（第3-5節）。その後，その認識枠組みとしての憲法秩序モデルを構成する諸要素が，立憲主義という実践的な〈ものの考え方〉によると，どんな関係に立つべきだと考えられるかを検討し，〈「国家」の立憲主義〉と〈「社会」の立憲主義〉に関する理解を深める（第6節）。その点を踏まえながら――〈「国家」の立憲主義〉が損なわれたという評価は，国家の通常の民主主義的統治が憲法の定める枠を越えたという評価を基礎とするところ，既述のように，憲法の定める枠を越えたか否かの評価は憲法解釈によるため――，憲法解釈の枠という問題について考える（第7節）。最後に，日本における〈「社会」の立憲主義〉の実践的課題について考える（第8節）。

第2節　立憲主義という実践的な〈ものの考え方〉

先述のように，今日の我々が考える立憲主義とは，「立憲的意味の憲法」に従った統治を行うべしという原理のことである。この「立憲的意味の憲法」を基礎づける理論として，憲法学が異論なく承認するのが，ロック流の社会契約論である[2)]。そこで以下では，本章なりの語り方でこの社会契約論の基本論理を追うことを通じて，立憲主義の考え方のポイントを明らかにしよう[3)]。

2）例えば，樋口（2007：28-29），佐藤（2011：4），高橋（2013：21）。参照，愛敬（2007：31）。

この社会契約論によると，第一に，社会も国家も成立する以前の自然状態において，あらゆる諸個人は，各人に固有な，生命・自由・財産などに向けた権利（＝固有権，自然権）をもっていた。第二に，諸個人は，その自然権の保全（自然権を確実に保障すること）を目的に，まず，諸個人の間で合意を達成し社会契約を締結して，〈「国民」というまとまり〉＝「社会」を構成し，次に，その「国民」（＝「社会」）が，憲法を制定して，「国家」（の統治機構）を形成しそこに公権力を信託する。第三に，「国家」が，憲法の授権と制約を逸脱して系統的に恣意的な統治を行うとき，諸個人は，抵抗権・革命権を行使して新たに正当な政府を樹立し直してよい。

立憲主義の考え方のポイントとしては，以上の論理に内在する，次の①〜⑥の諸点に注目すべきである。①「社会」や「国家」を予め存在するものと措定する（集団主義）のではなく，諸個人から出発して「社会」や「国家」の成り立ちを説明している（個人主義）こと。②諸個人が，まず社会契約を締結して〈「国民」というまとまり〉（＝「社会」）を構成した後，その「社会」が，憲法を制定して「国家」を形成する——つまり「社会」が「国家」に先立つ——としていること。③「社会」と「国家」の形成は（従って「国家」形成のための憲法の制定も），諸個人の自然権の保全を目的とすること。④憲法は「国家」に公権力を授けると同時にそれを制限するものであり，その際の，授権は自然権保全という目的のためであり，制限は〈公権力は諸個人の自然権を侵害してはならない〉という趣旨のものであること。⑤憲法は，「社会」（＝「国民」）が発した「国家」への命令であり，「国家」を名宛人とすること。ゆえに「国民」（＝「社会」）（延いては諸個人）は，その憲法を「国家」に守らせることにコミットする立場にいるのであって，自らがその憲法により義務づけられる立場にいるのではないこと。⑥「国民」（＝「社会」）が，憲法を基準にして，「国家」の統治が系統的に恣意的だと判断するときに，抵抗権・革命権の行使が正当となる，としているが，そこでは，「国家」とは独立に「国民」自らが，憲法が何を意味す

3）以下の叙述の目的は，ジョン・ロックの社会契約論を正確に概説することではなく，立憲主義に関する今日の標準的理解を，ロック流の社会契約論の基本論理に沿って，概説することにある。特に，「国家」と「社会」の二元論を強調する点，憲法の役割を明確化する点，を意識して叙述している。

るかの解釈を行っていることが前提となっていること[4]。

立憲主義とは，「社会」と「国家」の成り立ちとそれらのありように関する，以上のような〈ものの考え方〉である。ある人が立憲主義の立場に立つ，ということは，こういう〈ものの考え方〉をよしとし，それを物差しとして現に自分の生きる「社会」と「国家」を評価し，またその「社会」と「国家」に働きかけていく，ということである。その意味で立憲主義は，一つの実践的な〈ものの考え方〉である。

第3節 憲法科学の対象としての憲法：樋口憲法学のモデル

以下では，立憲主義という実践的な〈ものの考え方〉の働く場を確定するために，一国の憲法秩序をどんなモデルで客観的に観察・把握できるかを検討する。その検討の後に，かくモデル化されたその現実の憲法秩序を，どうあるべきだと立憲主義の立場から考えることになるかを考察する。一国の憲法秩序を客観的に認識するための枠組みモデルに関しては，樋口陽一氏による重要な業績（樋口 1973）[5] があるので，本章はそこから検討を出発させよう。

樋口氏は，憲法学という学問を，学説二分論の見地から理解している。そこでは，「法の解釈，つまり，一定の事案に法的解決をあたえるために……「法の意味」を示す学説」と，「法規範およびその他の法現象を対象としてそれらを記述し，あるいは説明することを内容とする学説」とが，「ひとまず区別」（下線著者）される。「前者は，「……すべし」という当為を定立する仕事であり，後者は，「……べし」を対象として記述し，場合によってはそれに関する説明をする仕事だ」。「前者は……ひとつの実践的提言なのであり，さまざまな認識行為を十分にふまえることによってその効果をより高めるということはあるにしても，それ自体としての最終的性格は，評価の行為，意欲の行為であって認識の行為ではない。それに対し，後者は，そのプロセスのなかに研究者の問題関心

4）⑥については芹沢（1983：483）がつとに指摘していた。参照，内野（1991：180, 181），木下（2004：152–153）。

5）但し以下では主に，この主題について述べ直す近年の著作2点（樋口 2007；1992）に基づいて検討する。

や観点など実践的関心の要素を含むとしても，それ自体は，評価・意欲の行為ではなくて認識の行為であり，したがって，検証・反証のルールに服する性質のもの」である（樋口 2007：15–17）。本章では以下，前者を憲法解釈学，後者を憲法科学と呼ぶ。

さて，本章の文脈で重要なのは，樋口氏が，憲法科学――「法を対象として認識し，記述・説明する仕事」――の対象としての「（憲）法」を，どういうものとして捉えたかである。樋口氏によれば，憲法科学の対象たる「憲法」を，「憲法典」に限定することはできない。「そうでないと，イギリスには憲法典がないから憲法学が成り立たない，という奇妙なことになる」。憲法科学の対象は，「ひろく憲法現象一般」でなければならない。「その場合，多様な憲法現象を交通整理する……類型学」として（樋口 2007：18），樋口氏は「つぎのような憲法現象の範疇を区別する」（樋口 1992：28）。

「日本国憲法という法典を持つわれわれにとっては」，第一に，「1946 年という特定の時点に成立した法典のそれぞれの条項が，どのような意味を担っていたのか」である（樋口 2007：18）。これを「制定憲法」と呼ぶ。より一般的に説明し直せば，それは，「それぞれの国で所与の時点に憲法制定者によって定立され，憲法の法源とされている」ものであり，「硬性の憲法典をもつ国では，憲法典そのものがそれである」（樋口 1992：28）。

第二に，日本国憲法の「それぞれの条項が公権力によって解釈・適用され，現実社会にはたらきかける実効性をどう発揮しているか」である（樋口 2007：18）。一般的に説明すると，それは，「所与の制定憲法のもとでの憲法実例，すなわち，制定憲法の一定の解釈を前提とし，憲法適用者たちによって，下位規範のかたちをとって定立された諸規範の総体」であり，一般に「憲法の運用とか憲法の実態といわれているもの」である。これを「実効的憲法」と呼ぶ（樋口 1992：28–29）。

第三に，「ひろく憲法意識というべきもの」である（樋口 2007：19）。一般的に説明すると，これには，「憲法制定者の憲法意識」「憲法適用者の意識」，さらに「それらにはたらきかける」「法律家とりわけ法学者の意識」「国民各層の意識」などが含まれる。「法学者の意識としては，……個別的な立法論や解釈論のほか，体系化されて「理論」とよばれるような学説をも含む」（樋口 1992：29）。

第四に，上記の「3つの要素の相互関係を含む社会過程全般」である。日本国憲法に即して説明すれば，「1945-46年時点の日本の社会関係――国際的環境を含めて――からさまざまの憲法意識を媒介として日本国憲法が制定され，それが，憲法適用者である公権力を一定の社会関係のもとで多かれ少なかれ拘束しながらも彼らによって解釈適用されることを通じて，ひとびとの憲法意識にはたらきかけをし，国内的・国際的な社会関係に影響をおよぼしてゆく，という過程全体」である（樋口 2007：19-20）。

第4節　憲法典を軸とした憲法秩序モデル：憲法テクストと，三つの規範

以上のように，樋口憲法学は，憲法科学が認識対象とする「憲法現象」を，「制定憲法」と「実効的憲法」と「憲法意識」という三つの「範疇」と，それら三つの「範疇」相互間の影響関係，の四つに整理した。従って，一国の憲法秩序が現にどうであるかを「認識し，記述・説明する」という課題は，三つの「範疇」の一つひとつが現にどうであるかを認識・記述・説明し，さらにそれら諸「範疇」相互間の影響関係がどうであるかを認識・記述・説明できれば，果たされることになる。樋口憲法学は，一国の憲法秩序の現実を認識・記述・説明するという課題に取組むための，認識枠組みのモデルとして，前記三つの「範疇」を提示したことになる。

本章は以下で，樋口憲法学の上記モデルを批判的に検討してそれを再構成する形で，広く成文の憲法典を有する現代立憲主義国家における憲法秩序が現にどうであるかを認識・記述・説明するという課題に取組むための，認識枠組みのモデルを，提示することにしたい。認識対象国の定式に「成文の憲法典を有する」を入れる理由は，本章が主たる関心を向ける現代日本が憲法典をもつ国であり，「テクストと規範」を区別する見地に立つことが，この国の憲法秩序についての理解を促進すると考えるからである。

第一に，「制定憲法」について，一方でそれは，「憲法典そのもの」だとされるが，他方でそれは，「法典のそれぞれの条項が，どのような意味を担っていたのか」だとされている。だが「テクストと規範」を区別する見地に立つと，一

方の，「法典そのもの」あるいは「法典のそれぞれの条項」（＝テクスト）と，他方の，そのテクストが担う「意味」（＝規範）とは，別物である。日本国憲法に即していえば，憲法制定者（制憲者）が一定の規範像を思い描きながら，それを言葉で表現して書いた文章が，日本国憲法の個々の条文であり，またその全体としての，日本国憲法という法典である。制憲者が，個々の条文とその全体としての憲法典を定めるにあたって，頭に思い描いた憲法規範の内容を，制憲者意思と呼ぼう。制憲者意思は，規範であるが，現実に通用力をもつ規範ではなく，いわば規範の構想である。制憲者は，制憲者意思をこの国の現実の憲法規範として通用させるために，その規範の内容をできるだけ正確に憲法テクスト（憲法条文・憲法典）化した上で，そのテクストを制定するのだ。以上のような理解のもと，本章では，樋口モデルにおける「制定憲法」を，規範たる制憲者意思と，テクストたる憲法テクスト（憲法典・憲法条文）との二つに分けて，モデル化する。

第二に，「実効的憲法」については，樋口説と同趣旨を，「テクストと規範」の見地を踏まえて，次のように説き直すことができる。すなわち，実効的憲法は，その時々の公権力担当者が，憲法テクストを解釈して一定の憲法規範を導き出し，その憲法規範を現実の具体的文脈に適用して定立する，憲法規範の具体化としての個々の下位規範（例えば，議会が合憲なものとして定立する法律，裁判所が合憲または違憲の判断を踏まえて下す判決，など），またはそれら諸々の下位規範の総体，である。要するに実効的憲法は，公権力担当者が，憲法テクストの解釈として，公権力の後ろ盾によって現実に通用させる憲法規範である。

第三に，「憲法意識」について，樋口説においては，「法律家」や「国民」など公権力担当者でない者たちの「意識」のみならず，「憲法制定者」や，憲法制定後の「憲法適用者」などの公権力担当者の「意識」までを含んでいる。それに対して本章では，この憲法意識を，実効的憲法とは担い手を異にする別範疇の規範として捉えるために，公権力担当者でない者たち——広くいえば「国民」だが，そのなかに「法律家」を含む——の「意識」であると捉え直すことにする。そして，ここでも「テクストと規範」の見地を踏まえた説明を試みると，実効的憲法が，公権力担当者たちが憲法テクストを解釈して導き出す個々の憲法規範，またはそれら諸憲法規範の総体，であるのに対して，この憲法意識は，公権力担当者でない者たちが憲法テクストを解釈して導き出す個々の憲法規範，またはそれら諸憲法規範の総体，である。確かに一般国民の憲法解釈は，「厳密にいえば，解釈論というよりも，憲法感覚や憲法意識の発露であることが少なくない」(野坂 2004：20)。つまり，国民の「憲法意識」は一般に，規範というほど整然とした内容にまで未だ明確化されておらず，規範の母体となる，規範感覚とでも表現すべきものの段階に留まることが少なくない。だが一方で，この憲法意識には，「法律家」による「立法論や解釈論」，「体系化されて「理論」とよばれるような学説」が含まれ，これらは，実効的憲法と異なり現実の通用力をもたないものの，その内容上は規範と呼んで差し支えない。ゆえに，本章のモデルにおいては，その大部分は規範感覚の段階に留まるが，なかには規範と呼んで差し支えない明確性を備えたものも含まれる，そういうものとしての憲法意識を，広い意味での規範の次元で捉えておく。

こうして本章は，成文の憲法典を有する現代立憲主義諸国家（日本を含む）それぞれにおける憲法秩序の現状を，認識・記述・説明するための枠組みとして，一つのテクストと三つの規範から成るモデルを獲得した。三つの規範は全てそれぞれ，一つのテクストと関係している。制憲者意思（＝規範）を，言葉で表現して書き綴ったのが，憲法テクストである（規範のテクスト化）。その憲法テクストを，公権力が解釈して現実に通用させた規範が実効的憲法であり，公権力担当者以外の者が解釈して各人の胸中にもつ規範が憲法意識である（テクストの規範化）。憲法科学の仕事に携わる者は，自己の観察対象とする国について，まず，現在の実定法である憲法典を認識・記述し，次いで，その憲法典が制定された時の制憲者意思を認識・記述し，憲法典が施行されてから今日に至るまでの，実効的憲法と憲法意識の，各時点の内容とその推移とを，認識・記述し，最後に，制憲者意思と憲法典と実効的憲法と憲法意識との間の相互影響関係を，認識・記述する。その結果，各国固有の憲法秩序の現状と動態とが，認識・記述・説明されることになる。

第５節 憲法典を軸とした憲法秩序モデル：現代日本の場合

以下では，前記の一般モデルにおける，憲法典，制憲者意思，実効的憲法，憲法意識，のそれぞれに当たるものが，現代日本では具体的に何であるかについて，考察する。

第一に，憲法典は，1946（昭和21）年に制定された（その後一度も改正されていない）日本国憲法である。

第二に，日本国憲法の制憲者意思とは何を指すか。日本国憲法は国民主権を建前とするから（前文，1条），制憲者は国民である。だがこの憲法は，大日本帝国憲法73条の改正手続に従って制定されたので，この現実の制定過程のどこに，1946（昭和21）年に現存した制憲者国民の意思を見出しうるかが問題となる。この制定過程に関与した機関のうち，帝国議会の衆議院のみが，男女普通選挙制に基づく国民代表議員により構成されたという点で民主的正当性を持った。ゆえに，制憲者国民が憲法テクストを，それがどんな規範内容を担うと理解して承認したかは，制憲者国民を代表する議員により構成された衆議院が憲法テクストを，それがどんな規範内容を担うと理解して承認したかに，近似したものと受け止めるのが正当である。憲法テクストの帝国議会での憲法案の審議は，まず政府案を衆議院が検討し若干の修正の上可決し，それを貴族院が検討し若干の修正の上可決し，衆議院が貴族院のその修正に同意して完了した。ゆえに，国民意思の把握を行う目的で衆議院の意思を把握するのに，衆議院のみならず貴族院での審議状況も検討対象とするのがよいと考えられる。要するに，帝国議会の両議院が，憲法案を提案した政府により，この憲法案の個々の条文とその全体がどんな規範内容をもつとの説明を受けて，それを承認したかを，歴史学的手法によって明らかにすることで，制憲者意思を把握できる[6)]。

第三に，日本国憲法の実効的憲法とは何か。日本国憲法の定める統治機構の仕組みによると，この国の最高法規である憲法規範は（98条1項），基本的には，まずは国会による立法を通じて，法律という法形式で，具体化される（41条）。その法律規範を，さらに具体化し執行・実現していくのが，行政である（65条）

6）制憲者意思を把握することは理論的に不可能であるとの批判に対する説得的な反論として，野坂（1989；1993：739–741）を参照。ところで，野坂（2004：14）も，日本国憲法の制憲者意思の探究は「制憲議会（第90回帝国議会）を中心に」行うべきだと述べるが，それは，本文で述べたように，衆議院の意思を把握するために貴族院の審議状況までを検討することが必要不可欠だからだと考えられる。

(高橋 2013：5-6, 345-346, 358-359)。このようにして，「立法府と行政府は自らの憲法解釈に基づいて立法や行政を行う権限を付与されており，……独自に憲法秩序の形成に参画している」(野坂 2004：31；大林 2015：195-199)。但し憲法81条は，最高裁が，「一切の法律，命令，規則又は処分が憲法に適合するかしないかを決定する権限」を最終的にもつ国家機関だと定めている。ゆえに政治部門(上記の「立法府と行政府」)の形成する憲法秩序は，裁判事件になって最高裁がそこでの憲法上の争点について自らの憲法解釈に基づき違憲あるいは合憲の判断を示す限りで，あるいは否定され，あるいは肯定される。日本国憲法が定める制度上は，最高裁の憲法判断が最終的なものである。最高裁の憲法判断が示されていない広い領域では，最終的な憲法の有権解釈機関（＝最高裁）の憲法判断がなされていないとの但書きの下で，政治部門がつくる憲法秩序が通用する。

第四に，日本国憲法の憲法意識とは何か。個々の国民が憲法テクストを解釈してその胸中にもつ規範が，それぞれの国民の憲法意識であり，その総和が，ある時点における全体としての憲法意識である。国民のなかには，憲法研究者や法律家のように，教科書・論文の執筆や，裁判の場での主張などの形で，憲法全体にわたる，あるいは個々の憲法上の論点に関する，憲法解釈論を公表する者もいる。あるいは，論壇上の言論や街頭活動などの形で，憲法上の見解を表明する者もいる。だが国民全体からすると，そういう者は少数であり，多くの者の憲法意識は公になっていない。仮に一人の国民の憲法意識をつぶさに解明できたとしても，それは理路整然とした体系的なものではなく，規範感覚の段階に留まるものであることが常だと考えられる。ゆえに，個々の国民の憲法意識の内容を，詳細かつ正確に把握することは，現実には著しく困難である。そうであれば当然，その総和としての，全体としての憲法意識の内容をつぶさに把握することも，また然りである。全体としての憲法意識は，現実には，世論調査や選挙結果などから，不完全な形でその一部を知りうるに留まる。憲法科学の仕事に携わる者は，その必要に応じて，その研究能力の及ぶ最大限の範囲でその内容を明らかにすることで，満足するしかない。だが，このようにその内容を現実に認識することは非常に困難であるものの，個々の国民の憲法意識，及び全体としての憲法意識は，確かに現実に存在すると考えられる。全体としての憲法意識の内容は，一枚岩ではありえず，多様で，かつ，各人の憲法に対する関心の度合いなどに応じて，濃淡があるものと考えられる。

第6節　憲法秩序モデルの，立憲主義の考え方による実践的理解

以上のように，現実の憲法秩序は，一つのテクストと三つの規範を構成要素とするモデルの下で，認識・記述・説明できる。そこで今度は，（憲法科学により認識対象とされた）その現実の憲法秩序のなかで生きる人間の立場に立って，その人が立憲主義の考え方をとるとき，現実の憲法秩序におけるモデル上の諸構成要素（一つのテクストと三つの規範）相互間の関係を，実践的にどうあるべきものとみることになるかについて，第2節に述べた，立憲主義の考え方の①–⑥のポイントを参照しつつ，検討しよう。それにより，〈「国家」の立憲主義〉と〈「社会」の立憲主義〉に関する理解を深めることを目標とする。

第一に，立憲主義の考え方によると，〈「国民」というまとまり〉（＝「社会」）が，憲法を制定して，「国家」（の統治機構）を形成しそこに公権力を信託する（②）。憲法は，「国家」に公権力を授けると同時にそれを制限するものだ（④）。

以上の考え方を憲法秩序モデル上に重ねて語り直すと，こうなる。制憲者「国民」（＝「社会」）が，「国家」に対する授権規範であると同時に制限規範であるところの憲法規範を，制憲者意思として構想の上，その内容をできる限り正確・明確に言葉で書き記した憲法テクストを制定するのである。

第二に，立憲主義の考え方によると，憲法は，「社会」が発した「国家」への命令である（⑤）。「国家」は，憲法に従って統治を行わねばならない（＝〈「国家」の立憲主義〉）。この命題には，憲法の命令に反してはならないという消極的な側面と，憲法の命令をよりよく具体化して実現すべしという積極的な側面との，両面が含まれる。それは，憲法が「国家」に対する制限規範としての側面と授権規範としての側面との両面をもっている（④）ことに対応している。

一方，憲法秩序モデル上，「国家」（の統治機構）に当たるのは，公権力担当者である。このモデルにおいて，公権力担当者は，憲法テクストを解釈して一定の憲法規範を導き出し，その憲法規範を現実の具体的文脈に適用して具体化することで，統治を行う（＝実効的憲法を形成する）。ここで，公権力担当者が統治を行う過程には，憲法テクストの解釈を行うことが組み込まれている。

では，〈「国家」の立憲主義〉の考え方を，今述べた憲法秩序モデル上に重ねて語り直すと，どうなるか。このモデルにおいて，〈「国家」は憲法に従った統治を行うべし〉という立憲主義の要請を満たすのは，「国家」（＝公権力担当者）のどんな統治なのか。

まず，このモデルにおいて，「国家」は，統治を行う過程で必ず憲法テクストの解釈を行い，それが合憲であると自ら判断して，当該統治を行う。この点は，「国家」の統治が立憲主義の要請を満たすことの，最低限の条件だと考えられる。このモデルにおいて，「国家」が，憲法テクストの解釈を行わないでいわば裸の統治を行ったり，憲法テクストの解釈として違憲であると自ら判断した統治を，それにもかかわらず行ったりすることは，立憲主義の要請を満たしていない。

次に，このモデルにおいて，憲法テクストは，「憲法を作る権力」（＝制憲者）が一定の内容の規範（＝制憲者意思）を言葉で表現して書き綴ったものである。制憲者は，文字の連なりとしての憲法テクストを制定するのだが，それはあくまで，制憲者意思の規範内容を，「憲法により作られた権力」（＝「国家」）に伝達するための媒体としてである。つまり制憲者は，制憲者意思とは無関係な，文字の連なりとしての憲法テクストそれ自体を制定するのではない。そうだとすると，公権力担当者（＝「国家」）は，統治を行う過程で必ず憲法テクストの解釈を行い，それが合憲であると自ら判断して当該統治を行うのだが，そこにおける憲法テクストの解釈とは，ただの文字の連なりとしての憲法テクストの解釈ではなく，基本的には制憲者意思の規範内容を表現するものとしての憲法テクストの解釈でなければならない。無論，憲法テクストが制憲者意思の内容を書き表したものだということは，憲法テクストの文字の連なりが制憲者意思の規範内容を表現しているということだから，通常は，文字の連なりとしての憲法テクスト解釈が，制憲者意思の規範内容を表現するものとしての憲法テクスト解釈と重なる。だが，憲法解釈者が，時の経過とともに制憲者意思の内容を忘れてしまったり，あえて制憲者意思の内容に反対する立場から実践的にその内容を制約・否定しようとしたりして，憲法テクスト解釈の営為に携わるときに，前記二つの憲法テクスト解釈の内容に齟齬が生じうる。そして，ある統治が，ただの文字の連なりとしての憲法テクストの「解釈」としては合憲だと説明できたとしても，制憲者意思の規範内容からすると明らかに違憲だと評価される場合には，前記の括弧つき「解釈」は憲法解釈の枠を越えており憲法解釈と認められず，当該統治は〈憲法に従った統治〉に当たらないと評価すべきだと考えられる。この点は，憲法「解釈」という営為をどう理解するかという論点と関係するので，次節で改めて考察する。

さらに，〈「国家」の立憲主義〉の考え方は，このモデルの実効的憲法の内部において，以下の二つの実践的展開を見ている。一つは，公権力担当者（最高裁であれ政治部門であれ）が，憲法テクスト解釈の際に，ただ憲法テクスト（とその背後にある制憲者意思）のみを見てそれを行うのではなく，すでに存在する憲法判例や（国会に法案を提出する内閣であればさらに）従来の政府の憲法解釈などとの関係において整合性を保つことにも留意している，という点である。つまり「国家」は，現存する実効的憲法内部の整合性確保を図りながら憲法テクストの解釈を行う。もう一つは，政治部門の憲法テクスト解釈に基づく統治が，のちに憲法の最終的有権解釈機関である最高裁により違憲と判断されて，「国家」内部で是正を迫られることがありうる，という点である。つまり「国家」は，実効的憲法内部に，憲法テクスト解釈に関わるチェック機構を備えている。

第三に，立憲主義の考え方によると，「社会」は，自らが「国家」に向けて発した命令である憲法を，「国家」に守らせることにコミットする（⑤）（=〈「社会」の立憲主義〉）。そして，そのコミットメントを全うするために，憲法が何を意味するかの判断を，「国家」に任せきりにせずに，「社会」自らが行い，自らのその判断内容を基準に，「国家」が憲法に従って統治を行っているかどうかを評価する（⑥）。

以上の考え方を憲法秩序モデル上に重ねると，憲法を制定した「社会」が，モデルにおける制憲者に当たり，憲法制定後の「社会」が，モデルにおける公権力担当者でない者たち（=「国民」）に当たる。立憲主義の考え方において，憲法制定後の「社会」は，憲法を制定する「社会」と同一性を持つ。ゆえに，立憲主義の考え方によると，モデルにおいて，国民が憲法テクストを解釈して導き出す規範たる憲法意識は，制憲者意思と同一性を持つべきものだと考えられる――同一性を確保しつつ，その規範内容を発展させることはありうるとしても――。憲法意識は，制憲者意思を重要な基準としながら実効的憲法を評価し，〈「社会」の立憲主義〉の実践に携わるべきことになる。

第７節　〈「国家」の立憲主義〉と，憲法「解釈」という営為

本節では，憲法「解釈」という営為をどう理解するかという問題を考える。但し，本章は「テクストと規範」を区別する見地に立っており，この見地からは，一般に〈憲法を「解釈」する〉と表現される営為は，すなわち〈憲法テクストを「解釈」する〉という営為である。日本の現在の憲法文化においては，憲法テクストの解釈をおよそ行わないで，一定の規範内容を憲法解釈の帰結としての憲法規範だと説明するのは無理だと思われる。そうだとすると，憲法「解釈」という営為はつまり憲法テクスト「解釈」という営為なのであり，これをどんな営為と理解するかの究明が本節の課題である。

前節では次のように論じた。すなわち，〈「国家」の立憲主義〉において，「国家」は，憲法に従って統治を行わねばならない。ここで「憲法に従う」とはどういうことかが問題となる。それは，まず，「国家」が自ら憲法テクスト解釈を行ったうえで合憲だと判断した統治（のみ）を行う，ということである。だがもう一点，そこにおける憲法テクストの解釈とは，ただの文字の連なりとしての憲法テクストの解釈ではなく，基本的には制憲者意思の規範内容を表現するものとしての憲法テクストの解釈でなければならない，と。そこから，次の問いが浮上してくる。憲法テクストの「解釈」とは一体どんな営為なのか。特にそこにおいて制憲者意思は，はたして，またどんな，位置を占めるべきか。こういう問いである。

まず，「テクストと規範」を区別する見地に立って，憲法テクストの「解釈」という営為を理論的に整理する，マイケル・Ｊ・ペリィ氏の所説（Perry 1994：3–115；1999：15–47；2010：184–197）から出発しよう。彼によれば，憲法テクストの解釈は二つの作業からなる営為である。第一に，「テクストの読み取り」作業。これは，憲法テクストについて，解釈者が，そのテクストがどんな規範を表しているかを同定する作業である。続いて第二に，「規範の具体化」作業。これは，（そのテクストが表すと同定した）その規範が，解釈者が，自らが現に取り組んでいる特定事案（裁判事件であれ立法案件であれ）の文脈において何を意味するかを具体化する作業である。第一の作業につき，しばしば文字の連なりとしての憲法テクストは，それがどんな内容の規範を表しているかに関して人々

の見解が一致しなくても不合理でない，という意味で「未定」である。また第二の作業についても，しばしば規範は，特定事案の文脈においてそれが具体的に何を意味するかに関して人々の見解が一致しなくても不合理でない，という意味で「未定」である。解釈者は，未定の憲法テクストから一つの規範を同定し，特定事案との関係で未定の規範を，その事案の文脈で具体的に決定しなければならない。この両方の作業を完遂してはじめて，憲法テクストの解釈を終えたことになる（Perry 1994：7–8)。そしてペリィ氏は，制憲者意思を，「テクストの読み取り」作業のレベルで同定されうる規範の一つであると位置づける（Perry 1994：8–9）[7)]。

このような憲法「解釈」モデルは，以下の点において優れていると評価できる。第一に，確かに制憲者は，制憲者意思の規範内容を表現すべく，文字の連なりとしての憲法テクストを制定したのだが，解釈者の立場に立てば，その憲法テクスト「解釈」として，制憲者意思の内容とは別の規範内容を導き出すことが可能である。そういう現実を，「テクストの読み取り」作業という局面の設定は，よく踏まえている。第二に，「テクストの読み取り」から得られる，制憲者意思をはじめとする憲法規範は，その規範から，それが適用されるあらゆる特定事案における適用結果が自動的・機械的に導き出されるような，それ自体

7）ペリィ（Perry 1994）の紹介として，松井（1996：100–104），猪股（2000：237–263）を参照。野坂（1993：748；2004：11）の憲法解釈の理論は，ペリィ理論と同趣旨だと理解される。

南野（2009：18）は，「有権解釈により……憲法条文の意味……が確定する」として，「確定する前に存在しているのはいったい何なのであろうか」と問い，それに対する答えとして，「そこに存在するのは条文であって，規範としての憲法は，有権解釈機関の解釈によってはじめて生成する」という見方と，「存在しているの（は）憲法規範であって有権解釈はその意味を確定させる」という見方とを対置し，自らは前者の「動態的憲法観」に立つ。それに対してペリィ理論は，両者の見方を総合する性格のものだと評価できる。

なお私見によれば，「動態的憲法観」（山元（2014：100–103）もこの立場に立つ）の最大の難点は，制憲者意思の存在に全く目を瞑る点にある。認識的には，制憲者意思なしにただ憲法テクストそれ自体を制定するという事態が，ありそうにない。実践的には，制憲者意思の消去は，公権力担当者に対しては，本来ならその憲法解釈に対して越えてはならぬ一線を画するはずの実体的な枠を撤去してやることになり，一般国民に対しては，その憲法意識から同一性の基軸を失わせることになる。

完結したものでは全くない。そうではなく，その規範の意味を特定事案の文脈において具体的に明らかにする作業は，同じ規範についてであっても解釈者の実践的立場に応じてその具体化の結果が異なりうるような，解釈者による実践的で価値創造的営為である。そういう現実を，「規範の具体化」作業という局面の設定は，よく踏まえている。

次に，日本国憲法という憲法典（憲法テクスト）に即して，その全体の規定内容とその制憲者意思の内容とを，概観しよう。日本国憲法は，1946年という制定時点の歴史的制約を受けた，有限な人間存在の集合体であるところの制憲者国民が，「立憲的意味の憲法」を実定法として定めたものである。日本国憲法は，一方で，「立憲的意味の憲法」を採用する諸国の標準装備である，（a）人権保障と（b）統治機構を，その構成の2本柱としている。だが他方で，「立憲的意味の憲法」を採用する諸国の標準装備でない，日本に特殊な内容も持っており，（c）象徴天皇制と（d）戦力不保持とが，この日本的特殊性に当たるものとして一般に指摘される。いずれも統治機構に関わる規定であり，（c）は，君主の権限を徹底的に名目化した点で特徴的であり，（d）は，軍隊を持たない点で特徴的である[8)]。

今，日本国憲法がその「制定時点の歴史的制約を受け」ている点に言及した。それは次のようにしてである。第一に，普遍的な原理原則である「立憲的意味の憲法」を1946年の時点で採用するに際しては，それが否定する従来の現実を制憲者が明確に念頭に置くことが少なくない，という点である。例えば20条が従来の国家神道を否定し，24条が従来の「家」制度を否定する点は，よく指摘されている（憲法テクストは明文では国家神道も「家」制度も否定していないものの）。第二に，普遍的な原理原則である「立憲的意味の憲法」を，1946年の有限な人間存在が構想してテクスト化した，という点である。ゆえに後の時代の人間からすると，1946年の制憲者意思の内容は，普遍的な原理原則をまだ不十分にしか構想できていなかった，と評価されることがありうる（その構想の所産た

8）標準装備ではない（c）と（d）を，「立憲的意味の憲法」の基盤的価値である個人主義（第2節で述べた立憲主義の考え方のポイント①）の観点から評価すると，（c）は，世襲制を採る点で原理的に個人主義に反しているが，（d）は，他国と自国の国民間の殺傷行為を目的とする組織の保持を禁止する点で，個人主義をさらに徹底している。

る憲法テクストにまで，その不十分さが反映することもありうる)。第三に，1946年の政治状況において，まさにこの時点で「立憲的意味の憲法」の実定化を実現するために必要だった政治的妥協の結果が，制憲者意思の内容とその所産たる憲法テクストに含まれている点である。前記の（c）と（d）の日本的特殊性が，正にそれである。以上のような意味で，実定化された「立憲的意味の憲法」は，実定化された時点の歴史的被制約性を免れることができない。

最後に，以上の検討を前提にして，〈「国家」の立憲主義〉の考え方によれば憲法に従って統治を行うべしとされる「国家」が，憲法解釈をどのように行うべきだと考えられるかについて，特にその際に制憲者意思がどんな位置を占めるべきかという問題を意識しながら，日本国憲法に即して考察する。まず，1946年に制憲者が憲法テクストを制定した後，これから憲法テクスト解釈を通じて実効的憲法を形成していく公権力担当者にとっての，憲法テクスト解釈に関する行為規範がどういうものになるかを理論的に考える。次に，その考察を踏まえたうえで，すでに公権力担当者によりなされた憲法テクスト解釈の評価規範として，現に実効的憲法として存在するどんな規範を，もはや憲法「解釈」の所産とは認められないと評価すべきかを考える。

まず，行為規範の問題。――その基本は次のようなものだと考えられる。すなわち，制憲者が憲法テクストを制定した前記の趣旨に鑑みると，公権力担当者は，制憲者意思とは無関係な，文字の連なりとしての憲法テクストそれ自体ではなく，あくまで制憲者意思の表現としての文字の連なりであるところの憲法テクストを解釈し，合憲であると自ら判断する統治のみを行わなければならない。ゆえに，憲法テクストから「読み取る」のは，基本的には制憲者意思の憲法規範であるべきである。その上で，当該憲法規範が特定事案との関係で未定である場合には，憲法的価値が当該文脈でもっとも実現されるように，その規範を「具体化する」実践的営みに従事すべきである。

この基本をあくまで基本に据えながらも，第一の問題は，「テクストの読み取り」作業の場面で，公権力担当者は，制定時点の歴史的制約を受けた制憲者意思の内容に，どれほど厳密に従わねばならないか，である[9)]。本節は，この問いに全面的に答えることはできないが，ただ，テクストの規定内容の領域に応じて制憲者意思の重みが異なると考えうることのみ示唆しておく。すなわち，人権保障の規範内容は，立憲主義の理論としては，原理に基づく普遍的なものである。ゆえに，(a) の人権保障の領域では，1946年の構想が（それ自体の内容は不可避的に歴史的被制約性を帯びてはいるものの）あくまで普遍的原理原則である「立憲的意味の憲法」の価値を志向した点に重きを置いて，憲法テクストの文字の連なりの許す範囲内で，制憲者意思の内容の歴史的限界を踏み出して普遍的な内容へと拡張・深化した憲法規範を「読み取る」ことが許されうる[10)]。それに対して，統治機構の仕組み方については，立憲主義の理論の内部でも，立法部と行政部との関係については議院内閣制と大統領制，違憲審査機関のありようについては司法裁判所型と憲法裁判所型，というように，ヴァリエーションがある。ゆえに，(b) の統治機構の領域では，制憲者による構想に，より大きな重みを見出さねばならない。最後に，(c) と (d) の日本的特殊性の領域では，これはまさに「立憲的意味の憲法」を採用するための政治的な暫定協定として憲法化されたものだから，さらに制憲者意思の重みが増す，と考えられる。

第二の問題は，制憲者意思の「規範の具体化」作業の場面で，公権力担当者が携わる価値創造的な実践的営みに対して，どんな限界があるか，である[11)]。この問いについては，次のように考えられる。制憲者が一般的抽象的な憲法規範を構想するに際して，その規範が中核に含んだ具体的個別的規範（一般的抽象的な禁止規範にとっての具体的個別的な禁止対象，一般的抽象的な命令規範にとっての具体的個別的な命令対象）を，憲法テクスト解釈における当該規範の「具体化」

---

9) 例えば，1791年に成立した合衆国憲法修正第1条の自由実践条項（「連邦議会は，宗教……の自由な実践を禁止する……法を定めてはならない」）に関する制憲者意思が，公権力が特定宗教を狙い撃ちにする差別的禁止を行うことを禁じる趣旨だったとして，同条項から，その趣旨に加えて，非差別的禁止が特定宗教に大きな負担をかける場合にその禁止から当該宗教実践を免除する趣旨をも「読み取る」ことが許されるか，という問題である。ペリィ（Perry 1994：59-61）を参照。

10) 憲法に従った統治には従うべきだとする，一般国民の遵法義務の根拠を，その憲法を定めたのが自分たちだからだという点に求めると，公権力担当者が憲法テクスト解釈を行う際に制憲者意思の縛りを振り解くことを正当化するのは困難となる。一方，そうでなくその根拠を，憲法の内容が「立憲的意味の憲法」である点に求めると（佐々木 2010：232），この観点からは，公権力担当者の憲法テクスト解釈の内容が制憲者意思よりもさらに立憲主義の価値に適うものであればその解釈を拒む理由はない。

は，必ず導き出さねばならない。それを導き出さない場合には，元の憲法規範自体が同一性を失っていると言わざるを得ないからである。

次に，評価規範の問題。――〈「国家」の立憲主義〉において，「国家」は憲法に従うべき存在である。その「国家」が，制憲者意思の内容に真っ向から反する憲法規範を憲法テクスト「解釈」として導き出すことは，たとえ憲法テクストをただの文字の連なりとして見た場合にはその解釈として当該規範を導出したという説明がいかに可能であっても，それまでを憲法「解釈」の枠内にあるものと評価することはできないと考えられる。つまり，第一に，憲法テクストから常に厳密に制憲者意思の内容と一致する憲法規範を「読み取る」ことが要請されないとしても，制憲者意思の内容と正反対の憲法規範を「読み取る」ことは，憲法解釈の枠を越える。また第二に，憲法テクストから「読み取った」憲法規範――それが制憲者意思そのものであってもなくても――の「具体化」としての具体的個別的規範が，制憲者意思が中核に含んだ具体的個別的規範と正反対であることは，憲法解釈の枠を越える。人は，以上のような憲法テクスト「解釈」に基づく統治に対して，〈「国家」の憲法テクスト解釈によれば合憲だが，私の憲法テクスト解釈によれば違憲だ〉としか主張できないのではなく，〈その「解釈」は解釈の域を越えていて違憲であり，《「国家」の立憲主義》そのものに反する〉と主張できるのである[12)]。

11）例えば，南北戦争後の 1868 年に成立した合衆国憲法修正第 14 条 1 節の平等保護条項（「いかなる州も，……その管轄内にある何人に対しても法の平等な保護を拒んではならない」）に関する制憲者意思が，その規範の具体化規範として，人種差別の禁止を明確に意図していたが，性差別の禁止を考えていなかったとして，そういう制憲者意思の規範の「具体化」として，一方で，性差別の禁止を導くことが許されるか，また他方で，人種差別の禁止を導かないことが許されるか，という問題である。ペリィ（Perry 1994：79–81）を参照。

12）別稿（佐々木 2015：295–296）で，憲法 9 条に関する実効的憲法について，その趣旨の評価を行った。

第８節 現代日本における〈「社会」の立憲主義〉の実践的課題と制憲者意思

立憲主義の実践にとっては，〈「国家」の立憲主義〉とは独立に，〈「社会」の立憲主義〉の存在を確保することが不可欠である。「社会」が自らの立憲主義の領域を確保せず，ただ〈「国家」の立憲主義〉に任せきってしまうところに，立憲主義の実現は覚束ない。そこで，前節において〈「国家」の立憲主義〉における憲法テクスト解釈の枠について考察したのに引き続き，〈「社会」の立憲主義〉の実践的課題について考えよう。

まず，立憲主義の実践において〈「社会」の立憲主義〉が果たすべき役割として，何があるかを考える。

その第一の役割として，次のようなものがある。すなわち，〈「国家」の立憲主義〉において，確かに「国家」（政治部門であれ最高裁であれ）はその過程で必ず憲法テクスト解釈を行った上でそれが合憲だという判断の下に統治を行っている。だがそれに対して〈「社会」の立憲主義〉として，「社会」（のある構成部分）が，自らの憲法テクスト解釈・憲法感覚によればその統治は違憲であると判断する場合に，その立場から「国家」に対して働きかける，という役割である。こういう動態が生じるのは，立憲主義の正常な姿である。当面は〈「国家」の立憲主義〉による実効的憲法が通用し続けるとしても，やがて〈「社会」の立憲主義〉の声が，あるいは通常の民主主義過程を通じて政治部門を動かし，あるいはその説得力を通じて最高裁を動かして，実効的憲法のありようを変化させることがありうる。別稿（佐々木 2010：234）で述べたように，立憲主義のこのようなありようは，民主主義に関する議論としての二回路制デモクラシー論――国家の次元における代議制デモクラシーと，市民社会の次元における討議デモクラシーとの二つの回路が有機的に関連した全体をもって，一国の民主主義の全体像とする議論――とパラレルに，二回路制コンスティトゥーショナリズムとして把握することが可能である。すなわち，「国家」の次元における統治機構コンスティトゥーショナリズムが，何が憲法の実効的な意味内容かをその時々に確定するが，「社会」の次元における熟議コンスティトゥーショナリズム（公共圏における討議・熟議）が，何が憲法の「正しい」意味内容かを判断し，この二つの回路が有機的に関連した全体をもって，一国の立憲主義の全体とするありようである。

第二の役割として，次のようなものがある。すなわち，制憲者意思の内容を正面から否定する憲法テクスト解釈に基づく統治を「国家」が行うとき，「社会」がその統治に対して，――〈「国家」の憲法テクスト解釈によれば合憲だが，「社会」の憲法テクスト解釈によれば違憲だ〉との，立憲主義における通常の「国家」-「社会」間の対話の次元ではなく――〈その「解釈」はもはや解釈といえず違憲であり，〈「国家」の立憲主義〉そのものに反する〉との，根源的次元の批判を行う，という役割である。確かに「国家」による憲法テクスト解釈には幅が認められるべきだが，それが制憲者意思の内容の正反対にまで及ぶことを，立憲主義の観点からは容認できない。立憲主義とは，ただの文字の連なりとしての憲法テクストによって「国家」を拘束する企てではなく，基本的には制憲者意思を体現するものとしての憲法テクストによって「国家」を拘束する企てである。ゆえに制憲者意思は「国家」の憲法テクスト解釈に対して，少なくとも上記限度での外在的な枠を課している。「国家」はこの枠を，確かに事実としては乗り越え可能である。しかし当為としては乗り越えてはならぬのであり，乗り越えると，その限りで〈「国家」の立憲主義〉は毀損されるのである。もともと「社会」は，制憲者意思を記憶し続け，その上に立つ健全な憲法感覚を保持し続けるべきものだが，そのことは，〈「国家」の立憲主義〉が部分的に毀損される事態を前にしたとき，ますます重要となる。それを「社会」がやりおおせている限りで，その国の全体としての立憲主義は，依然として健在だと評価できる。だが，制憲者意思の内容と正反対の実効的憲法が年月とともに分厚さを増し，それに釣られて「社会」までが制憲者意思を忘却するとき，その国の立憲主義は，錨を失い漂流することになる。

しかしながら現代日本では，「社会」が制憲者意思を記憶し続けるという実践には，それ固有の難しさがある。そこで次に，この点について考える。

日本は，1946（昭和 21）年に日本国憲法を制定することによって初めて，国民主権に基づく「立憲的意味の憲法」を採用し，それまでの天皇主権に基づく「外見的立憲主義の憲法」である大日本帝国憲法（以下，旧憲法。1889（明治 22）年制定）を克服した。日本国憲法の制定がなければ「立憲的意味の憲法」そのものが日本にはなかった。つまり現代日本では，〈日本国憲法を守る〉実践のほかに，現実的な意味で〈立憲主義を守る〉実践を行う途がない。けれども，実は日本国憲法は「アメリカの贈り物」（長谷部 2013：71）だったのであり，1946年の国民（=「社会」）は，「立憲的意味の憲法」である日本国憲法を，歓迎して受け入れたが，それを自力で構想し制定する力量をもたなかった。それゆえ，現代日本で〈日本国憲法を守る〉という実践は，鶴見俊輔氏の秀逸な表現を借りれば，「嘘から誠を出（す）」（鶴見 1975：119）[13] という側面を，どうしても持つことになる。すなわちそれは，〈1946年の国民が本当には作っていないこの憲法を，その後の国民（=「国家」及び「社会」）が日々の解釈運用で生かす（≒新たに作る）実践〉に他ならないのである。

この点を，現代日本の「社会」が制憲者意思を記憶し続けるという実践的課題に引きつけて述べ直すと，次のようになる。一方で，憲法科学の観点から認識・記述される制憲者意思は，1946（昭和21）年の現実の実践としては，「制憲者」性に弱さを抱えていた。だが他方で，その制憲者「意思」の本体は，正に「立憲的意味の憲法」であり，これを離れては日本には「立憲的意味の憲法」そのものが不在である。ゆえに現代日本の「社会」が立憲主義を実践しようとするなら，制憲者「意思」を我が物にするしかない。その営為は，憲法制定に先立つ「社会」（=〈「国民」というまとまり〉）が自力で「意思」した内容を，憲法制定後の今日の「社会」が受け継いで保持し記憶し続ける，というよりも，むしろその「意思」内容を，今日の「社会」が新たに抱きしめる，という性格を色濃く帯びる。「国家」が制憲者意思の内容に真っ向から反する統治を行うとき，「社会」は，その「意思」が確かに自分のものだったなら，「「国家」の公権力行使は自分の行った信託に真っ向から反している」として決然と抵抗するが，その「意思」が借り物だったなら，「「国家」が合憲だと説明するのだからそういうものか」と，現状に次第に慣らされていくことがありうるのである。

今日の「社会」が，制定時点の歴史的制約を受けた制憲者意思を抱きしめる，とは，抽象的に捉えられた「立憲的意味の憲法」を擁護する立場に立つことではなく，1946（昭和21）年の日本「社会」が初めて「立憲的意味の憲法」を採

13）この論文の存在は小熊（2002：739）に教わった。

用した歴史的文脈において,「立憲的意味の憲法」を擁護する立場に立つことである。その歴史的文脈とは何だったか。当時の国際社会の側から外在的にみれば，それは，ポツダム宣言の国際約束を日本に履行させることだった。それはすなわち，帝国日本の対外的な「無責任ナル軍国主義」(ポツダム宣言6項）を根絶するためには，対内的な「民主主義的傾向ノ復活強化」と「基本的人権ノ尊重（ノ）確立」(ポツダム10項）が必要不可欠なので，日本国憲法の制定を通じてそれを実現させる，ということである。一方，当時の制憲者「国民」の側から内在的にみれば，その歴史的文脈とは,「立憲的意味の憲法」を採用し徹底することで，旧体制の過ちを克服することだった。それは，ポツダム宣言の約束を，自らの発意で実現していくことにほかならない。今日の「社会」が制憲者意思を抱きしめる，とは,「社会」が，1946（昭和21）年の歴史的文脈にたえず立ち返りながら，一歩ずつこの国で立憲主義を前進させる日々の営みに従事する実践なのである。

第9節　おわりに

本章冒頭の問いに戻ろう。その問いとは,〈「社会」の立憲主義〉について，それが通常の民主主義と重なって現れることが少なくないものの，あえて，通常の民主主義にはない，それに固有の特徴が何であるかを問うものであった。この問いに対する本章の回答を簡潔に述べるとこうなる。民主主義とは違って立憲主義の実践にとっては，憲法の意味を知ることが鍵となる。そして,〈「社会」の立憲主義〉の実践は,「社会」が,「国家」とは独立した，憲法の意味の判断主体であることを前提とするのだが，この実践にとっては,「社会」が，憲法の意味として，制憲者意思を記憶し続ける，あるいはそれを抱きしめる，ことが大切である。このことは，今ここで国民（=「社会」）が新しい何事かを決めることに関わる民主主義[14]とは異なり，かつて憲法を制定した国民（=「社会」）が決めた何事かを，今日の国民（=「社会」）が忘れずに覚えている，ということで

14）木下（2004）は,「あるがままの,「ふつうの市民」の憲法解釈・憲法意識に，より決定的な地位を与える憲法観」(木下 2004：153）について検討・考察を行うが，それはこの意味での民主主義についての考察である。

ある。それは国民（=「社会」）が，1946（昭和21）年の憲法制定時の歴史的文脈に錨を下ろしてそこから出発しながら，憲法の意味を担うということにほかならない。

【引用文献】

愛敬浩二（2007）．「社会契約は立憲主義にとってなお生ける理念か」井上達夫［編］『立憲主義の哲学的問題地平』岩波書店，pp.31–52.

猪股弘貴（2000）．『憲法論の再構築』信山社

内野正幸（1991）．『憲法解釈の論理と体系』日本評論社

大林啓吾（2015）．「裁判所と内閣の憲法解釈」佐々木弘通・宍戸常寿［編著］『現代社会と憲法学』弘文堂，pp.194–210.

奥田愛基・倉持麟太郎・福山哲郎（2015）．『2015年安保国会の内と外で―民主主義をやり直す』岩波書店

小熊英二（2002）．『〈民主〉と〈愛国〉―戦後日本のナショナリズムと公共性』新曜社

木下智史（2004）．「市民の憲法解釈」『公法研究』66, 149–159.

佐々木弘通（2010）．「日本国憲法の解釈論としての遵法義務論・ノート」浦田一郎・加藤一彦・阪口正二郎・只野雅人・松田　浩［編］『山内敏弘先生古稀記念論文集　立憲平和主義と憲法理論』法律文化社，pp.220–236.

佐々木弘通（2015）．「日本の立憲主義と憲法第9条」佐々木弘通・宍戸常寿［編著］『現代社会と憲法学』弘文堂，pp.287–301.

佐藤幸治（2011）．『日本国憲法論』成文堂

芹沢　斉（1983）．「近代立憲主義と「抵抗権」の問題」現代憲法学研究会［編］『現代国家と憲法の原理―小林直樹先生還暦記念』有斐閣，pp.451–483.

高橋和之（2013）．『立憲主義と日本国憲法　第3版』有斐閣

鶴見俊輔（1975）．「かるたの話」鶴見俊輔『鶴見俊輔著作集第3巻　思想2』筑摩書房，pp.109–121.

野坂泰司（1989）．「憲法解釈における原意主義（下）」『ジュリスト』927, 81–85.

野坂泰司（1993）．「テクストと意図」樋口陽一・高橋和之［編］『現代立憲主義の展開―芦部信喜先生古稀祝賀（下）』有斐閣，pp.731–755.

野坂泰司（2004）．「憲法解釈の理論と課題」『公法研究』66, 1–31.

長谷部恭男（2013）．「憲法・アメリカ・集団的自衛権」奥平康弘・愛敬浩二・青井未帆［編］『改憲の何が問題か』岩波書店，pp.71–78.

樋口陽一（1973）．『近代立憲主義と現代国家』勁草書房

樋口陽一（1992）．『比較憲法　全訂第三版』青林書院

樋口陽一（2007）．『憲法　第三版』創文社

松井茂記（1996）．「討議的で転換的な政治の一形態としての司法審査」阿部照哉・高田敏［編］『現代違憲審査論―覚道豊治先生古稀記念論集』法律文化社，pp.86–121.

南野　森（2009）.「憲法・憲法解釈・憲法学」安西文雄・青井未帆・淺野博宣・岩切紀史・木村草太・小島慎司・齋藤　愛・佐々木弘通・宍戸常寿・林　知更・巻　美矢紀・南野　森『憲法学の現代的論点　第2版』有斐閣，pp.3–25.

山元　一（2014）.「九条論を開く」水島朝穂［編］『立憲的ダイナミズム』岩波書店，pp.73–134.

Perry, M. J.（1994）. *The constitution in the courts: Law or politics?* New York: Oxford University Press.

Perry, M. J.（1999）. *We the people: The fourteenth amendment and the supreme court.* New York: Oxford University Press.

Perry, M. J.（2010）. *The political morality of liberal democracy.* New York: Cambridge University Press.

第13章

代表民主主義における理念と現実

現代日本政治の思想と制度

樺島博志

第1節　問題構成

■ 1-1　日本政治の現状

1996（平成8）年，衆議院に小選挙区比例代表並列制が導入された。従来の中選挙区制に代わるこの新たな選挙制度は，日本の代表民主主義を，質的に変革してくれるものと，期待されていた。当時の選挙制度改革は，リクルート事件とともに表面化した政財界の癒着を背景として，マスコミによる政治腐敗への批判の高まりをうけて，実現されたものであった。改革の目標は，中選挙区制における利益誘導型の政治を脱却し，政権交代を通じた政治の質的向上を実現することへと，設定された。

爾来20年を経た今日，はたして，当時の選挙制度改革の目標は，実現されたと言えるであろうか。さらにまた，今日の選挙制度改革の中心をなす一票の格差と小選挙区の区割りの問題は，政治の目的という観点から，選挙制度の理論的実証的成果をふまえて，真摯に議論されていると言えるであろうか。

2009（平成21）年に政権交代が実現したものの，残念ながら，政権を担った民主党の政府は，国民の期待に応えるための政策遂行能力を，何ら持ち合わせていなかった。そのため，日本社会は，政治的にも経済的にも質的転換を遂げることなく，“失われた20年”を無為に過ごすこととなった（ブレマー 2012：34)。そして現在，旧態然とした利権と世襲からなる自民党の保守政治が復活し，支離滅裂の野党を尻目に，繁栄を謳歌しているようにも見うけられる。

このような日本の政治的現実は，大局的にみれば，歴史的に繰り返される社会哲学の根本問題と通底したものである。近代社会の本質と評価をめぐって，サヴィニー（Friedlich Carl von Savigny）が，私的所有と契約自由を中心とする市民社会の法原理を「現代ローマ法体系」（Savigny 1840）として解明したのに対し，ラッサール（Ferdinand Lassalle）はこれを，不平等と搾取を拡大再生産するブルジョワ資本主義の「既得権の体系」（Lassalle 1861）として批判した。冷戦を経た今日，一方で，市場原理と新自由主義経済を擁護するF. ハイエク（Friedrich August von Hayek），M. フリードマン（Milton Friedman）らモダニズムの立場と，他方で，合理的市場仮説を批判し公正と福利に基づく経済社会を唱道する第三の道，ないしL. アルチュセール（Louis Pierre Althusser）からT. ピケティ（Thomas Piketty）に至るポスト・モダンの立場が，拮抗している（加茂他 2007：66–67）。

このような歴史的視座から今日の代表民主主義をみるならば，日本の戦後民主主義は，一方で，明治官憲国家の権威主義・軍国主義を脱却し，啓蒙の理念に根ざす近代合理主義を実現する場として，評価することができる。しかし他方，その内実は，たんなるアメリカ覇権主義の追随にすぎず，硬直的・非効率・無能力な官僚による東洋的専制（Wittfogel 1967：200）のファサードにほかならないと，批判することもできる。前者の立場は，おおむね保守中道路線から中道左派リベラル陣営を包摂し，後者は，左右の暴力的ラディカリズムから，やはり左右の穏健ロマン主義の立場を包摂する。もっとも，近代日本社会にたいする道徳的評価の相違は，日本の各政党の掲げる価値理念の対立軸とは，必ずしも一致していない。すなわち，一方で，保守陣営も左翼陣営も，近代合理主義への追随者を多数抱えており，他方また，復古主義的右翼保守主義から左翼急進主義に至るまで，近代文明の名における帝国主義的支配と搾取にたいする批判は，共通して見られる。

■1-2　問題提起

以上の現状認識を出発点として，本章では，代表民主主義をめぐる政治制度と政治の質の問題を，主題としたい。選挙制度をいかに構築するかという制度の問題は，はたして，政治の質の向上という政治文化や政治理念の成否の問題を，規定するのであろうか。この問題を現代日本政治の文脈において考えてみたい。

民主主義が代表制の形態をとる以上，選挙制度をいかに構築するかという問題は，民主主義の中心課題である。そして選挙制度は，大統領制か議院内閣制かという立憲主義の根本設計から，議会選挙における比例代表制，大選挙区制，中選挙区制，小選挙区制という選挙の基本設計を経て，選挙区を設定する際の議員定数と区割りという具体的設計に至るまで，代表民主主義の制度化の各段階で，いろいろな組み合わせをとることができる。

これに対して，政治文化と政治理念は，政治という人間の共同生活を営む上で基本となる価値観の問題である。すなわち，我々個々の人間が，政治という形で他者と共同生活を営む際に，いかなる価値の実現を目指すのか，一定の道徳的指針（moral compass）が示されなければならない。本来，政治という他者との共同生活の営みは，個々の人間が「善く生きる（Zen eu）」（Aristot. pol.：Lib. VII ii 1324 a）ための必要条件である。逆にもし，他者と共生しても善く生きることができなければ，他者と共同生活を営む意味は無い。それゆえ，政治において一定の価値観が共有されなければ，他者との共同生活は無意味なものとなり，政治的共同体（politike koinonia）は分裂し崩壊するであろう。C. シュミット（Carl Schmitt）が民主主義の本質を「同質性（Gleichartigkeit）」（Schmitt 1928：234）に求めた所以である。政治的共同体において，何が善き生であるのか判断する基準となるのが，価値観である。従って，この意味で人々に共有される価値観は，政治理念，道徳哲学，倫理など，さまざまな言葉で言い換えることができるが，いずれも，政治の質，社会の質，生活の質を規定する評価の基準である。そしてそれゆえ，一定の政治理念に基づいて営まれる政治実践のことを，政治文化として捉えることができる。

問題は，現在日本において実施されている選挙制度，および，現在構想され将来実施されるべき選挙制度は，政治文化や政治理念といった観点からして，政治の質を向上させることに寄与するのであろうか。すなわち，改革された選挙制度，および今後改革される選挙制度を通じて，人々はより善く生きることが，可能になるのであろうか。選挙制度を考えるにあたって，このことこそが目標とすべき民主主義の本質である。

■1-3　方法論

この課題を解明するための方法論として，本章は，G. W .F. ヘーゲル（Georg Wilhelm Friedlich Hegel）による弁証法の認識枠組みを用いることとしたい。一般にヘーゲルの弁証法は，即自（das Ansichsein）—対自（das Fürsichsein）—総合（das Anundfürsichsein）という過程を経る意識の展開として，定式化されている（Hegel 1807：28)。本章では，この認識枠組みを前提とした上で，知と経験の弁証法的展開にかんするヘーゲルの解明を，次のようなかたちで理解したい。すなわち，人間の精神は，現実を肯定的・実証的に認識することにおいて力を発揮するのではなく，むしろ，現実を否定し，精神の抱く反現実的理想を，実際の行動を通じて，新たな現実において実現する，ということに認められる。ヘーゲルいわく，「精神は，絶対的分裂のなかに自らを見出すことにおいてのみ，真実を獲得する。そして精神がこの力を持つのは，精神が否定的なるものを直視し，否定的なるものにとどまることにおいてである。否定的なるものにとどまるということは，否定的なるものを存在へと転化させる魔力をもつ，ということである」（Hegel 1807：36)。

この認識枠組みを方法論的に前提とするならば，日本政治の制度と理念の関係は，次のように捉えることができる。従前の中選挙区制においては，利益誘導型の予算バラマキが政策と呼ばれ，政財界の癒着と政治腐敗が政治的現実であった。この現実を否定的に捉える精神は，選挙における政策論争と政権交代を通じて，公共政策の合理的選択が実現されることを，理想として掲げた。この理想を実現するために，選挙制度が改正され，小選挙区比例代表並立制が導入された。これが日本社会の今日の現実である。問題は，この制度的現実は，政治理念の観点から，さらに否定すべき点を含んでいないか，そして現在進行中の選挙制度改革の議論は，政治理念の観点から，改革の方向を示しているのか，ということである。弁証法から出発するこの問題提起は，方法論からして，客観的かつ実証的な解明を目指すものではなく，むしろ主観的かつ評価的に検討することとなる。真実は否定的精神（der negierende Geist）においてこそ獲得されるからである。

第2節　日本政治の制度と理念

■2-1　選挙制度の変遷

日本の選挙制度の歴史は，1889（明治22）年の大日本帝国憲法の発布と衆議院議員選挙法の制定，および，翌1890（明治23）年の第一回総選挙の実施，第一回帝国議会の召集ならびに帝国憲法施行にはじまる。帝国憲法下での衆議院議員選挙制度は，1889（明治22）年の男子制限選挙による第一次小選挙区制，1900（明治33）年の日清戦争後の民意伸長にともなう府県単位による第一次大選挙区制，1919（大正8）年の資本主義の発展にともなう第二次小選挙区制，1925（大正14）年の男子普通選挙の実施にともなう定数3から5人の中選挙区制，1945（昭和20）年の敗戦と占領軍統治下における婦人参政権の導入にともなう第二次大選挙区制へと変遷した（林田1958：71–75）。ごく単純化し理念化して捉えるならば，帝国憲法期の議会制度は，超然主義藩閥政府に対抗する自由民権勢力の代表の場としてスタートし，政党内閣の存立基盤としての政友会と民政党の二大政党制の時代を経て，1932（昭和7）年の五一五事件以降，全体主義的翼賛体制のなかに組み込まれて，命脈を失った（井上2012：i–v；坂野2008：81, 95, 166）。

1946（昭和21）年の日本国憲法の制定，翌1947（昭和22）年の施行にともない，同年，戦前の単記投票式による中選挙区制が復活した。1950（昭和23）年の公職選挙法の制定の際にもこれが引き継がれ，その基本構造は，1996（平成8）年に衆院小選挙区比例代表並立制が導入されるまで続いた。1952（昭和27）年の主権回復と朝鮮特需を経て，1955（昭和30）年に，左右社会党の統一と，自由党と民主党の保守合同による自由民主党の成立をもって，「一か二分の一政党制」（山口2009：117）と呼ばれる55年体制が確立した。

1989（平成元）年の冷戦終結を契機に，1993（平成5）年，政治改革をめぐり自民党が分裂し，非自民5党連立による細川内閣が成立した。細川内閣は，衆院小選挙区比例代表並立制の導入を柱とする政治改革法案を上程したものの，与党内の社会党左派の造反にあい，一旦は否決された。翌1994（平成6）年，内閣と野党自民党とのあいだで合意が整い，300の小選挙区と定数200議席11ブロックの比例区からなる衆院小選挙区比例代表並立制が成立した。その後，2

第Ⅳ部

度の議員定数の削減を経て，今日に至る。

結局のところ，1994（平成6）年の選挙制度改革は，目指すところの政権交代には直接結びつかなかった。選挙制度改革を成し遂げた細川政権は，消費税増税案に対する批判，東京佐川急便からの借入金問題への追及などにより，退陣に追い込まれ，これを継いだ羽田内閣から，社会党が離脱したため，非自民政権は，1年足らずで瓦解した（石川・山口 2010：178–183）。これにより，社会党村山党首を首班とする自社さきがけ連立政権が発足したが，参院選での社会党敗北をうけて，自民党橋本総裁に，総理の座が引き継がれた。橋本内閣のもとで，1996（平成8）年に初めて，衆院小選挙区比例代表並立制の総選挙が実施された。その後も，自民党中心の長期政権が続き，政権交代は，2009（平成21）年の民主党政権の誕生まで，待たなければならなかった（石川・山口 2010：186–191, 228–234）。

衆院小選挙区比例代表並立制の導入にあたって，政策本位・政党本位の選挙の実現，政権交代の可能性の確保，責任ある政治と政権の安定，国民の直接的な政権選択，多様な民意の反映，といった理念が掲げられた（野中 1997：16）。しかし，ここ20年間で7回行われた選挙を通じて，2009（平成21）年から2012（平成24）年までの3年余の民主党政権時代を除いて，中選挙区制時代と変わらず，自民党が政権の座を占めている。しかも，いずれの政権政党も違わず，支持母体の既得権保護と，放漫財政による利益誘導を繰り返し，有権者にとって実質的な政策転換のための選択肢は提示されず，有権者の効用最適化に向けた責任ある政治は，夢物語のままである（小林 2005：17–18, 28–31）。そして，非自民勢力が合従連衡を繰り返し不安定な一方で，自民党の政権維持にとって，公明党の創価学会票がカギを握るようになり，国民のわずか一部の部分代表が国政全般に重大な影響力を保持するという，代表民主制にとって不健全な状態が続いている（石川・山口 2010：198）。

■2-2　日本政治の理念：戦後の主潮流

このように，選挙制度の変遷に関わらず，日本の戦後社会では，民主主義の名のもとに，対米追随の保守政党と，農工商自営業者を中心とした支持母体とのあいだで，補助金交付と得票とのバーター取引が繰り返されてきた。これに官僚・司直の天下り利権を加えて，政官財による利益誘導型の既得権保護体制が確立された。この構造は冷戦終結後も実質的に変化はない。

では，こうした実態の戦後民主主義は，いかなる政治理念に導かれて実践されてきたのであろうか。ここでは，戦後日本社会の代表的論者として，政治学の丸山真男，経済学の大塚久雄，法学の川島武宜を取り上げて，彼らの近代主義の政治理念，社会理念を垣間見てみたい。彼らが共有する観点は，破滅的な道を歩んだ戦前の伝統主義的理念に対し，西欧近代の理念を新たな道徳的指針として捉える点に存する。

丸山は，明治憲法体制が，比類なきほどの大権中心主義，皇室自律主義を取りながら，政治構造内部においては，主体的決断を下すべき強力な国家機構が欠如していたことを剔抉する。この「天皇制における無責任の体系」（丸山 1961：37）を特徴とする日本社会においては，自主的な討論の場としての自発的なコミュニティーの形成が，未成熟のままである。これに対して，西欧近代社会においては，自治と法の支配，Try & Error の科学観，多元的な Open Society といった経験主義の理念に根ざして，権利行使と自由獲得の歴史的プロセスが展開されている（丸山 1961：96, 140, 157, 175）。すなわち，自由，自律，討論，多様性，法の支配の実践こそが，丸山にとって，民主主義の理念を形づくる中心的要素であった。

大塚は，日本の敗戦とともに社会体制が民主化したが，日本人の倫理的態度が，政治・経済・社会制度の民主的変革に追いついていない，と指摘している。大塚いわく，「民主的な諸制度をうまく運営していくためには，人間の行動様式がそれに追いつく，つまり，人間のほうも変わらなければならない」（大塚 1977：3）。日本人のあいだでは，民主的制度のなかでも，自由はたてまえにすぎず，むしろ，人間の行動が型に嵌められているために，自由喪失や人間疎外が蔓延している（大塚 1977：8–9）。これに対し，英米の民主主義・資本主義社会においては，個人として合理的に思考し行動する「ロビンソン型人間類型」（大塚 1977：59）が中心となり，世俗内禁欲のエートスを備えた自律的個人として，社会の行動様式を規定している。西欧近代の合理主義と対比すれば，儒教は，合理主義的な性格をもつものの，現世利益に肯定的なため，家産制的官僚制における伝統的生活指針に堕してしまった。また逆に，ヒンズー・仏教的な宗教意識は，禁欲的でこそあれ，現世拒否の態度ゆえに，非合理的な瞑想的神秘主義や，伝統主義的身分制秩序（カースト）と結びついてしまった（大塚 1977：179–196）。このように大塚は，M. ウェーバー（Max Weber）の研究に依拠しつつ，儒教的な道徳と仏教的な宗教意識のいずれによっても，資本主義にみられる近代ヨーロッパの合理主義のエートスは育まれない，と論じたのであった。

最後に川島は，日本の法文化を論ずるにあたって，日本の伝統的社会の生活秩序と，西欧の先進資本主義社会における立憲主義・法治主義とのあいだに，大きなズレが存することを，議論の出発点とする（川島 1967：5）。川島によれば，日本の法文化の特徴として，日本人には伝統的に権利の観念が欠けている。すなわち日本社会では，法的関係は，裁判所により担保される個人対個人の権利関係ではなく，むしろ，家父長制的権力関係として，意識されてきた（川島 1967：15–21）。さらに，日本人の法意識においては，法律と現実，当為と存在の峻別に関わる方法二元論の認識態度が，欠落している。その結果，日本社会には，法律が現実を規律する厳格な法治主義の態度が根付かず，法的規律の峻厳さは，現実との間で妥協を余儀なくされる。川島いわく，「（法の）現実への妥協は，“なしくずし”に，大した抵抗なしに行なわれる。そうして，そのような現実との妥協の形態こそが，“融通性のある”態度として高く評価されるのである」（川島 1967：45）。このような日本の法文化の西欧法治主義からの乖離は，政府の権力を規律し，国民の権利を擁護すべき憲法秩序にも影を落としている。川島は，明治憲法秩序が，国家無答責の原則を介して，国民の権利を蔑ろにするものであったとして，次のように批判している。いわく，「そこでは，政府と国民との関係が法律によって支配されるということの客観的な保障はどこにもない。国民はただ政府の自制心にたよるほかない。…法律は政府と国民との関係を“法的関係”にするものではなく，政府と国民との関係は権力関係そのものであったのである」（川島 1967：57–58）。これに対して，西欧立憲主義においては，憲法が，国民の権利を保障し，国家権力を国民のコントロールのもとにおき，国民の自由の行使を通じて，政府と国民との実質的な力の均衡を確保すべきことを，規定している。川島は，西欧先進社会と同様，日本社会においても，日本国憲法のもとで，現実との妥協を許さない厳格な立憲主義が実現されることを，期待したのであった（川島 1967：59–60）。

■ 2-3　日本政治の理念：副潮流

上にみたとおり，丸山，大塚，川島は，日本の伝統社会を形成してきた天皇制，儒教・仏教文化，家父長的権力関係といった要素に対して，西欧文明との対比で批判的検討を加えた。その際，暗黙の前提として，平等で合理的思考を備えた個人が，自由と討議の実践からなる近代民主主義の主体となることを，日本の政治文化の目指すべき道徳的指針として，捉えたのであった。

これに対し，戦後日本における政治理念の論者のなかには，日本精神の根底にある伝統的非合理主義に光を当てようとする者，あるいは，西欧近代の帝国主義と植民地主義にひそむ非人道性，攻撃性，人種偏見，野蛮さと傲慢さ，といった問題系に光を当てようとする者があった。そのうちここでは，政治思想史の橋川文三と，西洋史学の会田雄次を取り上げて，彼らの抱いた近代合理主義にたいする批判的視座を垣間見てみたい。

橋川は，保田與重郎に代表される日本ロマン派の文学運動のなかに，西欧合理主義との対照をなすところの，日本民族主義の実存的表現形式を認めている。橋川によれば，日本ロマン派は，共産主義が挫折し日本ファシズムが台頭した昭和10年代における，時代精神を反映したものである。それは，不安，頽廃，転向，喪失といった精神状態において，日本人の人間性が蝕ばまれ始めていることの，文芸批評による表現なのである（橋川 1960：18, 35-40）。保田與重郎による国粋主義的神秘主義，農本主義的郷土性，自然村的秩序の原始共同体といったロマン主義の理念は，保田の非理性的精神性の表われである（橋川 1960：22-23, 76-84, 107-115）。橋川は，この点において，日本ロマン派の超国家主義思想が，単に丸山真男のいうように，軍国支配者のファシズム的精神形態などではなく，不安定な精神状態における非理性的精神性の発露であることを，明るみに出す。橋川にとって，日本軍の右翼ファシズムが，観念論と官僚主義に規定されたものであるのに対して，日本ロマン派の超国家主義は，日本人の精神における実存主義的・頽廃的な性格の表出であり，国粋主義でこそあれ，暴力主義的ではなかったのである（橋川 1960：16-22, 67-69）。橋川いわく，「概して日本ロマン派のなかの“純粋”な連中には権力衝動が欠け，合理的・市民的行動様式にも不適格であった。このことからも，日本ロマン派解析のための手続きには，ファシズム一般の理論とは異なる操作が必要であろうと思う」（橋川 1960：17)。そして橋川は，日本ロマン派が反知性主義的言説を展開した昭和 10 年代に，文学界同人の小林秀雄も，理性的判断の無意味と無効性を唱えたことに，注意を促す。すなわち，日本ロマン派と日本的実存思想とのあいだには，精神的関連性が成立するのである（橋川 1960：165–172)。橋川が日本ロマン派に知的関心を寄せるのは，丸山ら近代主義者とは異なり，決してそれが，敗戦とともに克服すべき，忌まわしき軍国主義の残滓だからではない。むしろ，ロマン派の代弁する精神的危機や，近代的自我の不安感が，橋川自身を含む戦後社会の日本人にとって，戦中から戦後にかけて払拭しえない精神的基層の連続面を形成しているからである。そしてまた，日本人の精神的基層には，西欧近代の市民社会に胚胎した，ドイツ・ロマン主義から実存主義に至る精神運動に比しうるだけの，共通の問題系をも見てとることができる（橋川 1960：199–204)。

会田は，日本軍敗戦後のビルマ・ラングーンで，イギリス軍の捕虜として 2 年にわたり強制労働に従事させられた。これは会田にとって，西欧近代を代表するイギリス人が，民主主義，言論の自由，ヒューマニズムなどの理念から程遠い，全アジア人を何百年も支配した「恐ろしい怪物」（会田 1962：3）であることの体験であった。会田は，イギリス軍女兵舎の汚物処理の体験から次のように語っている。

> 「彼女たちからすれば，植民地人や有色人はあきらかに“人間”ではないのである。それは家畜に等しいものだから，それに対し人間に対するような感覚を持つ必要はないのだ。(…) かれらはむりに威張っているのではない。東洋人に対するかれらの絶対的な優越感は，まったく自然なもので，努力しているのではない」（会田 1962：41)。

イギリス人の有色人にたいする偏見は，単に日本軍捕虜にたいするものではなく，むしろ植民地人たるビルマ人に対しても同様である。会田は，イギリス軍が，ビルマ人の泥棒をグルカ兵に射殺させ，日本人捕虜に死体処理をさせたことについて，次のように語っている。

「明らかにここでは一匹のネズミが死んだのであって，人間が死んだのではなかった。ヨーロッパ人がヒューマニストであるなら，いったいこれはどういうことなのであろうか」(会田 1962：57)。

このことから導かれる結論は，ヨーロッパ人が，人間と動物との境目を，実は，宗教や皮膚の色によって人間のあいだに設定している，ということである。

「いったん人間でないとされたら大変である。殺そうが傷つけようが，良心の痛みを感じないですむのだ。冷静に，逆上することなく，動物たる人間を殺すことができる」(会田 1962：61)。

そこでイギリス人の合理性は，日本人を殺す方法において発揮される。イギリス軍は，日本軍捕虜をイラワジ川中洲に収容し，食糧不足で飢えさせて，アメーバー赤痢の病原である毛ガニを食べさせることによって，全員を病死させた。その上で，イギリス人のヒューマニズムが，次の表現をとって発揮される。すなわち，イギリス軍の報告では，「日本兵は衛生観念不足で，自制心も乏しく，英軍の度重なる警告にもかかわらず，生ガニを捕食し，疫病にかかって全滅した」(会田 1962：67) とされているのである。しかもイギリス人は，綴り字の点でも計算力の点でも，合理的思考からは程遠い知性しか持ちあわせていなかった (会田 1962：110)。会田はこうした凄惨なイギリス人体験から，敗戦後，欧米支配に追随する戦後日本のエリートたちを冷ややかに見ている。会田いわく，「戦争に抵抗もせず，軍部や政府から特別いじめられたということもなかった人々が，勝利者に対し“日本は軍国主義の鬼だった”“気ちがいだった”と言って廻ってくれたのには抵抗を感じた。(…) そういう人たちのなかで，…“申し訳ないから死んでおわびする”という人も，“頭をまるめて隠遁と懺悔の生活を送る”という人も出なかったのは不思議なことである」(会田 1962：70)。吉田茂首相にいたっては，会田らの捕虜帰還運動に対して，「英軍の捕虜は衣食住とも十分支給され，元気いっぱい熱帯の生活を楽しんでいると英国側から通知があった」(会田 1962：230) として，取り合わなかったという。

■2-4　日本政治の理念：現在の主潮流

このように，戦後日本社会の言説のなかには，西欧近代民主主義の理念を道徳的指針とみなす主潮流と，西欧近代の価値観を批判し日本人の精神基盤を探求する副潮流との，二つの流れを見出すことができる。そしてこれら二つの潮流は，必ずしも正面から対向するものではなく，むしろ，前者を理念，後者を事実認識とする仕方で，いずれも有意に知識人のあいだで受け入れられてきた面がある。他方，上にみたとおり，戦後日本の政治実践は，知識人に提示された政治理念の実現を目指すでもなく，西欧の政治イデオロギーの克服を目指すでもなく，敗戦とともに押し付けられた民主主義のもとで，利益誘導型政治と政官財の既得権保持に終始してきた。

これに対して，冷戦を経た今日の日本社会においては，いかなる理念が提示されているであろうか。一つの特徴として，橋川や会田に代表される知識人の副潮流が，年を経るごとに衰退し，もはや消滅してしまった感がある。そしてその裏返しとして，現在の日本社会の現状を前提に，いかにすればエリートとしての有利なポジションを維持できるか，という観点から，現状分析と処方箋を提示した言説が，支配的となっている。そしてこうした支配的な言説が，戦後の主潮流を引き継ぐ形で，現在の主潮流を形成している。その代表的な論者として，政治学の佐々木毅，法学の内田貴と大村敦志の名前を上げることができよう。

佐々木は，実践と理念の乖離した日本の戦後政治を，「官主導体制依存型民主制」（佐々木 2009：10）と特徴づける。その上で，佐々木いわく，「日本の民主制は丸山真男が期待した政治的思考法の開発に無縁であったし，むしろ，政治的思考の矮小化のなかで基本的に営まれてきた」（佐々木 2009：173）。そして，この理念なき政治は，「有権者から白紙委任を当然の前提にした，官僚制と一体になったインサイダーによる政治しか構想できない政治家集団」（佐々木 2009：173）によって担われてきた。しかし佐々木にとって，理念なき政治家による民主主義は，むしろ望ましい事態でさえある。いわく，「大衆の政治的無関心は嘆かわしい現実ではなく，民主制の安定にとってむしろプラスの意味を持つ」（佐々木 2009：170）。なぜならば，「無知と判断力の欠如」した大衆にとっては，「日常性の世界から離れた国家的・国際的出来事の領域」に属する政治も，「いわば，暇つぶし半分の“無責任な雑談のお題目”になってしまう」からである（佐々木 2009：162）。それゆえ，民主主義を支える選挙制度も，民意を反映すべきものではなく，むしろ政治エリートが大衆を操作するために，効率的に設計すべきものとなる。いわく，「確かなことは，民意を“鏡のように”反映する選挙制度といったものはないこと，それぞれに利害得失があること，政治のリーダーシップをどの程度はっきりと人為的に作るかという政治感覚が大事である」（佐々木 2009：42）。このような観点から，佐々木は，小選挙区制のもとで二大政党制を確立することが，指導者民主制を確立するためにも，また，政権選択を通じて有権者の政治的鑑識眼を訓練する点においても，日本政治の目指すべき指針となる（佐々木 2009：211）。そして，自民党こそが，官僚と圧力団体に開かれた政調会組織を擁しつつ，政治家主導の政治を実践している点において，佐々木の指針に最も適う日本の政党ということになる（佐々木 2009：222）。

内田は，法制審民法・債権部会の委員として，自らたずさわる債権法改正につき，「民法を一般国民にとっても読めばある程度わかるものにしよう」（内田 2011：27）という目標を掲げる。その際，民法の契約ルールとは，市場経済社会において，取引の複雑さを縮減し，権利義務の概念を用いて体系化した「法的プラットフォーム」（内田 2011：45）として定義される。債権法の改正は，現行法で明文化されていない原則規定や，確立された判例ルールを，民法典のなかに条文化することを内容とする。そのことによって，法曹のための民法典から，一般国民にわかる民法典へと，改正されるのである。このことは，法務部などをもたない日本の中小企業にとって，法務コストの軽減となるだけでなく，まさに，法的ルールを専門家の独占から解放し，一般国民に委ねるという点において，正義の実現なのである（内田 2011：216–218）。そして同時に，日本の債権法・契約法の改正は，市場のグローバル化と契約法の国際化への対応という性格を併せもつ。東アジアの国際市場のなかでも，中国が1999年に契約法を制定し，韓国が2009年から財産法の全面改正をすすめており，そのなかで，日本の債権法・契約法も，国際競争に晒されている。こうしたグローバル化のなかで，日本の契約法が「国際取引のスタンダード」としての影響力を保持することが，「国家戦略としての意味」をもつのである（内田 2011：220–222）。

大村は，法制審民法・債権部会の幹事ではあるが，内田とは異なり，かならずしも“国民一般にわかりやすい”民法（法制審 2009）というスローガンには拘泥していない。むしろ大村によれば，民法改正に際して，経済界，労働組合，消費者団体など各界代表が，自己の利害を条文に盛り込もうとはするものの，一般国民が，債権法のような技術性の高い法律について意見を述べることは，そもそも難しい。大村いわく，「(債権法）改正の内容やプロセスに関する説明もわかりやすいものであることが求められよう。それでも民法を理解することは容易なことではない」(大村 2011：191)。それゆえに，大学教授ら研究者が中心となって，債権法の改正を進めるべきことになる。実際，法制審民法・債権部会は，大学教授の占める割合が高いが，しかし，「そのことが直ちに，学者の意見が優先され一般国民の意見が無視されることを意味するわけではない。むしろ，研究者たちの意見は，ありうる様々な考え方（選択肢）を提示するものと見るべきであろう」(大村 2011：129)。

内田と大村による債権法改正の趣旨をまとめるならば，次のようになろう。債権法改正は，国民にわかりやすい民法典の制定を目指している。しかし民法を理解することは容易ではない。それゆえ，大学教授が国民の利益を代表して，民法改正案を起草する。民法が改正されたあかつきには，グローバル化する国際経済，アジア市場において，日本の契約法が国際取引のスタンダードとして通用する。この利益は，国民全体が享受することとなる。ところがここで，次の疑念が頭によぎるのではなかろうか。たしかに，市場のグローバル化と日本の契約法の国際化によって，国民経済全体は利益を受けるであろう。だが実際に，大きくなった国民経済から富の分配を受けるのは，誰なのだろうか。まさに，グローバル・マーケットを席巻する経済テクノクラートとタッグを組んだ，民法を解する法律専門家たちではないのだろうか？

第 3 節　グローバル社会の政治理念と日本の政治文化

■ 3-1　開かれた社会

佐々木，内田，大村の議論にみたように，21 世紀日本の主流派の政治理念は，政治家，官僚，法律家などエリートを担い手とするテクノクラシーの社会モデルに立脚している。

これに対して，グローバル社会の政治理念は，多様性にあふれた様相を示している。保守陣営のなかでは，政治経済エリートを担い手とし，国際関係における国益の最大化と軍産複合体への利益誘導をはかる新保守主義（ネオコン）の流れ，および，小さい政府を理想として，民営化，緊縮財政，規制緩和，自由交易など，市場原理に基づく社会構築を目指す新自由主義（ネオリベラリズム・リバタリアニズム）の流れを，取り上げることができる（副島 1999）。たいする進歩派陣営においては，冷戦終結による左翼陣営の衰退を承けて，人間の価値の平等と社会の団結という理念を掲げ，平等な機会における能力向上への責任を自覚した個人を主体とする「第三の道（The Third Way）」の流れが生まれてきた。そこでは，均衡財政と政府の脱集権化，公的機関と民間部門の協力，労働市場の柔軟化，人材開発への投資，ソーシャル・キャピタルの保護，環境配慮といった政策パッケージが提唱された（ギデンズ 1999）。

日本では，新保守主義と新自由主義の考え方は，ともに自民党の政策に内包されており，また，2009（平成 21）年から 3 年余りの民主党政権の政策のうち鳩山内閣と菅内閣は，第三の道の政策パッケージを踏襲したものであったと言えよう。理念にも道徳的指針にも欠けた野田内閣とともに，民主党が瓦解したことによって，日本の政治文化のなかには，第三の道以降の進歩派陣営を担う勢力が，消滅してしまった。

このような認識を前提に，ここでは，日本の政治文化にみられない政治理念として，今日の進歩派陣営に提唱されている思想潮流を取り上げてみたい。すなわち，ポスト・モダンの時代における開かれた社会を共通の理念とする一群の知識人の思想潮流である。モダニズム（近代主義）が，科学思考における機能主義か，マルキシズムの計画主義の形をとるのに対し，ポスト・モダンとは，近代主義の壮大な物語（the grand Narratives）を放棄し，言語ゲームの多元性と，相異なるタイプの論拠の可能性を，承認する立場である（Lyotard 1979 : 10–17 espec. 15）。ポスト・モダンの描く社会状況は，社会的紐帯が崩壊し，アトム化した大衆がブラウン運動のなかに投げ込まれている理不尽な状況であり，この点で実存主義との連続性が窺える。現代の進歩派のなかには，こうした広義のポスト・モダンの現状分析をふまえつつ，人間の共同生活に可能性を開くための，積極的な政治理念を提唱する者が現れている。彼らの思考傾向は，非共産主義，非社会主義，非労働組合という意味で，開かれた社会の構築を目指している。そして社会統合の紐帯となるべき理念として，環境保護，平和と安全，自由と人権，人種平等と性的平等，少数派への寛容と社会の多様性の確保といった価値観を，人間の共同生活の道徳的指針として定めている。言語学者のN.チョムスキー（Norm Chomsky）や，映画監督のM.ムーア（Michael Moore），ジャーナリストのN.クライン（Naomi Klein）といった著名人がこれに属するが，ここでは，研究者からM.ミノウ（Martha Minow），E.ウォレン（Elizabeth Warren）を取り上げ，議論のアウトラインを辿ってみたい。

M.ミノウは，ハーバード大学ロー・スクール教授で憲法，法理学，国際刑事裁判などを専攻し，日本では，「関係性の権利論」の提唱者として取り上げられてきた。これによれば，胎児にはじまる人間の生の価値は，近代法における個人の権利主体性によっては汲み尽くされず，むしろケアに示される人間の関係性において把握すべきである。そして，権利から差異化された生の価値，男性から差異化された女性，類的女性から差異化された個々の女性，といった無限の差異化の連鎖から，関係性における法的・道徳的責任が導かれ，規範的観点からの新たな権利の基礎づけが得られる（野崎 2006（1）：6–7, 19–22, 41–48）。M.ミノウはポスト・モダンの認識枠組みを踏襲しており，この枠組みを前提に，911テロ以降の自由と安全保障の問題について，次のように論じている。テロリズムの脅威に直面して，アメリカとヨーロッパのあいだで，正反対の反応が惹き起こされた。アメリカでは，テロリズムにたいする過剰反応がみられ，市民の自由をあまりにも蔑ろにし，イスラム教徒ら少数者に対して過度に厳格な措置をとっている。他方ヨーロッパでは，テロリズムにたいする過少反応がみられ，テロリストに過度に自由の余地が与えられ，不寛容を標榜する少数派にあまりにも寛容な態度を取り続けている。ここで我々は，テロリズムを契機として，寛容のパラドクスに直面している。すなわち，我々は，寛容というリベラルな態度をとることによって，不寛容な人々に対しても寛容でありつづけることができるのであろうか（Minow 2007：454–460）。ミノウは，寛容のジレンマのなかで，自由と民主主義の価値を損なうことなく，テロリズムに効果的な対応を取る方法について，模索している。ミノウの処方箋によれば，まず，市民的寛容に中立的な安全保障措置をとるべきである。例えば，核物質や生命化学物質の安全確保を徹底すること，給水設備や化学プラントなど脆弱な攻撃目標を防護すること，すべての貨物輸送を追跡すること，コンピューター自動制御の監視カメラを設置すること，といった措置である。つぎに，良質の諜報活動が重要となる。すなわち，民族や宗教に基づく犯罪管理（Profiling）ではなく，特定人物の行動に基づく犯罪管理をおこなうべきである。また，治安当局の担当者は，イスラム教徒，アラブ人，シク教徒ら少数者コミュニティのメンバーとのあいだに，密接な関係を築く必要がある。そして，諜報活動で得られた情報に基づいて刑事司法による強制措置をとることができるよう，諜報機関と司法執行機関との連携が図られるべきである。さいごに，少数者を公正かつ平等に処遇し，彼らの社会的待遇を改善することによって，疎外感を緩和しなければならない。具体的には，ムハンマドの風刺画を禁止したり，イスラム学校を承認したりすることが考えられる。ここで我々は，少数者にたいする寛容から，少数者の平等へと，フレームワークを切り替える必要に迫られているのである。すなわち，少数者にとっては，社会から寛容に処遇されるだけでは，社会的承認を獲得することにはならない。むしろ平等な処遇を受けることによってはじめて，疎外感や劣後感から解放され，現在居住している欧米社会を，自分の故郷として感じることができるようになる。我々は，寛容と安全をトレード・オフするのではなくて，むしろ，我々の価値に反する少数者の言説に対しても関心を向け，これを理解するように努めなければならない（Minow 2007：488–494）。

E. ウォレンは，ハーバード大学ロー・スクールの商法・破産法の教授であり，現在では，マサチューセッツ州選出上院議員として，とりわけ消費者保護関連の公共政策に極めて大きな政治的影響力を保持している。ここでは，女性の社会進出にともなう中流家庭の危機というウォレンの警鐘を取り上げてみたい（Warren 2003）。ウォレンは，毎年150万世帯以上の家計が，自己破産宣告を受けている，という事態から出発する。しかもその大半は，クレジットカードの浪費がたたった若年層でもなければ，貯蓄を使い果たした高齢層でもない。むしろ，破産世帯の90%以上は，大学卒，教師・看護師などの知的専門職，自宅所有者のいずれかに該当する中流家庭である。そしてその大半が，夫婦共働きで二つの収入源があり，かつ，子供をもつ世帯ではあるが，彼らは，単一収入世帯と比べて1.75倍，子供のない世帯と比べて2倍，自己破産に陥る確率が高い。しかも，夫の収入が伸び悩んでいるのに対し，2000年代には，子育て世帯の2/3の妻・母親はフル・タイムの仕事に就業し，女性の賃金も顕著に上昇している。このように，女性の社会進出が進み，共働き子育て世帯の収入状況は改善しているにもかかわらず，なぜ，自己破産が著しく増加しているのであろうか。ウォレンは，失業，疾病，離婚の三つの要素を取り上げる。失業が世帯収入の減少を惹き起こすのは当然であるが，夫婦共稼ぎに与えるインパクトのほうが大きくなる。なぜならば，共稼ぎ世帯では，多くの場合，夫婦合算収入を基礎として，住宅ローンや自動車ローンの支払額が設定されているからである。片方の収入が途絶えれば，直ちにローンの支払が滞り，財産を手放さざるをえなくなる。現実には，共稼ぎは，失業による，経済的破綻にたいする自己防衛策とはなっていないのである。疾病，事故，心身障害も，収入減少という点で，失業と同じ効果がある。しかも，疾病保険は，高額の医療請求をすべて賄うことができず，また，障害者年金も長期のケアをカバーしてくれるものではない。さいごに，離婚によって家計が崩壊してしまうことは当然のこととして，さらに，事実婚世帯におけるパートナー関係の解消も，経済的には離婚と同じ効果をもっていることが，見過ごされている。このように今日，中流家庭は，以前にまして勤勉に働いているのに，経済的安定を得られていない，つまり“共稼ぎの罠”（Two-Income Trap）（Warren 2003：1）に陥っている。そして，個人の努力によるセーフティ・ネットの構築よりも，リスクの増大のほうが凌駕してしまっている。我々は，中流家庭を促進するために，どのようなライフ・スタイルが可能なのか，という困難な課題に直面しているのである。

■3-2　閉ざされた日本社会

ポスト・モダン以降の政治理念は，第三の道として，アメリカのB.クリントン政権，イギリスのブレア政権の道徳的指針となった。ヨーロッパでは，緑の人々の運動に端を発して，ドイツのシュレーダー首相・フィッシャー外相による社民党・緑の党の連立政権に規範的紐帯を提供した。今日，ミノウが社会の自由・多様性と市民生活の安全との最適化を模索し，ウォレンが女性の社会進出によっても得られない中流家庭の安定を探求しているように，左翼組合運動とは異なる一般市民の生活実感が，政治理念のかたちで代弁されている。2016年のアメリカ大統領選挙では，民主党B. サンダース候補が，こうした若者中心の街角の声を汲み取り，熱狂的な支持を集めた。

これに対し，日本の政治理念の今日の主潮流は，上にみたとおり，自民党の長期安定政権を前提に，政官財のエリート・テクノクラートによる政治社会の構築を理念として掲げる。たしかにそれは，復古主義的な伝統社会からも，軍国主義的な抑圧社会からも脱却した，自由で民主的で合理的な社会を目指す理念である。そしてこの点で大多数の日本の知識人の共感を得ているであろう。他方日本では，ポスト・モダンの思潮は，哲学，文学，建築，芸術といった分野で時代を風靡したものの，持続性のある政治理念として表現を与えられることはなかった。ではなぜ，日本では，グローバル社会でみられるような草の根の市民の声が，政治理念に反映されず，また政党のかかげる政策綱領に具現化されないのであろうか。

本章ではその一つの答えとして，日本社会の閉鎖的構造を指摘してみたい。すなわち，日本社会のエリートたち，政治理念を提唱する知識人たちは，開かれた社会ではなく，顔見知り（Face to Face）の構成員からなる伝統的なムラ社会を形づくっているのではないだろうか。かつて，保守的な論者のなかには，日本の伝統的なネポティズムの社会構造を，「文明としてのイエ社会」（村上他 1979：12–13）として肯定的に捉える見解があった。今日の合理主義的エリートたちも，政治社会の構成資格をムラビトに限定する点では，保守的な論者と変わるところはない。このことは，先に取り上げた大村による次の表現のなかに認めることができる。大村いわく，「かつて“市民”とは“財産と教養がある者”を指した。今日においては，財産はともかく“（現代に必要な）教養”のない者はやはり“市民”と呼ぶにはふさわしくない」（大村 2011：158）。ここで大村は，市民としての政治社会のメンバーシップに，教養という基準を設定している。そして日本社会ではしばしば，教養は学歴に置き換えられる。典型的な教養人は，東京大学の同窓生ということになろう。げんに本章で取り上げた日本の政治理念の主唱者は，会田を除きすべて東大の同窓生である。ここに日本社会の閉鎖的構造の縮図がみえてくる。本郷（東大）と神保町（岩波書店）の知識人が政治理念を形成し，永田町（国会議員）と霞が関（高級官僚）で政策の立案遂行がなされ，丸の内（財界）と日本橋（日銀）で国民経済の舵取りがまかされる。こうして，皇居・大手門から半径5kmの空間のなかで，日本社会全体の物事が，“合理的”に動かされてゆく。そして，渋谷（NHK）と築地（朝日新聞）を外延として，半径10km圏内から日本社会全体へと，“自由”な言論の流れが産み出される。学歴社会を象徴的に表現するとすれば，“東大の東大による東大のための”政治・社会・文化が営まれる。さらに東大の権威のもとに，寄らば大樹の陰に入りたい知識人が追随する。ここに日本社会の階級身分制が確立される。すなわち，“教養”という名の学歴を備えた“市民”が政治・社会・文化を操り，その利権に2級市民が群がり，それ以外の教養なき3級平民がマクロ社会と無関係のミクロの生を営んでいる。日本型カースト制においては，開かれた社会が形づくられることはありえない。このことは，今般の護憲平和運動をみても明らかであろう。2004（平成16）年に発足した「九条の会」は，大江健三郎，奥平康弘ら，著名知識人により発足し，憲法9条改正の阻止，集団的自衛権の否認，非核三原則の堅持，武器輸出の禁止などを主張している（九条の会 2004）。その理念自体は多数の賛同を得ているが，しかし他方，ミノウにみられるような，寛容のパラドックスの自覚や，自由と安全の最適化という観点に欠落しており，観念論的で，中流家庭の実生活から遊離した印象ももたれる。同様のエリート主導の構造は，2013（平成25）年にシンポジウムを開催した大学教授中心の「96条の会」に引き継がれている（96条の会 2013）。実際，少なからぬ構成員が「九条の会」と「96条の会」とで重複しており，顔見知りからなる知識人のムラ社会が世代を越えて継承されている。

■3-3　理念なき選挙制度改革

このように，日本の政治文化の閉鎖的構造を視野に入れれば，今日の衆院選挙制度改革における一つの特徴を浮かび上がらせることができる。繰り返しになるが，本来，選挙制度改革が目指すべきは，現実の代表民主主義の機能不全を改善し，個人が善き生を営む前提としての善き共同社会を実現することにある。古典的な表現を用いれば，選挙を通じて，“国民の国民による国民のための統治”（Lincoln 1863）を実現することである。ところが，昨年に出された衆院選挙制度調査会の答申（衆院選挙制度調査会 2016）は，現行の小選挙区比例代表並立制が当初の理念を実現しているかどうか検証することなく，これを維持することを決定した。その上で，小選挙区の議席配分について，都道府県人口を一定の除数で割った商の小数点以下を切り上げた整数値を，都道府県に配分される議席数とする，いわゆるアダムズ方式を導入した。そしてその趣旨は，小選挙区における一票の価値の格差を 2 倍以内に収める，という平等原則の名分に応えることであった。

いみじくも，衆院選挙制度調査会の座長として，アダムズ方式の導入を決定づけたのは，佐々木毅であった。佐々木は，上にみたとおり，指導者民主制を理想とし，「民主制とはある意味で“政治家による支配”である」（佐々木 2009：166）と言ってのける。そして，進歩派の掲げる文化，宗教，人種，民族，少数者などの政治理念を，「アイデンティティ・ポリティクス」（佐々木 2009：46）と呼んで矮小化し，エリート政治家が創出すべき政治的統合のなかの，たんなる従属変数としてしか見ていない。すなわち，文化・宗教的少数者，人種的少数者，性的少数者などの社会構成メンバーは，政治統合に組み込まれるべき下位集団でこそあれ，民主的過程を通じて政治社会を形成すべき多様な主体とは，見做されないのである。

佐々木の描く指導者民主制のなかに，我々は，政治文化を担うエリート集団の「タコツボ化」（丸山 1961：137）をみてとることができるのではないだろうか。丸山は，学問や政治がタコツボ化してしまうと，組織のメンバーのあいだで，「共通の言葉，共通の判断基準というものが自主的に，つまり下から形成されるチャンスはおのずから甚だ乏しくなる」（丸山 1961：138）という危険を指摘している。大手門から半径 5km のムラ社会のなかで，政治理念と政治制度が縮小再生産を繰り返すことによって，ますます一般市民の街角の声，草の根の声は，エリート・ムラのメンバーの耳には届かなくなる。グローバル化の進展のなかで，タコツボ的な日本の学歴エリート構造が，ますます柔軟性と可塑性を失ない，政治社会全体の発展を阻害する。このことこそ日本の代表民主主義の抱える根本欠陥なのであって，政治理念の担い手のうち誰がその責任を負うべきかは，おのずから明らかなのではないだろうか。

第4節　結　　語

稿を閉じるにあたり，日本政治における制度と理念の弁証法的展開如何という当初の課題に即して，次のようにまとめてみたい。まず，戦後民主主義の確立以来，日本政治においては，知識人の考える政治理念と政治家の行動する政治制度とが，それぞれタコツボ化して，相互に相対的に独立した閉鎖的システムとして，作動してきた。すなわち，日本の政治文化においては，政治理念と選挙制度・公共政策との相互連関に欠け，理念においてリベラルな合理主義が支配する一方で，現実政治においてステーク・ホルダー間のログ・ローリングが繰り返されてきた。つぎに，政治理念の担い手からなるムラ社会のタコツボ化，つまり知識人の社会的閉鎖性という，言行不一致の不道徳が蔓延している。すなわち，政治理念を担う知的エリートは，理念としてリベラルな価値を唱道する一方で，行動原理においては，教養というメンバーシップを設定し，ヨソ者に対しては内向的で不寛容な態度で押し通している。知識社会がタコツボ化することによって，今日では，政治理念の副潮流を継承発展させてゆくことが，一層困難なものとなっている。さらに，選挙制度の面では，制度を改変することと，政治の質を高めることとのあいだに，何の相関も見出せない。別の言い方をすれば，選挙を通じて市民的価値が国政に反映され，公共政策を通じて理念が社会に浸透する，という民主的過程の制度と価値の循環は，日本の政治文化のなかには成立していない。さいごに，結局のところ閉鎖的な政治文化を変えなければ，選挙制度や選挙区割りにいくら凝っても，何も変わらない。一つには，選挙制度を改変しても政治の質を高めることができないのであれば，選挙制度改革にかける時間とお金は無駄に終わる。それから，閉塞的な政治文化を変えるためには，制度に携わる政治家や官僚よりもまずはじめに，政治理念を担う知的エリートたちこそ，閉じたムラ社会を脱して，議論に開かれた多様性のある社会の構築に取り組まねばならないのではないか。

【引用文献】

会田雄次（1962）．『アーロン収容所―西欧ヒューマニスムの限界』中央公論新社（85版2002年）
石川真澄・山口二郎（2010）．『戦後政治史　第3版』岩波書店
井上寿一（2012）．『政友会と民政党―戦前の二大政党制に何を学ぶか』中央公論新社
内田　貴（2011）．『民法改正―契約のルールが百年ぶりに変わる』筑摩書房（第2刷）
大塚久雄（1977）．『社会科学における人間』岩波書店（第23刷1990）
大村敦志（2011）．『民法改正を考える』岩波書店
加茂利男・大西　仁・石田　徹・伊藤恭彦（2007）．『現代政治学　第3版』有斐閣（第6刷）
川島武宜（1967）．『日本人の法意識』岩波書店（第28刷1988）
ギデンズ，A.／佐和隆光［訳］（1999）．『第三の道―効率と公正の新たな同盟』日本経済新聞社（第10刷2005）
96条の会（2013）．「「96条の会」呼びかけ文・発起人」〈http://tamutamu2011.kuronowish.com/96jyounokai.htm（最終閲覧日：2016年6月21日）〉
九条の会（2004）．「「九条の会」アピール」〈http://www.9-jo.jp/appeal.html（最終閲覧日：2016年6月21日）〉
小林良彰（2005）．「政治改革の効果測定―小選挙区比例代表並立制導入に伴う投票行動の変化と持続」『年報政治学』(1), 11–35.
佐々木毅（2009）．『政治の精神』岩波書店（第3刷）
衆院選挙制度調査会（2016）．「衆議院選挙制度に関する調査会答申」〈http://www.shugiin.go.jp/internet/itdb_annai.nsf/html/statics/shiryo/senkyoseido_toshin.pdf/$File/senkyoseido_toshin.pdf（最終閲覧日：2016年10月19日）〉
副島隆彦（1999）．『世界覇権国アメリカを動かす政治家と知識人たち』講談社（第11刷2009）
野崎亜紀子（2006–2007）．「法は人の生lifeを如何に把握すべきか―Martha Minowの関係性の権利論を手がかりとして」『千葉大学法学論集』(1)21(1), 1–62；(2)21(2), 1–60；(3)21(3), 101–142；(4)21(4), 45–109.
野中俊彦（1997）．「小選挙区・比例代表並立制選挙の問題点」『ジュリスト』(1106), 15–21.
橋川文三（1960）．『日本浪曼派批判序説』講談社（第7刷2013年）［原著 未来社, 1960年］
林田和博（1958）．「選挙法」黒田覚・林田和博『国会法・選挙法』有斐閣
坂野潤治（2008）．『日本憲政史』東京大学出版会
ブレマー，I. A.／北沢　格［訳］（2012）．『“Gゼロ”後の世界―主導国なき時代の勝者は誰か』日本経済新聞出版社
法制審（2009）．「法務省・法制審議会第160回会議（平成21年10月28日開催）諮問第88号」〈http://www.moj.go.jp/content/000005084.pdf（最終閲覧日：2016年6月20日）〉
丸山真男（1961）．『日本の思想』岩波書店（第42刷1987）
村上泰亮・公文俊平・佐藤誠三郎（1979）．『文明としてのイエ社会』中央公論社

第Ⅳ部

山口二郎（2009）．『政権交代論』岩波書店

Aristot. pol. *Aristotelous Ta Politika: The Politics of Aristotle with English notes, by Richard Congerve*, 2. ed. London: Longmans, Green, and Co.（1874）

Hegel, Georg Wilhelm Friedrich（1807）. *Phänomenologie des Geistes*. Auf der Grundlage der Werke von 1832–1845 neu editierte Ausgabe, 4. Aufl. Frankfurt am Main: Suhrkamp.（1993）

Lassalle, Ferdinand（1861）. *Das System der erworbenen Rechte: Eine Versöhnung des positiven Rechts und der Rechtsphilosophie,* in zwei Teilen. Leipzig: Brockhaus.

Lincoln, Abraham（1863）. Gettysburg Address（Bliss copy）〈https://en.wikisource.org/wiki/Gettysburg_Address_（Bliss_copy）（最終閲覧日：2016年6月21日）〉

Lyotard, Jean-François（1979）. *The postmodern condition: A report on knowledge*. Bennington, G, & Massumi, B.（trans.）; Foreword by Jameson, F. Manchester: Manchester University Press.（1984）

Minow, Martha（2007）. Tolerance in an Age of Terror. *Southern California Interdisciplinary Law Journal*, 16(3), 453–494.〈http://mylaw2.usc.edu/why/students/orgs/ilj/assets/docs/16-3%20Minow.pdf（最終閲覧日：2016年6月20日）〉.

Savigny, Friedrich Carl von（1840）. *System des heutigen römischen Rechts*, Bd. 1–8, Berlin: Veit und Comp.（1840-1849）

Schmitt, Carl（1928）. *Verfassungslehre*, 8. Aufl. Neusatz auf Basis der 1928 erschienenen ersten Aufl., Berlin: Duncker und Humblot.（1993）

Warren, Elizabeth（2003）. The Growing Threat to Middle Class Families. *Brooklyn Law Review*, April 2003, 1–29.〈http://ssrn.com/abstract_id=480383（最終閲覧日：2016年6月20日）〉.

Wittfogel, Karl. A.（1967）. *Oriental Despotism, comparative study of total power*, 6th printing. New Haven and London: Yale University Press.

事項索引

人名索引

判例索引

執筆者紹介

糠塚康江（ぬかつか　やすえ）
まえがき・第５章を担当
東北大学 大学院法学研究科 教授
専門分野：憲法学

只野雅人（ただの　まさひと）
第１章を担当
一橋大学 大学院法学研究科 教授
専門分野：憲法学

飯島淳子（いいじま　じゅんこ）
第２章を担当
東北大学 大学院法学研究科 教授
専門分野：行政法

大山礼子（おおやま　れいこ）
第３章を担当
駒澤大学 法学部政治学科 教授
専門分野：政治学（政治制度論）

稲葉　馨（いなば　かおる）
第４章を担当
東北大学 大学院法学研究科 教授
専門分野：行政法

長谷川貴陽史（はせがわ　きよし）
第６章を担当
首都大学東京 大学院社会科学研究科 教授
専門分野：法社会学

河村和徳（かわむら　かずのり）
第７章を担当
東北大学 大学院情報科学研究科 准教授
専門分野：政治学

伊藤裕顕（いとう　ひろあき）
第７章を担当
富士大学経済学部非常勤講師・東北大学全学教育非常勤講師
専門分野：マスメディア論・メディア政治

中島　徹（なかじま　とおる）
第８章を担当
早稲田大学 大学院法務研究科 教授
専門分野：憲法学

小粥太郎（こがゆ　たろう）
第９章を担当
一橋大学 大学院法学研究科 教授
専門分野：民法

牧原　出（まきはら　いづる）
第10章を担当
東京大学 先端科学技術研究センター 教授
専門分野：政治学，行政学

小田中直樹（おだなか　なおき）
第11章を担当
東北大学 大学院経済学研究科 教授
専門分野：フランス社会経済史

佐々木弘通（ささき　ひろみち）
第12章を担当
東北大学 大学院法学研究科 教授
専門分野：憲法学

樺島博志（かばしま　ひろし）
第13章を担当
東北大学 大学院法学研究科 教授
専門分野：法理学

編者紹介

糠塚康江（ぬかつか　やすえ）
東北大学 大学院法学研究科 教授
法学博士
専門分野：憲法学
主要著書・論文 『現代代表制と民主主義』（2010年，日本評論社），『フランス憲法入門』（共著）（2012年，三省堂），「「大都市圏」と「地方圏」の地域格差とジェンダー」ジェンダー法研究3号（2016年）など。

代表制民主主義を再考する
選挙をめぐる三つの問い

2017年3月15日　初版第1刷発行　　定価はカヴァーに表示してあります

編　者　糠塚康江
発行者　中西健夫
発行所　株式会社ナカニシヤ出版
〒606-8161　京都市左京区一乗寺木ノ本町15番地
Telephone　075-723-0111
Facsimile　075-723-0095
Website　http://www.nakanishiya.co.jp/
Email　iihon-ippai@nakanishiya.co.jp
郵便振替　01030-0-13128

印刷・製本＝亜細亜印刷／装幀＝白沢　正

Printed in Japan.
ISBN978-4-7795-1145-5